CHINA CITY STATISTICAL YEARBOOK

中国城市统计年鉴

国家统计局城市社会经济调查司 编

中国统计出版社
China Statistics Press

图书在版编目（CIP）数据

中国城市统计年鉴. 2023 = CHINA CITY STATISTICAL YEARBOOK 2023 : 汉英对照 / 国家统计局城市社会经济调查司编. -- 北京 : 中国统计出版社, 2024.2
ISBN 978-7-5230-0412-8

Ⅰ. ①中… Ⅱ. ①国… Ⅲ. ①城市－统计资料－中国－2023－年鉴－汉、英 Ⅳ. ①C832-54

中国国家版本馆 CIP 数据核字(2024)第 049138 号

中国城市统计年鉴 2023
China City Statistical Yearbook 2023

作　　者/国家统计局城市社会经济调查司
责任编辑/许立舫
封面设计/李雪燕
出版发行/中国统计出版社有限公司
通信地址/北京市丰台区西三环南路甲 6 号　邮政编码/100073
发行电话/邮购（010）63376909　书店（010）68783171
网　　址/ http://www.zgtjcbs.com/
印　　刷/河北鑫兆源印刷有限公司
经　　销/新华书店
开　　本/880mm×1230mm　1/16
字　　数/820 千字
印　　张/21
版　　别/2024 年 3 月第 1 版
版　　次/2024 年 3 月第 1 次印刷
定　　价/358.00 元

《中国城市统计年鉴 2023》

编委会与编辑部

China City Statistical Yearbook 2023

EDITORIAL BOARD AND EDITORIAL STAFF

Editorial Board

Editorial Staff

编辑说明

《中国城市统计年鉴》是全面反映中国城市社会经济发展情况的资料性年刊。《中国城市统计年鉴 2023》收录了 2022 年全国各级城市社会经济发展等方面的主要统计数据，数据来源于各城市的相关部门。

本年鉴内容共分四个部分：第一部分是全国城市行政区划，列有不同区域、不同级别的城市分布情况；第二、三部分分别是地级以上城市统计资料和县级城市统计资料，具体包括人口、资源环境、经济发展、科技创新、人民生活、公共服务、基础设施等方面的数据；第四部分是附录，为主要统计指标解释。从 1997 年开始，地级以上城市和县级城市分别采用不同的统计制度，有些指标在两类城市之间不具有可比性，故本年鉴将地级以上城市和县级城市统计资料分为独立的两部分。需要说明的是，部分城市的个别指标与《中国统计年鉴》不一致是统计原则和数据来源不同所致。

本年鉴所涉及的全国或全部城市统计资料，均未包括香港特别行政区、澳门特别行政区和台湾省。年鉴表中所列“全市”为城市的全部行政区域，包括市辖区和所辖县（市）。

本年鉴各表中的空格表示该项统计指标数据不详或无该项数据。本年鉴适用于各级政府管理部门、城市规划设计部门、城市社会经济研究机构、市政建设及房地产机构、各种中介服务及信息咨询机构等单位的工作者，也是大专院校师生、工商界人士、各类投资者以及关心中国城市发展的各界人士的重要参考资料。

本年鉴的编辑出版得到了国家统计局农村社会经济调查司、各省（区、市）统计局、各调查总队、各市统计局和调查队以及中国统计出版社的鼎力支持，在此表示衷心的感谢。

本年鉴编印工作量大，出版时间紧，难免有不当之处，诚恳欢迎广大读者批评指正。

国家统计局城市社会经济调查司

2023 年 12 月

EDITOR'S NOTES

China City Statistical Yearbook is an annual statistical publication. *China City Statistical Yearbook 2023* reflects comprehensively the economic and social development of Cities in China. It covers the main socio-economic statistical data of cities at all levels for 2022, the data comes from the relevant departments of each city.

The Yearbook contains four parts: Part I is the administrative division of all cities, listing city distribution by region and level; Part II and Part III are the statistical data of cities at prefecture level and above, and county-level respectively on population, resources and environment, economy development, scientific and technological innovation, people's livelihood, public service, infrastructure; Part IV is appendix of explanatory notes on main statistical indicators.Cities at prefecture level and above and county-level have used different indicator systems of statistics since 1997, and some indicators in two categories of cities are not comparable. So the data of cities at prefecture level and above and the data of cities at county-level are divided into two independent parts in the yearbook. It is necessary to point out that the inconsistency between this yearbook and China Statistical Yearbook in individual indicators of some cities is caused by different statistical principles and data sources

The national data in this yearbook do not include those of Hong Kong Special Administrative Region, Macao Special Administrative Region and Taiwan Province. "Total City" listed in the data refers to all administrative regions of the city, including the city districts, counties and the city at lower level.

The blank forms in the tables in this yearbook indicates that relevant statistical data are unknown or not available.The Yearbook is compiled for the users working in government departments, city planning departments, institutes of urban socio-economic research, municipal construction and real estate agencies, intermediary services, information consulting agencies and other so on, and it is an important reference book for college teachers and students, businessmen, investors of all types as well as users paying close attention to the development of Chinese cities.

The editing and publishing of the yearbook have been fully supported by the Department of Rural Surveys of NBS, Bureaus of Statistics and Survey Offices of NBS at provincial prefecture and county level, and China Statistics Press. Here we would like to express our heartfelt thanks to them.

Department of Urban Surveys
National Bureau of Statistics of China
December, 2023

目　录

CONTENTS

三、县级城市统计资料
Statistical Data of County-level Cities

一、全国城市行政区划

Divisions of Administrative Areas of Cities in China

一、全国城市行政区划
Divisions of Administrative Areas of Cities in China

1-1 城市行政区划和区域分布
Administrative Division and Regional Distribution of Cities

地 区	Region	城市合计 Total	按行政级别分组 Grouped by Administrative Levels			
			直辖市 Municipality Directly under the Central Government	副省级市 Vice-provincial City	地级市 Prefecture-level City	县级市 County-level City
全国总计	**National Total**	**691**	**4**	**15**	**278**	**394**
北 京	Beijing	1	1			
天 津	Tianjin	1	1			
河 北	Hebei	32			11	21
山 西	Shanxi	22			11	11
内 蒙 古	Inner Mongolia	20			9	11
辽 宁	Liaoning	30		2	12	16
吉 林	Jilin	28		1	7	20
黑 龙 江	Heilongjiang	33		1	11	21
上 海	Shanghai	1	1			
江 苏	Jiangsu	34		1	12	21
浙 江	Zhejiang	31		2	9	20
安 徽	Anhui	25			16	9
福 建	Fujian	20		1	8	11
江 西	Jiangxi	23			11	12
山 东	Shandong	42		2	14	26
河 南	Henan	38			17	21
湖 北	Hubei	38		1	11	26
湖 南	Hunan	32			13	19
广 东	Guangdong	41		2	19	20
广 西	Guangxi	24			14	10
海 南	Hainan	9			4	5
重 庆	Chongqing	1	1			
四 川	Sichuan	37		1	17	19
贵 州	Guizhou	16			6	10
云 南	Yunnan	26			8	18
西 藏	Xizang	6			6	
陕 西	Shaanxi	17		1	9	7
甘 肃	Gansu	17			12	5
青 海	Qinghai	7			2	5
宁 夏	Ningxia	7			5	2
新 疆	Xinjiang	32			4	28

1-2 分地区城市情况一览表
List of City's Basic Conditions by Region

省级单位 Province	地级及以上城市 City at Prefecture Level and above	下辖的县级城市 County-level City
北京 Beijing		
天津 Tianjin		
河北 Hebei	石家庄 Shijiazhuang	辛集 Xinji
		晋州 Jinzhou
		新乐 Xinle
	唐山 Tangshan	遵化 Zunhua
		迁安 Qian'an
		滦州 Luanzhou
	秦皇岛 Qinhuangdao	
	邯郸 Handan	武安 Wuan
	邢台 Xingtai	南宫 Nangong
		沙河 Shahe
	保定 Baoding	定州 Dingzhou
		涿州 Zhuozhou
		安国 Anguo
		高碑店 Gaobeidian
	张家口 Zhangjiakou	
	承德 Chengde	平泉 Pingquan
	沧州 Cangzhou	任丘 Renqiu
		泊头 Botou
		黄骅 Huanghua
		河间 Hejian
	廊坊 Langfang	霸州 Bazhou
		三河 Sanhe
	衡水 Hengshui	深州 Shenzhou
山西 Shanxi	太原 Taiyuan	古交 Gujiao
	大同 Datong	
	阳泉 Yangquan	
	长治 Changzhi	潞城 Lucheng
	晋城 Jincheng	高平 Gaoping
	朔州 Shuozhou	
	晋中 Jinzhong	介休 Jiexiu
	忻州 Xinzhou	原平 Yuanping
	临汾 Linfen	侯马 Houma
		霍州 Huozhou
	运城 Yuncheng	永济 Yongji
		河津 Hejin
	吕梁 Lvliang	孝义 Xiaoyi
		汾阳 Fenyang
内蒙古 Inner Mongolia	呼和浩特 Hohhot	
	包头 Baotou	
	乌海 Wuhai	
	赤峰 Chifeng	
	通辽 Tongliao	霍林郭勒 Huolinguole
	呼伦贝尔 Hulunbuir	满洲里 Manzhouli
		扎兰屯 Zhalantun
		牙克石 Yakeshi
		根河 Genhe
		额尔古纳 Eerguna
	鄂尔多斯 Erdos	
	乌兰察布 Ulanqab	丰镇 Fengzhen
	巴彦淖尔 Bayannur	
		(二连浩特) Erlianhaote
		(乌兰浩特) Wulanhaote
		(锡林浩特) Xilinhaote
		(阿尔山) Aershan
辽宁 Liaoning	沈阳 Shenyang	新民 Xinmin
	大连 Dalian	瓦房店 Wafangdian
		庄河 Zhuanghe
	鞍山 Anshan	海城 Haicheng
	抚顺 Fushun	
	本溪 Benxi	
	丹东 Dandong	东港 Donggang
		凤城 Fengcheng
	锦州 Jinzhou	凌海 Linghai
		北镇 Beizhen
	营口 Yingkou	大石桥 Dashiqiao
		盖州 Gaizhou
	阜新 Fuxin	
	辽阳 Liaoyang	灯塔 Dengta
	盘锦 Panjin	
	铁岭 Tieling	调兵山 Diaobingshan
		开原 Kaiyuan
	朝阳 Chaoyang	北票 Beipiao
		凌源 Lingyuan
	葫芦岛 Huludao	兴城 Xingcheng

注：加括号的城市为省(自治区)直辖县级市，或地区(自治州、盟)管辖的县级市。
a) The cities with brackets are county-level cities directly under provinces(autonomous regions) or under regions(autonomous prefectures,leagues).

1-2 续表 1 continued

省级单位 Province	地级及以上城市 City at Prefecture Level and above	下辖的县级城市 County-level City	省级单位 Province	地级及以上城市 City at Prefecture Level and above	下辖的县级城市 County-level City
吉 林	长　春 Changchun	榆　树 Yushu		绥　化 Suihua	安　达 Anda
Jilin		德　惠 Dehui			肇　东 Zhaodong
		公主岭 Gongzhuling			海　伦 Hailun
	吉　林 Jilin	桦　甸 Huadian			(漠　河) Mohe
		蛟　河 Jiaohe	**上 海**		
		舒　兰 Shulan	**Shanghai**		
		磐　石 Panshi	**江 苏**	南　京 Nanjing	
	四　平 Siping	双　辽 Shuangliao	**Jiangsu**	无　锡 Wuxi	江　阴 Jiangyin
	辽　源 Liaoyuan				宜　兴 Yixing
	通　化 Tonghua	梅河口 Meihekou		徐　州 Xuzhou	新　沂 Xinyi
		集　安 Ji'an			邳　州 Pizhou
	白　山 Baishan	临　江 Linjiang		常　州 Changzhou	溧　阳 Liyang
	白　城 Baicheng	洮　南 Taonan		苏　州 Suzhou	常　熟 Changshu
		大　安 Daan			张家港 Zhangjiagang
	松　原 Songyuan	扶　余 Fuyu			昆　山 Kunshan
		(延　吉) Yanji			太　仓 Taicang
		(图　们) Tumen		南　通 Nantong	启　东 Qidong
		(敦　化) Dunhua			如　皋 Rugao
		(珲　春) Hunchun			海　安 Haian
		(龙　井) Longjing		连云港 Lianyungang	
		(和　龙) Helong		淮　安 Huaian	
黑龙江	哈尔滨 Harbin	尚　志 Shangzhi		盐　城 Yancheng	东　台 Dongtai
Heilongjiang		五　常 Wuchang		扬　州 Yangzhou	仪　征 Yizheng
	齐齐哈尔 Qiqihar	讷　河 Nehe			高　邮 Gaoyou
	鸡　西 Jixi	密　山 Mishan		镇　江 Zhenjiang	丹　阳 Danyang
		虎　林 Hulin			扬　中 Yangzhong
	鹤　岗 Hegang				句　容 Jurong
	双鸭山 Shuangyashan			泰　州 Taizhou	兴　化 Xinghua
	大　庆 Daqing				泰　兴 Taixing
	伊　春 Yichun	铁　力 Tieli			靖　江 Jingjiang
	佳木斯 Jiamusi	同　江 Tongjiang		宿　迁 Suqian	
		富　锦 Fujin	**浙 江**	杭　州 Hangzhou	建　德 Jiande
		抚　远 Fuyuan	**Zhejiang**	宁　波 Ningbo	余　姚 Yuyao
	七台河 Qitaihe				慈　溪 Cixi
	牡丹江 Mudanjiang	绥芬河 Suifenhe		温　州 Wenzhou	瑞　安 Ruian
		海　林 Hailin			乐　清 Leqing
		宁　安 Ning'an			龙　港 Longgang
		穆　棱 Muling		嘉　兴 Jiaxing	海　宁 Haining
		东　宁 Dongning			平　湖 Pinghu
	黑　河 Heihe	北　安 Beian			桐　乡 Tongxiang
		五大连池 Wudalianchi		湖　州 Huzhou	
		嫩　江 Nenjiang		绍　兴 Shaoxing	诸　暨 Zhuji

1-2 续表 2 continued

省级单位 Province	地级及以上城市 City at Prefecture Level and above	下辖的县级城市 County-level City
		嵊州 Shengzhou
	金华 Jinhua	兰溪 Lanxi
		义乌 Yiwu
		东阳 Dongyang
		永康 Yongkang
	衢州 Quzhou	江山 Jiangshan
	舟山 Zhoushan	
	台州 Taizhou	临海 Linhai
		温岭 Wenling
		玉环 Yuhuan
	丽水 Lishui	龙泉 Longquan
安徽 Anhui	合肥 Hefei	巢湖 Chaohu
	芜湖 Wuhu	无为 Wuwei
	蚌埠 Bengbu	
	淮南 Huainan	
	马鞍山 Maanshan	
	淮北 Huaibei	
	铜陵 Tongling	
	安庆 Anqing	桐城 Tongcheng
		潜山 Qianshan
	黄山 Huangshan	
	阜阳 Fuyang	界首 Jieshou
	亳州 Bozhou	
	宿州 Suzhou	
	滁州 Chuzhou	天长 Tianchang
		明光 Mingguang
	六安 Lu'an	
	池州 Chizhou	
	宣城 Xuancheng	宁国 Ningguo
		广德 Guangde
福建 Fujian	福州 Fuzhou	福清 Fuqing
	厦门 Xiamen	
	莆田 Putian	
	三明 Sanming	永安 Yong'an
	泉州 Quanzhou	石狮 Shishi
		晋江 Jinjiang
		南安 Nan'an
	漳州 Zhangzhou	
	南平 Nanping	邵武 Shaowu
		武夷山 Wuyishan
		建瓯 Jian'ou
	龙岩 Longyan	漳平 Zhangping
	宁德 Ningde	福安 Fu'an
		福鼎 Fuding
江西 Jiangxi	南昌 Nanchang	
	景德镇 Jingdezhen	乐平 Leping
	萍乡 Pingxiang	
	九江 Jiujiang	瑞昌 Ruichang
		共青城 Gongqingcheng
		庐山 Lushan
	新余 Xinyu	
	鹰潭 Yingtan	贵溪 Guixi
	赣州 Ganzhou	瑞金 Ruijin
		龙南 Longnan
	上饶 Shangrao	德兴 Dexing
	抚州 Fuzhou	
	吉安 Ji'an	井冈山 Jinggangshan
	宜春 Yichun	樟树 Zhangshu
		丰城 Fengcheng
		高安 Gaoan
山东 Shandong	济南 Jinan	
	青岛 Qingdao	胶州 Jiaozhou
		平度 Pingdu
		莱西 Laixi
	淄博 Zibo	
	枣庄 Zaozhuang	滕州 Tengzhou
	东营 Dongying	
	烟台 Yantai	龙口 Longkou
		莱阳 Laiyang
		莱州 Laizhou
		招远 Zhaoyuan
		栖霞 Qixia
		海阳 Haiyang
	潍坊 Weifang	青州 Qingzhou
		诸城 Zhucheng
		寿光 Shouguang
		高密 Gaomi
		昌邑 Changyi
		安丘 Anqiu
	济宁 Jining	曲阜 Qufu
		邹城 Zoucheng
	泰安 Tai'an	新泰 Xintai
		肥城 Feicheng
	德州 Dezhou	乐陵 Laoling
		禹城 Yucheng
	威海 Weihai	荣成 Rongcheng
		乳山 Rushan
	聊城 Liaocheng	临清 Linqing

1–2 续表 3 continued

省级单位 Province	地级及以上城市 City at Prefecture Level and above	下辖的县级城市 County-level City	省级单位 Province	地级及以上城市 City at Prefecture Level and above	下辖的县级城市 County-level City
	临沂 Linyi			襄阳 Xiangyang	老河口 Laohekou
	日照 Rizhao				枣阳 Zaoyang
	菏泽 Heze				宜城 Yicheng
	滨州 Binzhou	邹平 Zouping		鄂州 Ezhou	
河南 Henan	郑州 Zhengzhou	巩义 Gongyi		荆门 Jingmen	钟祥 Zhongxiang
		新密 Xinmi			京山 Jingshan
		荥阳 Xingyang		孝感 Xiaogan	应城 Yingcheng
		新郑 Xinzheng			安陆 Anlu
		登封 Dengfeng			汉川 Hanchuan
	开封 Kaifeng			黄冈 Huanggang	麻城 Macheng
	洛阳 Luoyang				武穴 Wuxue
	平顶山 Pingdingshan	汝州 Ruzhou		咸宁 Xianning	赤壁 Chibi
		舞钢 Wugang		随州 Suizhou	广水 Guangshui
	安阳 Anyang	林州 Linzhou			(利川) Lichuan
	鹤壁 Hebi				(恩施) Enshi
	新乡 Xinxiang	辉县 Huixian			(仙桃) Xiantao
		卫辉 Weihui			(天门) Tianmen
		长垣 Changyuan			(潜江) Qianjiang
	焦作 Jiaozuo	沁阳 Qinyang	**湖南 Hunan**	长沙 Changsha	浏阳 Liuyang
		孟州 Mengzhou			宁乡 Ningxiang
	濮阳 Puyang			株洲 Zhuzhou	醴陵 Liling
	许昌 Xuchang	禹州 Yuzhou		湘潭 Xiangtan	湘乡 Xiangxiang
		长葛 Changge			韶山 Shaoshan
	漯河 Luohe			衡阳 Hengyang	耒阳 Leiyang
	三门峡 Sanmenxia	义马 Yima			常宁 Changning
		灵宝 Lingbao		邵阳 Shaoyang	武冈 Wugang
	商丘 Shangqiu	永城 Yongcheng			邵东 Shaodong
	南阳 Nanyang	邓州 Dengzhou		岳阳 Yueyang	汨罗 Miluo
	信阳 Xinyang				临湘 Linxiang
	周口 Zhoukou	项城 Xiangcheng		益阳 Yiyang	沅江 Yuanjiang
	驻马店 Zhumadian			常德 Changde	津市 Jinshi
		(济源) Jiyuan		郴州 Chenzhou	资兴 Zixing
湖北 Hubei	武汉 Wuhan			永州 Yongzhou	祁阳 Qiyang
	黄石 Huangshi	大冶 Daye		怀化 Huaihua	洪江 Hongjiang
	十堰 Shiyan	丹江口 Danjiangkou		张家界 Zhangjiajie	
	荆州 Jingzhou	石首 Shishou		娄底 Loudi	冷水江 Lengshuijiang
		洪湖 Honghu			涟源 Lianyuan
		松滋 Songzi			(吉首) Jishou
		监利 Jianli	**广东 Guangdong**	广州 Guangzhou	
	宜昌 Yichang	宜都 Yidu		韶关 Shaoguan	乐昌 Lechang
		当阳 Dangyang			南雄 Nanxiong
		枝江 Zhijiang		深圳 Shenzhen	

1-2 续表 4 continued

省级单位 Province	地级及以上城市 City at Prefecture Level and above	下辖的县级城市 County-level City
	珠 海 Zhuhai	
	汕 头 Shantou	
	佛 山 Foshan	
	江 门 Jiangmen	台 山 Taishan
		鹤 山 Heshan
		开 平 Kaiping
		恩 平 Enping
	湛 江 Zhanjiang	廉 江 Lianjiang
		雷 州 Leizhou
		吴 川 Wuchuan
	惠 州 Huizhou	
	茂 名 Maoming	高 州 Gaozhou
		化 州 Huazhou
		信 宜 Xinyi
	肇 庆 Zhaoqing	四 会 Sihui
	潮 州 Chaozhou	
	梅 州 Meizhou	兴 宁 Xingning
	中 山 Zhongshan	
	东 莞 Dongguan	
	汕 尾 Shanwei	陆 丰 Lufeng
	河 源 Heyuan	
	阳 江 Yangjiang	阳 春 Yangchun
	清 远 Qingyuan	连 州 Lianzhou
		英 德 Yingde
	揭 阳 Jieyang	普 宁 Puning
	云 浮 Yunfu	罗 定 Luoding
广 西	南 宁 Nanning	横 州 Hengzhou
Guangxi	柳 州 Liuzhou	
	桂 林 Guilin	荔 浦 Lipu
	梧 州 Wuzhou	岑 溪 Cenxi
	北 海 Beihai	
	防城港 Fangchenggang	东 兴 Dongxing
	钦 州 Qinzhou	
	玉 林 Yulin	北 流 Beiliu
	贵 港 Guigang	桂 平 Guiping
	百 色 Baise	靖 西 Jingxi
		平 果 Pingguo
	来 宾 Laibin	合 山 Heshan
	崇 左 Chongzuo	凭 祥 Pingxiang
	贺 州 Hezhou	
	河 池 Hechi	

省级单位 Province	地级及以上城市 City at Prefecture Level and above	下辖的县级城市 County-level City
海 南	海 口 Haikou	
Hainan	三 亚 Sanya	
	三 沙 Sansha	
	儋 州 Danzhou	
		(五指山) Wuzhishan
		(琼 海) Qionghai
		(文 昌) Wenchang
		(万 宁) Wanning
		(东 方) Dongfang
重 庆		
Chongqing		
四 川	成 都 Chengdu	都江堰 Dujiangyan
Sichuan		彭 州 Pengzhou
		邛 崃 Qionglai
		崇 州 Chongzhou
		简 阳 Jianyang
	自 贡 Zigong	
	攀枝花 Panzhihua	
	泸 州 Luzhou	
	德 阳 Deyang	广 汉 Guanghan
		什 邡 Shifang
		绵 竹 Mianzhu
	绵 阳 Mianyang	江 油 Jiangyou
	广 元 Guangyuan	
	遂 宁 Suining	射 洪 Shehong
	内 江 Neijiang	隆 昌 Longchang
	资 阳 Ziyang	
	乐 山 Leshan	峨眉山 Emeishan
	宜 宾 Yibin	
	南 充 Nanchong	阆 中 Langzhong
	达 州 Dazhou	万 源 Wanyuan
	广 安 Guang'an	华 蓥 Huaying
	雅 安 Yaan	
	眉 山 Meishan	
	巴 中 Bazhong	
		(康 定) Kangding
		(马尔康) Maerkang
		(西 昌) Xichang
		(会 理) Huili
贵 州	贵 阳 Guiyang	清 镇 Qingzhen
Guizhou	六盘水 Liupanshui	盘 州 Panzhou
	遵 义 Zunyi	赤 水 Chishui

1–2 续表 5 continued

省级单位 Province	地级及以上城市 City at Prefecture Level and above	下辖的县级城市 County-level City
		仁怀 Renhuai
	安顺 Anshun	
	铜仁 Tongren	
	毕节 Bijie	黔西 Qianxi
		(凯里) Kaili
		(兴义) Xingyi
		(兴仁) Xingren
		(福泉) Fuquan
		(都匀) Duyun
云南 Yunnan	昆明 Kunming	安宁 Anning
	玉溪 Yuxi	澄江 Chengjiang
	曲靖 Qujing	宣威 Xuanwei
	昭通 Zhaotong	水富 Shuifu
	丽江 Lijiang	
	保山 Baoshan	腾冲 Tengchong
	普洱 Puer	
	临沧 Lincang	
		(大理) Dali
		(楚雄) Chuxiong
		(芒市) Mangshi
		(瑞丽) Ruili
		(开远) Kaiyuan
		(个旧) Gejiu
		(景洪) Jinghong
		(文山) Wenshan
		(蒙自) Mengzi
		(弥勒) Mile
		(香格里拉) Shangri-La
		(泸水) Lushui
		(禄丰) Lufeng
西藏 Xizang	拉萨 Lhasa	
	日喀则 Xigazê	
	昌都 Qamdo	
	林芝 Nyingchi	
	山南 Lhoka	
	那曲 Nagqu	
陕西 Shaanxi	西安 Xi'an	
	铜川 Tongchuan	
	宝鸡 Baoji	
	咸阳 Xianyang	兴平 Xingping
		彬州 Binzhou
	延安 Yan'an	子长 Zichang
	汉中 Hanzhong	
	渭南 Weinan	韩城 Hancheng
		华阴 Huayin
	榆林 Yulin	神木 Shenmu
	商洛 Shangluo	
	安康 Ankang	旬阳 Xunyang
甘肃 Gansu	兰州 Lanzhou	
	嘉峪关 Jiayuguan	
	金昌 Jinchang	
	白银 Baiyin	
	天水 Tianshui	

省级单位 Province	地级及以上城市 City at Prefecture Level and above	下辖的县级城市 County-level City
	武威 Wuwei	
	张掖 Zhangye	
	平凉 Pingliang	华亭 Huating
	酒泉 Jiuquan	玉门 Yumen
		敦煌 Dunhuang
	庆阳 Qingyang	
	定西 Dingxi	
	陇南 Longnan	
		(临夏) Linxia
		(合作) Hezuo
青海 Qinghai	西宁 Xining	
	海东 Haidong	
		(格尔木) Golmud
		(德令哈) Delingha
		(玉树) Yushu
		(同仁) Tongren
		(茫崖) Mangya
宁夏 Ningxia	银川 Yinchuan	灵武 Lingwu
	石嘴山 Shizuishan	
	吴忠 Wuzhong	青铜峡 Qingtongxia
	固原 Guyuan	
	中卫 Zhongwei	
新疆 Xinjiang	乌鲁木齐 Urumqi	
	克拉玛依 Karamay	
	吐鲁番 Turpan	
	哈密 Hami	
		(石河子) Shihezi
		(可克达拉) Cocodala
		(昌吉) Changji
		(奎屯) Kuitun
		(伊宁) Yining
		(塔城) Tacheng
		(昆玉) Kunyu
		(阿勒泰) Aletai
		(博乐) Bole
		(库尔勒) Korla
		(阿克苏) Akesu
		(阿图什) Artux
		(喀什) Kashi
		(和田) Hetian
		(阜康) Fukang
		(乌苏) Wusu
		(阿拉尔) Alar
		(图木舒克) Tumushuke
		(北屯) beitun
		(阿拉山口) Alashankou
		(铁门关) Tiemenguan
		(霍尔果斯) Horgos
		(五家渠) Wujiaqu
		(双河) Shuanghe
		(胡杨河) Huyanghe
		(库车) Kuche
		(新星) Xinxing
		(沙湾) Shawan

二、地级以上城市统计资料

Statistical Data of Cities at Prefecture Level and Above

(一)人口
Population

2-1 人口数
Household Resident Population

单位：万人 (10 000 persons)

城市	City	户籍人口 Household Resident Population		城镇户籍人口 Urban Household Resident Population	
		全市 Total City	市辖区 Districts under City	全市 Total City	市辖区 Districts under City
北京市	**Beijing**	**1428**	**1428**	**1216**	**1216**
天津市	**Tianjin**	**1161**	**1161**	**844**	**844**
河北省	**Hebei**				
石家庄市	Shijiazhuang	1054	434	558	349
唐山市	Tangshan	751	333	378	214
秦皇岛市	Qinhuangdao	300	149	153	107
邯郸市	Handan	1064	248	522	186
邢台市	Xingtai	802	210	360	130
保定市	Baoding	1211	291	545	181
张家口市	Zhangjiakou	457	155	187	99
承德市	Chengde	379	60	143	49
沧州市	Cangzhou	781	62	319	58
廊坊市	Langfang	496	89	269	57
衡水市	Hengshui	460	114	180	75
山西省	**Shanxi**				
太原市	Taiyuan	400	317	322	289
大同市	Datong	316	178	177	138
阳泉市	Yangquan	131	68	75	58
长治市	Changzhi	339	162	140	101
晋城市	Jincheng	222	42	103	39
朔州市	Shuozhou	162	68	58	26
晋中市	Jinzhong	336	65	141	40
运城市	Yuncheng	513	73	143	39
忻州市	Xinzhou	304	56	102	31
临汾市	Linfen	428	82	153	47
吕梁市	Lvliang	392	29	126	19
内蒙古自治区	**Inner Mongolia**				
呼和浩特市	Hohhot	258	152	163	139
包头市	Baotou	224	159	152	140
乌海市	Wuhai	44	44	40	40
赤峰市	Chifeng	454	127	139	65
通辽市	Tongliao	315	85	94	43
鄂尔多斯市	Erdos	166	33	60	30
呼伦贝尔市	Hulunbuir	248	37	163	36
巴彦淖尔市	Bayannur	171	52	63	25
乌兰察布市	Ulanqab	261	32	85	26
辽宁省	**Liaoning**				
沈阳市	Shenyang	765	625	562	527
大连市	Dalian	609	421	432	362
鞍山市	Anshan	331	142	177	125
抚顺市	Fushun	199	130	138	117

2-1 续表 1 continued

单位：万人 (10 000 persons)

城 市	City	户籍人口 Household Resident Population		城镇户籍人口 Urban Household Resident Population	
		全市 Total City	市辖区 Districts under City	全市 Total City	市辖区 Districts under City
本溪市	Benxi	140	85	99	78
丹东市	Dandong	227	76	105	60
锦州市	Jinzhou	286	95	122	83
营口市	Yingkou	227	94	120	78
阜新市	Fuxin	179	71	75	65
辽阳市	Liaoyang	170	83	75	60
盘锦市	Panjin	129	102	85	77
铁岭市	Tieling	281	41	121	41
朝阳市	Chaoyang	326	61	79	37
葫芦岛市	Huludao	270	95	96	58
吉林省	**Jilin**				
长春市	Changchun	851	448	400	324
吉林市	Jilin	400	176	211	132
四平市	Siping	209	66	88	47
辽源市	Liaoyuan	113	43	56	38
通化市	Tonghua	209	42	107	40
白山市	Baishan	112	50	83	42
松原市	Songyuan	271	55	87	41
白城市	Baicheng	183	47	79	29
黑龙江省	**Heilongjiang**				
哈尔滨市	Harbin	940	551	529	419
齐齐哈尔市	Qiqihar	513	126	194	102
鸡西市	Jixi	163	73	103	61
鹤岗市	Hegang	95	57	77	52
双鸭山市	Shuangyashan	136	44	87	41
大庆市	Daqing	263	134	140	113
伊春市	Yichun	107	41	93	41
佳木斯市	Jiamusi	226	73	118	55
七台河市	Qitaihe	74	45	46	36
牡丹江市	Mudanjiang	241	84	145	65
黑河市	Heihe	152	18	88	12
绥化市	Suihua	508	79	124	25
上海市	**Shanghai**	**1504**	**1504**	**1343**	**1343**
江苏省	**Jiangsu**				
南京市	Nanjing	739	739	604	604
无锡市	Wuxi	519	285	450	281
徐州市	Xuzhou	1032	347	648	266
常州市	Changzhou	389	311	294	246
苏州市	Suzhou	775	403	640	339
南通市	Nantong	747	312	516	248
连云港市	Lianyungang	531	226	314	168
淮安市	Huai'an	551	332	330	216

2-1 续表 2 continued

单位：万人 (10 000 persons)

城市	City	户籍人口 Household Resident Population		城镇户籍人口 Urban Household Resident Population	
		全市 Total City	市辖区 Districts under City	全市 Total City	市辖区 Districts under City
盐城市	Yancheng	797	241	510	180
扬州市	Yangzhou	448	231	317	206
镇江市	Zhenjiang	267	102	187	87
泰州市	Taizhou	488	162	322	127
宿迁市	Suqian	588	178	319	104
浙江省	**Zhejiang**				
杭州市	Hangzhou	847	709	610	558
宁波市	Ningbo	621	314	426	235
温州市	Wenzhou	832	178	449	142
嘉兴市	Jiaxing	375	99	233	69
湖州市	Huzhou	269	113	128	57
绍兴市	Shaoxing	446	224	233	137
金华市	Jinhua	497	101	247	52
衢州市	Quzhou	255	85	97	36
舟山市	Zhoushan	95	71	58	44
台州市	Taizhou	605	164	296	96
丽水市	Lishui	269	43	93	20
安徽省	**Anhui**				
合肥市	Hefei	800	320	471	312
芜湖市	Wuhu	387	215	205	138
蚌埠市	Bengbu	387	116	159	81
淮南市	Huainan	388	167	198	116
马鞍山市	Ma'anshan	227	82	126	67
淮北市	Huaibei	218	104	124	73
铜陵市	Tongling	168	90	82	55
安庆市	Anqing	523	73	218	58
黄山市	Huangshan	147	47	58	28
滁州市	Chuzhou	454	57	191	42
阜阳市	Fuyang	1075	232	312	99
宿州市	Suzhou	659	194	194	71
六安市	Lu'an	582	219	152	69
亳州市	Bozhou	671	172	164	41
池州市	Chizhou	160	67	65	29
宣城市	Xuancheng	276	86	91	28
福建省	**Fujian**				
福州市	Fuzhou	729	306	433	259
厦门市	Xiamen	293	293	257	257
莆田市	Putian	367	250	182	129
三明市	Sanming	286	57	109	35
泉州市	Quanzhou	774	125	424	92
漳州市	Zhangzhou	527	184	273	119
南平市	Nanping	314	85	116	40
龙岩市	Longyan	316	109	152	64
宁德市	Ningde	355	54	138	28

2–1 续表 3 continued

单位：万人 (10 000 persons)

城市	City	户籍人口 Household Resident Population 全市 Total City	户籍人口 Household Resident Population 市辖区 Districts under City	城镇户籍人口 Urban Household Resident Population 全市 Total City	城镇户籍人口 Urban Household Resident Population 市辖区 Districts under City
江西省	**Jiangxi**				
南昌市	Nanchang	544	322	307	238
景德镇市	Jingdezhen	172	48	85	41
萍乡市	Pingxiang	199	88	98	65
九江市	Jiujiang	522	106	215	74
新余市	Xinyu	124	90	57	44
鹰潭市	Yingtan	129	64	60	37
赣州市	Ganzhou	986	237	349	124
吉安市	Ji'an	539	61	231	37
宜春市	Yichun	600	118	267	52
抚州市	Fuzhou	431	172	176	79
上饶市	Shangrao	790	231	340	130
山东省	**Shandong**				
济南市	Jinan	820	720	507	472
青岛市	Qingdao	851	553	553	429
淄博市	Zibo	431	288	270	206
枣庄市	Zaozhuang	422		210	121
东营市	Dongying	198	114	116	82
烟台市	Yantai	645	252	360	99
潍坊市	Weifang	918	200	496	137
济宁市	Jining	888	208	452	148
泰安市	Tai'an	565		300	102
威海市	Weihai	255	139	157	98
日照市	Rizhao	308	141	152	89
临沂市	Linyi	1196	294	513	189
德州市	Dezhou	592	128	215	74
聊城市	Liaocheng	642	191	259	95
滨州市	Binzhou	395	111	192	65
菏泽市	Heze	1021	238	458	119
河南省	**Henan**				
郑州市	Zhengzhou	922	419	580	385
开封市	Kaifeng	563	173	231	118
洛阳市	Luoyang	754	327	377	236
平顶山市	Pingdingshan	570	111	227	90
安阳市	Anyang	631	125	239	101
鹤壁市	Hebi	172	67	74	50
新乡市	Xinxiang	669	112	284	102
焦作市	Jiaozuo	371	98	190	79
濮阳市	Puyang	434	75	141	57
许昌市	Xuchang	513	135	215	81

2-1 续表 4 continued

单位：万人 (10 000 persons)

城市	City	户籍人口 Household Resident Population		城镇户籍人口 Urban Household Resident Population	
		全市 Total City	市辖区 Districts under City	全市 Total City	市辖区 Districts under City
漯河市	Luohe	266	135	103	67
三门峡市	Sanmenxia	225	63	95	36
南阳市	Nanyang	1230	206	413	95
商丘市	Shangqiu	1014	193	313	105
信阳市	Xinyang	906	159	249	67
周口市	Zhoukou	1257	215	388	100
驻马店市	Zhumadian	966	87	322	55
湖北省	**Hubei**				
武汉市	Wuhan	944	944	714	714
黄石市	Huangshi	273	61	134	60
十堰市	Shiyan	339	118	98	57
宜昌市	Yichang	387	129	186	87
襄阳市	Xiangyang	585	229	286	132
鄂州市	Ezhou	110	110	55	55
荆门市	Jingmen	284	58	122	38
孝感市	Xiaogan	500	94	195	59
荆州市	Jingzhou	625	107	275	85
黄冈市	Huanggang	722	25	159	22
咸宁市	Xianning	304	63	130	34
随州市	Suizhou	243	66	117	41
湖南省	**Hunan**				
长沙市	Changsha	768	395	547	349
株洲市	Zhuzhou	394	131	195	86
湘潭市	Xiangtan	280	84	129	68
衡阳市	Hengyang	778	102	263	74
邵阳市	Shaoyang	812	68	219	47
岳阳市	Yueyang	558	109	207	86
常德市	Changde	587	138	211	64
张家界市	Zhangjiajie	167	54	53	25
益阳市	Yiyang	458	132	181	59
郴州市	Chenzhou	525	81	217	53
永州市	Yongzhou	629	116	162	45
怀化市	Huaihua	517	41	120	27
娄底市	Loudi	447	60	123	39
广东省	**Guangdong**				
广州市	Guangzhou	1035	1035	840	840
韶关市	Shaoguan	337	93	151	64
深圳市	Shenzhen	658	658	658	658
珠海市	Zhuhai	155	155	137	137
汕头市	Shantou	579	571	396	390
佛山市	Foshan	495	495	464	464
江门市	Jiangmen	403	149	222	114

2-1 续表 5 continued

单位：万人 (10 000 persons)

城 市	City	户籍人口 Household Resident Population		城镇户籍人口 Urban Household Resident Population	
		全市 Total City	市辖区 Districts under City	全市 Total City	市辖区 Districts under City
湛江市	Zhanjiang	869	175	328	108
茂名市	Maoming	826	308	392	149
肇庆市	Zhaoqing	458	151	180	84
惠州市	Huizhou	416	192	239	143
梅州市	Meizhou	539	98	222	59
汕尾市	Shanwei	356	52	177	32
河源市	Heyuan	371	34	105	33
阳江市	Yangjiang	303	125	123	65
清远市	Qingyuan	454	155	182	87
东莞市	Dongguan	292		282	
中山市	Zhongshan	208		186	
潮州市	Chaozhou	275	170	159	112
揭阳市	Jieyang	713	214	347	142
云浮市	Yunfu	301	70	117	32
广西壮族自治区	**Guangxi**				
南宁市	Nanning	810	430	390	286
柳州市	Liuzhou	398	191	203	144
桂林市	Guilin	541	138	226	103
梧州市	Wuzhou	355	81	168	61
北海市	Beihai	183	72	70	44
防城港市	Fangchenggang	102	61	42	26
钦州市	Qinzhou	420	156	101	50
贵港市	Guigang	565	207	143	62
玉林市	Yulin	744	119	256	64
百色市	Baise	423	74	112	28
贺州市	Hezhou	250	123	49	25
河池市	Hechi	433	102	111	34
来宾市	Laibin	268	115	71	34
崇左市	Chongzuo	251	38	53	11
海南省	**Hainan**				
海口市	Haikou	221	221	158	158
三亚市	Sanya	73	73	53	53
三沙市	Sansha	0		0	
儋州市	Danzhou	108		38	
重庆市	**Chongqing**	**3414**	**2491**	**1711**	**1408**
四川省	**Sichuan**				
成都市	Chengdu	1572	985	1082	831
自贡市	Zigong	314	144	113	70
攀枝花市	Panzhihua	107	63	56	49
泸州市	Luzhou	504	152	201	117
德阳市	Deyang	378	94	141	55

2-1 续表 6 continued

单位：万人 (10 000 persons)

城市	City	户籍人口 Household Resident Population		城镇户籍人口 Urban Household Resident Population	
		全市 Total City	市辖区 Districts under City	全市 Total City	市辖区 Districts under City
绵阳市	Mianyang	526	177	194	113
广元市	Guangyuan	293	92	82	38
遂宁市	Suining	354	144	107	52
内江市	Neijiang	399	137	111	48
乐山市	Leshan	346	116	133	61
南充市	Nanchong	709	193	204	90
眉山市	Meishan	339	120	133	57
宜宾市	Yibin	548	229	207	106
广安市	Guang'an	449	128	108	46
达州市	Dazhou	644	173	236	72
雅安市	Ya'an	152	61	70	27
巴中市	Bazhong	359	133	104	48
资阳市	Ziyang	333	105	56	26
贵州省	**Guizhou**				
贵阳市	Guiyang	450	287	313	253
六盘水市	Liupanshui	361	151	144	70
遵义市	Zunyi	826	232	375	137
安顺市	Anshun	305	132	124	63
毕节市	Bijie	950	173	375	78
铜仁市	Tongren	449	56	176	35
云南省	**Yunnan**				
昆明市	Kunming	594	340	416	309
曲靖市	Qujing	674	145	294	83
玉溪市	Yuxi	222	76	102	42
保山市	Baoshan	265	95	123	43
昭通市	Zhaotong	634	100	195	38
丽江市	Lijiang	124	16	83	15
普洱市	Pu'er	254	25	54	13
临沧市	Lincang	242	34	59	13
西藏自治区	**Xizang**				
拉萨市	Lhasa	58	33	28	26
日喀则市	Xigazê	82	13	13	6
昌都市	Qamdo	79	13	10	4
林芝市	Nyingchi	21	5	7	4
山南市	Lhoka	36	7	8	4
那曲市	Nagqu	57	12	7	3
陕西省	**Shaanxi**				
西安市	Xi'an	1015	879		
铜川市	Tongchuan	78	69	40	37
宝鸡市	Baoji	373	191		
咸阳市	Xianyang	453	55	200	47

2-1 续表 7 continued

单位：万人 (10 000 persons)

城 市	City	户籍人口 Household Resident Population		城镇户籍人口 Urban Household Resident Population	
		全市 Total City	市辖区 Districts under City	全市 Total City	市辖区 Districts under City
渭南市	Weinan	536	95	238	43
延安市	Yan'an	233	69		
汉中市	Hanzhong	379	115	153	56
榆林市	Yulin	386	63	88	28
安康市	Ankang	302	103	124	50
商洛市	Shangluo	248	56	118	21
甘肃省	**Gansu**				
兰州市	Lanzhou	337	216	249	201
嘉峪关市	Jiayuguan	21		20	
金昌市	Jinchang	44	21	27	17
白银市	Baiyin	180	49	75	37
天水市	Tianshui	371	132	159	75
武威市	Wuwei	186	103	77	53
张掖市	Zhangye	130	52	55	22
平凉市	Pingliang	231	53	84	28
酒泉市	Jiuquan	101	42	51	24
庆阳市	Qingyang	269	40	77	17
定西市	Dingxi	302	47	95	16
陇南市	Longnan	282	60	91	23
青海省	**Qinghai**				
西宁市	Xining	214	155	139	116
海东市	Haidong	173	41	47	15
宁夏回族自治区	**Ningxia**				
银川市	Yinchuan	215	138	162	123
石嘴山市	Shizuishan	74	43	45	37
吴忠市	Wuzhong	144	42	49	22
固原市	Guyuan	146	47	39	20
中卫市	Zhongwei	122	42	38	19
新疆维吾尔自治区	**Xinjiang**				
乌鲁木齐市	Urumqi	239	234	218	218
克拉玛依市	Karamay	32	32	32	32
吐鲁番市	Turpan	62	29	22	11
哈密市	Hami				

(二)资源环境
Resources and Environment

2-2 建成区面积及水资源总量
Built-up Area and Total Water Resources

城　市	City	建成区面积(平方公里) Built-up Area (sq.km)	水资源总量(亿立方米) Total Water Resources (10^8cu.m)
		市辖区 Districts under City	全市 Total City
北京市	**Beijing**		**24**
天津市	**Tianjin**	**1264**	**17**
河北省	**Hebei**		
石家庄市	Shijiazhuang	335	26
唐山市	Tangshan	277	24
秦皇岛市	Qinhuangdao	150	19
邯郸市	Handan	192	19
邢台市	Xingtai	135	17
保定市	Baoding	231	24
张家口市	Zhangjiakou	102	14
承德市	Chengde	81	22
沧州市	Cangzhou	90	10
廊坊市	Langfang	80	5
衡水市	Hengshui	77	8
山西省	**Shanxi**		
太原市	Taiyuan	360	
大同市	Datong	156	
阳泉市	Yangquan		5
长治市	Changzhi	86	20
晋城市	Jincheng		17
朔州市	Shuozhou	50	7
晋中市	Jinzhong	95	27
运城市	Yuncheng	66	
忻州市	Xinzhou	37	27
临汾市	Linfen		
吕梁市	Lvliang	33	21
内蒙古自治区	**Inner Mongolia**		
呼和浩特市	Hohhot	271	10
包头市	Baotou	212	6
乌海市	Wuhai	57	3
赤峰市	Chifeng	117	39
通辽市	Tongliao	63	34
鄂尔多斯市	Erdos	118	29
呼伦贝尔市	Hulunbuir	85	316
巴彦淖尔市	Bayannur	51	51
乌兰察布市	Ulanqab	75	13
辽宁省	**Liaoning**		
沈阳市	Shenyang	573	49
大连市	Dalian	444	63
鞍山市	Anshan	179	44

2-2 续表 1 continued

城 市	City	建成区面积(平方公里) Built-up Area (sq.km)	水资源总量(亿立方米) Total Water Resources (10^8cu.m)
		市辖区 Districts under City	全市 Total City
抚顺市	Fushun	123	53
本溪市	Benxi	109	46
丹东市	Dandong	75	120
锦州市	Jinzhou	77	29
营口市	Yingkou	180	17
阜新市	Fuxin	77	28
辽阳市	Liaoyang	102	17
盘锦市	Panjin	107	9
铁岭市	Tieling	70	54
朝阳市	Chaoyang	61	16
葫芦岛市	Huludao	95	21
吉林省	**Jilin**		
长春市	Changchun	551	83
吉林市	Jilin	196	135
四平市	Siping	66	53
辽源市	Liaoyuan	58	23
通化市	Tonghua	65	97
白山市	Baishan	40	115
松原市	Songyuan	54	20
白城市	Baicheng	48	29
黑龙江省	**Heilongjiang**		
哈尔滨市	Harbin	500	136
齐齐哈尔市	Qiqihar	131	59
鸡西市	Jixi	49	47
鹤岗市	Hegang	56	39
双鸭山市	Shuangyashan	57	40
大庆市	Daqing	256	23
伊春市	Yichun	97	101
佳木斯市	Jiamusi	97	100
七台河市	Qitaihe	52	7
牡丹江市	Mudanjiang	72	107
黑河市	Heihe	20	122
绥化市	Suihua	45	44
上海市	**Shanghai**	**1242**	**33**
江苏省	**Jiangsu**		
南京市	Nanjing	886	11
无锡市	Wuxi	360	18
徐州市	Xuzhou	293	31
常州市	Changzhou	279	11
苏州市	Suzhou	481	21
南通市	Nantong	304	21

2-2 续表 2 continued

城　市	City	建成区面积(平方公里) Built-up Area (sq.km)	水资源总量(亿立方米) Total Water Resources (10^8cu.m)
		市辖区 Districts under City	全市 Total City
连云港市	Lianyungang	225	27
淮安市	Huai'an	216	9
盐城市	Yancheng	172	25
扬州市	Yangzhou	199	5
镇江市	Zhenjiang	147	7
泰州市	Taizhou	159	6
宿迁市	Suqian	123	11
浙江省	**Zhejiang**		
杭州市	Hangzhou	829	128
宁波市	Ningbo	397	94
温州市	Wenzhou	283	106
嘉兴市	Jiaxing	166	25
湖州市	Huzhou	135	34
绍兴市	Shaoxing	266	66
金华市	Jinhua	116	85
衢州市	Quzhou	88	114
舟山市	Zhoushan	71	9
台州市	Taizhou	160	71
丽水市	Lishui	47	200
安徽省	**Anhui**		
合肥市	Hefei	507	25
芜湖市	Wuhu	265	28
蚌埠市	Bengbu	155	15
淮南市	Huainan	128	12
马鞍山市	Ma'anshan	104	12
淮北市	Huaibei	90	6
铜陵市	Tongling	91	13
安庆市	Anqing	163	71
黄山市	Huangshan	72	80
滁州市	Chuzhou	120	22
阜阳市	Fuyang	156	28
宿州市	Suzhou	92	24
六安市	Lu'an	82	59
亳州市	Bozhou	76	23
池州市	Chizhou	49	54
宣城市	Xuancheng	75	76
福建省	**Fujian**		
福州市	Fuzhou	410	90
厦门市	Xiamen	465	12
莆田市	Putian	116	30
三明市	Sanming	77	218

2-2 续表 3 continued

城　市	City	建成区面积（平方公里）Built-up Area (sq.km)	水资源总量（亿立方米）Total Water Resources (10^8cu.m)
		市辖区 Districts under City	全市 Total City
泉州市	Quanzhou	179	87
漳州市	Zhangzhou	107	106
南平市	Nanping	49	313
龙岩市	Longyan	80	100
宁德市	Ningde	47	137
江西省	**Jiangxi**		
南昌市	Nanchang	377	76
景德镇市	Jingdezhen	101	51
萍乡市	Pingxiang	53	41
九江市	Jiujiang	165	124
新余市	Xinyu	85	34
鹰潭市	Yingtan	62	36
赣州市	Ganzhou	238	313
吉安市	Ji'an	69	212
宜春市	Yichun	91	199
抚州市	Fuzhou	115	188
上饶市	Shangrao	106	274
山东省	**Shandong**		
济南市	Jinan	806	34
青岛市	Qingdao	762	39
淄博市	Zibo	296	28
枣庄市	Zaozhuang	157	21
东营市	Dongying	169	10
烟台市	Yantai	398	68
潍坊市	Weifang	199	57
济宁市	Jining	249	24
泰安市	Tai'an	164	22
威海市	Weihai	198	32
日照市	Rizhao	126	18
临沂市	Linyi	265	66
德州市	Dezhou	168	20
聊城市	Liaocheng	167	21
滨州市	Binzhou	152	23
菏泽市	Heze	168	19
河南省	**Henan**		
郑州市	Zhengzhou	729	8
开封市	Kaifeng	141	7
洛阳市	Luoyang	295	16
平顶山市	Pingdingshan	73	7
安阳市	Anyang	93	13
鹤壁市	Hebi	66	4

2-2 续表 4 continued

城 市	City	建成区面积（平方公里）Built-up Area (sq.km)	水资源总量（亿立方米）Total Water Resources (10^8cu.m)
		市辖区 Districts under City	全市 Total City
新乡市	Xinxiang		12
焦作市	Jiaozuo	118	8
濮阳市	Puyang	66	5
许昌市	Xuchang	124	5
漯河市	Luohe	68	2
三门峡市	Sanmenxia	61	15
南阳市	Nanyang	167	36
商丘市	Shangqiu		15
信阳市	Xinyang	107	53
周口市	Zhoukou	115	17
驻马店市	Zhumadian	106	27
湖北省	**Hubei**		
武汉市	Wuhan	974	33
黄石市	Huangshi	85	26
十堰市	Shiyan	116	56
宜昌市	Yichang	204	90
襄阳市	Xiangyang	206	37
鄂州市	Ezhou	38	6
荆门市	Jingmen	71	31
孝感市	Xiaogan	99	30
荆州市	Jingzhou	102	65
黄冈市	Huanggang	64	79
咸宁市	Xianning	85	43
随州市	Suizhou	84	
湖南省	**Hunan**		
长沙市	Changsha	577	97
株洲市	Zhuzhou	152	109
湘潭市	Xiangtan	90	35
衡阳市	Hengyang	153	94
邵阳市	Shaoyang	78	151
岳阳市	Yueyang	125	98
常德市	Changde	122	101
张家界市	Zhangjiajie	39	57
益阳市	Yiyang	95	99
郴州市	Chenzhou	80	218
永州市	Yongzhou	76	242
怀化市	Huaihua	66	195
娄底市	Loudi	54	66
广东省	**Guangdong**		
广州市	Guangzhou	1381	79
韶关市	Shaoguan	126	249

2-2 续表 5 continued

城　市	City	建成区面积(平方公里) Built-up Area (sq.km)	水资源总量(亿立方米) Total Water Resources (10^8cu.m)
		市辖区 Districts under City	全市 Total City
深圳市	Shenzhen	967	22
珠海市	Zhuhai	153	18
汕头市	Shantou	280	24
佛山市	Foshan	164	40
江门市	Jiangmen	199	159
湛江市	Zhanjiang	112	109
茂名市	Maoming	135	135
肇庆市	Zhaoqing	130	168
惠州市	Huizhou	314	127
梅州市	Meizhou		144
汕尾市	Shanwei	40	66
河源市	Heyuan	48	160
阳江市	Yangjiang	113	132
清远市	Qingyuan	182	345
东莞市	Dongguan		21
中山市	Zhongshan		22
潮州市	Chaozhou	60	36
揭阳市	Jieyang	161	78
云浮市	Yunfu	99	79
广西壮族自治区	**Guangxi**		
南宁市	Nanning	443	130
柳州市	Liuzhou	262	234
桂林市	Guilin	129	328
梧州市	Wuzhou	75	123
北海市	Beihai	86	31
防城港市	Fangchenggang	52	85
钦州市	Qinzhou	91	102
贵港市	Guigang	100	134
玉林市	Yulin	78	105
百色市	Baise	71	180
贺州市	Hezhou	58	73
河池市	Hechi	49	240
来宾市	Laibin	54	137
崇左市	Chongzuo	41	107
海南省	**Hainan**		
海口市	Haikou	216	26
三亚市	Sanya	59	21
三沙市	Sansha		
儋州市	Danzhou		24
重庆市	**Chongqing**	**1641**	**373**

2-2 续表 6 continued

城 市	City	建成区面积 (平方公里) Built-up Area (sq.km)	水资源总量 (亿立方米) Total Water Resources (10^8cu.m)
		市辖区 Districts under City	全市 Total City
四川省	**Sichuan**		
成都市	Chengdu		
自贡市	Zigong	132	12
攀枝花市	Panzhihua	84	24
泸州市	Luzhou	174	52
德阳市	Deyang	96	28
绵阳市	Mianyang	189	101
广元市	Guangyuan	71	52
遂宁市	Suining	91	11
内江市	Neijiang	104	
乐山市	Leshan	80	100
南充市	Nanchong	172	30
眉山市	Meishan	70	48
宜宾市	Yibin	189	66
广安市	Guang'an	64	21
达州市	Dazhou	155	87
雅安市	Ya'an	46	131
巴中市	Bazhong	64	65
资阳市	Ziyang	54	15
贵州省	**Guizhou**		
贵阳市	Guiyang	486	34
六盘水市	Liupanshui	100	57
遵义市	Zunyi	159	129
安顺市	Anshun	76	56
毕节市	Bijie	52	138
铜仁市	Tongren	56	96
云南省	**Yunnan**		
昆明市	Kunming	483	56
曲靖市	Qujing	104	102
玉溪市	Yuxi	40	32
保山市	Baoshan	38	116
昭通市	Zhaotong	47	100
丽江市	Lijiang	25	58
普洱市	Pu'er	27	243
临沧市	Lincang	23	103
西藏自治区	**Xizang**		
拉萨市	Lhasa		73
日喀则市	Xigazê	35	337
昌都市	Qamdo		
林芝市	Nyingchi	17	2375
山南市	Lhoka	26	683
那曲市	Nagqu	20	285

2-2 续表 7 continued

城 市	City	建成区面积 (平方公里) Built-up Area (sq.km)	水资源总量 (亿立方米) Total Water Resources (10^8cu.m)
		市辖区 Districts under City	全市 Total City
陕西省	**Shaanxi**		
西安市	Xi'an	807	27
铜川市	Tongchuan	49	2
宝鸡市	Baoji	118	40
咸阳市	Xianyang	78	7
渭南市	Weinan	84	13
延安市	Yan'an	71	13
汉中市	Hanzhong	54	124
榆林市	Yulin	69	27
安康市	Ankang	45	243
商洛市	Shangluo	26	
甘肃省	**Gansu**		
兰州市	Lanzhou	254	3
嘉峪关市	Jiayuguan		5
金昌市	Jinchang	48	5
白银市	Baiyin	67	1
天水市	Tianshui	60	10
武威市	Wuwei	34	13
张掖市	Zhangye	47	26
平凉市	Pingliang	42	5
酒泉市	Jiuquan	62	41
庆阳市	Qingyang	30	7
定西市	Dingxi	26	14
陇南市	Longnan	16	65
青海省	**Qinghai**		
西宁市	Xining	108	15
海东市	Haidong	42	14
宁夏回族自治区	**Ningxia**		
银川市	Yinchuan		1
石嘴山市	Shizuishan	103	1
吴忠市	Wuzhong	57	1
固原市	Guyuan	45	4
中卫市	Zhongwei	31	1
新疆维吾尔自治区	**Xinjiang**		
乌鲁木齐市	Urumqi	545	10
克拉玛依市	Karamay	79	4
吐鲁番市	Turpan	24	13
哈密市	Hami	52	12

2−3 城市建设用地状况(市辖区)
Land Used for Urban Construction(Districts under City)

单位：平方公里 (sq.km)

城　市	City	城市建设用地面积 Area of Land Used for Urban Construction	居住用地面积 Area of Land Used for Living
北京市	**Beijing**		
天津市	**Tianjin**	**1088**	**312**
河北省	**Hebei**		
石家庄市	Shijiazhuang	333	131
唐山市	Tangshan	267	62
秦皇岛市	Qinhuangdao	147	41
邯郸市	Handan	190	47
邢台市	Xingtai	135	52
保定市	Baoding	224	67
张家口市	Zhangjiakou	98	23
承德市	Chengde	78	20
沧州市	Cangzhou	85	31
廊坊市	Langfang	79	25
衡水市	Hengshui	76	27
山西省	**Shanxi**		
太原市	Taiyuan	351	119
大同市	Datong	156	55
阳泉市	Yangquan	36	42
长治市	Changzhi	84	27
晋城市	Jincheng		
朔州市	Shuozhou	49	12
晋中市	Jinzhong		29
运城市	Yuncheng	46	14
忻州市	Xinzhou	37	11
临汾市	Linfen		
吕梁市	Lvliang	33	11
内蒙古自治区	**Inner Mongolia**		
呼和浩特市	Hohhot	316	140
包头市	Baotou	196	59
乌海市	Wuhai	55	20
赤峰市	Chifeng	109	31
通辽市	Tongliao	63	14
鄂尔多斯市	Erdos	104	27
呼伦贝尔市	Hulunbuir	83	27
巴彦淖尔市	Bayannur	40	22
乌兰察布市	Ulanqab	62	19
辽宁省	**Liaoning**		
沈阳市	Shenyang	605	215
大连市	Dalian		
鞍山市	Anshan	164	49

2-3 续表 1 continued

单位：平方公里 (sq.km)

城 市	City	城市建设用地面积 Area of Land Used for Urban Construction	居住用地面积 Area of Land Used for Living
抚顺市	Fushun	123	30
本溪市	Benxi	92	28
丹东市	Dandong	51	21
锦州市	Jinzhou	107	42
营口市	Yingkou	178	38
阜新市	Fuxin	77	21
辽阳市	Liaoyang	101	39
盘锦市	Panjin	126	34
铁岭市	Tieling	69	27
朝阳市	Chaoyang	62	19
葫芦岛市	Huludao	91	19
吉林省	**Jilin**		
长春市	Changchun	543	159
吉林市	Jilin	196	61
四平市	Siping	66	24
辽源市	Liaoyuan	46	20
通化市	Tonghua	46	21
白山市	Baishan	37	14
松原市	Songyuan	50	17
白城市	Baicheng	47	12
黑龙江省	**Heilongjiang**		
哈尔滨市	Harbin	450	150
齐齐哈尔市	Qiqihar	131	43
鸡西市	Jixi	58	33
鹤岗市	Hegang	49	17
双鸭山市	Shuangyashan	57	16
大庆市	Daqing	239	62
伊春市	Yichun	92	27
佳木斯市	Jiamusi	90	30
七台河市	Qitaihe	50	17
牡丹江市	Mudanjiang	62	24
黑河市	Heihe	20	6
绥化市	Suihua	38	13
上海市	**Shanghai**	**1093**	**376**
江苏省	**Jiangsu**		
南京市	Nanjing	843	207
无锡市	Wuxi	317	97
徐州市	Xuzhou	293	89
常州市	Changzhou	279	66
苏州市	Suzhou	480	141
南通市	Nantong	299	89

2-3 续表 2 continued

单位：平方公里 (sq.km)

城　市	City	城市建设用地面积 Area of Land Used for Urban Construction	居住用地面积 Area of Land Used for Living
连云港市	Lianyungang	225	51
淮安市	Huai'an	211	46
盐城市	Yancheng	166	53
扬州市	Yangzhou	199	54
镇江市	Zhenjiang	170	42
泰州市	Taizhou	154	42
宿迁市	Suqian	123	27
浙江省	**Zhejiang**		
杭州市	Hangzhou	846	277
宁波市	Ningbo	437	99
温州市	Wenzhou	206	57
嘉兴市	Jiaxing	150	41
湖州市	Huzhou	128	47
绍兴市	Shaoxing	257	93
金华市	Jinhua	116	37
衢州市	Quzhou	107	26
舟山市	Zhoushan	59	23
台州市	Taizhou	146	48
丽水市	Lishui	47	15
安徽省	**Anhui**		
合肥市	Hefei	454	136
芜湖市	Wuhu	265	47
蚌埠市	Bengbu	155	50
淮南市	Huainan	128	46
马鞍山市	Ma'anshan	93	26
淮北市	Huaibei	99	36
铜陵市	Tongling	87	24
安庆市	Anqing	165	45
黄山市	Huangshan	61	21
滁州市	Chuzhou	121	27
阜阳市	Fuyang	156	51
宿州市	Suzhou	92	28
六安市	Lu'an	82	28
亳州市	Bozhou	76	21
池州市	Chizhou	50	17
宣城市	Xuancheng	74	18
福建省	**Fujian**		
福州市	Fuzhou		
厦门市	Xiamen	329	105
莆田市	Putian	111	53
三明市	Sanming	77	19

2-3 续表 3 continued

单位：平方公里 (sq.km)

城　市	City	城市建设用地面积 Area of Land Used for Urban Construction	居住用地面积 Area of Land Used for Living
泉州市	Quanzhou	187	70
漳州市	Zhangzhou	96	35
南平市	Nanping	49	17
龙岩市	Longyan	76	27
宁德市	Ningde	49	24
江西省	**Jiangxi**		
南昌市	Nanchang	310	103
景德镇市	Jingdezhen	97	34
萍乡市	Pingxiang	53	19
九江市	Jiujiang	154	43
新余市	Xinyu	85	22
鹰潭市	Yingtan	54	17
赣州市	Ganzhou	211	66
吉安市	Ji'an	69	15
宜春市	Yichun	91	33
抚州市	Fuzhou	111	37
上饶市	Shangrao	105	36
山东省	**Shandong**		
济南市	Jinan	674	246
青岛市	Qingdao	681	172
淄博市	Zibo	289	100
枣庄市	Zaozhuang	150	65
东营市	Dongying	144	61
烟台市	Yantai	386	117
潍坊市	Weifang	337	110
济宁市	Jining	254	81
泰安市	Tai'an	164	54
威海市	Weihai	177	57
日照市	Rizhao	117	45
临沂市	Linyi	255	78
德州市	Dezhou	159	48
聊城市	Liaocheng	141	48
滨州市	Binzhou	150	49
菏泽市	Heze	161	56
河南省	**Henan**		
郑州市	Zhengzhou	707	178
开封市	Kaifeng	130	53
洛阳市	Luoyang	253	89
平顶山市	Pingdingshan	73	29
安阳市	Anyang	92	29
鹤壁市	Hebi	65	15

2-3 续表 4 continued

单位：平方公里 (sq.km)

城 市	City	城市建设用地面积 Area of Land Used for Urban Construction	居住用地面积 Area of Land Used for Living
新乡市	Xinxiang	217	78
焦作市	Jiaozuo	114	36
濮阳市	Puyang	66	24
许昌市	Xuchang	133	48
漯河市	Luohe	106	40
三门峡市	Sanmenxia	75	23
南阳市	Nanyang	167	49
商丘市	Shangqiu		
信阳市	Xinyang	104	30
周口市	Zhoukou	110	39
驻马店市	Zhumadian	83	36
湖北省	**Hubei**		
武汉市	Wuhan		
黄石市	Huangshi	67	25
十堰市	Shiyan	116	33
宜昌市	Yichang	204	53
襄阳市	Xiangyang	187	56
鄂州市	Ezhou	38	9
荆门市	Jingmen	71	15
孝感市	Xiaogan	60	17
荆州市	Jingzhou	102	26
黄冈市	Huanggang	61	19
咸宁市	Xianning	180	148
随州市	Suizhou	84	32
湖南省	**Hunan**		
长沙市	Changsha	466	189
株洲市	Zhuzhou	152	48
湘潭市	Xiangtan	127	48
衡阳市	Hengyang	143	55
邵阳市	Shaoyang	78	29
岳阳市	Yueyang	121	35
常德市	Changde	96	36
张家界市	Zhangjiajie	38	16
益阳市	Yiyang	92	33
郴州市	Chenzhou	73	34
永州市	Yongzhou	73	17
怀化市	Huaihua	55	20
娄底市	Loudi	54	17
广东省	**Guangdong**		
广州市	Guangzhou	725	223
韶关市	Shaoguan	126	44

2-3 续表 5 continued

单位：平方公里 (sq.km)

城 市	City	城市建设用地面积 Area of Land Used for Urban Construction	居住用地面积 Area of Land Used for Living
深圳市	Shenzhen	986	232
珠海市	Zhuhai	461	104
汕头市	Shantou	315	164
佛山市	Foshan	189	64
江门市	Jiangmen	165	38
湛江市	Zhanjiang	92	34
茂名市	Maoming	105	37
肇庆市	Zhaoqing	125	43
惠州市	Huizhou	303	105
梅州市	Meizhou		
汕尾市	Shanwei	26	10
河源市	Heyuan	48	23
阳江市	Yangjiang	106	40
清远市	Qingyuan		
东莞市	Dongguan		
中山市	Zhongshan		
潮州市	Chaozhou	113	39
揭阳市	Jieyang	108	45
云浮市	Yunfu	73	22
广西壮族自治区	**Guangxi**		
南宁市	Nanning	310	104
柳州市	Liuzhou	262	75
桂林市	Guilin	127	42
梧州市	Wuzhou	70	21
北海市	Beihai	85	35
防城港市	Fangchenggang	51	12
钦州市	Qinzhou	90	18
贵港市	Guigang	92	33
玉林市	Yulin	74	28
百色市	Baise	6	2
贺州市	Hezhou	54	14
河池市	Hechi	46	15
来宾市	Laibin	54	13
崇左市	Chongzuo	40	8
海南省	**Hainan**		
海口市	Haikou	412	185
三亚市	Sanya	113	31
三沙市	Sansha		
儋州市	Danzhou		
重庆市	**Chongqing**	**1526**	**465**

2-3 续表 6 continued

单位：平方公里 (sq.km)

城市	City	城市建设用地面积 Area of Land Used for Urban Construction	居住用地面积 Area of Land Used for Living
四川省	**Sichuan**		
成都市	Chengdu		
自贡市	Zigong	129	43
攀枝花市	Panzhihua	83	23
泸州市	Luzhou	174	40
德阳市	Deyang	95	29
绵阳市	Mianyang	189	58
广元市	Guangyuan	70	17
遂宁市	Suining	76	19
内江市	Neijiang	103	35
乐山市	Leshan	79	34
南充市	Nanchong	172	63
眉山市	Meishan	68	24
宜宾市	Yibin	172	36
广安市	Guang'an	61	20
达州市	Dazhou	115	35
雅安市	Ya'an	44	10
巴中市	Bazhong	45	15
资阳市	Ziyang	39	10
贵州省	**Guizhou**		
贵阳市	Guiyang	267	111
六盘水市	Liupanshui	56	31
遵义市	Zunyi	156	42
安顺市	Anshun	57	27
毕节市	Bijie		
铜仁市	Tongren	55	21
云南省	**Yunnan**		
昆明市	Kunming	385	149
曲靖市	Qujing	102	36
玉溪市	Yuxi	31	15
保山市	Baoshan	43	17
昭通市	Zhaotong	44	13
丽江市	Lijiang	25	5
普洱市	Pu'er	38	8
临沧市	Lincang	23	8
西藏自治区	**Xizang**		
拉萨市	Lhasa	207	50
日喀则市	Xigazê		
昌都市	Qamdo		
林芝市	Nyingchi	15	3
山南市	Lhoka		
那曲市	Nagqu	21	5

2-3 续表 7 continued

单位：平方公里 (sq.km)

城　　市	City	城市建设用地面积 Area of Land Used for Urban Construction	居住用地面积 Area of Land Used for Living
陕西省	**Shaanxi**		
西安市	Xi'an	786	246
铜川市	Tongchuan	49	12
宝鸡市	Baoji	117	30
咸阳市	Xianyang	77	23
渭南市	Weinan	75	30
延安市	Yan'an	42	20
汉中市	Hanzhong	54	15
榆林市	Yulin	58	13
安康市	Ankang	45	13
商洛市	Shangluo	21	3
甘肃省	**Gansu**		
兰州市	Lanzhou	254	80
嘉峪关市	Jiayuguan		
金昌市	Jinchang	48	8
白银市	Baiyin	64	19
天水市	Tianshui	60	11
武威市	Wuwei	34	14
张掖市	Zhangye	47	12
平凉市	Pingliang	42	14
酒泉市	Jiuquan	47	12
庆阳市	Qingyang	30	10
定西市	Dingxi	25	6
陇南市	Longnan	13	7
青海省	**Qinghai**		
西宁市	Xining	108	29
海东市	Haidong	35	15
宁夏回族自治区	**Ningxia**		
银川市	Yinchuan		
石嘴山市	Shizuishan	97	24
吴忠市	Wuzhong	45	15
固原市	Guyuan	41	11
中卫市	Zhongwei	22	9
新疆维吾尔自治区	**Xinjiang**		
乌鲁木齐市	Urumqi	411	137
克拉玛依市	Karamay	75	24
吐鲁番市	Turpan	24	10
哈密市	Hami	52	20

2-4 绿地面积及建成区绿化覆盖面积(市辖区)
Area of Green Land and Green Covered Area of Built-up Area(Districts under City)

城 市	City	绿地面积(公顷) Area of Green Land (hectare)	公园绿地面积 Area of Parks and Green Land	建成区绿化覆盖率(%) Green Covered Area as % of Completed Area (%)
北京市	**Beijing**	**93558**	**36900**	**49.77**
天津市	**Tianjin**	**44880**	**11273**	**38.41**
河北省	**Hebei**			
石家庄市	Shijiazhuang	15851	5178	41.33
唐山市	Tangshan	11219	3792	43.97
秦皇岛市	Qinhuangdao	5626	2395	40.75
邯郸市	Handan	8900	3580	48.15
邢台市	Xingtai	6178	1284	43.39
保定市	Baoding	9730	2712	43.99
张家口市	Zhangjiakou	4111	1476	42.52
承德市	Chengde	3890	1167	43.18
沧州市	Cangzhou	3601	1026	44.87
廊坊市	Langfang	3639	1000	47.59
衡水市	Hengshui	4610	1025	44.56
山西省	**Shanxi**			
太原市	Taiyuan	14378	5204	45.08
大同市	Datong	6254	2192	43.40
阳泉市	Yangquan	2474	739	44.07
长治市	Changzhi	4519	1369	46.06
晋城市	Jincheng	2202	1032	47.14
朔州市	Shuozhou	1985	650	43.98
晋中市	Jinzhong	3778	983	43.07
运城市	Yuncheng	2720	801	45.21
忻州市	Xinzhou	1504	508	44.25
临汾市	Linfen	2177	932	42.33
吕梁市	Lvliang	1361	468	43.11
内蒙古自治区	**Inner Mongolia**			
呼和浩特市	Hohhot	17048	4233	43.77
包头市	Baotou	9720	2981	44.71
乌海市	Wuhai	2367	837	43.00
赤峰市	Chifeng	4551	1947	40.80
通辽市	Tongliao	2249	985	43.13
鄂尔多斯市	Erdos	4683	1978	43.27
呼伦贝尔市	Hulunbuir	1136	515	38.19
巴彦淖尔市	Bayannur	1690	467	37.09
乌兰察布市	Ulanqab	7367	1011	40.75
辽宁省	**Liaoning**			
沈阳市	Shenyang	22968	7255	41.96
大连市	Dalian	19790	5437	45.89
鞍山市	Anshan	7120	1975	41.31

2–4 续表 1 continued

城　市	City	绿地面积（公顷）Area of Green Land (hectare)	公园绿地面积 Area of Parks and Green Land	建成区绿化覆盖率(%) Green Covered Area as % of Completed Area (%)
抚顺市	Fushun	4804	1322	36.10
本溪市	Benxi	23246	1016	49.94
丹东市	Dandong	2935	839	40.42
锦州市	Jinzhou	3989	1417	39.56
营口市	Yingkou	7015	1184	41.20
阜新市	Fuxin	3391	925	44.44
辽阳市	Liaoyang	4357	949	44.82
盘锦市	Panjin	4284	1226	43.94
铁岭市	Tieling	2810	635	39.61
朝阳市	Chaoyang	2009	752	34.64
葫芦岛市	Huludao	3804	923	41.53
吉林省	**Jilin**			
长春市	Changchun	48149	6822	43.70
吉林市	Jilin	7515	1785	43.37
四平市	Siping	2670	649	43.09
辽源市	Liaoyuan	2045	592	43.89
通化市	Tonghua	2618	825	44.77
白山市	Baishan	11496	479	40.49
松原市	Songyuan	2547	610	45.63
白城市	Baicheng	2030	369	42.39
黑龙江省	**Heilongjiang**			
哈尔滨市	Harbin	15750	5173	33.15
齐齐哈尔市	Qiqihar	5411	1739	43.31
鸡西市	Jixi	1877	1053	40.20
鹤岗市	Hegang	3496	776	43.26
双鸭山市	Shuangyashan	3206	819	47.26
大庆市	Daqing	14025	2205	43.98
伊春市	Yichun	3993	1714	43.19
佳木斯市	Jiamusi	3845	875	44.00
七台河市	Qitaihe	2604	605	46.17
牡丹江市	Mudanjiang	5451	783	33.61
黑河市	Heihe	828	220	44.83
绥化市	Suihua	1376	360	33.67
上海市	**Shanghai**	**172646**	**22980**	**38.10**
江苏省	**Jiangsu**			
南京市	Nanjing	94583	11326	45.00
无锡市	Wuxi	20589	4458	43.96
徐州市	Xuzhou	17844	3726	44.59
常州市	Changzhou	11378	3349	44.80
苏州市	Suzhou	25901	7416	43.80
南通市	Nantong	13676	4108	43.66

2-4 续表 2 continued

城 市	City	绿地面积（公顷） Area of Green Land (hectare)	公园绿地面积 Area of Parks and Green Land	建成区绿化覆盖率（%） Green Covered Area as % of Completed Area (%)
连云港市	Lianyungang	21528	1672	43.00
淮安市	Huai'an	9969	2688	44.00
盐城市	Yancheng	8480	2299	44.10
扬州市	Yangzhou	9617	2542	44.90
镇江市	Zhenjiang	9697	1617	43.50
泰州市	Taizhou	7366	1807	44.60
宿迁市	Suqian	5189	1643	45.00
浙江省	**Zhejiang**			
杭州市	Hangzhou	53251	12723	40.96
宁波市	Ningbo	18151	5457	43.43
温州市	Wenzhou	10460	3420	39.79
嘉兴市	Jiaxing	7012	1540	40.21
湖州市	Huzhou	5592	1814	43.85
绍兴市	Shaoxing	10464	2702	44.76
金华市	Jinhua	4974	1400	42.23
衢州市	Quzhou	3203	663	40.96
舟山市	Zhoushan	14509	1077	44.54
台州市	Taizhou	6738	1986	44.01
丽水市	Lishui	1927	535	42.84
安徽省	**Anhui**			
合肥市	Hefei	22497	9705	45.96
芜湖市	Wuhu	12127	3121	45.84
蚌埠市	Bengbu	6332	1617	44.42
淮南市	Huainan	6261	2267	46.71
马鞍山市	Ma'anshan	6512	1169	44.73
淮北市	Huaibei	4713	1370	44.66
铜陵市	Tongling	7142	1007	43.95
安庆市	Anqing	6974	1228	43.12
黄山市	Huangshan	13514	625	47.93
滁州市	Chuzhou	5466	1839	47.31
阜阳市	Fuyang	7596	1986	45.50
宿州市	Suzhou	5823	1162	44.20
六安市	Lu'an	3657	1104	45.62
亳州市	Bozhou	4225	658	43.98
池州市	Chizhou	2174	626	47.71
宣城市	Xuancheng	4826	714	45.35
福建省	**Fujian**			
福州市	Fuzhou	16434	5930	43.10
厦门市	Xiamen	25713	6093	44.11
莆田市	Putian	4894	1320	45.61
三明市	Sanming	2899	669	42.19

2-4 续表 3 continued

城 市	City	绿地面积(公顷) Area of Green Land (hectare)	公园绿地面积 Area of Parks and Green Land	建成区绿化覆盖率(%) Green Covered Area as % of Completed Area (%)
泉州市	Quanzhou	9340	2071	43.75
漳州市	Zhangzhou	4642	1470	46.30
南平市	Nanping	2000	535	43.88
龙岩市	Longyan	3225	860	44.59
宁德市	Ningde	1923	578	43.04
江西省	**Jiangxi**			
南昌市	Nanchang	15145	4332	43.15
景德镇市	Jingdezhen	5209	790	
萍乡市	Pingxiang	3183	2419	49.14
九江市	Jiujiang	7582	1369	49.22
新余市	Xinyu	3987	985	49.96
鹰潭市	Yingtan	2403	606	47.57
赣州市	Ganzhou	10537	2914	49.83
吉安市	Ji'an	3124	1013	47.37
宜春市	Yichun	4126	1209	48.59
抚州市	Fuzhou	5305	1584	50.40
上饶市	Shangrao	4981	1750	50.36
山东省	**Shandong**			
济南市	Jinan	30188	8579	41.91
青岛市	Qingdao	44542	10724	45.42
淄博市	Zibo	20367	3968	45.67
枣庄市	Zaozhuang	6288	1703	43.13
东营市	Dongying	10523	2636	43.87
烟台市	Yantai	16460	4727	44.18
潍坊市	Weifang	12333	3748	42.72
济宁市	Jining	10473	3265	43.63
泰安市	Tai'an	7519	2631	45.80
威海市	Weihai	9622	2765	46.05
日照市	Rizhao	5351	1791	43.91
临沂市	Linyi	14264	4714	43.91
德州市	Dezhou	7821	2398	45.12
聊城市	Liaocheng	11075	1994	42.71
滨州市	Binzhou	5389	2074	41.80
菏泽市	Heze	6724	1558	41.76
河南省	**Henan**			
郑州市	Zhengzhou	27644	11207	39.34
开封市	Kaifeng	5644	1624	46.28
洛阳市	Luoyang	12293	4576	44.95
平顶山市	Pingdingshan	2941	1146	44.43
安阳市	Anyang	3517	1087	42.45
鹤壁市	Hebi	2828	1127	48.61

2-4 续表 4 continued

城　市	City	绿地面积（公顷）Area of Green Land (hectare)	公园绿地面积 Area of Parks and Green Land	建成区绿化覆盖率（%）Green Covered Area as % of Completed Area (%)
新乡市	Xinxiang	4998	1029	42.00
焦作市	Jiaozuo	4799	1406	45.81
濮阳市	Puyang	2790	1012	43.86
许昌市	Xuchang	4815	1111	42.27
漯河市	Luohe	2783	1183	42.93
三门峡市	Sanmenxia	2469	744	44.98
南阳市	Nanyang	9313	2898	45.54
商丘市	Shangqiu	6326	2513	43.20
信阳市	Xinyang	5222	1002	46.07
周口市	Zhoukou	4692	1561	44.00
驻马店市	Zhumadian	4322	1126	46.12
湖北省	**Hubei**			
武汉市	Wuhan	37088	16392	43.09
黄石市	Huangshi	3262	981	41.46
十堰市	Shiyan	4876	1189	43.81
宜昌市	Yichang	8333	1719	45.18
襄阳市	Xiangyang	8170	2381	44.44
鄂州市	Ezhou	1532	651	45.19
荆门市	Jingmen	2852	822	43.15
孝感市	Xiaogan	2009	663	30.05
荆州市	Jingzhou	4102	1596	43.30
黄冈市	Huanggang	1341	487	45.73
咸宁市	Xianning	3044	651	43.57
随州市	Suizhou	3301	603	42.92
湖南省	**Hunan**			
长沙市	Changsha	18648	6845	
株洲市	Zhuzhou	6517	1836	41.10
湘潭市	Xiangtan			41.95
衡阳市	Hengyang	9736	2026	64.64
邵阳市	Shaoyang	3244	1013	43.27
岳阳市	Yueyang	5079	1334	43.96
常德市	Changde			
张家界市	Zhangjiajie	1603	319	38.95
益阳市	Yiyang	3752	970	42.01
郴州市	Chenzhou	3408	1034	46.75
永州市	Yongzhou	2909	770	40.42
怀化市	Huaihua	2373	661	40.17
娄底市	Loudi	1961	524	41.10
广东省	**Guangdong**			
广州市	Guangzhou	149169	32413	44.20
韶关市	Shaoguan	5427	1109	43.19

2-4 续表 5 continued

城 市	City	绿地面积 (公顷) Area of Green Land (hectare)		建成区绿化覆盖率 (%) Green Covered Area as % of Completed Area (%)
			公园绿地面积 Area of Parks and Green Land	
深圳市	Shenzhen	97361	22219	43.09
珠海市	Zhuhai	31490	4506	47.01
汕头市	Shantou	11312	4035	45.25
佛山市	Foshan	7635	3923	46.42
江门市	Jiangmen	13256	2681	43.76
湛江市	Zhanjiang	4990	1866	44.68
茂名市	Maoming	5562	1675	44.15
肇庆市	Zhaoqing	14635	1829	41.99
惠州市	Huizhou	12341	4452	42.43
梅州市	Meizhou	2684	895	42.02
汕尾市	Shanwei	1673	505	44.52
河源市	Heyuan	1764	481	42.68
阳江市	Yangjiang	16206	1446	44.18
清远市	Qingyuan	5849	904	43.14
东莞市	Dongguan			
中山市	Zhongshan			
潮州市	Chaozhou	4542	1206	42.47
揭阳市	Jieyang	6965	1426	44.21
云浮市	Yunfu	1753	644	40.85
广西壮族自治区	**Guangxi**			
南宁市	Nanning	16378	6398	43.03
柳州市	Liuzhou	10674	2521	44.01
桂林市	Guilin	4953	1465	44.20
梧州市	Wuzhou	4222	935	43.04
北海市	Beihai	5559	846	42.09
防城港市	Fangchenggang	2068	743	46.48
钦州市	Qinzhou	11429	519	41.02
贵港市	Guigang	3236	608	42.23
玉林市	Yulin	3443	1173	43.09
百色市	Baise	2763	510	39.96
贺州市	Hezhou	2389	581	43.44
河池市	Hechi	1810	417	40.62
来宾市	Laibin	1938	424	41.07
崇左市	Chongzuo	1550	434	40.69
海南省	**Hainan**			
海口市	Haikou	8703	2523	43.09
三亚市	Sanya	2321	907	42.30
三沙市	Sansha			
儋州市	Danzhou			
重庆市	**Chongqing**	**76584**	**28514**	**44.56**

2-4 续表 6 continued

城 市	City	绿地面积 (公顷) Area of Green Land (hectare)		建成区绿化覆盖率 (%) Green Covered Area as % of Completed Area (%)
			公园绿地面积 Area of Parks and Green Land	
四川省	**Sichuan**			
成都市	Chengdu	40259	14287	44.01
自贡市	Zigong	5243	1892	44.40
攀枝花市	Panzhihua	3373	1013	42.94
泸州市	Luzhou	7716	2407	43.16
德阳市	Deyang	3555	1018	45.97
绵阳市	Mianyang	7230	2090	41.62
广元市	Guangyuan	4063	937	41.72
遂宁市	Suining	6161	966	42.62
内江市	Neijiang	3729	1226	39.13
乐山市	Leshan	7541	1385	42.90
南充市	Nanchong	7241	2275	47.67
眉山市	Meishan	2938	923	44.79
宜宾市	Yibin	7123	2833	41.43
广安市	Guang'an	2616	744	
达州市	Dazhou	6211	1050	42.00
雅安市	Ya'an	1774	421	40.15
巴中市	Bazhong	2714	1077	43.85
资阳市	Ziyang	2017	604	41.37
贵州省	**Guizhou**			
贵阳市	Guiyang	15230	4594	43.29
六盘水市	Liupanshui		702	40.86
遵义市	Zunyi	6504	1961	41.45
安顺市	Anshun	3063	1162	43.30
毕节市	Bijie	2592	740	39.10
铜仁市	Tongren	2249	751	42.75
云南省	**Yunnan**			
昆明市	Kunming	19560	5822	43.40
曲靖市	Qujing	4332	1099	44.00
玉溪市	Yuxi	2026	537	39.45
保山市	Baoshan	1727	448	42.00
昭通市	Zhaotong	1735	449	41.76
丽江市	Lijiang	984	421	41.83
普洱市	Pu'er	1064	401	43.17
临沧市	Lincang	763	189	38.24
西藏自治区	**Xizang**			
拉萨市	Lhasa			
日喀则市	Xigazê	986	189	
昌都市	Qamdo	330	87	38.76
林芝市	Nyingchi	390		31.93
山南市	Lhoka	311	63	38.00
那曲市	Nagqu	10		0.42

2-4 续表 7 continued

城 市	City	绿地面积（公顷）Area of Green Land (hectare)	公园绿地面积 Area of Parks and Green Land	建成区绿化覆盖率（%）Green Covered Area as % of Completed Area (%)
陕西省	**Shaanxi**			
西安市	Xi'an	44199	9255	43.94
铜川市	Tongchuan	1963	521	40.24
宝鸡市	Baoji	5480	1581	43.60
咸阳市	Xianyang	5323	1783	39.64
渭南市	Weinan	2616	849	43.11
延安市	Yan'an	2702	637	41.29
汉中市	Hanzhong	2343	805	41.42
榆林市	Yulin	4367	1033	39.18
安康市	Ankang	1797	430	42.05
商洛市	Shangluo	1311	374	44.86
甘肃省	**Gansu**			
兰州市	Lanzhou	9121	3749	37.35
嘉峪关市	Jiayuguan			
金昌市	Jinchang	1912	590	44.64
白银市	Baiyin	2500	450	40.70
天水市	Tianshui	2185	845	40.57
武威市	Wuwei	1248	444	39.66
张掖市	Zhangye	1661	688	40.27
平凉市	Pingliang	1580	500	42.73
酒泉市	Jiuquan	2175	572	41.67
庆阳市	Qingyang	1060	295	35.33
定西市	Dingxi	800	410	34.75
陇南市	Longnan	585	201	37.20
青海省	**Qinghai**			
西宁市	Xining	4672	1890	40.39
海东市	Haidong	1220	289	31.86
宁夏回族自治区	**Ningxia**			
银川市	Yinchuan	8115	2612	41.79
石嘴山市	Shizuishan	6692	1298	45.04
吴忠市	Wuzhong	2379	726	41.69
固原市	Guyuan	1903	858	41.99
中卫市	Zhongwei	2607	398	43.99
新疆维吾尔自治区	**Xinjiang**			
乌鲁木齐市	Urumqi	33807	5056	39.73
克拉玛依市	Karamay	6142	664	43.94
吐鲁番市	Turpan	1003	177	43.71
哈密市	Hami	2141	466	41.24

2-5 工业颗粒物排放量和二氧化硫及氮氧化物排放量(全市)
Industrial Particulate Emission, Industry Sulphur Dioxide Produced and Industry Nitrogen Dioxide Emission(Total City)

单位：吨 (ton)

城 市	City	工业颗粒物排放量 Volume of Industrial Particulate Emission	工业二氧化硫排放量 Volume of Sulphur Dioxide Emission	工业氮氧化物排放量 Volume of Nitrogen Dioxide Emission
北京市	**Beijing**	**1622**	**799**	**9765**
天津市	**Tianjin**	**6070**	**6227**	**21223**
河北省	**Hebei**			
石家庄市	Shijiazhuang	11036	8370	20822
唐山市	Tangshan	53321	52482	109247
秦皇岛市	Qinhuangdao	9796	5236	11571
邯郸市	Handan	17273	27899	39780
邢台市	Xingtai	4793	3276	8161
保定市	Baoding	4925	3455	8464
张家口市	Zhangjiakou	2550	4277	9342
承德市	Chengde	10740	10505	15631
沧州市	Cangzhou	5936	5124	12780
廊坊市	Langfang	2130	2656	4892
衡水市	Hengshui	746	1122	1853
山西省	**Shanxi**			
太原市	Taiyuan	16981	8734	20311
大同市	Datong			
阳泉市	Yangquan	1540	2213	4294
长治市	Changzhi	10386	8719	19198
晋城市	Jincheng	3627	3771	8527
朔州市	Shuozhou	20378	4491	9753
晋中市	Jinzhong	10759	8471	11529
运城市	Yuncheng			
忻州市	Xinzhou	37592	8263	10912
临汾市	Linfen	9893	7404	11684
吕梁市	Lvliang	33454	19354	23127
内蒙古自治区	**Inner Mongolia**			
呼和浩特市	Hohhot	6267	10293	15623
包头市	Baotou	29420	25814	39124
乌海市	Wuhai	18652	6653	15587
赤峰市	Chifeng	38285	10489	17343
通辽市	Tongliao	78661	23959	21689
鄂尔多斯市	Erdos	265203	26816	48165
呼伦贝尔市	Hulunbuir	132362	10053	16721
巴彦淖尔市	Bayannur	17679	7790	9509
乌兰察布市	Ulanqab	12759	11502	22247
辽宁省	**Liaoning**			
沈阳市	Shenyang	2744	6522	14770
大连市	Dalian	7270	8261	20638
鞍山市	Anshan	23511	11713	32287

2-5 续表 1 continued

单位：吨 (ton)

城 市	City	工业颗粒物排放量 Volume of Industrial Particulate Emission	工业二氧化硫排放量 Volume of Sulphur Dioxide Emission	工业氮氧化物排放量 Volume of Nitrogen Dioxide Emission
抚顺市	Fushun	5481	4342	8234
本溪市	Benxi	10536	10238	24983
丹东市	Dandong	2417	1859	3247
锦州市	Jinzhou	2516	3799	5212
营口市	Yingkou	12964	14821	27836
阜新市	Fuxin	1979	3332	3848
辽阳市	Liaoyang	6155	2676	8410
盘锦市	Panjin	1449	1982	7321
铁岭市	Tieling	3761	2945	6500
朝阳市	Chaoyang	9202	6013	13913
葫芦岛市	Huludao	4280	4334	7281
吉林省	**Jilin**			
长春市	Changchun	8070	9199	20637
吉林市	Jilin	14013	9672	17552
四平市	Siping	3665	2831	7192
辽源市	Liaoyuan	1603	1226	5591
通化市	Tonghua	12966	3408	9333
白山市	Baishan	2127	1681	3269
松原市	Songyuan	4861	1845	4153
白城市	Baicheng	1133	1548	3159
黑龙江省	**Heilongjiang**			
哈尔滨市	Harbin	5820	6453	15746
齐齐哈尔市	Qiqihar	6913	6302	10476
鸡西市	Jixi	833	4510	6292
鹤岗市	Hegang	10136	3761	4406
双鸭山市	Shuangyashan	6540	3829	8596
大庆市	Daqing	3314	3385	12787
伊春市	Yichun	6966	5260	7894
佳木斯市	Jiamusi	3887	3008	4582
七台河市	Qitaihe	1390	2384	6069
牡丹江市	Mudanjiang	5629	2426	4824
黑河市	Heihe	1844	1820	2673
绥化市	Suihua	2624	2719	4734
上海市	**Shanghai**	**6500**	**6500**	**21535**
江苏省	**Jiangsu**			
南京市	Nanjing	11569	6429	15835
无锡市	Wuxi	7411	5619	14162
徐州市	Xuzhou	6586	7471	14265
常州市	Changzhou	14460	4751	11096
苏州市	Suzhou	13276	20722	38848
南通市	Nantong	3190	4173	7825

2-5 续表 2 continued

单位：吨 (ton)

城　　市	City	工业颗粒物排放量 Volume of Industrial Particulate Emission	工业二氧化硫排放量 Volume of Sulphur Dioxide Emission	工业氮氧化物排放量 Volume of Nitrogen Dioxide Emission
连云港市	Lianyungang	2437	3197	5423
淮安市	Huai'an	1977	2038	5368
盐城市	Yancheng	2950	3748	7452
扬州市	Yangzhou	4900	3901	11196
镇江市	Zhenjiang	2703	4252	8415
泰州市	Taizhou	1650	1934	4989
宿迁市	Suqian	1307	1586	2712
浙江省	**Zhejiang**			
杭州市	Hangzhou	11529	3223	12339
宁波市	Ningbo	11524	8016	21442
温州市	Wenzhou	1646	3337	7305
嘉兴市	Jiaxing	6897	4510	13870
湖州市	Huzhou	7481	3768	8345
绍兴市	Shaoxing	2766	4138	9277
金华市	Jinhua	5984	3122	9748
衢州市	Quzhou	6427	3338	10974
舟山市	Zhoushan	1661	1556	7273
台州市	Taizhou	3789	3831	7833
丽水市	Lishui	1585	765	1841
安徽省	**Anhui**			
合肥市	Hefei	3749	3665	8169
芜湖市	Wuhu	9407	7195	17638
蚌埠市	Bengbu	671	1816	4961
淮南市	Huainan	2716	6967	9699
马鞍山市	Ma'anshan	9637	8462	16703
淮北市	Huaibei	4577	5852	8268
铜陵市	Tongling	9133	3090	8163
安庆市	Anqing	2216	3012	5769
黄山市	Huangshan	860	455	448
滁州市	Chuzhou	3842	4152	9200
阜阳市	Fuyang	3432	6708	6671
宿州市	Suzhou	2491	3552	5461
六安市	Lu'an	3571	2957	5953
亳州市	Bozhou	2004	2257	2605
池州市	Chizhou	7219	6036	11980
宣城市	Xuancheng	5009	2392	4658
福建省	**Fujian**			
福州市	Fuzhou	13489	11231	26378
厦门市	Xiamen	518	339	2284
莆田市	Putian	606	1467	3935
三明市	Sanming	11622	6519	17397

2-5 续表 3 continued

单位：吨 (ton)

城市	City	工业颗粒物排放量 Volume of Industrial Particulate Emission	工业二氧化硫排放量 Volume of Sulphur Dioxide Emission	工业氮氧化物排放量 Volume of Nitrogen Dioxide Emission
泉州市	Quanzhou	8195	10664	31321
漳州市	Zhangzhou	4476	7494	14520
南平市	Nanping	4705	3068	4053
龙岩市	Longyan	14747	5432	15767
宁德市	Ningde	4693	5924	9324
江西省	**Jiangxi**			
南昌市	Nanchang	2740	3018	6579
景德镇市	Jingdezhen	1327	4529	9630
萍乡市	Pingxiang	5273	4546	10079
九江市	Jiujiang	8596	5444	17230
新余市	Xinyu	4671	10703	17213
鹰潭市	Yingtan	789	2226	2456
赣州市	Ganzhou	10060	7820	13253
吉安市	Ji'an	5430	6207	7690
宜春市	Yichun	6204	8748	27966
抚州市	Fuzhou	1856	3075	3914
上饶市	Shangrao	25438	5733	11942
山东省	**Shandong**			
济南市	Jinan	9426	8838	20539
青岛市	Qingdao	2498	2468	8074
淄博市	Zibo	3183	4260	12982
枣庄市	Zaozhuang	3343	2268	7235
东营市	Dongying	1986	7257	15510
烟台市	Yantai	7163	10485	13631
潍坊市	Weifang	5762	5796	16854
济宁市	Jining	2976	5439	13001
泰安市	Tai'an	6598	8128	11946
威海市	Weihai	900	2430	4946
日照市	Rizhao	10121	5730	17736
临沂市	Linyi	11388	10630	26021
德州市	Dezhou	7967	3983	9084
聊城市	Liaocheng	3327	6632	13330
滨州市	Binzhou	5898	17064	22557
菏泽市	Heze	2854	6926	10177
河南省	**Henan**			
郑州市	Zhengzhou	6356	5032	11062
开封市	Kaifeng	320	1357	2168
洛阳市	Luoyang	4596	5648	9262
平顶山市	Pingdingshan	11941	6083	7887
安阳市	Anyang	8857	6200	12889
鹤壁市	Hebi	723	1217	2355

2-5 续表 4 continued

单位：吨 (ton)

城 市	City	工业颗粒物排放量 Volume of Industrial Particulate Emission	工业二氧化硫排放量 Volume of Sulphur Dioxide Emission	工业氮氧化物排放量 Volume of Nitrogen Dioxide Emission
新乡市	Xinxiang	2615	2258	5846
焦作市	Jiaozuo	2523	4031	6795
濮阳市	Puyang	567	1258	2543
许昌市	Xuchang	3550	2888	5377
漯河市	Luohe	135	518	961
三门峡市	Sanmenxia	1271	3457	4690
南阳市	Nanyang	3334	2686	5223
商丘市	Shangqiu	2150	3314	4134
信阳市	Xinyang	1385	1618	3290
周口市	Zhoukou	719	2650	2871
驻马店市	Zhumadian	1186	799	2212
湖北省	**Hubei**			
武汉市	Wuhan	6100	8700	21500
黄石市	Huangshi	8556	7246	15927
十堰市	Shiyan	1909	797	2555
宜昌市	Yichang	6817	8134	12653
襄阳市	Xiangyang	3745	2838	7643
鄂州市	Ezhou	4888	4492	7311
荆门市	Jingmen	5133	4269	8401
孝感市	Xiaogan	1722	3414	4337
荆州市	Jingzhou	2130	2686	4826
黄冈市	Huanggang	2747	1631	6741
咸宁市	Xianning	2395	2413	7082
随州市	Suizhou	439	365	729
湖南省	**Hunan**			
长沙市	Changsha			
株洲市	Zhuzhou	2388	2609	5530
湘潭市	Xiangtan	7354	5377	15589
衡阳市	Hengyang	4801	3082	5943
邵阳市	Shaoyang	3769	2093	3994
岳阳市	Yueyang	2487	2398	5731
常德市	Changde	3675	2845	6587
张家界市	Zhangjiajie	1010	192	617
益阳市	Yiyang	2118	1391	3999
郴州市	Chenzhou	5179	5563	6361
永州市	Yongzhou	2655	1492	4506
怀化市	Huaihua	2311	925	1779
娄底市	Loudi	9966	9521	17507
广东省	**Guangdong**			
广州市	Guangzhou	4255	1906	10900
韶关市	Shaoguan	6099	8949	15554

2–5 续表 5 continued

单位：吨 (ton)

城　　市	City	工业颗粒物排放量 Volume of Industrial Particulate Emission	工业二氧化硫排放量 Volume of Sulphur Dioxide Emission	工业氮氧化物排放量 Volume of Nitrogen Dioxide Emission
深圳市	Shenzhen	927	1829	5071
珠海市	Zhuhai	2328	2062	5249
汕头市	Shantou	639	2416	4753
佛山市	Foshan	3643	2811	11100
江门市	Jiangmen	3241	2229	10451
湛江市	Zhanjiang	9633	7407	17439
茂名市	Maoming	1390	2479	5429
肇庆市	Zhaoqing	4097	1875	14461
惠州市	Huizhou	3997	5305	15957
梅州市	Meizhou	7945	4402	10350
汕尾市	Shanwei	995	1649	4751
河源市	Heyuan	758	2076	3208
阳江市	Yangjiang	5640	3817	9511
清远市	Qingyuan	14743	6632	23400
东莞市	Dongguan	5800	3113	9681
中山市	Zhongshan			
潮州市	Chaozhou	459	1635	3421
揭阳市	Jieyang	562	1738	4204
云浮市	Yunfu	4975	2236	8264
广西壮族自治区	**Guangxi**			
南宁市	Nanning	4174	2330	11748
柳州市	Liuzhou	11605	6464	21663
桂林市	Guilin	2594	2003	5509
梧州市	Wuzhou	2363	1882	4377
北海市	Beihai	3112	4423	9134
防城港市	Fangchenggang	3532	2513	9021
钦州市	Qinzhou	1696	2309	5502
贵港市	Guigang	3522	2120	10342
玉林市	Yulin	4294	3700	10842
百色市	Baise	6068	18179	12926
贺州市	Hezhou	1333	2000	3848
河池市	Hechi	8749	2581	4496
来宾市	Laibin	4266	4531	6471
崇左市	Chongzuo	2928	2118	9439
海南省	**Hainan**			
海口市	Haikou	32	22	212
三亚市	Sanya			
三沙市	Sansha			
儋州市	Danzhou	660	717	4219
重庆市	**Chongqing**	**37556**	**36837**	**60859**

2-5 续表 6 continued

单位：吨 (ton)

城　市	City	工业颗粒物排放量 Volume of Industrial Particulate Emission	工业二氧化硫排放量 Volume of Sulphur Dioxide Emission	工业氮氧化物排放量 Volume of Nitrogen Dioxide Emission
四川省	**Sichuan**			
成都市	Chengdu			
自贡市	Zigong	1413	813	1184
攀枝花市	Panzhihua	24440	85	18219
泸州市	Luzhou	4203	3893	5403
德阳市	Deyang	5044	3712	19294
绵阳市	Mianyang	3524	2230	5613
广元市	Guangyuan			
遂宁市	Suining	802	1654	1654
内江市	Neijiang			
乐山市	Leshan	13061	13540	24449
南充市	Nanchong	1281	762	1305
眉山市	Meishan	2266	1512	4503
宜宾市	Yibin	6462	5181	8108
广安市	Guang'an	3459	1985	6244
达州市	Dazhou	15530	8080	19880
雅安市	Ya'an	1327	1559	1929
巴中市	Bazhong	946	421	1076
资阳市	Ziyang	402	331	566
贵州省	**Guizhou**			
贵阳市	Guiyang	5564	13065	8299
六盘水市	Liupanshui	10486	9339	15777
遵义市	Zunyi	10018	14684	13737
安顺市	Anshun	3232	6857	5462
毕节市	Bijie	6132	24360	21698
铜仁市	Tongren			
云南省	**Yunnan**			
昆明市	Kunming	18781	19247	21988
曲靖市	Qujing	22670	24616	25424
玉溪市	Yuxi	10356	8016	17867
保山市	Baoshan	2165	2726	4231
昭通市	Zhaotong	9668	7477	8506
丽江市	Lijiang	1662	1018	2290
普洱市	Pu'er	3371	1845	3540
临沧市	Lincang	1538	650	3130
西藏自治区	**Xizang**			
拉萨市	Lhasa	1297	334	1266
日喀则市	Xigazê	366	165	453
昌都市	Qamdo	1014	211	1394
林芝市	Nyingchi			
山南市	Lhoka		92	444
那曲市	Nagqu	20	70	37

2–5 续表 7 continued

单位：吨 (ton)

城　市	City	工业颗粒物排放量 Volume of Industrial Particulate Emission	工业二氧化硫排放量 Volume of Sulphur Dioxide Emission	工业氮氧化物排放量 Volume of Nitrogen Dioxide Emission
陕西省	**Shaanxi**			
西安市	Xi'an	787	1781	4155
铜川市	Tongchuan	4596	3414	8002
宝鸡市	Baoji	2976	1849	6140
咸阳市	Xianyang	3976	1390	3419
渭南市	Weinan	97704	2853	5458
延安市	Yan'an	6692	4075	5376
汉中市	Hanzhong	3972	3899	6356
榆林市	Yulin	17931	19701	37504
安康市	Ankang	2574	855	1425
商洛市	Shangluo	1519	1076	2534
甘肃省	**Gansu**			
兰州市	Lanzhou	5632	12381	15152
嘉峪关市	Jiayuguan	17186	15835	15365
金昌市	Jinchang	5181	4020	5617
白银市	Baiyin	3553	5673	8614
天水市	Tianshui	1792	1788	3442
武威市	Wuwei	3824	1554	2878
张掖市	Zhangye	1482	2592	3826
平凉市	Pingliang	2791	3610	7621
酒泉市	Jiuquan	3426	2687	5297
庆阳市	Qingyang	354	851	1824
定西市	Dingxi	2037	5895	3298
陇南市	Longnan	5645	1274	2981
青海省	**Qinghai**			
西宁市	Xining	7663	27647	11231
海东市	Haidong	3229	6496	3313
宁夏回族自治区	**Ningxia**			
银川市	Yinchuan			
石嘴山市	Shizuishan	24295	20091	28215
吴忠市	Wuzhong	9274	8935	13121
固原市	Guyuan	1007	850	1598
中卫市	Zhongwei	6102	7802	8449
新疆维吾尔自治区	**Xinjiang**			
乌鲁木齐市	Urumqi	6235	4874	1224
克拉玛依市	Karamay	1251	3322	9363
吐鲁番市	Turpan	75054	2876	5997
哈密市	Hami	101128	4458	8401

2-6 细颗粒物年平均浓度和污水及生活垃圾处理率(全市)
Annual Mean Concentration of $PM_{2.5}$, Ratio of Waste Water and Domestic Garbage Treatment(Total City)

城 市	City	细颗粒物年平均浓度(微克/立方米) Annual Mean Concentration of $PM_{2.5}$ (ug/m^3)	污水处理厂集中处理率(%) Ratio of Waste Water Centralized Treated of Sewage Work(%)	生活垃圾无害化处理率(%) Rate of Domestic Garbage Harmless Treatment (%)
北京市	**Beijing**	**30**	**98.07**	**100.00**
天津市	**Tianjin**	**37**	**98.45**	**100.00**
河北省	**Hebei**			
石家庄市	Shijiazhuang	46	99.76	100.00
唐山市	Tangshan	37	99.27	100.00
秦皇岛市	Qinhuangdao	28	97.10	100.00
邯郸市	Handan	51	99.97	100.00
邢台市	Xingtai	48	98.98	100.00
保定市	Baoding	43	99.47	100.00
张家口市	Zhangjiakou	17	96.90	100.00
承德市	Chengde	26	96.67	100.00
沧州市	Cangzhou	39	99.98	100.00
廊坊市	Langfang	36	99.30	100.00
衡水市	Hengshui	43	99.96	100.00
山西省	**Shanxi**			
太原市	Taiyuan	44		
大同市	Datong	25	97.73	100.00
阳泉市	Yangquan	41	100.00	93.56
长治市	Changzhi	39	95.69	100.00
晋城市	Jincheng	38	99.81	100.00
朔州市	Shuozhou	30	96.85	100.00
晋中市	Jinzhong	46	100.00	100.00
运城市	Yuncheng	50	96.09	100.00
忻州市	Xinzhou	36	96.75	100.00
临汾市	Linfen	48	99.29	100.00
吕梁市	Lvliang	24	97.96	85.94
内蒙古自治区	**Inner Mongolia**			
呼和浩特市	Hohhot	24	97.15	100.00
包头市	Baotou	26	96.35	100.00
乌海市	Wuhai	29	98.52	100.00
赤峰市	Chifeng	18	97.12	100.00
通辽市	Tongliao	28	98.78	100.00
鄂尔多斯市	Erdos	20	98.99	100.00
呼伦贝尔市	Hulunbuir	18	98.64	99.92
巴彦淖尔市	Bayannur	29	98.60	99.80
乌兰察布市	Ulanqab	20	100.00	100.00
辽宁省	**Liaoning**			
沈阳市	Shenyang	32	99.50	100.00
大连市	Dalian	24	97.32	100.00
鞍山市	Anshan	32	97.00	100.00

2-6 续表 1 continued

城市	City	细颗粒物年平均浓度（微克/立方米）Annual Mean Concentration of $PM_{2.5}$ (ug/m^3)	污水处理厂集中处理率(%) Ratio of Waste Water Centralized Treated of Sewage Work(%)	生活垃圾无害化处理率(%) Rate of Domestic Garbage Harmless Treatment (%)
抚顺市	Fushun	34	89.45	100.00
本溪市	Benxi	30	99.11	100.00
丹东市	Dandong	25	91.40	100.00
锦州市	Jinzhou	37	100.00	100.00
营口市	Yingkou	32	92.59	100.00
阜新市	Fuxin	29	100.00	100.00
辽阳市	Liaoyang	34	100.00	100.00
盘锦市	Panjin	29	100.00	100.00
铁岭市	Tieling	32	100.00	100.00
朝阳市	Chaoyang	27	99.95	100.00
葫芦岛市	Huludao	33	98.26	100.00
吉林省	**Jilin**			
长春市	Changchun	28	96.81	100.00
吉林市	Jilin	29	99.73	100.00
四平市	Siping	27	99.26	100.00
辽源市	Liaoyuan	31	96.55	100.00
通化市	Tonghua	22	99.43	100.00
白山市	Baishan	23	95.72	100.00
松原市	Songyuan	25	99.99	100.00
白城市	Baicheng	23	96.96	100.00
黑龙江省	**Heilongjiang**			
哈尔滨市	Harbin	37	95.59	100.00
齐齐哈尔市	Qiqihar	21	93.53	100.00
鸡西市	Jixi	25	98.77	100.00
鹤岗市	Hegang	18	98.64	100.00
双鸭山市	Shuangyashan	24	96.48	100.00
大庆市	Daqing	26	79.04	100.00
伊春市	Yichun	21	99.90	100.00
佳木斯市	Jiamusi	29	100.00	95.00
七台河市	Qitaihe	27	95.29	100.00
牡丹江市	Mudanjiang	24	93.76	100.00
黑河市	Heihe	15	96.88	100.00
绥化市	Suihua	36	99.49	100.00
上海市	**Shanghai**	**25**		**98.40**
江苏省	**Jiangsu**			
南京市	Nanjing	28	98.54	100.00
无锡市	Wuxi	28	97.81	100.00
徐州市	Xuzhou	40	94.73	100.00
常州市	Changzhou	33	93.13	100.00
苏州市	Suzhou	27	93.80	100.00
南通市	Nantong	26	95.61	100.00

2-6 续表 2 continued

城 市	City	细颗粒物年平均浓度(微克/立方米) Annual Mean Concentration of $PM_{2.5}$ (ug/m^3)	污水处理厂集中处理率(%) Ratio of Waste Water Centralized Treated of Sewage Work(%)	生活垃圾无害化处理率(%) Rate of Domestic Garbage Harmless Treatment (%)
连云港市	Lianyungang	30	97.56	100.00
淮安市	Huai'an	35	91.32	100.00
盐城市	Yancheng	27	92.71	100.00
扬州市	Yangzhou	32	92.40	100.00
镇江市	Zhenjiang	34	95.34	100.00
泰州市	Taizhou	32	95.48	100.00
宿迁市	Suqian	37	98.00	100.00
浙江省	**Zhejiang**			
杭州市	Hangzhou	30	97.25	100.00
宁波市	Ningbo	23	93.37	100.00
温州市	Wenzhou	24	98.44	100.00
嘉兴市	Jiaxing	26	98.31	100.00
湖州市	Huzhou	29	98.54	100.00
绍兴市	Shaoxing	28	98.00	100.00
金华市	Jinhua	25	97.93	100.00
衢州市	Quzhou	26	97.45	100.00
舟山市	Zhoushan	14	91.92	100.00
台州市	Taizhou	21	97.78	100.00
丽水市	Lishui	19	97.97	100.00
安徽省	**Anhui**			
合肥市	Hefei	32	95.88	100.00
芜湖市	Wuhu	34	95.93	100.00
蚌埠市	Bengbu	37	95.41	100.00
淮南市	Huainan	41	96.62	100.00
马鞍山市	Ma'anshan	35	95.34	100.00
淮北市	Huaibei	43	98.49	100.00
铜陵市	Tongling	34	98.61	100.00
安庆市	Anqing	34	96.03	100.00
黄山市	Huangshan	19	95.41	100.00
滁州市	Chuzhou	32	97.20	100.00
阜阳市	Fuyang	41	97.50	100.00
宿州市	Suzhou	40	90.36	100.00
六安市	Lu'an	33	96.27	100.00
亳州市	Bozhou	41	98.01	100.00
池州市	Chizhou	33	97.01	100.00
宣城市	Xuancheng	32	97.19	100.00
福建省	**Fujian**			
福州市	Fuzhou	18	97.98	100.00
厦门市	Xiamen	17	100.00	100.00
莆田市	Putian	20	98.15	100.00
三明市	Sanming	13	83.82	100.00

2–6 续表 3 continued

城　　市	City	细颗粒物年平均浓度（微克/立方米）Annual Mean Concentration of $PM_{2.5}$ (ug/m^3)	污水处理厂集中处理率(%) Ratio of Waste Water Centralized Treated of Sewage Work(%)	生活垃圾无害化处理率(%) Rate of Domestic Garbage Harmless Treatment (%)
泉州市	Quanzhou	16	98.00	100.00
漳州市	Zhangzhou	14	95.01	100.00
南平市	Nanping	16	98.34	100.00
龙岩市	Longyan	18	97.73	100.00
宁德市	Ningde	14	97.37	100.00
江西省	**Jiangxi**			
南昌市	Nanchang	30		100.00
景德镇市	Jingdezhen	20	96.67	100.00
萍乡市	Pingxiang	33	98.49	100.00
九江市	Jiujiang	32	99.35	100.00
新余市	Xinyu	29	100.00	100.00
鹰潭市	Yingtan	24	99.25	100.00
赣州市	Ganzhou	19	95.37	100.00
吉安市	Ji'an	26	96.67	100.00
宜春市	Yichun	29	97.37	100.00
抚州市	Fuzhou	17	96.68	100.00
上饶市	Shangrao	25	100.00	100.00
山东省	**Shandong**			
济南市	Jinan	37	98.23	100.00
青岛市	Qingdao	26		100.00
淄博市	Zibo	43	98.47	100.00
枣庄市	Zaozhuang	41	100.00	100.00
东营市	Dongying	33	98.22	100.00
烟台市	Yantai	24	98.12	100.00
潍坊市	Weifang	34	98.50	100.00
济宁市	Jining	43	98.00	100.00
泰安市	Tai'an	39	98.30	100.00
威海市	Weihai	21	98.47	100.00
日照市	Rizhao	29	98.28	100.00
临沂市	Linyi	39	98.39	100.00
德州市	Dezhou	42	98.00	100.00
聊城市	Liaocheng	43	98.55	100.00
滨州市	Binzhou	38	98.44	100.00
菏泽市	Heze	49	97.63	100.00
河南省	**Henan**			
郑州市	Zhengzhou	45	99.60	100.00
开封市	Kaifeng	51	97.43	100.00
洛阳市	Luoyang	48	99.70	100.00
平顶山市	Pingdingshan	48	99.88	100.00
安阳市	Anyang	52	99.52	99.62
鹤壁市	Hebi	53	100.00	100.00

2-6 续表 4 continued

城 市	City	细颗粒物年平均浓度(微克/立方米) Annual Mean Concentration of $PM_{2.5}$ (ug/m^3)	污水处理厂集中处理率(%) Ratio of Waste Water Centralized Treated of Sewage Work(%)	生活垃圾无害化处理率(%) Rate of Domestic Garbage Harmless Treatment (%)
新乡市	Xinxiang	50	99.41	100.00
焦作市	Jiaozuo	49	99.30	100.00
濮阳市	Puyang	52	99.26	100.00
许昌市	Xuchang	46	98.43	100.00
漯河市	Luohe	51	97.05	99.84
三门峡市	Sanmenxia	46	98.99	100.00
南阳市	Nanyang	46	99.18	99.91
商丘市	Shangqiu	46	97.60	93.94
信阳市	Xinyang	40	100.00	100.00
周口市	Zhoukou	43	99.00	100.00
驻马店市	Zhumadian	43	99.26	99.98
湖北省	**Hubei**			
武汉市	Wuhan	35	97.40	100.00
黄石市	Huangshi	32	98.29	100.00
十堰市	Shiyan	33	97.01	100.00
宜昌市	Yichang	34	98.06	100.00
襄阳市	Xiangyang	50	97.50	100.00
鄂州市	Ezhou	34	99.81	100.00
荆门市	Jingmen	44	96.01	100.00
孝感市	Xiaogan	33	98.14	99.98
荆州市	Jingzhou	43	96.95	100.00
黄冈市	Huanggang	33	95.75	100.00
咸宁市	Xianning	30	96.08	100.00
随州市	Suizhou	35	100.00	100.00
湖南省	**Hunan**			
长沙市	Changsha	38	97.03	100.00
株洲市	Zhuzhou	36	92.98	100.00
湘潭市	Xiangtan	44	98.10	100.00
衡阳市	Hengyang	29	97.60	100.00
邵阳市	Shaoyang	34	99.70	100.00
岳阳市	Yueyang	35	97.96	100.00
常德市	Changde	39	98.22	100.00
张家界市	Zhangjiajie	27	96.33	100.00
益阳市	Yiyang	40	99.39	100.00
郴州市	Chenzhou	26	95.40	100.00
永州市	Yongzhou	27	98.89	100.00
怀化市	Huaihua	30	96.89	100.00
娄底市	Loudi	38	97.93	100.00
广东省	**Guangdong**			
广州市	Guangzhou	22	98.90	100.00
韶关市	Shaoguan	22	100.00	100.00

2-6 续表 5 continued

城　市	City	细颗粒物年平均浓度（微克/立方米）Annual Mean Concentration of $PM_{2.5}$ (ug/m^3)	污水处理厂集中处理率（%）Ratio of Waste Water Centralized Treated of Sewage Work(%)	生活垃圾无害化处理率（%）Rate of Domestic Garbage Harmless Treatment (%)
深圳市	Shenzhen	16		100.00
珠海市	Zhuhai	17	99.20	100.00
汕头市	Shantou	17	99.00	100.00
佛山市	Foshan	21	100.00	100.00
江门市	Jiangmen	20	96.94	100.00
湛江市	Zhanjiang	21	98.26	100.00
茂名市	Maoming	19	100.00	100.00
肇庆市	Zhaoqing	21	97.81	100.00
惠州市	Huizhou	17	85.39	99.94
梅州市	Meizhou	18	98.78	100.00
汕尾市	Shanwei	15	96.31	100.00
河源市	Heyuan	18	92.23	100.00
阳江市	Yangjiang	21	95.93	100.00
清远市	Qingyuan	21	96.20	100.00
东莞市	Dongguan	20	97.97	100.00
中山市	Zhongshan	19	88.91	100.00
潮州市	Chaozhou	20	98.00	100.00
揭阳市	Jieyang	23	94.22	100.00
云浮市	Yunfu	21	94.62	100.00
广西壮族自治区	**Guangxi**			
南宁市	Nanning	26	92.55	100.00
柳州市	Liuzhou	29	92.39	100.00
桂林市	Guilin	28	99.00	100.00
梧州市	Wuzhou	27	81.98	100.00
北海市	Beihai	23	99.80	100.00
防城港市	Fangchenggang	21	83.51	100.00
钦州市	Qinzhou	25	99.51	100.00
贵港市	Guigang	27	79.66	100.00
玉林市	Yulin	27	94.39	100.00
百色市	Baise	28	98.70	100.00
贺州市	Hezhou	26	98.26	100.00
河池市	Hechi	24	96.50	100.00
来宾市	Laibin	30	96.13	100.00
崇左市	Chongzuo	25	77.76	100.00
海南省	**Hainan**			
海口市	Haikou	13	100.00	100.00
三亚市	Sanya	11	100.00	100.00
三沙市	Sansha			
儋州市	Danzhou	13	100.00	100.00
重庆市	**Chongqing**	**31**	**98.26**	**100.00**

2-6 续表 6 continued

城市	City	细颗粒物年平均浓度（微克/立方米）Annual Mean Concentration of $PM_{2.5}$ (ug/m^3)	污水处理厂集中处理率(%) Ratio of Waste Water Centralized Treated of Sewage Work(%)	生活垃圾无害化处理率(%) Rate of Domestic Garbage Harmless Treatment (%)
四川省	**Sichuan**			
成都市	Chengdu	39	95.82	100.00
自贡市	Zigong	39	95.80	100.00
攀枝花市	Panzhihua	28	64.42	100.00
泸州市	Luzhou	41	94.53	100.00
德阳市	Deyang	35	97.46	100.00
绵阳市	Mianyang	34	96.72	100.00
广元市	Guangyuan	25	97.69	100.00
遂宁市	Suining	30	100.00	100.00
内江市	Neijiang	32	94.92	100.00
乐山市	Leshan	34	100.00	100.00
南充市	Nanchong	35	98.09	100.00
眉山市	Meishan	38	97.94	100.00
宜宾市	Yibin	42	95.37	100.00
广安市	Guang'an	34	95.74	100.00
达州市	Dazhou	30	97.00	97.00
雅安市	Ya'an	29	96.00	98.79
巴中市	Bazhong	28	99.90	100.00
资阳市	Ziyang	33	98.77	100.00
贵州省	**Guizhou**			
贵阳市	Guiyang	21	99.10	100.00
六盘水市	Liupanshui	22	98.07	99.96
遵义市	Zunyi	22	97.95	88.34
安顺市	Anshun	23	98.20	99.09
毕节市	Bijie	22	98.01	99.52
铜仁市	Tongren		98.54	
云南省	**Yunnan**			
昆明市	Kunming	20	96.79	100.00
曲靖市	Qujing	22	98.57	92.74
玉溪市	Yuxi	18	96.25	94.65
保山市	Baoshan	13	99.14	100.00
昭通市	Zhaotong	20	98.53	100.00
丽江市	Lijiang	14	98.15	88.35
普洱市	Pu'er	14	100.00	100.00
临沧市	Lincang	24	99.90	86.93
西藏自治区	**Xizang**			
拉萨市	Lhasa	8	100.00	100.00
日喀则市	Xigazê	9	100.00	100.00
昌都市	Qamdo	8		
林芝市	Nyingchi	6	100.00	100.00
山南市	Lhoka	8	97.97	98.89
那曲市	Nagqu	16	100.00	100.00

2-6 续表 7 continued

城 市	City	细颗粒物年平均浓度(微克/立方米) Annual Mean Concentration of $PM_{2.5}$ (ug/m^3)	污水处理厂集中处理率(%) Ratio of Waste Water Centralized Treated of Sewage Work(%)	生活垃圾无害化处理率(%) Rate of Domestic Garbage Harmless Treatment (%)
陕西省	**Shaanxi**			
西安市	Xi'an	52	96.96	99.98
铜川市	Tongchuan	39		
宝鸡市	Baoji	47	97.35	100.00
咸阳市	Xianyang	55	97.63	99.90
渭南市	Weinan	53	100.00	100.00
延安市	Yan'an	28	96.07	99.54
汉中市	Hanzhong	35	97.24	99.97
榆林市	Yulin	25	95.39	99.56
安康市	Ankang	31	97.96	99.47
商洛市	Shangluo	28	96.33	99.33
甘肃省	**Gansu**			
兰州市	Lanzhou	33	96.84	100.00
嘉峪关市	Jiayuguan	20	100.00	100.00
金昌市	Jinchang	20	98.00	100.00
白银市	Baiyin	25	95.70	100.00
天水市	Tianshui	29	99.67	100.00
武威市	Wuwei	30	98.63	100.00
张掖市	Zhangye	26	98.50	100.00
平凉市	Pingliang	28	99.15	100.00
酒泉市	Jiuquan	24	98.76	100.00
庆阳市	Qingyang	29	98.36	100.00
定西市	Dingxi	28	97.84	100.00
陇南市	Longnan	19	93.65	100.00
青海省	**Qinghai**			
西宁市	Xining	30	95.17	99.81
海东市	Haidong	31	96.00	96.50
宁夏回族自治区	**Ningxia**			
银川市	Yinchuan		98.20	100.00
石嘴山市	Shizuishan	33	100.00	100.00
吴忠市	Wuzhong	32	96.90	100.00
固原市	Guyuan	24	99.31	89.49
中卫市	Zhongwei	30	99.87	100.00
新疆维吾尔自治区	**Xinjiang**			
乌鲁木齐市	Urumqi	42	99.38	100.00
克拉玛依市	Karamay	26	99.60	100.00
吐鲁番市	Turpan			
哈密市	Hami	23	96.89	100.00

(三)经济发展
Economic Development

2-7 地区生产总值
Gross Regional Product

城　市	City	地区生产总值(当年价格)(亿元) Gross Regional Product (Current Prices) (100 000 000 yuan)		人均地区生产总值(元) Per Capita GRP (yuan)		地区生产总值增长率(%) GRP Growth Rate (%)	
		全　市 Total City	市辖区 Districts under City	全　市 Total City	市辖区 Districts under City	全　市 Total City	市辖区 Districts under City
北京市	**Beijing**	**41611**	**41611**	**190313**	**190313**	**0.70**	**0.70**
天津市	**Tianjin**	**16311**	**16311**	**119235**	**119235**	**0.96**	**0.96**
河北省	**Hebei**						
石家庄市	Shijiazhuang	7101	**4417**	63319	76693	6.35	7.49
唐山市	Tangshan	8901	**5059**	115571	133738	4.65	4.98
秦皇岛市	Qinhuangdao	1910	**1279**	61277	68002	3.50	3.45
邯郸市	Handan	4346	1806	46615	48848	4.15	4.20
邢台市	Xingtai	2547	804	36091	38417	3.55	4.03
保定市	Baoding	4608	1747	40038	52511	4.52	3.19
张家口市	Zhangjiakou	1775	861	43435	49195	1.45	1.37
承德市	Chengde	1780	455	53482	61999	3.85	4.31
沧州市	Cangzhou	4388	1168	60035	122573	4.15	4.95
廊坊市	Langfang	3565	777	64626	76527	2.05	1.61
衡水市	Hengshui	1801	608	43108	53530	4.20	4.30
山西省	**Shanxi**						
太原市	Taiyuan	5571	4988	102922	107536	3.30	2.90
大同市	Datong	1843	1364	59447	66851	3.50	3.40
阳泉市	Yangquan	1013	667	77263	91598	3.50	3.80
长治市	Changzhi	2805	1415	89137	83918	7.20	6.00
晋城市	Jincheng	2305	425	105322	72853	7.30	-2.10
朔州市	Shuozhou	1536	761	96585		1.00	1.10
晋中市	Jinzhong	2112	356	62269	38230	5.20	3.70
运城市	Yuncheng	2301	393	48693	40990	5.60	4.40
忻州市	Xinzhou	1501	244	56426	42245	3.80	3.60
临汾市	Linfen	2228	442	56986	46810	5.16	2.22
吕梁市	Lvliang	2419	250	71722	53736	3.90	3.60
内蒙古自治区	**Inner Mongolia**						
呼和浩特市	Hohhot	3329	2254	94443	93136	2.60	3.30
包头市	Baotou	3750	3326	137360	143926	7.21	7.45
乌海市	Wuhai	803	803	143450	143450	2.20	2.20
赤峰市	Chifeng	2148	881	53577	53536	2.00	0.50
通辽市	Tongliao	1562	346	54992	49346	3.20	3.70
鄂尔多斯市	Erdos	5613	1080	256908	154108	5.40	2.70
呼伦贝尔市	Hulunbuir	1536	278	69819	72559	4.60	3.05
巴彦淖尔市	Bayannur	1085	347	71118	59212	2.06	2.14
乌兰察布市	Ulanqab	1018	247	61876	57158	4.00	0.10
辽宁省	**Liaoning**						
沈阳市	Shenyang	7696	7065	84268	88651	3.48	3.53
大连市	Dalian	8431	6642	112270	114880	3.98	4.41
鞍山市	Anshan	1863	1008	57102	66329	0.30	-0.14

2-7 续表 1 continued

城 市	City	地区生产总值(当年价格)(亿元) Gross Regional Product (Current Prices) (100 000 000 yuan)		人均地区生产总值(元) Per Capita GRP (yuan)		地区生产总值增长率(%) GRP Growth Rate (%)	
		全 市 Total City	市辖区 Districts under City	全 市 Total City	市辖区 Districts under City	全 市 Total City	市辖区 Districts under City
抚顺市	Fushun	928	785	51467	55832	1.60	2.10
本溪市	Benxi	931	675	72634	80757		-0.76
丹东市	Dandong	891	329	41730	41020	0.60	-1.61
锦州市	Jinzhou	1202	678	45294	62133	2.50	3.02
营口市	Yingkou	1432	949	62269	82726	-2.30	-3.10
阜新市	Fuxin	578	276	36153	36153	3.30	2.40
辽阳市	Liaoyang	892	582	57170	67735	0.20	-0.82
盘锦市	Panjin	1394	1234	100347	105688	-6.40	-5.40
铁岭市	Tieling	754	172	32671	39337	1.03	1.27
朝阳市	Chaoyang	995	252	35296	36605	2.50	1.36
葫芦岛市	Huludao	871	411	36558	44282	0.30	0.40
吉林省	**Jilin**						
长春市	Changchun	6745	5556	74310	95167	-4.55	-4.95
吉林市	Jilin	1518	972	42947	51424	-1.94	-2.37
四平市	Siping	582	195	33549	32319	3.87	3.06
辽源市	Liaoyuan	501	166	51714	36797	3.78	3.94
通化市	Tonghua	591	238	47405	54549	2.87	1.68
白山市	Baishan	542	232	59228	48187	-1.33	-1.91
松原市	Songyuan	873	297	40075	42703	3.07	2.26
白城市	Baicheng	575	180	38470	39428	2.87	2.68
黑龙江省	**Heilongjiang**						
哈尔滨市	Harbin	5490	4205	55712		2.53	1.99
齐齐哈尔市	Qiqihar	1318	492	33301	35907	4.20	6.30
鸡西市	Jixi	665	243	45618	36873	4.60	4.90
鹤岗市	Hegang	409	231	47303	43837	4.50	5.30
双鸭山市	Shuangyashan	557	219	47377	56576	4.40	4.60
大庆市	Daqing	2989	2451	109192	141650	-0.25	-0.49
伊春市	Yichun	343	140	40664	41225	3.00	2.10
佳木斯市	Jiamusi	869	214	41182	49000	3.70	2.30
七台河市	Qitaihe	269	201	40102	42149	5.30	5.10
牡丹江市	Mudanjiang	926	301	41489	33167	3.00	2.50
黑河市	Heihe	660	41	52573	35323	3.30	2.20
绥化市	Suihua	1238	220	33953	32451	3.50	3.60
上海市	**Shanghai**	**44653**	**44653**	**179900**	**179900**	**-0.20**	**-0.20**
江苏省	**Jiangsu**						
南京市	Nanjing	16908	16908	178781	178781	2.10	2.10
无锡市	Wuxi	14851	7860	198404	178042	3.00	3.30
徐州市	Xuzhou	8458	4239	93731	117859	3.20	3.10
常州市	Changzhou	9550	8134	178243	178660	3.50	3.00
苏州市	Suzhou	23958	11222	186024	165362	2.00	2.20
南通市	Nantong	11380	5815	147057	152529	2.10	2.20

2-7 续表 2 continued

城　市	City	地区生产总值(当年价格)(亿元) Gross Regional Product (Current Prices) (100 000 000 yuan)		人均地区生产总值(元) Per Capita GRP (yuan)		地区生产总值增长率(%) GRP Growth Rate (%)	
		全　市 Total City	市辖区 Districts under City	全　市 Total City	市辖区 Districts under City	全　市 Total City	市辖区 Districts under City
连云港市	Lianyungang	4005	2389	87042	106972	2.40	1.70
淮安市	Huai'an	4742	3105	104054	109263	3.60	3.30
盐城市	Yancheng	7080	2823	105647	118739	4.60	4.60
扬州市	Yangzhou	7105	4206	155132	158606	4.30	4.00
镇江市	Zhenjiang	5017	2269	155823	178527	2.90	2.70
泰州市	Taizhou	6402	2724	141830	157082	4.40	3.50
宿迁市	Suqian	4112	1475	82452	90614	3.55	3.53
浙江省	**Zhejiang**						
杭州市	Hangzhou	18753	17619	152588	159271	1.50	1.44
宁波市	Ningbo	15704	10048	163911	194246	3.50	3.90
温州市	Wenzhou	8030	3118	83107	101912	3.70	2.90
嘉兴市	Jiaxing	6739	1815	121794	115782	2.49	3.26
湖州市	Huzhou	3850	1754	112902	110898	3.30	3.44
绍兴市	Shaoxing	7351	4414	137522	145634	4.42	4.41
金华市	Jinhua	5562	1046	78086	70317	2.45	1.74
衢州市	Quzhou	2003	942	87544	103483	4.78	5.82
舟山市	Zhoushan	1951	1068	167134	119826	8.50	3.35
台州市	Taizhou	6041	2139	90572	97179	2.70	2.60
丽水市	Lishui	1831	483	72812	85217	4.00	4.30
安徽省	**Anhui**						
合肥市	Hefei	12013	8048	125798	153182	3.50	2.90
芜湖市	Wuhu	4502	3556	121630	145799	4.14	5.19
蚌埠市	Bengbu	2012	1081	60739	80574	2.00	1.65
淮南市	Huainan	1541	890	50802	56758	1.96	2.32
马鞍山市	Ma'anshan	2521	1358	116093	134746	4.64	3.14
淮北市	Huaibei	1303	732	66401	70517	0.16	0.24
铜陵市	Tongling	1210	1013	92823	120773	2.92	2.86
安庆市	Anqing	2767	925	66470	114268	2.90	2.50
黄山市	Huangshan	1002	482	75505	88848	0.57	-0.41
滁州市	Chuzhou	3610	1031	89800	129555	5.55	5.17
阜阳市	Fuyang	3233	996	39643	46809	3.90	2.90
宿州市	Suzhou	2225	913	41875	51409	3.90	3.30
六安市	Lu'an	2005	904	45643	45802	4.22	3.00
亳州市	Bozhou	2102	804	42258	52701	4.20	4.10
池州市	Chizhou	1079	594	81124	96931	5.40	5.45
宣城市	Xuancheng	1914	519	76853	67292	4.20	2.70
福建省	**Fujian**						
福州市	Fuzhou	12308	7364	145936	176793	4.42	3.82
厦门市	Xiamen	7803	7803	147387	147387	4.35	4.35
莆田市	Putian	3116	2489	97095	108041	4.03	3.54
三明市	Sanming	3110	1091	126044	165618	3.10	3.20

2–7 续表 3 continued

城市	City	地区生产总值(当年价格)(亿元) Gross Regional Product (Current Prices) (100 000 000 yuan)		人均地区生产总值(元) Per Capita GRP (yuan)		地区生产总值增长率(%) GRP Growth Rate (%)	
		全市 Total City	市辖区 Districts under City	全市 Total City	市辖区 Districts under City	全市 Total City	市辖区 Districts under City
泉州市	Quanzhou	12103	2661	136533	150500	3.50	3.17
漳州市	Zhangzhou	5707	3229	112578	151226	6.95	7.25
南平市	Nanping	2212	734	83136	92588	3.81	3.30
龙岩市	Longyan	3314	1519	121721	129579	4.97	4.56
宁德市	Ningde	3555	1262	112738	197420	10.65	14.06
江西省	**Jiangxi**						
南昌市	Nanchang	7204	5406	111031	124526	4.10	4.20
景德镇市	Jingdezhen	1192	576	73535	98178	4.70	4.70
萍乡市	Pingxiang	1160	728	64201	81362	2.00	
九江市	Jiujiang	4027	1483	88318	124079	4.30	4.60
新余市	Xinyu	1252	1022	104133	110196	4.80	4.70
鹰潭市	Yingtan	1238	596	107111	96954	4.90	5.00
赣州市	Ganzhou	4524	1862	50352	71622	5.20	5.20
吉安市	Ji'an	2750	466	62170	68957	5.10	5.20
宜春市	Yichun	3473	560	69876	49628	5.30	5.60
抚州市	Fuzhou	1946	829	54360	55855	5.00	4.96
上饶市	Shangrao	3310	1406	51425	68367	5.10	5.50
山东省	**Shandong**						
济南市	Jinan	12027	11518	128287	135209	3.10	3.00
青岛市	Qingdao	14921	11868	144870	161098	3.90	4.00
淄博市	Zibo	4403	3154	93526	92974	4.65	4.73
枣庄市	Zaozhuang	2039	1138	53081	49943	4.50	4.70
东营市	Dongying	3621	2536	164430	176484	4.30	2.80
烟台市	Yantai	9516	5220	134581	163399	5.10	5.10
潍坊市	Weifang	7306	2358	77655	92280	3.65	3.65
济宁市	Jining	5317	1915	63954	85232	4.40	4.20
泰安市	Tai'an	3198	1190	59028	60980	4.26	3.48
威海市	Weihai	3408	2056	116871	117442	1.50	0.70
日照市	Rizhao	2307	1633	77669	101517	3.80	3.20
临沂市	Linyi	5779	2597	52502	69326	4.16	3.82
德州市	Dezhou	3633	1117	65022	74797	4.38	4.59
聊城市	Liaocheng	2780	1273	46995	63508	4.30	4.40
滨州市	Binzhou	2975	953	75813	79963	3.90	4.20
菏泽市	Heze	4205	1290	48294	65681	4.20	4.60
河南省	**Henan**						
郑州市	Zhengzhou	12935	7301	101169	108946	1.00	-0.12
开封市	Kaifeng	2657	1028	56075	55966	4.30	4.20
洛阳市	Luoyang	5675	3450	80226	96242	3.00	3.00
平顶山市	Pingdingshan	2839	1035	57193	88815	4.10	5.20
安阳市	Anyang	2512	952	46350	60182	2.36	0.50
鹤壁市	Hebi	1107	526	70422	77061	4.30	3.30

2-7 续表 4 continued

城 市	City	地区生产总值(当年价格)(亿元) Gross Regional Product (Current Prices) (100 000 000 yuan)		人均地区生产总值(元) Per Capita GRP (yuan)		地区生产总值增长率(%) GRP Growth Rate (%)	
		全 市 Total City	市辖区 Districts under City	全 市 Total City	市辖区 Districts under City	全 市 Total City	市辖区 Districts under City
新乡市	Xinxiang	3464	1064	56156	75942	5.30	3.12
焦作市	Jiaozuo	2235	783	63434	72064	3.30	2.10
濮阳市	Puyang	1890	740	50475	76189	4.90	3.40
许昌市	Xuchang	3747	1077	85515	80294	1.80	1.20
漯河市	Luohe	1813	1174	76493	88352	5.20	5.18
三门峡市	Sanmenxia	1676	633	82276	102670	4.60	4.50
南阳市	Nanyang	4555	1162	47344	55699	4.80	4.10
商丘市	Shangqiu	3263	695	42227	36239	5.10	3.50
信阳市	Xinyang	3196	807	51752	53946	3.20	1.60
周口市	Zhoukou	3617	673	40951	37610	2.90	7.40
驻马店市	Zhumadian	3257	609	47136	58072	5.20	4.60
湖北省	**Hubei**						
武汉市	Wuhan	18866	18866	137772	137772	4.00	4.00
黄石市	Huangshi	2042	1031	83526	120956	5.60	4.90
十堰市	Shiyan	2305	1397	72882	101083	3.60	0.48
宜昌市	Yichang	5503	2273	140552	142008	5.50	3.80
襄阳市	Xiangyang	5828	3076	110510	131795	5.40	4.60
鄂州市	Ezhou	1265	1265	118133	118133	5.10	5.10
荆门市	Jingmen	2201	838	86407	108505	1.01	6.30
孝感市	Xiaogan	2777	530	66299	51125	5.20	4.64
荆州市	Jingzhou	3009	1023	58577	81588	5.10	4.00
黄冈市	Huanggang	2748	324	47466	65656	4.87	4.86
咸宁市	Xianning	1876	442	71732	72620	4.30	3.90
随州市	Suizhou	1329	614	65956	90002	4.40	4.50
湖南省	**Hunan**						
长沙市	Changsha	13966	8903	135200	143489	4.50	4.50
株洲市	Zhuzhou	3617	1899	93284	110055	4.50	4.00
湘潭市	Xiangtan	2698	1432	99702	129765	4.60	4.70
衡阳市	Hengyang	4090	1483	61973	107715	5.20	5.20
邵阳市	Shaoyang	2599	485	40341	60216	4.70	4.45
岳阳市	Yueyang	4711	2174	93654	162369	5.36	5.89
常德市	Changde	4275	1886	81798	129324	4.50	3.00
张家界市	Zhangjiajie	592	285	39306	49856	2.30	0.86
益阳市	Yiyang	2108	902	55318	72902	4.58	4.91
郴州市	Chenzhou	2980	871	64132	86131	5.70	6.20
永州市	Yongzhou	2410	677	46647	59200	5.09	5.11
怀化市	Huaihua	1878	418	41357	58619	3.80	1.50
娄底市	Loudi	1929	698	51065	92544	4.80	6.00
广东省	**Guangdong**						
广州市	Guangzhou	28839	28839	153625	153625	1.00	1.00
韶关市	Shaoguan	1564	743	54664	71805	0.20	-1.60

2-7 续表 5 continued

城 市	City	地区生产总值(当年价格)(亿元) Gross Regional Product (Current Prices) (100 000 000 yuan)		人均地区生产总值(元) Per Capita GRP (yuan)		地区生产总值增长率(%) GRP Growth Rate (%)	
		全 市 Total City	市辖区 Districts under City	全 市 Total City	市辖区 Districts under City	全 市 Total City	市辖区 Districts under City
深圳市	Shenzhen	32388	32388	183274	183274	3.30	3.30
珠海市	Zhuhai	4045	4045	163654	163654	2.30	2.30
汕头市	Shantou	3017	2982	54504	54489	1.00	1.00
佛山市	Foshan	12698	12698	132517	132517	2.10	2.10
江门市	Jiangmen	3773	2125	78146	98539	3.30	3.50
湛江市	Zhanjiang	3713	1858	52787	95319	1.16	0.68
茂名市	Maoming	3905	1973	62685	76765	0.50	-0.46
肇庆市	Zhaoqing	2705	1424	65513	110517	1.06	1.92
惠州市	Huizhou	5401	3655	89157	104116	4.21	4.69
梅州市	Meizhou	1318	526	34085	52938	0.50	0.10
汕尾市	Shanwei	1322	377	49242	80674	1.47	3.21
河源市	Heyuan	1295	532	45563	75062	1.00	1.30
阳江市	Yangjiang	1535	921	58556	70700	0.84	0.79
清远市	Qingyuan	2032	1025	51001	58654	1.00	0.82
东莞市	Dongguan	11200		106803		0.62	
中山市	Zhongshan	3631		81950		0.50	
潮州市	Chaozhou	1313	970	50988	55257	2.30	1.80
揭阳市	Jieyang	2261	1084	40192	57749	-1.25	-1.62
云浮市	Yunfu	1162	391	48538	60455	2.10	2.50
广西壮族自治区	**Guangxi**						
南宁市	Nanning	5218	4253	58883	70123	1.40	1.10
柳州市	Liuzhou	3109	2347	74322	92541	-1.00	-1.90
桂林市	Guilin	2436	991	49196	57094	2.49	1.55
梧州市	Wuzhou	1420	709	50185	82097	4.00	4.50
北海市	Beihai	1674	1323	89211	132097	3.50	4.00
防城港市	Fangchenggang	968	793	91505	123136	5.07	6.31
钦州市	Qinzhou	1917	1257	57838	89280	8.24	8.13
贵港市	Guigang	1572	881	36116	52681	3.20	3.30
玉林市	Yulin	2167	697	37245	56544	2.50	1.30
百色市	Baise	1729	521	48475	66720	4.23	-3.33
贺州市	Hezhou	972	599	47918	56075	3.44	2.59
河池市	Hechi	1136	403	33258	43632	3.90	3.74
来宾市	Laibin	901	446	43374	48013	3.60	3.80
崇左市	Chongzuo	1081	260	51843	59433	6.10	7.50
海南省	**Hainan**						
海口市	Haikou	2135	2135	73139	73139	1.30	1.30
三亚市	Sanya	847	847	79840	79840	-4.50	-4.50
三沙市	Sansha						
儋州市	Danzhou	879		90071		0.10	
重庆市	**Chongqing**	**29129**	**25258**	**90663**	**99178**	**2.60**	**2.50**

2-7 续表 6 continued

城 市	City	地区生产总值(当年价格)(亿元) Gross Regional Product (Current Prices) (100 000 000 yuan)		人均地区生产总值(元) Per Capita GRP (yuan)		地区生产总值增长率(%) GRP Growth Rate (%)	
		全 市 Total City	市辖区 Districts under City	全 市 Total City	市辖区 Districts under City	全 市 Total City	市辖区 Districts under City
四川省	**Sichuan**						
成都市	Chengdu	20818	17015	98149	108557	2.75	2.50
自贡市	Zigong	1638	1018	66602	79394	0.50	0.70
攀枝花市	Panzhihua	1221	882	100454	109036	3.50	3.20
泸州市	Luzhou	2602	1432	61054	85052	4.10	6.60
德阳市	Deyang	2817	1032	81412	99437	3.10	3.45
绵阳市	Mianyang	3627	2004	74171	88401	5.01	5.29
广元市	Guangyuan	1140	550	50056	61457	0.30	0.10
遂宁市	Suining	1614	683	58137	54202	4.20	4.40
内江市	Neijiang	1657	593	53485	50344	8.10	8.20
乐山市	Leshan	2309	1079	73226	86634	3.80	9.10
南充市	Nanchong	2685	981	48343	51061	1.30	0.90
眉山市	Meishan	1636	782	55273	63225	3.84	4.70
宜宾市	Yibin	3428	2132	74341	97293	4.55	5.37
广安市	Guang'an	1425	412	43901	42296	0.30	0.28
达州市	Dazhou	2503	724	46588	39973	3.50	2.92
雅安市	Ya'an	903	369	62981	59256	4.00	4.30
巴中市	Bazhong	765	322	28641	30585	1.30	1.50
资阳市	Ziyang	948	412	41586	47998	3.80	3.90
贵州省	**Guizhou**						
贵阳市	Guiyang	4921	3959	79872	85154	2.00	2.10
六盘水市	Liupanshui	1504	696	49839	49242	0.70	0.20
遵义市	Zunyi	4401	1351	66742	57266	3.10	1.60
安顺市	Anshun	1081	582	43991	47606	-1.70	-3.40
毕节市	Bijie	2207	544	32305	42090	0.20	0.20
铜仁市	Tongren	1477	347	45126	56919	0.30	0.70
云南省	**Yunnan**						
昆明市	Kunming	7541	5784	88193	100025	3.00	2.60
曲靖市	Qujing	3802	1699	66373	106528	8.10	8.60
玉溪市	Yuxi	2521	1284	111579	256838	4.30	3.86
保山市	Baoshan	1262	454	52438	50238	5.70	5.20
昭通市	Zhaotong	1541	430	30935	48157	3.70	2.60
丽江市	Lijiang	620	209	49768	74371	6.10	3.10
普洱市	Pu'er	1073	248	45168	58944	3.10	1.30
临沧市	Lincang	1000	200	44723	54321	4.70	3.80
西藏自治区	**Xizang**						
拉萨市	Lhasa	748	456	86091		0.20	
日喀则市	Xigazê	362	137	45320	82156	1.00	0.40
昌都市	Qamdo	298	86	39174	57531	3.70	3.50
林芝市	Nyingchi	208	101	87132	120691	1.00	0.98
山南市	Lhoka	243	78	68609	95354	1.70	1.80
那曲市	Nagqu	193	74	34205	63596	0.90	0.50

2–7 续表 7 continued

城市	City	地区生产总值(当年价格)(亿元) Gross Regional Product (Current Prices) (100 000 000 yuan)		人均地区生产总值(元) Per Capita GRP (yuan)		地区生产总值增长率(%) GRP Growth Rate (%)	
		全市 Total City	市辖区 Districts under City	全市 Total City	市辖区 Districts under City	全市 Total City	市辖区 Districts under City
陕西省	**Shaanxi**						
西安市	Xi'an	11487	11167	88806	94000	4.40	4.40
铜川市	Tongchuan	506	455	71709	71631	4.33	4.27
宝鸡市	Baoji	2743	1608	83801	87018	2.80	4.30
咸阳市	Xianyang	2818	791	67229	83686	4.40	4.00
渭南市	Weinan	2201	515	47592	50585	4.00	2.20
延安市	Yan'an	2232	619	98390	76805	4.60	4.80
汉中市	Hanzhong	1905	674	59832	62177	4.30	0.70
榆林市	Yulin	6844	1674	180816	170993	5.60	6.80
安康市	Ankang	1269	406	51261	45489	2.00	-1.40
商洛市	Shangluo	903	162	44599	34480	3.30	4.50
甘肃省	**Gansu**						
兰州市	Lanzhou	3344	2595	75992	80800	0.80	-0.10
嘉峪关市	Jiayuguan	363		114810		4.80	
金昌市	Jinchang	523	410	120161	156814	13.50	15.40
白银市	Baiyin	636	376	42297	72282	5.60	5.60
天水市	Tianshui	814	467	27538	38786	5.30	4.80
武威市	Wuwei	663	403	45932	45851	5.95	4.64
张掖市	Zhangye	582	254	51861	49018	6.10	6.70
平凉市	Pingliang	642	193	35182	38584	8.20	7.30
酒泉市	Jiuquan	841	257	79840	56663	6.10	8.50
庆阳市	Qingyang	1022	301	47351	58812	4.37	0.12
定西市	Dingxi	558	143	22257	34050	7.80	8.00
陇南市	Longnan	562	168	23548	30769	7.80	7.80
青海省	**Qinghai**						
西宁市	Xining	1644	1471	66363	74964	2.10	2.10
海东市	Haidong	563	214	41490	131551	0.10	2.60
宁夏回族自治区	**Ningxia**						
银川市	Yinchuan	2536	1454	87756	75581	4.00	3.40
石嘴山市	Shizuishan	693	464	92151	97292	3.60	2.80
吴忠市	Wuzhong	867	255	62126	54973	4.10	1.20
固原市	Guyuan	410	172	35624	36075	4.60	3.90
中卫市	Zhongwei	564	252	52323	62667	3.80	0.10
新疆维吾尔自治区	**Xinjiang**						
乌鲁木齐市	Urumqi	3893	3861	95559	96524	0.30	0.30
克拉玛依市	Karamay	1188	1188	229372	229372	4.70	4.70
吐鲁番市	Turpan	527	144	75671	45183	7.38	4.62
哈密市	Hami	869	530	130488		7.10	3.50

2-8 地区生产总值构成
Composition of Gross Regional Product

单位：% (%)

城 市	City	第一产业占地区生产总值的比重 Primary Industry as Percentage to GRP		第二产业占地区生产总值的比重 Secondary Industry as Percentage to GRP		第三产业占地区生产总值的比重 Tertiary Industry as Percentage to GRP	
		全 市 Total City	市辖区 Districts under City	全 市 Total City	市辖区 Districts under City	全 市 Total City	市辖区 Districts under City
北京市	**Beijing**	**0.27**	**0.27**	**15.87**	**15.87**	**83.86**	**83.86**
天津市	**Tianjin**	**1.67**	**1.67**	**37.02**	**37.02**	**61.30**	**61.30**
河北省	**Hebei**						
石家庄市	Shijiazhuang	7.86	2.10	32.87	29.85	59.27	68.05
唐山市	Tangshan	7.17	4.01	55.36	55.08	37.46	40.91
秦皇岛市	Qinhuangdao	13.21	5.97	35.69	35.92	51.11	58.10
邯郸市	Handan	10.12	6.58	44.92	42.15	44.96	51.28
邢台市	Xingtai	13.77	8.06	39.57	41.78	46.66	50.16
保定市	Baoding	12.42	5.41	36.46	43.02	51.13	51.57
张家口市	Zhangjiakou	17.88	8.16	26.29	26.46	55.83	65.38
承德市	Chengde	23.60	1.26	33.71	46.09	42.70	52.65
沧州市	Cangzhou	8.38	1.31	41.56	51.37	50.07	47.32
廊坊市	Langfang	6.46	2.31	33.53	25.12	60.02	72.57
衡水市	Hengshui	14.63	4.67	34.55	38.25	50.82	57.08
山西省	**Shanxi**						
太原市	Taiyuan	0.86	0.29	44.27	41.35	54.87	58.36
大同市	Datong	5.82	2.31	44.91	46.43	49.26	51.26
阳泉市	Yangquan	1.58	0.53	55.57	52.83	42.85	46.64
长治市	Changzhi	3.46	2.34	65.84	59.63	30.70	38.03
晋城市	Jincheng	3.39	0.19	66.03	25.37	30.58	74.44
朔州市	Shuozhou	6.38	2.59	49.37	49.64	44.24	47.77
晋中市	Jinzhong	7.37	5.68	55.68	30.15	36.95	64.16
运城市	Yuncheng	15.27	6.51	42.15	28.58	42.58	64.91
忻州市	Xinzhou	8.18	6.22	52.95	30.02	38.87	63.76
临汾市	Linfen	7.09	3.09	55.79	31.49	37.11	65.43
吕梁市	Lvliang	4.46	1.40	69.63	59.75	25.91	38.85
内蒙古自治区	**Inner Mongolia**						
呼和浩特市	Hohhot	4.82	1.52	34.72	26.33	60.46	72.16
包头市	Baotou	3.54	1.24	52.66	53.23	43.80	45.53
乌海市	Wuhai	0.99	0.99	73.03	73.03	25.99	25.99
赤峰市	Chifeng	20.95	12.03	33.66	37.57	45.39	50.40
通辽市	Tongliao	25.55	17.19	32.26	24.72	42.18	58.08
鄂尔多斯市	Erdos	3.47	0.22	68.88	43.54	27.65	56.25
呼伦贝尔市	Hulunbuir	25.32	3.27	35.45	39.14	39.23	57.58
巴彦淖尔市	Bayannur	27.06	23.29	33.15	27.83	39.79	48.89
乌兰察布市	Ulanqab	17.41	2.17	43.96	45.68	38.63	52.15
辽宁省	**Liaoning**						
沈阳市	Shenyang	4.36	2.20	37.49	38.74	58.15	59.07
大连市	Dalian	6.68	3.31	44.03	43.04	49.29	53.64
鞍山市	Anshan	6.53	0.79	40.04	49.58	53.43	49.63

2-8 续表 1 continued

单位：% (%)

城市	City	第一产业占地区生产总值的比重 Primary Industry as Percentage to GRP		第二产业占地区生产总值的比重 Secondary Industry as Percentage to GRP		第三产业占地区生产总值的比重 Tertiary Industry as Percentage to GRP	
		全市 Total City	市辖区 Districts under City	全市 Total City	市辖区 Districts under City	全市 Total City	市辖区 Districts under City
抚顺市	Fushun	6.68	1.66	50.00	55.03	43.32	43.31
本溪市	Benxi	6.35	2.14	50.38	57.94	43.28	39.92
丹东市	Dandong	20.75	5.80	26.11	26.25	53.14	67.95
锦州市	Jinzhou	18.87	2.61	27.30	36.85	53.83	60.54
营口市	Yingkou	8.84	2.97	44.07	48.35	47.09	48.68
阜新市	Fuxin	22.23	1.30	27.89	35.73	49.89	62.96
辽阳市	Liaoyang	11.20	3.16	45.23	54.17	43.56	42.67
盘锦市	Panjin	7.88	5.04	54.87	56.93	37.25	38.03
铁岭市	Tieling	24.27	2.99	29.08	26.41	46.65	70.60
朝阳市	Chaoyang	24.38	8.28	29.60	31.04	46.02	60.68
葫芦岛市	Huludao	17.82	5.75	37.41	50.79	44.77	43.46
吉林省	**Jilin**						
长春市	Changchun	8.17	1.64	39.96	45.28	51.87	53.08
吉林市	Jilin	13.96	3.40	36.43	44.24	49.61	52.37
四平市	Siping	33.93	3.33	20.35	37.22	45.72	59.45
辽源市	Liaoyuan	11.21	1.47	31.17	30.29	57.62	68.23
通化市	Tonghua	12.52	1.73	29.26	31.98	58.22	66.29
白山市	Baishan	13.65	9.48	27.68	30.60	58.67	59.91
松原市	Songyuan	29.17	5.05	23.54	40.55	47.29	54.39
白城市	Baicheng	29.22	15.46	18.87	26.84	51.90	57.70
黑龙江省	**Heilongjiang**						
哈尔滨市	Harbin	12.24	5.20	23.41	27.04	64.35	67.75
齐齐哈尔市	Qiqihar	31.30	7.64	23.82	28.57	44.88	63.78
鸡西市	Jixi	34.26	6.06	27.02	52.12	38.72	41.81
鹤岗市	Hegang	25.50	7.12	37.98	55.62	36.52	37.25
双鸭山市	Shuangyashan	37.05	10.26	28.34	55.79	34.61	33.96
大庆市	Daqing	8.66	2.52	59.53	66.76	31.81	30.71
伊春市	Yichun	37.53	21.81	18.55	19.52	43.92	58.67
佳木斯市	Jiamusi	45.73	16.18	13.62	24.16	40.65	59.65
七台河市	Qitaihe	16.21	10.17	45.27	51.22	38.53	38.61
牡丹江市	Mudanjiang	25.01	6.27	20.95	24.33	54.04	69.40
黑河市	Heihe	42.35	0.00	13.87	18.93	43.77	81.07
绥化市	Suihua	47.53	42.20	12.81	17.14	39.66	40.65
上海市	**Shanghai**	**0.22**	**0.22**	**25.66**	**25.66**	**74.12**	**74.12**
江苏省	**Jiangsu**						
南京市	Nanjing	1.87	1.87	35.90	35.90	62.24	62.24
无锡市	Wuxi	0.90	0.48	48.33	44.87	50.77	54.65
徐州市	Xuzhou	9.13	3.65	42.48	44.66	48.39	51.69
常州市	Changzhou	1.80	1.41	48.84	47.91	49.35	50.68
苏州市	Suzhou	0.81	0.59	48.09	46.11	51.11	53.30
南通市	Nantong	4.48	2.57	49.31	48.03	46.21	49.41

2-8 续表 2 continued

单位：% (%)

城　市	City	第一产业占地区生产总值的比重 Primary Industry as Percentage to GRP		第二产业占地区生产总值的比重 Secondary Industry as Percentage to GRP		第三产业占地区生产总值的比重 Tertiary Industry as Percentage to GRP	
		全　市 Total City	市辖区 Districts under City	全　市 Total City	市辖区 Districts under City	全　市 Total City	市辖区 Districts under City
连云港市	Lianyungang	10.59	6.92	45.30	46.95	44.11	46.13
淮安市	Huai'an	9.39	7.48	42.42	42.51	48.18	50.02
盐城市	Yancheng	11.21	8.09	41.35	43.31	47.43	48.60
扬州市	Yangzhou	4.60	2.67	48.84	47.57	46.56	49.75
镇江市	Zhenjiang	3.27	1.46	49.26	46.25	47.47	52.30
泰州市	Taizhou	5.22	3.06	49.33	49.71	45.45	47.23
宿迁市	Suqian	9.11	6.09	44.84	47.37	46.05	46.53
浙江省	**Zhejiang**						
杭州市	Hangzhou	1.84	1.33	29.97	29.10	68.19	69.57
宁波市	Ningbo	2.43	1.09	47.21	42.53	50.36	56.38
温州市	Wenzhou	2.21	0.66	42.10	38.59	55.69	60.75
嘉兴市	Jiaxing	2.14	1.93	55.19	50.54	42.67	47.53
湖州市	Huzhou	4.19	3.37	51.07	50.00	44.74	46.63
绍兴市	Shaoxing	3.31	2.63	48.95	49.06	47.74	48.31
金华市	Jinhua	2.91	3.21	41.86	36.82	55.23	59.98
衢州市	Quzhou	4.65	3.23	43.63	44.33	51.72	52.44
舟山市	Zhoushan	8.76	8.87	48.70	29.41	42.54	61.72
台州市	Taizhou	5.46	2.49	43.69	40.47	50.85	57.04
丽水市	Lishui	6.43	4.90	38.56	34.08	55.01	61.01
安徽省	**Anhui**						
合肥市	Hefei	3.16	0.13	36.58	34.60	60.26	65.27
芜湖市	Wuhu	3.98	2.17	47.43	47.75	48.58	50.08
蚌埠市	Bengbu	14.38	3.35	32.89	41.55	52.73	55.09
淮南市	Huainan	10.26	5.20	42.11	42.49	47.63	52.31
马鞍山市	Ma'anshan	4.35	1.09	49.16	50.91	46.49	48.00
淮北市	Huaibei	6.85	3.91	43.78	38.12	49.38	57.97
铜陵市	Tongling	5.11	2.77	49.82	54.04	45.07	43.19
安庆市	Anqing	9.49	2.18	43.91	43.63	46.60	54.19
黄山市	Huangshan	7.80	4.87	35.44	34.12	56.76	61.01
滁州市	Chuzhou	8.35	2.42	50.08	59.53	41.56	38.05
阜阳市	Fuyang	13.43	9.06	37.77	34.28	48.80	56.67
宿州市	Suzhou	15.20	8.96	34.68	39.67	50.11	51.37
六安市	Lu'an	13.36	11.91	39.15	35.35	47.49	52.74
亳州市	Bozhou	13.64	10.88	34.86	41.36	51.50	47.75
池州市	Chizhou	9.10	6.85	46.61	51.09	44.29	42.06
宣城市	Xuancheng	9.38	10.32	48.96	40.60	41.66	49.08
福建省	**Fujian**						
福州市	Fuzhou	5.55	1.37	37.84	31.11	56.61	67.52
厦门市	Xiamen	0.38	0.38	41.44	41.44	58.18	58.18
莆田市	Putian	4.69	4.87	52.33	52.73	42.98	42.40
三明市	Sanming	10.92	5.46	50.83	53.36	38.25	41.19

2-8 续表 3 continued

单位：% (%)

城市	City	第一产业占地区生产总值的比重 Primary Industry as Percentage to GRP		第二产业占地区生产总值的比重 Secondary Industry as Percentage to GRP		第三产业占地区生产总值的比重 Tertiary Industry as Percentage to GRP	
		全市 Total City	市辖区 Districts under City	全市 Total City	市辖区 Districts under City	全市 Total City	市辖区 Districts under City
泉州市	Quanzhou	2.07	0.77	56.86	47.70	41.07	51.53
漳州市	Zhangzhou	10.01	3.56	50.12	56.03	39.87	40.41
南平市	Nanping	16.34	11.81	35.49	37.34	48.18	50.84
龙岩市	Longyan	9.39	6.01	42.84	45.37	47.77	48.63
宁德市	Ningde	10.87	4.08	57.63	71.62	31.50	24.31
江西省	**Jiangxi**						
南昌市	Nanchang	3.45	1.52	48.37	46.91	48.18	51.57
景德镇市	Jingdezhen	6.33	1.25	44.75	39.90	48.93	58.85
萍乡市	Pingxiang	6.97	3.44	44.40	44.23	48.62	52.33
九江市	Jiujiang	6.42	2.06	47.84	43.32	45.73	54.62
新余市	Xinyu	5.90	4.89	44.14	45.97	49.96	49.13
鹰潭市	Yingtan	6.31	6.07	52.52	43.23	41.17	50.70
赣州市	Ganzhou	9.97	3.41	40.29	43.51	49.74	53.08
吉安市	Ji'an	9.48	4.38	46.54	41.13	43.98	54.49
宜春市	Yichun	10.12	8.09	43.45	37.38	46.44	54.53
抚州市	Fuzhou	12.42	10.08	39.41	46.54	48.17	43.38
上饶市	Shangrao	10.02	4.62	39.84	43.99	50.14	51.39
山东省	**Shandong**						
济南市	Jinan	3.50	2.79	34.76	34.26	61.75	62.95
青岛市	Qingdao	3.20	1.77	34.83	33.95	61.96	64.28
淄博市	Zibo	4.28	2.60	49.83	49.70	45.89	47.70
枣庄市	Zaozhuang	9.53	8.98	39.43	36.17	51.04	54.84
东营市	Dongying	5.29	3.62	57.78	56.40	36.93	39.98
烟台市	Yantai	6.96	4.61	42.27	42.03	50.77	53.36
潍坊市	Weifang	8.85	2.97	41.97	45.77	49.17	51.26
济宁市	Jining	11.49	4.66	38.90	43.79	49.61	51.55
泰安市	Tai'an	10.97	7.30	40.21	34.03	48.82	58.67
威海市	Weihai	10.41	6.36	38.54	42.92	51.05	50.73
日照市	Rizhao	9.02	7.24	40.70	42.05	50.29	50.70
临沂市	Linyi	8.84	1.90	39.70	40.36	51.45	57.73
德州市	Dezhou	10.20	4.14	41.54	43.53	48.26	52.33
聊城市	Liaocheng	14.39	6.85	37.57	42.17	48.03	50.98
滨州市	Binzhou	9.98	7.66	42.58	37.62	47.45	54.72
菏泽市	Heze	9.82	6.28	41.30	37.69	48.88	56.03
河南省	**Henan**						
郑州市	Zhengzhou	1.44	0.12	40.01	28.99	58.56	70.90
开封市	Kaifeng	14.36	8.49	38.67	34.09	46.97	57.42
洛阳市	Luoyang	4.54	1.95	43.59	44.29	51.86	53.76
平顶山市	Pingdingshan	7.53	0.68	45.96	53.27	46.52	46.04
安阳市	Anyang	9.48	1.70	43.85	49.46	46.67	48.84
鹤壁市	Hebi	7.81	4.44	56.53	55.88	35.67	39.68

2-8 续表 4 continued

单位：% (%)

城市	City	第一产业占地区生产总值的比重 Primary Industry as Percentage to GRP		第二产业占地区生产总值的比重 Secondary Industry as Percentage to GRP		第三产业占地区生产总值的比重 Tertiary Industry as Percentage to GRP	
		全市 Total City	市辖区 Districts under City	全市 Total City	市辖区 Districts under City	全市 Total City	市辖区 Districts under City
新乡市	Xinxiang	9.79	0.85	44.73	44.04	45.48	55.11
焦作市	Jiaozuo	6.50	1.12	40.50	41.69	53.00	57.19
濮阳市	Puyang	12.67	4.05	37.68	44.50	49.65	51.44
许昌市	Xuchang	5.16	3.16	51.98	44.60	42.86	52.24
漯河市	Luohe	9.21	6.74	43.58	45.20	47.21	48.05
三门峡市	Sanmenxia	9.48	5.78	48.08	45.02	42.44	49.20
南阳市	Nanyang	16.09	6.72	32.04	30.02	51.87	63.25
商丘市	Shangqiu	18.47	16.06	37.88	34.50	43.65	49.44
信阳市	Xinyang	18.57	12.28	34.95	36.16	46.48	51.56
周口市	Zhoukou	17.43	11.49	40.26	43.11	42.31	45.40
驻马店市	Zhumadian	17.64	5.54	39.31	40.97	43.05	53.49
湖北省	**Hubei**						
武汉市	Wuhan	2.52	2.52	35.60	35.60	61.88	61.88
黄石市	Huangshi	6.90	0.75	47.53	48.49	45.57	50.75
十堰市	Shiyan	9.76	3.23	40.08	43.70	50.16	53.06
宜昌市	Yichang	10.68	4.78	44.11	44.23	45.21	50.99
襄阳市	Xiangyang	10.39	5.71	46.92	52.22	42.69	42.07
鄂州市	Ezhou	9.74	9.74	45.48	45.48	44.78	44.78
荆门市	Jingmen	13.36	5.11	41.25	49.49	45.39	45.41
孝感市	Xiaogan	14.33	8.69	41.48	36.49	44.19	54.82
荆州市	Jingzhou	19.01	8.09	35.66	39.38	45.33	52.53
黄冈市	Huanggang	19.86	5.97	34.43	40.11	45.72	53.92
咸宁市	Xianning	13.30	9.32	39.41	41.48	47.29	49.21
随州市	Suizhou	14.23	6.44	44.07	42.19	41.70	51.37
湖南省	**Hunan**						
长沙市	Changsha	3.23	0.91	40.02	33.97	56.75	65.12
株洲市	Zhuzhou	7.59	3.20	47.37	49.36	45.04	47.44
湘潭市	Xiangtan	6.75	1.86	51.36	50.44	41.90	47.70
衡阳市	Hengyang	11.52	1.39	33.97	34.18	54.51	64.43
邵阳市	Shaoyang	16.74	3.53	32.05	41.95	51.21	54.52
岳阳市	Yueyang	10.31	3.08	41.76	44.85	47.93	52.07
常德市	Changde	11.58	4.97	41.24	49.42	47.18	45.61
张家界市	Zhangjiajie	14.81	10.33	12.81	10.96	72.38	78.71
益阳市	Yiyang	16.54	9.37	44.85	53.81	38.61	36.82
郴州市	Chenzhou	10.63	4.57	39.25	37.74	50.11	57.69
永州市	Yongzhou	17.90	14.31	32.75	33.37	49.34	52.33
怀化市	Huaihua	15.03	3.33	30.19	21.85	54.78	74.82
娄底市	Loudi	11.40	3.79	39.25	48.27	49.35	47.93
广东省	**Guangdong**						
广州市	Guangzhou	1.10	1.10	27.43	27.43	71.47	71.47
韶关市	Shaoguan	14.36	5.17	35.60	40.33	50.05	54.50

2-8 续表 5 continued

单位：% (%)

城 市	City	第一产业占地区生产总值的比重 Primary Industry as Percentage to GRP		第二产业占地区生产总值的比重 Secondary Industry as Percentage to GRP		第三产业占地区生产总值的比重 Tertiary Industry as Percentage to GRP	
		全 市 Total City	市辖区 Districts under City	全 市 Total City	市辖区 Districts under City	全 市 Total City	市辖区 Districts under City
深圳市	Shenzhen	0.08	0.08	38.30	38.30	61.62	61.62
珠海市	Zhuhai	1.50	1.50	44.69	44.69	53.81	53.81
汕头市	Shantou	4.54	4.18	47.94	48.32	47.53	47.50
佛山市	Foshan	1.74	1.74	56.15	56.15	42.11	42.11
江门市	Jiangmen	8.60	3.84	45.68	47.05	45.72	49.11
湛江市	Zhanjiang	18.39	4.40	39.27	54.89	42.34	40.72
茂名市	Maoming	17.90	10.31	36.40	48.75	45.70	40.93
肇庆市	Zhaoqing	17.98	8.89	41.66	49.33	40.36	41.77
惠州市	Huizhou	5.14	1.92	55.91	60.51	38.95	37.57
梅州市	Meizhou	19.57	13.18	30.93	38.44	49.51	48.38
汕尾市	Shanwei	14.18	11.32	37.13	31.75	48.69	56.93
河源市	Heyuan	12.55	0.74	36.24	47.08	51.21	52.18
阳江市	Yangjiang	16.38	12.61	38.85	43.83	44.77	43.56
清远市	Qingyuan	16.27	8.83	37.77	42.51	45.96	48.66
东莞市	Dongguan	0.33		58.16		41.52	
中山市	Zhongshan	2.46		49.44		48.11	
潮州市	Chaozhou	9.51	4.01	47.64	52.59	42.85	43.41
揭阳市	Jieyang	9.89	5.53	35.10	41.21	55.01	53.25
云浮市	Yunfu	18.83	10.19	32.55	39.84	48.62	49.96
广西壮族自治区	**Guangxi**						
南宁市	Nanning	11.53	7.73	22.67	22.36	65.81	69.91
柳州市	Liuzhou	9.17	3.59	41.57	45.59	49.26	50.82
桂林市	Guilin	25.46	6.91	21.66	26.73	52.88	66.36
梧州市	Wuzhou	14.14	3.67	41.15	46.22	44.71	50.11
北海市	Beihai	14.31	8.72	45.49	51.57	40.21	39.71
防城港市	Fangchenggang	12.93	8.55	53.49	60.49	33.58	30.96
钦州市	Qinzhou	17.65	13.24	35.40	42.10	46.95	44.66
贵港市	Guigang	17.68	12.20	35.39	46.38	46.94	41.41
玉林市	Yulin	19.87	8.61	28.86	29.98	51.27	61.40
百色市	Baise	17.90	16.16	45.60	39.79	36.50	44.05
贺州市	Hezhou	18.21	13.03	39.86	45.93	41.93	41.04
河池市	Hechi	22.90	22.24	29.74	21.35	47.36	56.41
来宾市	Laibin	21.81	15.90	31.30	35.76	46.89	48.34
崇左市	Chongzuo	19.20	15.09	38.46	34.61	42.34	50.31
海南省	**Hainan**						
海口市	Haikou	4.65	4.65	19.03	19.03	76.32	76.32
三亚市	Sanya	13.02	13.02	13.55	13.55	73.43	73.43
三沙市	Sansha						
儋州市	Danzhou	17.58		25.97		56.45	
重庆市	**Chongqing**	**6.91**	**5.75**	**40.15**	**40.80**	**52.95**	**53.45**

2-8 续表 6 continued

单位：% (%)

城 市	City	第一产业占地区生产总值的比重 Primary Industry as Percentage to GRP		第二产业占地区生产总值的比重 Secondary Industry as Percentage to GRP		第三产业占地区生产总值的比重 Tertiary Industry as Percentage to GRP	
		全 市 Total City	市辖区 Districts under City	全 市 Total City	市辖区 Districts under City	全 市 Total City	市辖区 Districts under City
四川省	**Sichuan**						
成都市	Chengdu	2.83	1.01	30.76	28.74	66.41	70.25
自贡市	Zigong	15.46	8.78	37.92	39.53	46.62	51.68
攀枝花市	Panzhihua	9.19	4.61	55.53	58.03	35.27	37.36
泸州市	Luzhou	10.65	5.56	51.15	53.77	38.20	40.67
德阳市	Deyang	10.52	6.95	48.10	47.81	41.38	45.24
绵阳市	Mianyang	10.52	5.35	41.75	45.39	47.73	49.26
广元市	Guangyuan	18.78	10.49	39.08	45.42	42.14	44.10
遂宁市	Suining	13.69	10.39	47.87	45.44	38.44	44.17
内江市	Neijiang	17.69	15.82	32.88	26.91	49.42	57.27
乐山市	Leshan	13.04	8.61	42.97	49.64	43.99	41.75
南充市	Nanchong	18.70	13.02	37.72	38.03	43.58	48.95
眉山市	Meishan	14.82	10.97	40.21	43.86	44.98	45.17
宜宾市	Yibin	11.55	7.06	50.27	58.20	38.18	34.74
广安市	Guang'an	17.35	14.70	31.17	28.68	51.48	56.62
达州市	Dazhou	17.30	11.16	36.51	32.39	46.19	56.45
雅安市	Ya'an	18.78	18.54	31.43	28.80	49.79	52.66
巴中市	Bazhong	25.11	21.36	25.73	23.88	49.16	54.76
资阳市	Ziyang	20.48	15.23	30.63	35.84	48.89	48.93
贵州省	**Guizhou**						
贵阳市	Guiyang	4.14	1.45	35.35	34.79	60.51	63.76
六盘水市	Liupanshui	12.52	9.16	44.63	42.71	42.85	48.13
遵义市	Zunyi	12.38	10.74	47.76	33.60	39.86	55.66
安顺市	Anshun	18.47	13.08	28.03	33.36	53.50	53.56
毕节市	Bijie	24.99	19.12	25.39	24.76	49.63	56.12
铜仁市	Tongren	22.47	10.04	23.16	32.93	54.37	57.03
云南省	**Yunnan**						
昆明市	Kunming	4.34	1.14	32.00	30.40	63.66	68.47
曲靖市	Qujing	14.60	6.81	41.95	49.51	43.45	43.69
玉溪市	Yuxi	9.81	4.51	44.84	57.79	45.35	37.70
保山市	Baoshan	23.26	20.37	38.82	35.84	37.91	43.78
昭通市	Zhaotong	16.61	9.56	40.34	45.16	43.04	45.28
丽江市	Lijiang	13.94	4.19	36.20	24.95	49.85	70.86
普洱市	Pu'er	24.50	9.82	25.01	30.20	50.49	59.99
临沧市	Lincang	30.73	16.11	26.17	22.06	43.10	61.83
西藏自治区	**Xizang**						
拉萨市	Lhasa	3.58	1.76	38.96	31.18	57.46	67.06
日喀则市	Xigazê	15.91	6.16	31.50	28.00	52.59	65.84
昌都市	Qamdo	11.75	5.67	40.36	33.45	47.89	60.88
林芝市	Nyingchi	6.41	1.87	35.09	34.62	58.50	63.52
山南市	Lhoka	4.07	2.30	47.61	37.78	48.32	59.92
那曲市	Nagqu	14.46	6.89	25.89	34.01	59.66	59.10

2-8 续表 7 continued

单位：% (%)

城市	City	第一产业占地区生产总值的比重 Primary Industry as Percentage to GRP		第二产业占地区生产总值的比重 Secondary Industry as Percentage to GRP		第三产业占地区生产总值的比重 Tertiary Industry as Percentage to GRP	
		全市 Total City	市辖区 Districts under City	全市 Total City	市辖区 Districts under City	全市 Total City	市辖区 Districts under City
陕西省	**Shaanxi**						
西安市	Xi'an	2.82	2.19	35.45	35.94	61.74	61.87
铜川市	Tongchuan	7.10	6.01	44.40	44.54	48.50	49.45
宝鸡市	Baoji	8.54	4.58	57.46	58.17	34.00	37.25
咸阳市	Xianyang	14.48	1.77	47.44	50.82	38.08	47.41
渭南市	Weinan	19.57	12.78	38.52	32.25	41.91	54.97
延安市	Yan'an	10.15	7.51	62.79	48.76	27.07	43.74
汉中市	Hanzhong	15.34	9.50	43.47	40.89	41.19	49.61
榆林市	Yulin	4.56	3.16	72.67	69.81	22.76	27.03
安康市	Ankang	13.76	11.09	42.57	31.90	43.67	57.01
商洛市	Shangluo	13.93	12.56	39.84	26.84	46.23	60.60
甘肃省	**Gansu**						
兰州市	Lanzhou	1.94	0.76	34.42	31.32	63.64	67.92
嘉峪关市	Jiayuguan	1.79		66.73		31.48	
金昌市	Jinchang	6.11	2.05	71.06	80.93	22.83	17.02
白银市	Baiyin	18.32	3.84	39.54	52.71	42.14	43.45
天水市	Tianshui	19.12	9.23	27.07	38.56	53.81	52.22
武威市	Wuwei	32.43	27.42	18.28	17.61	49.29	54.98
张掖市	Zhangye	29.29	24.90	20.45	17.24	50.26	57.86
平凉市	Pingliang	23.65	13.20	29.72	25.39	46.63	61.41
酒泉市	Jiuquan	17.04	17.43	44.16	25.95	38.80	56.61
庆阳市	Qingyang	12.21	2.83	53.99	47.86	33.80	49.31
定西市	Dingxi	20.16	15.70	17.31	19.44	62.53	64.86
陇南市	Longnan	18.53	19.68	26.38	10.73	55.09	69.59
青海省	**Qinghai**						
西宁市	Xining	3.83	2.12	37.61	35.92	58.56	61.96
海东市	Haidong	15.78	12.49	38.90	39.47	45.32	48.04
宁夏回族自治区	**Ningxia**						
银川市	Yinchuan	3.62	1.62	49.76	34.67	46.62	63.72
石嘴山市	Shizuishan	5.90	2.36	55.26	56.00	38.83	41.64
吴忠市	Wuzhong	13.86	12.30	52.06	45.27	34.09	42.43
固原市	Guyuan	18.26	13.97	21.97	17.77	59.77	68.26
中卫市	Zhongwei	14.15	14.67	46.62	47.30	39.23	38.02
新疆维吾尔自治区	**Xinjiang**						
乌鲁木齐市	Urumqi	0.80	0.58	29.11	29.14	70.09	70.28
克拉玛依市	Karamay	1.56	1.56	72.15	72.15	26.29	26.29
吐鲁番市	Turpan	14.18	23.15	52.80	20.50	33.02	56.36
哈密市	Hami	5.31	5.57	66.50	56.72	28.18	37.72

2-9 地方一般公共预算收支状况(全市)
Local General Public Budget Revenue and Expenditure (Total City)

单位：万元 (10 000 yuan)

城　　市	City	地方一般公共预算收入 Local General Public Budget Revenue	地方一般公共预算支出 Local General Public Budget Expenditure	科学技术支出 Expenditure for Science and Technology	教育支出 Expenditure for Education
北京市	**Beijing**	**57143582**	**74691549**	**4887041**	**11711223**
天津市	**Tianjin**	**18466866**	**27298298**	**621605**	**4789376**
河北省	**Hebei**				
石家庄市	Shijiazhuang	6921599	12504267	214508	2489270
唐山市	Tangshan	5426589	9369039	105424	1851265
秦皇岛市	Qinhuangdao	1718846	3161096	20585	627220
邯郸市	Handan	3552415	8456166	97443	1818207
邢台市	Xingtai	2096757	6149177	56281	1231029
保定市	Baoding	3465595	8988203	140928	1842778
张家口市	Zhangjiakou	1674846	6087575	29511	896591
承德市	Chengde	1238999	4363601	23016	844102
沧州市	Cangzhou	3171931	7098189	48362	1615535
廊坊市	Langfang	3415204	6050582	65286	1308130
衡水市	Hengshui	1436072	4219111	63776	766990
山西省	**Shanxi**				
太原市	Taiyuan	4374837	7158959	155377	978136
大同市	Datong	1867358	4008564	14800	555161
阳泉市	Yangquan	819698	1584747	13055	250524
长治市	Changzhi	3104887	4918085	19795	634136
晋城市	Jincheng	2829907	3867364	26587	453159
朔州市	Shuozhou	1582232	2483037	8273	346141
晋中市	Jinzhong	1870526	4140721	59423	640165
运城市	Yuncheng	1132958	4862812	22864	793908
忻州市	Xinzhou	1512797	4335608	7235	572558
临汾市	Linfen	2005978	5024612	4910	676928
吕梁市	Lvliang	3421819	5520220	14657	877348
内蒙古自治区	**Inner Mongolia**				
呼和浩特市	Hohhot	2308711	4209756	44325	535001
包头市	Baotou	1736124	3952428	39154	609989
乌海市	Wuhai	792691	1182367	17426	148415
赤峰市	Chifeng	1138707	5732379	26860	970065
通辽市	Tongliao	918651	4209694	17320	636162
鄂尔多斯市	Erdos	8428431	9936223	122019	1013201
呼伦贝尔市	Hulunbuir	987544	4725124	13452	593289
巴彦淖尔市	Bayannur	775351	3073752	20063	338215
乌兰察布市	Ulanqab	625929	3755168	19442	416816
辽宁省	**Liaoning**				
沈阳市	Shenyang	7136722	10535872	249351	1185792
大连市	Dalian	6697660	9910839	149017	1259457
鞍山市	Anshan	1485246	3074880	6437	387060

2-9 续表 1 continued

单位：万元 (10 000 yuan)

城市	City	地方一般公共预算收入 Local General Public Budget Revenue	地方一般公共预算支出 Local General Public Budget Expenditure	科学技术支出 Expenditure for Science and Technology	教育支出 Expenditure for Education
抚顺市	Fushun	608317	1738033	3204	217033
本溪市	Benxi	739041	1618401	1895	183073
丹东市	Dandong	679581	2317115	4924	328939
锦州市	Jinzhou	1038851	2587334	24403	340738
营口市	Yingkou	1293410	2513860	9784	279648
阜新市	Fuxin	448318	1610217	5691	227447
辽阳市	Liaoyang	873800	1711193	1662	234069
盘锦市	Panjin	1213620	2140135	20783	206130
铁岭市	Tieling	454982	2138921	6084	316860
朝阳市	Chaoyang	793737	3030498	2875	471194
葫芦岛市	Huludao	591010	2266053	2899	330421
吉林省	**Jilin**				
长春市	Changchun	4596907	9766704	43039	1368027
吉林市	Jilin	833893	3976178	3518	475271
四平市	Siping	266145	2173280	2954	280373
辽源市	Liaoyuan	171608	1233427	3949	170121
通化市	Tonghua	442672	2625424	12323	333988
白山市	Baishan	244132	1672078	4107	218054
松原市	Songyuan	412225	2708743	1401	369074
白城市	Baicheng	265283	2439212	9098	319699
黑龙江省	**Heilongjiang**				
哈尔滨市	Harbin	2621742	10655225	103930	1241589
齐齐哈尔市	Qiqihar	973395	5676505	18760	619690
鸡西市	Jixi	456010	2234863	12551	205627
鹤岗市	Hegang	307791	1347820	4276	136907
双鸭山市	Shuangyashan	379654	1727953	12913	180106
大庆市	Daqing	1829950	3677299	18181	459250
伊春市	Yichun	207948	2058798	3762	175396
佳木斯市	Jiamusi	624097	3598377	24110	296391
七台河市	Qitaihe	280902	1027293	7829	106297
牡丹江市	Mudanjiang	731080	3147221	17538	309174
黑河市	Heihe	476155	2787126	5549	234538
绥化市	Suihua	594252	4608268	10629	522056
上海市	**Shanghai**	**76081900**	**93931600**	**3862500**	**11225700**
江苏省	**Jiangsu**				
南京市	Nanjing	15582064	18286941	1120440	3303409
无锡市	Wuxi	11333800	13658419	628900	2125000
徐州市	Xuzhou	5174253	10318150	220025	2150160
常州市	Changzhou	6317801	8260315	409414	1395775
苏州市	Suzhou	23291799	25885699	2310670	4230034
南通市	Nantong	6129969	11472165	528337	1882727

2-9 续表 2 continued

单位：万元 (10 000 yuan)

城　　市	City	地方一般公共预算收入 Local General Public Budget Revenue	地方一般公共预算支出 Local General Public Budget Expenditure	科学技术支出 Expenditure for Science and Technology	教育支出 Expenditure for Education
连云港市	Lianyungang	2128054	5359989	100309	991724
淮安市	Huai'an	3000780	6593452	132248	959612
盐城市	Yancheng	4532640	10939116	257795	1608272
扬州市	Yangzhou	3254926	6991724	145907	1070475
镇江市	Zhenjiang	3039615	5355340	126687	771836
泰州市	Taizhou	4166466	7038648	162265	882745
宿迁市	Suqian	2717777	6218097	193076	1054780
浙江省	**Zhejiang**				
杭州市	Hangzhou	24506119	25420894	2077342	5000916
宁波市	Ningbo	16802309	21878133	1509955	2987893
温州市	Wenzhou	5738500	11377360	380168	2572359
嘉兴市	Jiaxing	5964742	8277051	461927	1586842
湖州市	Huzhou	3872962	6019198	262508	1049752
绍兴市	Shaoxing	5400896	8048576	418552	1570741
金华市	Jinhua	4891632	8303964	280770	1563885
衢州市	Quzhou	1731004	5677004	202699	678517
舟山市	Zhoushan	1561472	3542734	109409	381141
台州市	Taizhou	4407498	8349302	268593	1746919
丽水市	Lishui	1708624	6071018	160453	923197
安徽省	**Anhui**				
合肥市	Hefei	9092546	13801794	2456708	2363239
芜湖市	Wuhu	3886020	5828795	730404	889423
蚌埠市	Bengbu	1740257	3595272	210502	664949
淮南市	Huainan	1203060	2994527	44905	510961
马鞍山市	Ma'anshan	2048752	3178088	138429	423935
淮北市	Huaibei	970317	2140233	88766	396734
铜陵市	Tongling	1037838	2008682	138645	280788
安庆市	Anqing	1748586	5314193	134121	946874
黄山市	Huangshan	907099	2212819	54577	245631
滁州市	Chuzhou	2778542	5134690	159453	841046
阜阳市	Fuyang	1848040	6467379	85741	1308630
宿州市	Suzhou	1553455	5021054	79216	979848
六安市	Lu'an	1612642	5283131	61308	973745
亳州市	Bozhou	1481301	3971840	68306	815153
池州市	Chizhou	831310	2018003	27505	275892
宣城市	Xuancheng	1885011	3485443	127557	456871
福建省	**Fujian**				
福州市	Fuzhou	6985234	10060892	251025	2064007
厦门市	Xiamen	8838107	10887431	602411	1956311
莆田市	Putian	1510519	2769364	26461	802341
三明市	Sanming	1113543	3495690	20715	784928

2-9 续表 3 continued

单位：万元 (10 000 yuan)

城　市	City	地方一般公共预算收入 Local General Public Budget Revenue	地方一般公共预算支出 Local General Public Budget Expenditure	科学技术支出 Expenditure for Science and Technology	教育支出 Expenditure for Education
泉州市	Quanzhou	5267928	8074508	215447	2051474
漳州市	Zhangzhou	2505976	5018618	36405	1098879
南平市	Nanping	1040611	3443093	30742	622160
龙岩市	Longyan	1654586	3614236	138310	789243
宁德市	Ningde	1674471	3722515	54143	819994
江西省	**Jiangxi**				
南昌市	Nanchang	4576780	9390409	395079	1453125
景德镇市	Jingdezhen	939995	2475501	69570	417406
萍乡市	Pingxiang	1071061	3067907	85229	511222
九江市	Jiujiang	3033837	6917463	147011	1202003
新余市	Xinyu	889411	1919005	42907	293004
鹰潭市	Yingtan	1002760	2084160	74833	338198
赣州市	Ganzhou	3060643	10276606	333250	2255345
吉安市	Ji'an	1908720	6108192	183930	1177293
宜春市	Yichun	2774763	7019855	336160	1171130
抚州市	Fuzhou	1364182	5347395	207879	923003
上饶市	Shangrao	2508585	7937898	192481	1458568
山东省	**Shandong**				
济南市	Jinan	10011421	12255733	282396	2503700
青岛市	Qingdao	12733096	16961652	494822	3321126
淄博市	Zibo	3759048	5264290	73008	1143585
枣庄市	Zaozhuang	1688828	3255094	33308	733422
东营市	Dongying	2654788	3694792	58095	852712
烟台市	Yantai	6354011	9234690	320358	1478793
潍坊市	Weifang	6080066	8424650	164943	2103042
济宁市	Jining	4476625	7470321	77987	1861570
泰安市	Tai'an	2227397	4417489	49428	1013368
威海市	Weihai	2252099	4173453	77567	903185
日照市	Rizhao	1855370	2891046	79975	686608
临沂市	Linyi	4201867	8747679	90445	2173854
德州市	Dezhou	2350446	5732613	149240	1043531
聊城市	Liaocheng	2305982	5124201	9714	1049932
滨州市	Binzhou	2756592	4813092	98567	822329
菏泽市	Heze	3006107	6921014	45005	1464880
河南省	**Henan**				
郑州市	Zhengzhou	11307855	14564080	854910	2313914
开封市	Kaifeng	1985850	4564102	226861	734333
洛阳市	Luoyang	3982327	6286387	362134	1113867
平顶山市	Pingdingshan	2259285	4156925	94750	701442
安阳市	Anyang	2221081	4285595	96306	851299
鹤壁市	Hebi	773086	2023893	72017	288033

2-9 续表 4 continued

单位：万元 (10 000 yuan)

城　市	City	地方一般公共预算收入 Local General Public Budget Revenue	地方一般公共预算支出 Local General Public Budget Expenditure	科学技术支出 Expenditure for Science and Technology	教育支出 Expenditure for Education
新乡市	Xinxiang	2270302	4772512	137808	890771
焦作市	Jiaozuo	1696026	2859703	72652	481263
濮阳市	Puyang	1167166	3204335	70903	650373
许昌市	Xuchang	2038632	3467757	114399	709233
漯河市	Luohe	1318738	2467222	112324	426051
三门峡市	Sanmenxia	1390355	2759034	109087	460543
南阳市	Nanyang	2568705	7714608	162832	1765479
商丘市	Shangqiu	2001180	5531118	147538	966145
信阳市	Xinyang	1369647	6419148	193868	1194388
周口市	Zhoukou	1801222	6904677	117126	1297926
驻马店市	Zhumadian	2044773	5507545	260669	1064176
湖北省	**Hubei**				
武汉市	Wuhan	15047392	22231481	1777569	3218403
黄石市	Huangshi	1367452	2796725	78126	501331
十堰市	Shiyan	1156649	4081292	123423	628038
宜昌市	Yichang	2182146	5635646	230945	815739
襄阳市	Xiangyang	2209304	6305496	103529	940814
鄂州市	Ezhou	738404	1183914	18161	203976
荆门市	Jingmen	1031665	2842779	92463	369141
孝感市	Xiaogan	1372140	4283691	118659	623951
荆州市	Jingzhou	1420488	4957114	171192	731023
黄冈市	Huanggang	1408524	5596228	71115	986986
咸宁市	Xianning	960313	3046968	72819	466612
随州市	Suizhou	506099	1814597	26029	284596
湖南省	**Hunan**				
长沙市	Changsha	12020004	15662586	795282	2929915
株洲市	Zhuzhou	1908795	5406829	405891	752317
湘潭市	Xiangtan	1274298	2698523	161418	391121
衡阳市	Hengyang	1911059	6182929	158531	1096272
邵阳市	Shaoyang	1279729	6372537	76091	1158579
岳阳市	Yueyang	1850384	5707116	181352	843702
常德市	Changde	2096494	6371480	136301	905007
张家界市	Zhangjiajie	353909	2133230	23605	276925
益阳市	Yiyang	1001198	4009279	115230	656024
郴州市	Chenzhou	1779728	5069049	176954	914786
永州市	Yongzhou	1585779	5247927	151942	1027675
怀化市	Huaihua	1195565	5089132	90374	932770
娄底市	Loudi	917057	3581206	53273	690473
广东省	**Guangdong**				
广州市	Guangzhou	18550953	30224506	1982136	6269391
韶关市	Shaoguan	893986	3564661	28979	619268

2−9 续表 5 continued

单位：万元 (10 000 yuan)

城　市	City	地方一般公共预算收入 Local General Public Budget Revenue	地方一般公共预算支出 Local General Public Budget Expenditure	科学技术支出 Expenditure for Science and Technology	教育支出 Expenditure for Education
深圳市	Shenzhen	40124390	49973834	4587417	9489438
珠海市	Zhuhai	4374063	7541260	418396	1167355
汕头市	Shantou	1279836	3797469	33417	946502
佛山市	Foshan	7967649	10223337	835955	2059881
江门市	Jiangmen	2630330	4506651	159334	900471
湛江市	Zhanjiang	1369387	5355556	11676	1276857
茂名市	Maoming	1406927	5101402	24730	1404181
肇庆市	Zhaoqing	1608381	3975605	75161	861994
惠州市	Huizhou	4417270	6930330	272887	1444418
梅州市	Meizhou	822179	4495097	18305	910840
汕尾市	Shanwei	612989	2967244	37261	657772
河源市	Heyuan	693222	3359242	18633	720420
阳江市	Yangjiang	763543	2713902	13110	486484
清远市	Qingyuan	1410076	4237875	25343	924816
东莞市	Dongguan	7661306	8616007	328977	2151859
中山市	Zhongshan	3160358	4630957	287915	1021737
潮州市	Chaozhou	492230	2149288	11657	481258
揭阳市	Jieyang	713913	3748433	19803	927947
云浮市	Yunfu	1004077	2686400	6354	569281
广西壮族自治区	**Guangxi**				
南宁市	Nanning	3926795	8389332	185515	1579384
柳州市	Liuzhou	1511929	3620497	40867	843479
桂林市	Guilin	1253575	4646634	55422	822523
梧州市	Wuzhou	757021	2543700	44227	530337
北海市	Beihai	676461	1902915	29732	378556
防城港市	Fangchenggang	440594	1503117	22365	219590
钦州市	Qinzhou	770727	2601070	36998	608747
贵港市	Guigang	700053	3077083	37516	706510
玉林市	Yulin	765410	3657884	46993	974455
百色市	Baise	961354	4624242	49082	816921
贺州市	Hezhou	487775	2192582	31232	407537
河池市	Hechi	580052	4127547	48461	772882
来宾市	Laibin	505626	2293625	18279	414664
崇左市	Chongzuo	395882	2461057	20627	359126
海南省	**Hainan**				
海口市	Haikou	2048200	3326785	41815	483768
三亚市	Sanya	980169	2289557	180290	246753
三沙市	Sansha				
儋州市	Danzhou	601601	1631609	21068	267376
重庆市	**Chongqing**	**21034234**	**48927688**	**988878**	**8221685**

2-9 续表 6 continued

单位：万元 (10 000 yuan)

城　　市	City	地方一般公共预算收入 Local General Public Budget Revenue	地方一般公共预算支出 Local General Public Budget Expenditure	科学技术支出 Expenditure for Science and Technology	教育支出 Expenditure for Education
四川省	**Sichuan**				
成都市	Chengdu	17224332	24350108	1518537	4003084
自贡市	Zigong	626797	2568572	29962	429342
攀枝花市	Panzhihua	839730	1471293	5878	258308
泸州市	Luzhou	1926139	4587129	29381	874155
德阳市	Deyang	1564986	3503432	37975	456570
绵阳市	Mianyang	1596693	5010834	120632	836674
广元市	Guangyuan	613462	3027616	4707	463570
遂宁市	Suining	1033696	2857246	27999	465914
内江市	Neijiang	760101	2585683	8000	463168
乐山市	Leshan	1479901	3151207	12213	485175
南充市	Nanchong	1048126	4931507	10130	955537
眉山市	Meishan	1561730	3107144	15566	452368
宜宾市	Yibin	2758097	6101344	90832	1023210
广安市	Guang'an	953220	3240161	7383	666993
达州市	Dazhou	1500651	4826973	18422	878472
雅安市	Ya'an	655719	1851974	24888	245322
巴中市	Bazhong	518366	3257818	9986	580906
资阳市	Ziyang	609897	2515201	25881	562276
贵州省	**Guizhou**				
贵阳市	Guiyang	4021565	7274549	214734	1462251
六盘水市	Liupanshui	960850	3264957	53109	800007
遵义市	Zunyi	2761159	7170769	57971	1586737
安顺市	Anshun	575567	2727259	59366	554224
毕节市	Bijie	1196400	6678800	49100	1726400
铜仁市	Tongren	629768	4462841	59312	1041991
云南省	**Yunnan**				
昆明市	Kunming	5052456	8633161	148816	1415414
曲靖市	Qujing	1511389	5075167	13971	1210737
玉溪市	Yuxi	1204178	2331630	37353	443945
保山市	Baoshan	546175	2323241	3697	485033
昭通市	Zhaotong	743036	5362425	8110	1194563
丽江市	Lijiang	376981	1719314	5867	305057
普洱市	Pu'er	462836	3087194	10091	503583
临沧市	Lincang	417337	2460068	12821	486662
西藏自治区	**Xizang**				
拉萨市	Lhasa	724749	3553345	13609	489128
日喀则市	Xigazê	131428	3488188	10730	585566
昌都市	Qamdo	212256	3035133	1776	483759
林芝市	Nyingchi	127005	1407342	2304	178145
山南市	Lhoka	121868	2082934	4570	261105
那曲市	Nagqu	57072	2729156	6493	501394

2-9 续表 7 continued

单位：万元 (10 000 yuan)

城　市	City	地方一般公共预算收入 Local General Public Budget Revenue	地方一般公共预算支出 Local General Public Budget Expenditure	科学技术支出 Expenditure for Science and Technology	教育支出 Expenditure for Education
陕西省	**Shaanxi**				
西安市	Xi'an	8340794	15698087	527859	2468163
铜川市	Tongchuan	222364	1337091	3809	162069
宝鸡市	Baoji	926486	4024081	31439	686643
咸阳市	Xianyang	1155765	4927587	29119	722157
渭南市	Weinan	931949	5320427	22946	856550
延安市	Yan'an	1804484	4773718	17727	627749
汉中市	Hanzhong	490800	4012973	46692	681622
榆林市	Yulin	9268110	10707300	186216	1471095
安康市	Ankang	313724	3694947	11780	651897
商洛市	Shangluo	244255	3016560	6358	487613
甘肃省	**Gansu**				
兰州市	Lanzhou	2209765	4987969	72630	802339
嘉峪关市	Jiayuguan	191232	322340	6235	61066
金昌市	Jinchang	287152	770825	10560	109163
白银市	Baiyin	325255	2138835	13490	380504
天水市	Tianshui	453777	3211370	14988	670892
武威市	Wuwei	278034	2371228	18075	380471
张掖市	Zhangye	312913	1947515	21692	276614
平凉市	Pingliang	409720	2602512	22374	534774
酒泉市	Jiuquan	372670	1830915	20083	266091
庆阳市	Qingyang	703316	3188356	24387	534076
定西市	Dingxi	309228	3129974	34267	654749
陇南市	Longnan	277642	3184162	23407	508142
青海省	**Qinghai**				
西宁市	Xining	1317174	3390356	13613	507931
海东市	Haidong	202759	2240300	2794	387573
宁夏回族自治区	**Ningxia**				
银川市	Yinchuan	1688603	3565547	79028	462312
石嘴山市	Shizuishan	260077	1224720	27131	192261
吴忠市	Wuzhong	359487	2458838	22487	383876
固原市	Guyuan	144429	2584552	11676	405960
中卫市	Zhongwei	218594	1955512	18950	285219
新疆维吾尔自治区	**Xinjiang**				
乌鲁木齐市	Urumqi	3148203	4557678	33008	707180
克拉玛依市	Karamay	1023001	1251832	18672	256547
吐鲁番市	Turpan	589189	1186658	2202	222762
哈密市	Hami	938930	1694604	5079	209952

2–10 地方一般公共预算收支状况(市辖区)
Local General Public Budget Revenue and Expenditure (Districts under City)

单位：万元 (10 000 yuan)

城市	City	地方一般公共预算收入 Local General Public Budget Revenue	地方一般公共预算支出 Local General Public Budget Expenditure	科学技术支出 Expenditure for Science and Technology	教育支出 Expenditure for Education
北京市	**Beijing**	**57143582**	**74691549**	**4887041**	**11711223**
天津市	**Tianjin**	**18466866**	**27298298**	**621605**	**4789376**
河北省	**Hebei**				
石家庄市	Shijiazhuang	4689433	7089161	150253	1392598
唐山市	Tangshan	3721006	5893314	76267	1046900
秦皇岛市	Qinhuangdao	1415671	2169702	12953	398787
邯郸市	Handan	2155433	4378467	38242	918386
邢台市	Xingtai	1066182	2433248	14992	449047
保定市	Baoding	1508176	3532149	62358	626447
张家口市	Zhangjiakou	999268	2801283	15208	401681
承德市	Chengde	577461	1464651	11098	236545
沧州市	Cangzhou	1274513	2098194	18002	400174
廊坊市	Langfang	1119697	2090103	32377	336442
衡水市	Hengshui	610517	1480731	26976	266906
山西省	**Shanxi**				
太原市	Taiyuan	896153	1876129	7909	448783
大同市	Datong	1531199	2462536	12275	339976
阳泉市	Yangquan	158080	412742	5109	90072
长治市	Changzhi	609140	1328540	3371	193327
晋城市	Jincheng	891723	1234385	8694	141878
朔州市	Shuozhou	1000517	1349631	4325	174605
晋中市	Jinzhong	138841	387584	1427	76886
运城市	Yuncheng	151515	520087	7635	86184
忻州市	Xinzhou	69224	303981	167	45168
临汾市	Linfen	253297	472593	416	89943
吕梁市	Lvliang	316514	354192	244	69455
内蒙古自治区	**Inner Mongolia**				
呼和浩特市	Hohhot	1063449	1076282	5553	233666
包头市	Baotou	1484526	3145333	36141	528145
乌海市	Wuhai	792691	1182367	17426	148415
赤峰市	Chifeng	527206	989751	13762	258440
通辽市	Tongliao	283305	1105365	6673	89475
鄂尔多斯市	Erdos	887056	1660501	18776	246781
呼伦贝尔市	Hulunbuir	116874	379557	333	61903
巴彦淖尔市	Bayannur	164594	549373	1300	82284
乌兰察布市	Ulanqab	125237	341614	924	47080
辽宁省	**Liaoning**				
沈阳市	Shenyang	5773660	4815460	94506	777581
大连市	Dalian	5327514	8006182	145664	1021943
鞍山市	Anshan	1040154	1733519	5922	209287

2-10 续表 1 continued

单位：万元 (10 000 yuan)

城市	City	地方一般公共预算收入 Local General Public Budget Revenue	地方一般公共预算支出 Local General Public Budget Expenditure	科学技术支出 Expenditure for Science and Technology	教育支出 Expenditure for Education
抚顺市	Fushun	384589	472743	685	73497
本溪市	Benxi	622333	1136086	1625	120189
丹东市	Dandong	334045	1137350	4746	125456
锦州市	Jinzhou	430021	562907	20357	51773
营口市	Yingkou	1005373	1662755	9401	167270
阜新市	Fuxin	290474	879069	5612	100689
辽阳市	Liaoyang	669168	1110886	1441	135580
盘锦市	Panjin	1128455	1788728	20696	168543
铁岭市	Tieling	102099	236871	1445	24714
朝阳市	Chaoyang	343219	11009264	1529	145330
葫芦岛市	Huludao	247215	453860	406	97236
吉林省	**Jilin**				
长春市	Changchun	421937	2458677	5646	469706
吉林市	Jilin	580351	566412	120	86463
四平市	Siping	21250	194090	93	47133
辽源市	Liaoyuan	19062	131450	453	22070
通化市	Tonghua	47014	186276	521	33581
白山市	Baishan	48370	331321	165	42436
松原市	Songyuan	35132	170694	146	35546
白城市	Baicheng	19169	276193	134	61920
黑龙江省	**Heilongjiang**				
哈尔滨市	Harbin	2294466	7239629	81905	849899
齐齐哈尔市	Qiqihar	532342	1815217	12436	197382
鸡西市	Jixi	323330	1053629	11646	86825
鹤岗市	Hegang	240233	837951	1379	80464
双鸭山市	Shuangyashan	233556	692962	10159	63839
大庆市	Daqing	1710157	2493095	17217	304324
伊春市	Yichun	34922	344821	911	46809
佳木斯市	Jiamusi	328019	1275726	4875	96452
七台河市	Qitaihe	252752	687470	7739	83263
牡丹江市	Mudanjiang	55813	235115	1589	33008
黑河市	Heihe	155327	449171	3848	26256
绥化市	Suihua	162188	530681	3818	36524
上海市	**Shanghai**	**76081900**	**93931600**	**3862500**	**11225700**
江苏省	**Jiangsu**				
南京市	Nanjing	15582064	18286941	1120440	3303409
无锡市	Wuxi	7748308	9323638	497888	1363084
徐州市	Xuzhou	2251050	2787208	80555	663764
常州市	Changzhou	4922819	5182094	273770	900405
苏州市	Suzhou	12013163	11882517	1249655	2143404
南通市	Nantong	3535938	5905820	322337	944420

2-10 续表 2 continued

单位：万元 (10 000 yuan)

城 市	City	地方一般公共预算收入 Local General Public Budget Revenue	地方一般公共预算支出 Local General Public Budget Expenditure	科学技术支出 Expenditure for Science and Technology	教育支出 Expenditure for Education
连云港市	Lianyungang	1084399	2125650	69450	490229
淮安市	Huai'an	2223113	4485467	91382	647088
盐城市	Yancheng	2394440	4557259	154785	579722
扬州市	Yangzhou	2142707	4322771	106627	633049
镇江市	Zhenjiang	1068754	1619363	51209	203759
泰州市	Taizhou	2106194	3432301	105394	401914
宿迁市	Suqian	1534691	2972739	98060	442635
浙江省	**Zhejiang**				
杭州市	Hangzhou	23331928	23076582	1982479	4546218
宁波市	Ningbo	12314741	15838402	952886	1926968
温州市	Wenzhou	2728286	4409774	222935	969819
嘉兴市	Jiaxing	1719832	2543831	136396	434388
湖州市	Huzhou	1630879	2889922	100608	539928
绍兴市	Shaoxing	3608695	5062404	258216	969181
金华市	Jinhua	1020373	2249199	68617	361516
衢州市	Quzhou	874162	2642178	112150	334511
舟山市	Zhoushan	1274632	2578557	87785	290712
台州市	Taizhou	1714115	3019503	124545	645637
丽水市	Lishui	598960	1552158	58417	241882
安徽省	**Anhui**				
合肥市	Hefei	6718258	8798959	1828355	1558558
芜湖市	Wuhu	3341563	4689982	694390	639004
蚌埠市	Bengbu	1147412	1837526	101033	270287
淮南市	Huainan	684131	1698817	28246	252267
马鞍山市	Ma'anshan	1218585	1613264	68324	193119
淮北市	Huaibei	686846	1352173	61482	220399
铜陵市	Tongling	914840	1525510	102139	195545
安庆市	Anqing	890897	1621534	31298	182310
黄山市	Huangshan	546813	1119289	19293	108321
滁州市	Chuzhou	924481	1673202	74859	240164
阜阳市	Fuyang	776457	2704998	45519	425283
宿州市	Suzhou	909108	2369682	71023	330152
六安市	Lu'an	775060	2573601	42587	456987
亳州市	Bozhou	801371	1825953	59907	303396
池州市	Chizhou	516932	1105764	20907	125172
宣城市	Xuancheng	610426	1282025	26918	118021
福建省	**Fujian**				
福州市	Fuzhou	3819792	5020882	188790	1048913
厦门市	Xiamen	8838107	10887431	602411	1956311
莆田市	Putian	1214062	2110986	17973	612345
三明市	Sanming	446248	1213107	12163	247077

2-10 续表 3 continued

单位：万元 (10 000 yuan)

城市	City	地方一般公共预算收入 Local General Public Budget Revenue	地方一般公共预算支出 Local General Public Budget Expenditure	科学技术支出 Expenditure for Science and Technology	教育支出 Expenditure for Education
泉州市	Quanzhou	1404024	2384010	45095	534507
漳州市	Zhangzhou	828807	1272434	16310	309091
南平市	Nanping	441721	1245735	13580	207217
龙岩市	Longyan	931744	1690245	33564	355486
宁德市	Ningde	701745	1258006	40944	236068
江西省	**Jiangxi**				
南昌市	Nanchang	3441276	7122630	335599	946272
景德镇市	Jingdezhen	117427	394776	2397	57705
萍乡市	Pingxiang	559637	1349195	49218	213900
九江市	Jiujiang	1202130	2539263	30877	366228
新余市	Xinyu	736613	1541246	30976	240004
鹰潭市	Yingtan	483551	1293039	54252	189737
赣州市	Ganzhou	954496	2302441	101623	524903
吉安市	Ji'an	185291	580717	17778	130103
宜春市	Yichun	684810	2200575	118711	286700
抚州市	Fuzhou	480408	1597033	75350	300282
上饶市	Shangrao	1170507	3360467	96622	542040
山东省	**Shandong**				
济南市	Jinan	9510124	11512176	279268	2327733
青岛市	Qingdao	10413368	13541348	462838	2497241
淄博市	Zibo	2941697	3987843	68260	853987
枣庄市	Zaozhuang	1052916	2212803	27985	471688
东营市	Dongying	1887896	2777917	52457	596294
烟台市	Yantai	3640892	5510009	259596	819850
潍坊市	Weifang	2230135	3325453	122699	647313
济宁市	Jining	2108515	3127313	64675	650356
泰安市	Tai'an	1099934	2179113	32162	379846
威海市	Weihai	1368354	1630246	50057	381217
日照市	Rizhao	1464373	1833233	59192	366036
临沂市	Linyi	2225943	3405989	68021	863291
德州市	Dezhou	760953	1419335	71039	216177
聊城市	Liaocheng	1446586	2532736	5419	442440
滨州市	Binzhou	972731	1979282	58315	300775
菏泽市	Heze	1173628	2449104	26446	426630
河南省	**Henan**				
郑州市	Zhengzhou	2877870	1975290	28091	582887
开封市	Kaifeng	276471	713844	25272	120982
洛阳市	Luoyang	1587370	1903311	117767	330138
平顶山市	Pingdingshan	314380	478642	8627	81822
安阳市	Anyang	600316	707643	14285	141693
鹤壁市	Hebi	271985	533510	19869	70706

2-10 续表 4 continued

单位：万元 (10 000 yuan)

城　　市	City	地方一般公共预算收入 Local General Public Budget Revenue	地方一般公共预算支出 Local General Public Budget Expenditure	科学技术支出 Expenditure for Science and Technology	教育支出 Expenditure for Education
新乡市	Xinxiang	302108	274048	5529	67798
焦作市	Jiaozuo	477365	444733	7304	73837
濮阳市	Puyang	130156	191339	4864	33945
许昌市	Xuchang	456719	593393	15847	122988
漯河市	Luohe	289099	742608	30030	132226
三门峡市	Sanmenxia	325777	455625	15000	82426
南阳市	Nanyang	223537	677064	4033	173965
商丘市	Shangqiu	262986	620602	8437	106175
信阳市	Xinyang	240652	756096	24980	179938
周口市	Zhoukou	237292	888319	2287	195341
驻马店市	Zhumadian	244689	381614	32220	88059
湖北省	**Hubei**				
武汉市	Wuhan	11233782	13676331	542991	2441728
黄石市	Huangshi	196787	300659	14196	86511
十堰市	Shiyan	435131	966294	23878	203525
宜昌市	Yichang	658355	1166970	65306	260969
襄阳市	Xiangyang	970230	1362484	22456	275898
鄂州市	Ezhou	457159	701965	13394	163352
荆门市	Jingmen	326787	553578	19977	94345
孝感市	Xiaogan	453450	1387243	46948	181705
荆州市	Jingzhou	582001	1025953	75203	145928
黄冈市	Huanggang	109339	270735	867	54141
咸宁市	Xianning	137882	391294	9014	105669
随州市	Suizhou	94231	414413	8028	75873
湖南省	**Hunan**				
长沙市	Changsha	8900292	10661411	554044	1869573
株洲市	Zhuzhou	1316335	3328714	194677	426195
湘潭市	Xiangtan	649478	1067985	104984	111185
衡阳市	Hengyang	994195	2185492	64763	328266
邵阳市	Shaoyang	475186	1493498	22679	190348
岳阳市	Yueyang	1006454	2224719	123119	273844
常德市	Changde	431237	1221128	55731	186782
张家界市	Zhangjiajie	104750	623564	10561	88780
益阳市	Yiyang	558420	1542431	43174	218506
郴州市	Chenzhou	709020	1557511	61493	255297
永州市	Yongzhou	266223	920960	37823	168788
怀化市	Huaihua	80960	270486	6396	74299
娄底市	Loudi	511574	1133636	25863	200498
广东省	**Guangdong**				
广州市	Guangzhou	18550953	30224506	1982136	6269391
韶关市	Shaoguan	516973	1345101	16097	204185

2-10 续表 5 continued

单位：万元 (10 000 yuan)

城市	City	地方一般公共预算收入 Local General Public Budget Revenue	地方一般公共预算支出 Local General Public Budget Expenditure	科学技术支出 Expenditure for Science and Technology	教育支出 Expenditure for Education
深圳市	Shenzhen	40124390	49973834	4587417	9489438
珠海市	Zhuhai	4374063	7541260	418396	1167355
汕头市	Shantou	1267022	3671412	33315	931742
佛山市	Foshan	7967649	10223337	835955	2059881
江门市	Jiangmen	1475712	2205259	109988	498980
湛江市	Zhanjiang	904118	2266411	8152	459520
茂名市	Maoming	956226	2546965	21087	629772
肇庆市	Zhaoqing	945186	1824811	54539	403274
惠州市	Huizhou	3152823	4434270	222856	833894
梅州市	Meizhou	384338	1369559	9381	267201
汕尾市	Shanwei	316976	989391	20348	195363
河源市	Heyuan	328861	888231	8231	220351
阳江市	Yangjiang	458628	1583659	9854	243422
清远市	Qingyuan	810746	1833644	19028	389410
东莞市	Dongguan				
中山市	Zhongshan				
潮州市	Chaozhou	403031	1516817	10836	317438
揭阳市	Jieyang	392919	1327112	11541	307263
云浮市	Yunfu	501522	669777	5821	142959
广西壮族自治区	**Guangxi**				
南宁市	Nanning	3678970	6447170	181925	1112774
柳州市	Liuzhou	1286455	2271930	36427	548494
桂林市	Guilin	868108	1889713	32493	313159
梧州市	Wuzhou	192203	478427	14446	85495
北海市	Beihai	541121	1323879	23478	233048
防城港市	Fangchenggang	365189	1020222	17435	138543
钦州市	Qinzhou	569649	1557824	26182	264361
贵港市	Guigang	407663	1578559	22234	288129
玉林市	Yulin	316706	1193591	21973	214216
百色市	Baise	312667	1262955	21283	169284
贺州市	Hezhou	359585	1244978	7650	170534
河池市	Hechi	107508	1074913	16683	183315
来宾市	Laibin	292933	1057002	7550	182901
崇左市	Chongzuo	143842	686395	9955	76392
海南省	**Hainan**				
海口市	Haikou	2048200	3326785	41815	483768
三亚市	Sanya	980169	2289557	180290	246753
三沙市	Sansha				
儋州市	Danzhou				
重庆市	**Chongqing**	**12321387**	**25382481**	**672417**	**5088555**

2-10 续表 6 continued

单位：万元 (10 000 yuan)

城 市	City	地方一般公共预算收入 Local General Public Budget Revenue	地方一般公共预算支出 Local General Public Budget Expenditure	科学技术支出 Expenditure for Science and Technology	教育支出 Expenditure for Education
四川省	**Sichuan**				
成都市	Chengdu	12807908	14769581	1089146	2644129
自贡市	Zigong	407213	1691869	29370	241793
攀枝花市	Panzhihua	599993	1055757	4348	179558
泸州市	Luzhou	562940	1201866	9535	250564
德阳市	Deyang	625118	1611989	18784	158907
绵阳市	Mianyang	971517	2760337	114544	424970
广元市	Guangyuan	153424	776581	1515	143932
遂宁市	Suining	364245	1100056	7047	186452
内江市	Neijiang	255545	746614	4185	138385
乐山市	Leshan	503900	793671	2877	114203
南充市	Nanchong	495470	2024979	7921	365336
眉山市	Meishan	547604	923730	4632	159290
宜宾市	Yibin	1889268	3821097	76306	521724
广安市	Guang'an	263924	831504	936	163884
达州市	Dazhou	427027	941990	1572	182014
雅安市	Ya'an	112985	400215	1817	69396
巴中市	Bazhong	296482	1602699	7788	235868
资阳市	Ziyang	404324	1492610	21634	358973
贵州省	**Guizhou**				
贵阳市	Guiyang	1925973	3924855	175718	761443
六盘水市	Liupanshui	228435	980123	3558	301672
遵义市	Zunyi	508554	1534599	6255	430248
安顺市	Anshun	416408	1552866	38784	271707
毕节市	Bijie	230259	1037863	28225	329994
铜仁市	Tongren	187457	579999	19122	134753
云南省	**Yunnan**				
昆明市	Kunming	4211127	6310486	138706	916756
曲靖市	Qujing	345524	1142542	3082	269797
玉溪市	Yuxi	198415	482964	2434	120226
保山市	Baoshan	134759	550931	193	132287
昭通市	Zhaotong	137240	613104	1235	156975
丽江市	Lijiang	75842	240942	970	38729
普洱市	Pu'er	93571	243349	566	50520
临沧市	Lincang	90887	310606	976	65482
西藏自治区	**Xizang**				
拉萨市	Lhasa	125705	948110	579	205485
日喀则市	Xigazê	10428	341883	954	65561
昌都市	Qamdo	25948	277798	1127	36332
林芝市	Nyingchi	24241	167424	192	20094
山南市	Lhoka	20368	170727	40	21000
那曲市	Nagqu	22739	541214	2564	137713

2-10 续表 7 continued

单位：万元 (10 000 yuan)

城市	City	地方一般公共预算收入 Local General Public Budget Revenue	地方一般公共预算支出 Local General Public Budget Expenditure	科学技术支出 Expenditure for Science and Technology	教育支出 Expenditure for Education
陕西省	**Shaanxi**				
西安市	Xi'an	8258333	14693578	527506	2236173
铜川市	Tongchuan	102866	717364	1190	117532
宝鸡市	Baoji	671093	2291629	19607	336385
咸阳市	Xianyang	597561	1539534	23361	156053
渭南市	Weinan	87307	610863	5300	122872
延安市	Yan'an	222111	644373	1266	139685
汉中市	Hanzhong	198953	750751	7679	174667
榆林市	Yulin	1443002	1199194	15787	314728
安康市	Ankang	46426	608489	430	117598
商洛市	Shangluo	34883	395095	544	81229
甘肃省	**Gansu**				
兰州市	Lanzhou	576323	1292234	8763	260568
嘉峪关市	Jiayuguan				
金昌市	Jinchang	52897	187979	1204	37319
白银市	Baiyin	113642	485251	3730	100201
天水市	Tianshui	141080	848468	2714	181213
武威市	Wuwei	127219	729763	3688	147303
张掖市	Zhangye	107000	402537	4057	84278
平凉市	Pingliang	54869	406829	3191	74430
酒泉市	Jiuquan	63451	371533	3238	76568
庆阳市	Qingyang	86545	367977	1850	73237
定西市	Dingxi	54926	483499	5718	97294
陇南市	Longnan	43526	490514	3019	87276
青海省	**Qinghai**				
西宁市	Xining	1216797	2623825	12312	384601
海东市	Haidong	48100	602300	961	83580
宁夏回族自治区	**Ningxia**				
银川市	Yinchuan	1005760	2186358	51954	280168
石嘴山市	Shizuishan	177742	813958	21303	127012
吴忠市	Wuzhong	34775	276601	1730	48464
固原市	Guyuan	62686	517691	1477	100652
中卫市	Zhongwei	123372	810913	14935	97720
新疆维吾尔自治区	**Xinjiang**				
乌鲁木齐市	Urumqi	3113434	4417063	31966	680605
克拉玛依市	Karamay	1023001	1251832	18672	256547
吐鲁番市	Turpan	136564	365383	684	71403
哈密市	Hami	383663	625230	1312	103692

2-11 年末金融机构存贷款余额
Deposits and Loans of Financial Institutions at Year-end

单位：万元 (10 000 yuan)

城 市	City	年末金融机构人民币各项存款余额 Deposits of Financial Institutions at Year-end		年末金融机构人民币各项贷款余额 Loans of Financial Institutions at Year-end	
		全 市 Total City	市辖区 Districts under City	全 市 Total City	市辖区 Districts under City
北京市	**Beijing**	**2124467258**	**2124467258**	**954968928**	**954968928**
天津市	**Tianjin**	**393426689**	**393426689**	**416503164**	**416503164**
河北省	**Hebei**				
石家庄市	Shijiazhuang	205992208	152550119	161374214	135907908
唐山市	Tangshan	134284107	84626964	88992371	63210610
秦皇岛市	Qinhuangdao	48888469	35154431	29692558	24215809
邯郸市	Handan	92735713	48937227	67417749	38732585
邢台市	Xingtai	66820958	28012585	49487931	25758084
保定市	Baoding	136846100	51824628	88754446	33470231
张家口市	Zhangjiakou	49716956	28360114	46181405	30407519
承德市	Chengde	37707915	14465007	31990124	14232062
沧州市	Cangzhou	82613204	21275092	47395018	15355755
廊坊市	Langfang	84084162	31189809	84157176	33854059
衡水市	Hengshui	48984117	19679052	26653197	11564507
山西省	**Shanxi**				
太原市	Taiyuan	179820600	170614782	179477000	174503999
大同市	Datong	43450213	35057354	22632952	19196950
阳泉市	Yangquan	21067239		14386349	
长治市	Changzhi	43486873	30620480	24070369	16993752
晋城市	Jincheng	32749145	21107266	20214430	15047003
朔州市	Shuozhou	21065030	12086599	11522490	7710956
晋中市	Jinzhong	41127348	14987947	26989407	14275616
运城市	Yuncheng	36717143	12351696	20199362	9191876
忻州市	Xinzhou	33391793	9608506	14202501	5391020
临汾市	Linfen	38620294	15679126	23521597	12199557
吕梁市	Lvliang	38044280	8568655	15695190	4095807
内蒙古自治区	**Inner Mongolia**				
呼和浩特市	Hohhot	77536908		105593357	
包头市	Baotou	41474913	38214176	29802599	27464843
乌海市	Wuhai	11655430	11655430	4773969	4773969
赤峰市	Chifeng	32587597	17594830	25893925	14919739
通辽市	Tongliao	18315774	9990869	13479991	7437492
鄂尔多斯市	Erdos	60366641	35145739	34908965	21731026
呼伦贝尔市	Hulunbuir	23235973	7327293	11986928	3991474
巴彦淖尔市	Bayannur	15428300	7116185	10464083	5193835
乌兰察布市	Ulanqab	16413000	6067700	9101000	3760600
辽宁省	**Liaoning**				
沈阳市	Shenyang	206471746	198348662	206009598	201662281
大连市	Dalian	184214459	164823296	139879181	129223505
鞍山市	Anshan	53128297	34233592	25125183	17637372

2-11 续表 1 continued

单位：万元 (10 000 yuan)

城 市	City	年末金融机构人民币各项存款余额 Deposits of Financial Institutions at Year-end		年末金融机构人民币各项贷款余额 Loans of Financial Institutions at Year-end	
		全 市 Total City	市辖区 Districts under City	全 市 Total City	市辖区 Districts under City
抚顺市	Fushun	27685453	23540579	11359432	9619296
本溪市	Benxi	19077139	14559948	12569761	10950943
丹东市	Dandong	30788938	15392523	13796720	7369952
锦州市	Jinzhou	38322237	24980861	34835144	30828824
营口市	Yingkou	35248807	24023260	21994606	15482538
阜新市	Fuxin	18169257	13151666	10447812	8397079
辽阳市	Liaoyang	27835417	20976488	11862353	8543164
盘锦市	Panjin	27028378	25136392	15015293	13964222
铁岭市	Tieling	22805285	10385959	8353925	4193782
朝阳市	Chaoyang	27500900	13051400	11631800	6734800
葫芦岛市	Huludao	27067317	14923559	15210772	9089722
吉林省	**Jilin**				
长春市	Changchun	174735216	151580236	174991876	163149387
吉林市	Jilin	39833024	26190264	25875787	18235927
四平市	Siping	15313872	7683565	7572906	4653215
辽源市	Liaoyuan	9045750	5217858	5398160	3357091
通化市	Tonghua	19490030	6646523	10815456	4205928
白山市	Baishan	10747657	5741324	6184133	3383286
松原市	Songyuan	19648680	6732016	10433261	3384334
白城市	Baicheng	12421582	4863385	7893868	2930333
黑龙江省	**Heilongjiang**				
哈尔滨市	Harbin	163640296	143498339	143042515	133005712
齐齐哈尔市	Qiqihar	32950587	18138816	16992770	10927804
鸡西市	Jixi	16848373	9194404	10050170	5325125
鹤岗市	Hegang	10964199	7035063	6705791	2456526
双鸭山市	Shuangyashan	13737839	6251310	9800088	6694732
大庆市	Daqing	39605238	38396376	13366818	12729109
伊春市	Yichun	11152723	8172390	2275594	1643368
佳木斯市	Jiamusi	21267549	10168547	19796522	2956554
七台河市	Qitaihe	7497636	5913814	3481017	2384083
牡丹江市	Mudanjiang	23299048	11466156	7776711	4889693
黑河市	Heihe	13550297	2538508	5012034	494954
绥化市	Suihua	26734852	7472261	12668771	4183251
上海市	**Shanghai**	**1806276500**	**1806276500**	**964925800**	**964925800**
江苏省	**Jiangsu**				
南京市	Nanjing	483729118	483729118	482014340	482014340
无锡市	Wuxi	236134800	149902600	195621000	127584100
徐州市	Xuzhou	105536160	67225003	93388453	57815640
常州市	Changzhou	154383331	132925026	137778828	121655756
苏州市	Suzhou	445004673	260825808	452472978	286112233
南通市	Nantong	179934047	100148770	160070707	90429855

2-11 续表 2 continued

单位：万元 (10 000 yuan)

城 市	City	年末金融机构人民币各项存款余额 Deposits of Financial Institutions at Year-end		年末金融机构人民币各项贷款余额 Loans of Financial Institutions at Year-end	
		全 市 Total City	市辖区 Districts under City	全 市 Total City	市辖区 Districts under City
连云港市	Lianyungang	52230090	37696566	60046444	44426518
淮安市	Huai'an	58017769	42171928	64469002	49314657
盐城市	Yancheng	98705716	50540601	95869708	57374102
扬州市	Yangzhou	89030242	61635907	81156920	58290815
镇江市	Zhenjiang	73443349	35944656	79210306	37851877
泰州市	Taizhou	96236824	48549009	85790471	45204773
宿迁市	Suqian	49865892	27940023	51366194	25931641
浙江省	**Zhejiang**				
杭州市	Hangzhou	673452346	652794006	618029597	595101556
宁波市	Ningbo	302037454	216282163	323772756	236370910
温州市	Wenzhou	188511091	97770484	180301025	88496049
嘉兴市	Jiaxing	132604790	44260605	140983851	42912003
湖州市	Huzhou	77521788	40163701	87848158	43885796
绍兴市	Shaoxing	140506250	93746502	138101235	95707058
金华市	Jinhua	138171417	32557958	136133274	36408782
衢州市	Quzhou	41258380	41258380	42664079	42664079
舟山市	Zhoushan	32617115	27848841	36852760	31312398
台州市	Taizhou	137171904	63366503	137089139	59775868
丽水市	Lishui	46244977	16480759	39394648	15715528
安徽省	**Anhui**				
合肥市	Hefei	226302644	184995958	232070010	195914630
芜湖市	Wuhu	57893631	46197690	52780981	44955028
蚌埠市	Bengbu	29827978	17977616	29720629	19126989
淮南市	Huainan	29677895	19640989	21897566	13490945
马鞍山市	Ma'anshan	33920092	21193544	29007689	18927328
淮北市	Huaibei	20457234	13586207	15949836	10773731
铜陵市	Tongling	20767133	14990503	16665826	13724203
安庆市	Anqing	46661725	15906507	34844548	15121922
黄山市	Huangshan	18207643	9084909	14447184	7744632
滁州市	Chuzhou	40286297	14614227	40227355	16235620
阜阳市	Fuyang	53533619	20896736	47014302	22922723
宿州市	Suzhou	33840161	15946895	30335501	14762175
六安市	Lu'an	38591710	18792722	33926436	18132913
亳州市	Bozhou	32120587	13670079	31181121	15490620
池州市	Chizhou	15503083	8034476	12457674	7539214
宣城市	Xuancheng	27592301	9693936	24091508	8844489
福建省	**Fujian**				
福州市	Fuzhou	208424674	159016605	228109548	184663009
厦门市	Xiamen	153662061	153662061	166903414	166903414
莆田市	Putian	29123816	23388907	27224777	23397658
三明市	Sanming	23895851	7156261	21001722	7666258

2–11 续表 3 continued

单位：万元 (10 000 yuan)

城　市	City	年末金融机构人民币各项存款余额 Deposits of Financial Institutions at Year-end		年末金融机构人民币各项贷款余额 Loans of Financial Institutions at Year-end	
		全　市 Total City	市辖区 Districts under City	全　市 Total City	市辖区 Districts under City
泉州市	Quanzhou	108320386	33555071	98397028	36105543
漳州市	Zhangzhou	43362728	17876987	46763219	19935184
南平市	Nanping	27075895	10872980	20744598	9737440
龙岩市	Longyan	28513208	15845019	31394079	19346023
宁德市	Ningde	32454924	14901273	33217334	12805422
江西省	**Jiangxi**				
南昌市	Nanchang	159822554	141066570	188344983	172152098
景德镇市	Jingdezhen	17945695	10318922	15767468	10117653
萍乡市	Pingxiang	17941593	11820264	15924135	10549554
九江市	Jiujiang	50018354	24258237	45771213	23884439
新余市	Xinyu	18522026	16026994	15456432	12830067
鹰潭市	Yingtan	13595318	9188994	13912908	9364046
赣州市	Ganzhou	72690554	25618560	74506718	28041369
吉安市	Ji'an	42776345	11776651	34348798	10336944
宜春市	Yichun	49238129	12427341	41378388	12898583
抚州市	Fuzhou	31616127	15682043	29627963	15074050
上饶市	Shangrao	53948652	23964817	47997137	24021816
山东省	**Shandong**				
济南市	Jinan	255895137	249246260	250779821	246461348
青岛市	Qingdao	241662892	207964016	260447258	230628498
淄博市	Zibo	67923581	54889230	47095171	36798575
枣庄市	Zaozhuang	29161400	18403320	23132000	15284448
东营市	Dongying	52459099	39535009	36913597	28162754
烟台市	Yantai	118316494	67746516	77090271	49819244
潍坊市	Weifang	122123103	49208267	99129335	41577906
济宁市	Jining	80031293	33196902	64073554	32327344
泰安市	Tai'an	55712616	26583254	39685081	22669487
威海市	Weihai	57246027	39593024	46096767	33486905
日照市	Rizhao	36758122	24886066	37731048	29203452
临沂市	Linyi	97372385	47956853	90000997	54170556
德州市	Dezhou	53806786	20746753	32978363	12996735
聊城市	Liaocheng	55230352	26519901	34341722	18840638
滨州市	Binzhou	43266509	18928115	34390216	15005347
菏泽市	Heze	63991364	22660170	39421903	18147203
河南省	**Henan**				
郑州市	Zhengzhou	290318982	244024569	343373835	263105349
开封市	Kaifeng	30012498	16071444	24272067	14749953
洛阳市	Luoyang	72659968	55023281	62250162	44861223
平顶山市	Pingdingshan	40536802	20887594	27868920	15715694
安阳市	Anyang	40875401	15974511	26025115	12596930
鹤壁市	Hebi	11808426	7084365	8544086	5620604

2−11 续表 4 continued

单位：万元 (10 000 yuan)

城 市	City	年末金融机构人民币各项存款余额 Deposits of Financial Institutions at Year-end		年末金融机构人民币各项贷款余额 Loans of Financial Institutions at Year-end	
		全 市 Total City	市辖区 Districts under City	全 市 Total City	市辖区 Districts under City
新乡市	Xinxiang	47054531	17593264	30114277	14796699
焦作市	Jiaozuo	27548282	12963246	17617898	8381320
濮阳市	Puyang	25722647	12517808	16291384	8113884
许昌市	Xuchang	32784796	14908172	26222959	14542662
漯河市	Luohe	18164504	12293915	12489522	9585269
三门峡市	Sanmenxia	18355841	8046532	10574579	5232192
南阳市	Nanyang	65871284	20595538	36577200	13444750
商丘市	Shangqiu	45874732	15150006	26159685	11632099
信阳市	Xinyang	50327239	16051491	24102134	10252639
周口市	Zhoukou	50347547	9074735	22267167	6684801
驻马店市	Zhumadian	48675220	12345839	26374079	9692932
湖北省	**Hubei**				
武汉市	Wuhan	352746000	352746000	430939400	430939400
黄石市	Huangshi	24525634	13413831	20560370	11165177
十堰市	Shiyan	32390207	17788954	21991958	12665371
宜昌市	Yichang	56261174	33301091	51628646	31718102
襄阳市	Xiangyang	51446838	28018279	35731368	19773066
鄂州市	Ezhou	10807700	10807700	9451700	9451700
荆门市	Jingmen	29844247	12416411	17323600	8703892
孝感市	Xiaogan	34999569	11191356	20903658	7777994
荆州市	Jingzhou	45058033	17792980	27681390	12953906
黄冈市	Huanggang	49394326	7993095	29519768	5607915
咸宁市	Xianning	21293759	7392850	16630936	6088336
随州市	Suizhou	20591816	9983236	10918347	6424348
湖南省	**Hunan**				
长沙市	Changsha	276364789	234386289	296147565	251783165
株洲市	Zhuzhou	42223698	25632693	32317712	20948469
湘潭市	Xiangtan	28280930	16503782	30574582	20484180
衡阳市	Hengyang	52354421	22598603	32008797	15899939
邵阳市	Shaoyang	40456142	10453580	25389491	8798122
岳阳市	Yueyang	37262486	18590236	32136427	16827104
常德市	Changde	44285626	18659518	32514499	15635968
张家界市	Zhangjiajie	10741535	5425445	11691053	7283764
益阳市	Yiyang	28681447	13379335	21020079	10478699
郴州市	Chenzhou	33572194	13299338	25346730	10437529
永州市	Yongzhou	30689199	10083381	23043292	9314268
怀化市	Huaihua	28114500	9242500	19505600	7526100
娄底市	Loudi	27596138	10638364	17649780	7043266
广东省	**Guangdong**				
广州市	Guangzhou	786408531	786408531	678832276	678832276
韶关市	Shaoguan	24141304	12589129	16474723	9043727

2-11 续表 5 continued

单位：万元 (10 000 yuan)

城市	City	年末金融机构人民币各项存款余额 Deposits of Financial Institutions at Year-end		年末金融机构人民币各项贷款余额 Loans of Financial Institutions at Year-end	
		全市 Total City	市辖区 Districts under City	全市 Total City	市辖区 Districts under City
深圳市	Shenzhen	1186186500	1186186500	804412400	804412400
珠海市	Zhuhai	114428114	114428114	101086167	101086167
汕头市	Shantou	49975358	49517971	28010920	27635019
佛山市	Foshan	232988331	232988331	181118080	181118080
江门市	Jiangmen	64176036	37777039	54712221	33862018
湛江市	Zhanjiang	43595051	23913234	36555462	25432175
茂名市	Maoming	36801300	19377890	24107955	13763995
肇庆市	Zhaoqing	33842818	20940997	29320032	19108149
惠州市	Huizhou	77873910	60202604	90936854	73848079
梅州市	Meizhou	28075957	13394440	19690562	10727283
汕尾市	Shanwei	10597833	4093250	9825916	4863184
河源市	Heyuan	16308360	6594541	17436899	9942307
阳江市	Yangjiang	19646942	12642452	17227807	11882798
清远市	Qingyuan	30334237	17286060	27179914	18311229
东莞市	Dongguan	224518469		157368254	
中山市	Zhongshan	77325728		68066316	
潮州市	Chaozhou	18841371	15219899	7359523	6105773
揭阳市	Jieyang	30427281	13903259	14118234	7206286
云浮市	Yunfu	16445563	5918368	12215587	4455788
广西壮族自治区	**Guangxi**				
南宁市	Nanning	131462703	115253553	198776579	185768050
柳州市	Liuzhou	45630303	37945534	46639527	38729754
桂林市	Guilin	48164077	28716716	38666156	22347538
梧州市	Wuzhou	17594196	9292340	16533884	9243511
北海市	Beihai	15521002	11299288	13298182	10100641
防城港市	Fangchenggang	10923842	8192918	10571870	8547105
钦州市	Qinzhou	16118530	9683813	14747998	10292652
贵港市	Guigang	19995310	9571313	18709824	10439125
玉林市	Yulin	29600563	11100245	25291465	10456391
百色市	Baise	18282232	7312973	18900543	7766760
贺州市	Hezhou	10410379	6309277	9960361	6453765
河池市	Hechi	15448747	6117328	12722163	4566287
来宾市	Laibin	9810133	4882468	10409468	6034197
崇左市	Chongzuo	12159543	3295595	10966069	3764755
海南省	**Hainan**				
海口市	Haikou	63031187	63031187	65144421	65144421
三亚市	Sanya	19039387	19039387	13553858	13553858
三沙市	Sansha				
儋州市	Danzhou	6310364		5889910	
重庆市	**Chongqing**	**482180000**	**432630000**	**493660000**	**456600000**

2-11 续表 6 continued

单位：万元 (10 000 yuan)

城市	City	年末金融机构人民币各项存款余额 Deposits of Financial Institutions at Year-end		年末金融机构人民币各项贷款余额 Loans of Financial Institutions at Year-end	
		全市 Total City	市辖区 Districts under City	全市 Total City	市辖区 Districts under City
四川省	**Sichuan**				
成都市	Chengdu	519229079	1	518253914	
自贡市	Zigong	27377929	18668412	18258206	13024502
攀枝花市	Panzhihua	12722573	10317456	8654688	6916489
泸州市	Luzhou	38492658	23786856	30800259	20404379
德阳市	Deyang	40468178	16501410	25546108	12183031
绵阳市	Mianyang	62467406	37938647	37517451	22273013
广元市	Guangyuan	20669133	10394998	12903233	7224367
遂宁市	Suining	24276757	12695807	16654883	9500406
内江市	Neijiang	24725651	11344930	14640679	7436468
乐山市	Leshan	34509631	17847275	24012992	13236635
南充市	Nanchong	47707914	21919066	33810471	19342120
眉山市	Meishan	31840729	16472468	22157186	11508353
宜宾市	Yibin	46360302	33923185	37457434	26582865
广安市	Guang'an	26683954	10620573	13094196	5386630
达州市	Dazhou	43329000	19788000	26170417	14759530
雅安市	Ya'an	15620186	8683572	11579197	6595385
巴中市	Bazhong	17923446	8108991	11825888	6206772
资阳市	Ziyang	18851361	8844900	13036516	7864150
贵州省	**Guizhou**				
贵阳市	Guiyang	144158657	134213427	192660196	180228953
六盘水市	Liupanshui	15845144	8923046	20601493	11672315
遵义市	Zunyi	61020376	21910082	56809636	28194735
安顺市	Anshun	12949920	8737422	15440164	9137528
毕节市	Bijie	22839600	7529188	28141100	9220826
铜仁市	Tongren	17095181	5531052	23607833	7969041
云南省	**Yunnan**				
昆明市	Kunming	177407034	160756085	238679808	225800948
曲靖市	Qujing	33118624	17272446	22957618	12534036
玉溪市	Yuxi	21876964	13709602	17356361	10655840
保山市	Baoshan	12389696	5606715	13078786	5813519
昭通市	Zhaotong	20385992	7090439	16431322	6784208
丽江市	Lijiang	9093123	4579683	7576136	3896936
普洱市	Pu'er	11042402	4005899	11414637	4991525
临沧市	Lincang	8969649	3069226	7753554	3103651
西藏自治区	**Xizang**				
拉萨市	Lhasa	35650660		35931763	
日喀则市	Xigazê	6643318	1023758	3372287	434531
昌都市	Qamdo	5187800	3538872	5529600	2798077
林芝市	Nyingchi	4477800	2646700	3617600	2077000
山南市	Lhoka	5165530	1156944	3378228	628594
那曲市	Nagqu	4422649	2848100	1623900	835500

2-11 续表 7 continued

单位：万元 (10 000 yuan)

城市	City	年末金融机构人民币各项存款余额 Deposits of Financial Institutions at Year-end		年末金融机构人民币各项贷款余额 Loans of Financial Institutions at Year-end	
		全市 Total City	市辖区 Districts under City	全市 Total City	市辖区 Districts under City
陕西省	**Shaanxi**				
西安市	Xi'an	314282890	308522359	320536747	317563760
铜川市	Tongchuan	7700205	7289996	3776231	3511084
宝鸡市	Baoji	40446063	28667542	24436069	19360480
咸阳市	Xianyang	47001150	24108497	26351036	17281258
渭南市	Weinan	36000693	10702411	17870613	6226508
延安市	Yan'an	22952518	10729686	16241624	8111115
汉中市	Hanzhong	30345959	13858699	12934237	6921672
榆林市	Yulin	71506491	26068529	27739907	12678485
安康市	Ankang	20672346	9128075	12087054	6586483
商洛市	Shangluo	15873534	5805745	8776286	3380985
甘肃省	**Gansu**				
兰州市	Lanzhou	100716053	83530185	149117070	94266339
嘉峪关市	Jiayuguan	4987918		5762397	
金昌市	Jinchang	5847941	4259098	4757970	3574633
白银市	Baiyin	11111489	6317459	8201570	4507045
天水市	Tianshui	19378318	11650086	14725251	10198000
武威市	Wuwei	13402037	8939449	9671364	6105320
张掖市	Zhangye	10499777	5640943	7513970	4181425
平凉市	Pingliang	12523144	4973379	8334417	3591620
酒泉市	Jiuquan	13675826	6448695	9439559	4399708
庆阳市	Qingyang	15712533	6234171	8509593	3338342
定西市	Dingxi	12864388	3544344	9706878	2668831
陇南市	Longnan	13772984	4329102	8422840	3296514
青海省	**Qinghai**				
西宁市	Xining	52542125	2663992	56126989	2104472
海东市	Haidong	7505552	3677908	5587198	3330007
宁夏回族自治区	**Ningxia**				
银川市	Yinchuan	54165012	46715675	64442912	58352269
石嘴山市	Shizuishan	8345718	6460587	5209283	3897393
吴忠市	Wuzhong	9159411	4684610	8172747	4000504
固原市	Guyuan	5803000	2801781	5443737	2944200
中卫市	Zhongwei	7179934	3961202	5584869	2467804
新疆维吾尔自治区	**Xinjiang**				
乌鲁木齐市	Urumqi	119670583	119670583	106029921	106029921
克拉玛依市	Karamay	18531065	18531065	9897120	9897120
吐鲁番市	Turpan	3800139	1689156	3128753	1480583
哈密市	Hami	10780731	9283815	8239072	7231177

2−12 商品房销售面积
Sales Area of Commercial Residential Building

单位：万平方米 (10 000 sq.m)

城 市	City	商品房销售面积 Sales Area of Commercial Residential Building		住 宅 Residential Buildings		待售面积 Area for Sale	
		全市 Total City	市辖区 Districts under City	全市 Total City	市辖区 Districts under City	全市 Total City	市辖区 Districts under City
北京市	**Beijing**	**1040**	**1040**	**742**	**742**	**2617**	**2617**
天津市	**Tianjin**	**974**	**974**	**896**	**896**	**1073**	**1073**
河北省	**Hebei**						
石家庄市	Shijiazhuang	606	316	568	299	145	72
唐山市	Tangshan	353	234	329	221	88	55
秦皇岛市	Qinhuangdao	126	93	109	80	58	32
邯郸市	Handan	656	380	634	371	69	63
邢台市	Xingtai	487	163	451	149	18	1
保定市	Baoding	601	562	584	547	165	149
张家口市	Zhangjiakou	226	121	218	116	168	70
承德市	Chengde	139	37	123	32	156	22
沧州市	Cangzhou	424	100	393	81	31	1
廊坊市	Langfang	624	105	560	99	84	15
衡水市	Hengshui	374	123	349	117	46	17
山西省	**Shanxi**						
太原市	Taiyuan	507	473	469	438	115	102
大同市	Datong	204	166	200	163	66	42
阳泉市	Yangquan	44	23	44	22	43	30
长治市	Changzhi	321	192	298	175	104	65
晋城市	Jincheng	182	68	175	65	12	9
朔州市	Shuozhou	45	8	44	8	67	19
晋中市	Jinzhong	245	96	235	88	62	28
运城市	Yuncheng	319	104	310	103	141	74
忻州市	Xinzhou	89	51	85	48	95	59
临汾市	Linfen	205	92	198	86	53	20
吕梁市	Lvliang	96	17	95	16	43	
内蒙古自治区	**Inner Mongolia**						
呼和浩特市	Hohhot	146	129	137	120	175	118
包头市	Baotou	235	216	214	198	61	52
乌海市	Wuhai	29	29	27	27	15	15
赤峰市	Chifeng	252	149	238	143	106	30
通辽市	Tongliao	167	33	157	32	150	16
鄂尔多斯市	Erdos	178	87	169	83	91	43
呼伦贝尔市	Hulunbuir	123	39	114	36	118	47
巴彦淖尔市	Bayannur	47	32	45	30	53	33
乌兰察布市	Ulanqab	52	29	48	27	133	57
辽宁省	**Liaoning**						
沈阳市	Shenyang	649	620	595	568	383	350
大连市	Dalian	434	377	387	333	517	391
鞍山市	Anshan	187	97	170	88	277	107

2-12 续表 1 continued

单位：万平方米 (10 000 sq.m)

城市	City	商品房销售面积 Sales Area of Commercial Residential Building		住宅 Residential Buildings		待售面积 Area for Sale	
		全市 Total City	市辖区 Districts under City	全市 Total City	市辖区 Districts under City	全市 Total City	市辖区 Districts under City
抚顺市	Fushun	71	61	56	48	139	116
本溪市	Benxi	37	19	35	19	45	35
丹东市	Dandong	89	30	86	30	209	75
锦州市	Jinzhou	79	43	71	38	100	65
营口市	Yingkou	164	122	141	110	190	135
阜新市	Fuxin	42	24	37	20	243	152
辽阳市	Liaoyang	74	49	72	48	56	32
盘锦市	Panjin	103	100	93	91	125	124
铁岭市	Tieling	66	19	61	18	174	18
朝阳市	Chaoyang	104	39	101	39	132	46
葫芦岛市	Huludao	85	35	79	33	137	70
吉林省	**Jilin**						
长春市	Changchun	541	429	470	362	640	447
吉林市	Jilin	102	60	97	57	90	23
四平市	Siping	61	44	54	38	57	31
辽源市	Liaoyuan	32	21	32	20	13	10
通化市	Tonghua	36	21	33	20	77	41
白山市	Baishan	13	7	12	6	70	45
松原市	Songyuan	89	44	85	40	126	66
白城市	Baicheng	17	9	15	8	37	3
黑龙江省	**Heilongjiang**						
哈尔滨市	Harbin	409	326	359	282	601	523
齐齐哈尔市	Qiqihar	81	33	74	29	174	108
鸡西市	Jixi	38	20	36	19	73	26
鹤岗市	Hegang	6	4	6	4	30	19
双鸭山市	Shuangyashan	13	5	12	5	64	5
大庆市	Daqing	74	48	71	46	163	106
伊春市	Yichun	18	9	16	9	39	10
佳木斯市	Jiamusi	88	50	85	48	94	41
七台河市	Qitaihe	17	14	15	13	40	27
牡丹江市	Mudanjiang	64	35	59	33	141	40
黑河市	Heihe	34	7	31	7	41	7
绥化市	Suihua	80	8	73	8	118	2
上海市	**Shanghai**	**1853**	**1853**	**1562**	**1562**	**2647**	**2647**
江苏省	**Jiangsu**						
南京市	Nanjing	942	942	792	792	264	264
无锡市	Wuxi	1160	775	919	600	301	148
徐州市	Xuzhou	1197	615	1102	558	167	46
常州市	Changzhou	658	574	448	384	422	381
苏州市	Suzhou	2069	1076	1861	956	862	468
南通市	Nantong	1333	687	1153	567	390	210

2-12 续表 2 continued

单位：万平方米 (10 000 sq.m)

城市	City	商品房销售面积 Sales Area of Commercial Residential Building 全市 Total City	市辖区 Districts under City	住宅 Residential Buildings 全市 Total City	市辖区 Districts under City	待售面积 Area for Sale 全市 Total City	市辖区 Districts under City
连云港市	Lianyungang	427	234	389	218	113	66
淮安市	Huai'an	830	539	739	469	113	56
盐城市	Yancheng	946	472	786	382	360	192
扬州市	Yangzhou	672	447	522	331	321	206
镇江市	Zhenjiang	529	171	462	151	303	122
泰州市	Taizhou	701	361	511	245	55	25
宿迁市	Suqian	671	224	500	206	181	67
浙江省	**Zhejiang**						
杭州市	Hangzhou	1394	1318	1168	1099	438	339
宁波市	Ningbo	1129	706	835	510	420	230
温州市	Wenzhou	673	307	570	250	66	30
嘉兴市	Jiaxing	542	159	483	145	172	29
湖州市	Huzhou	569	325	475	273	166	84
绍兴市	Shaoxing	784	495	513	326	142	62
金华市	Jinhua	460	136	399	130	129	32
衢州市	Quzhou	146	84	122	75	56	31
舟山市	Zhoushan	105	97	89	81	72	42
台州市	Taizhou	765	386	589	311	204	88
丽水市	Lishui	247	103	223	95	135	78
安徽省	**Anhui**						
合肥市	Hefei	1459	955	1238	801	409	317
芜湖市	Wuhu	492	367	389	277	74	57
蚌埠市	Bengbu	389	224	362	201	81	65
淮南市	Huainan	180	107	169	104	48	26
马鞍山市	Ma'anshan	215	106	162	72	40	16
淮北市	Huaibei	155	120	153	118	58	54
铜陵市	Tongling	154	133	110	92	153	139
安庆市	Anqing	327	122	244	89	145	49
黄山市	Huangshan	107	40	79	30	115	58
滁州市	Chuzhou	809	309	654	240	53	14
阜阳市	Fuyang	765	313	725	295	43	10
宿州市	Suzhou	479	157	463	150	98	42
六安市	Lu'an	460	212	420	194	221	160
亳州市	Bozhou	457	213	437	199	81	33
池州市	Chizhou	73	42	58	33	152	61
宣城市	Xuancheng	235	57	209	47	116	80
福建省	**Fujian**						
福州市	Fuzhou						
厦门市	Xiamen	610	610	397	397	293	293
莆田市	Putian						
三明市	Sanming	248	98	189	66	34	11

2-12 续表 3 continued

单位：万平方米 (10 000 sq.m)

城 市	City	商品房销售面积 Sales Area of Commercial Residential Building 全市 Total City	市辖区 Districts under City	住 宅 Residential Buildings 全市 Total City	市辖区 Districts under City	待售面积 Area for Sale 全市 Total City	市辖区 Districts under City
泉州市	Quanzhou						
漳州市	Zhangzhou	698	323	514	212	467	229
南平市	Nanping						
龙岩市	Longyan	264	119	172	61	182	125
宁德市	Ningde	205	70	188	63	72	11
江西省	**Jiangxi**						
南昌市	Nanchang	1391	993	1057	721	116	62
景德镇市	Jingdezhen	211	73	185	68	25	0
萍乡市	Pingxiang	180	121	163	115	55	21
九江市	Jiujiang	871	392	768	346	85	9
新余市	Xinyu	133	98	117	86	24	23
鹰潭市	Yingtan	159	110	143	97	17	5
赣州市	Ganzhou	1328	525	1070	399	101	45
吉安市	Ji'an	405	96	368	93	97	14
宜春市	Yichun	620	170	531	155	70	39
抚州市	Fuzhou	518	235	474	220	33	15
上饶市	Shangrao	886	393	788	354	63	26
山东省	**Shandong**						
济南市	Jinan	1242	1175	907	849	248	245
青岛市	Qingdao	1564	1171	1264	905	656	467
淄博市	Zibo	380	324	322	272	153	143
枣庄市	Zaozhuang	385	244	349	225	107	46
东营市	Dongying	265	198	228	165	71	62
烟台市	Yantai	930	538	858	514	251	151
潍坊市	Weifang	1126	438	986	414	405	207
济宁市	Jining	1095	393	978	354	89	35
泰安市	Tai'an	437	247	416	234	137	51
威海市	Weihai	382	286	324	234	218	123
日照市	Rizhao	205	149	148	97	73	61
临沂市	Linyi	1225	695	909	455	143	95
德州市	Dezhou	683	222	624	201	107	42
聊城市	Liaocheng	602	300	449	221	28	25
滨州市	Binzhou	384	180	339	158	156	74
菏泽市	Heze	782	244	722	232	152	70
河南省	**Henan**						
郑州市	Zhengzhou						
开封市	Kaifeng						
洛阳市	Luoyang						
平顶山市	Pingdingshan						
安阳市	Anyang	445	156	431	148	65	14
鹤壁市	Hebi						

2-12 续表 4 continued

单位：万平方米 (10 000 sq.m)

城市	City	商品房销售面积 Sales Area of Commercial Residential Building		住宅 Residential Buildings		待售面积 Area for Sale	
		全市 Total City	市辖区 Districts under City	全市 Total City	市辖区 Districts under City	全市 Total City	市辖区 Districts under City
新乡市	Xinxiang						
焦作市	Jiaozuo	149	51	144	49	82	57
濮阳市	Puyang						
许昌市	Xuchang						
漯河市	Luohe	371	259	344	232	15	15
三门峡市	Sanmenxia	127	62	111	49	81	79
南阳市	Nanyang	735	241	678	230	97	41
商丘市	Shangqiu	1012	263	958	248	138	76
信阳市	Xinyang						
周口市	Zhoukou						
驻马店市	Zhumadian						
湖北省	**Hubei**						
武汉市	Wuhan						
黄石市	Huangshi						
十堰市	Shiyan						
宜昌市	Yichang						
襄阳市	Xiangyang						
鄂州市	Ezhou						
荆门市	Jingmen						
孝感市	Xiaogan						
荆州市	Jingzhou						
黄冈市	Huanggang						
咸宁市	Xianning						
随州市	Suizhou						
湖南省	**Hunan**						
长沙市	Changsha	1699	1256	1473	1084	374	171
株洲市	Zhuzhou	330	227	273	178	89	69
湘潭市	Xiangtan	414	247	381	217	57	57
衡阳市	Hengyang	685	248	539	240	144	92
邵阳市	Shaoyang	442	153	419	141	31	23
岳阳市	Yueyang	397	138	351	122	91	49
常德市	Changde	450	180	410	167	144	86
张家界市	Zhangjiajie	67	33	63	31	33	28
益阳市	Yiyang	236	117	204	94	40	20
郴州市	Chenzhou	624	213	559	188	35	24
永州市	Yongzhou	519	164	437	148	884	492
怀化市	Huaihua	438	106	422	99	59	31
娄底市	Loudi	257	105	232	99	51	27
广东省	**Guangdong**						
广州市	Guangzhou	1374	1374	1027	1027	1159	1159
韶关市	Shaoguan	249	127	217	105	293	133

2-12 续表 5 continued

单位：万平方米 (10 000 sq.m)

城 市	City	商品房销售面积 Sales Area of Commercial Residential Building		住 宅 Residential Buildings		待售面积 Area for Sale	
		全市 Total City	市辖区 Districts under City	全市 Total City	市辖区 Districts under City	全市 Total City	市辖区 Districts under City
深圳市	Shenzhen	694	694	505	505	478	478
珠海市	Zhuhai	340	340	266	266	568	568
汕头市	Shantou	402	398	357	353	335	321
佛山市	Foshan	1397	1397	1017	1017	466	466
江门市	Jiangmen	599	307	500	249	505	251
湛江市	Zhanjiang	365	231	336	201	106	55
茂名市	Maoming	386	188	342	163	221	123
肇庆市	Zhaoqing	458	244	367	183	399	299
惠州市	Huizhou	1310	952	1137	798	677	474
梅州市	Meizhou	249	99	230	89	402	275
汕尾市	Shanwei	251	62	244	62		
河源市	Heyuan	257	95	212	88	87	41
阳江市	Yangjiang	241	116	215	99	315	126
清远市	Qingyuan	505	307	361	242	631	455
东莞市	Dongguan	460		351		338	
中山市	Zhongshan	507		400		692	
潮州市	Chaozhou	125	100	123	97	78	64
揭阳市	Jieyang	197	68	190	64	181	72
云浮市	Yunfu	226	64	172	46	167	73
广西壮族自治区	**Guangxi**						
南宁市	Nanning	1325	1202	679	591	454	371
柳州市	Liuzhou	411	321	330	256	64	43
桂林市	Guilin	402	215	349	178	103	52
梧州市	Wuzhou	283	125	257	106	75	56
北海市	Beihai	214	142	193	132	207	162
防城港市	Fangchenggang	45	35	42	33	48	35
钦州市	Qinzhou	225	135	193	120	144	109
贵港市	Guigang	282	154	261	137	63	38
玉林市	Yulin	421	177	361	148	112	22
百色市	Baise	267	127	216	89	147	29
贺州市	Hezhou	110	55	95	47	35	18
河池市	Hechi	138	49	126	43	47	21
来宾市	Laibin	105	52	97	49	121	60
崇左市	Chongzuo	143	39	124	35	128	25
海南省	**Hainan**						
海口市	Haikou	269	269	206	206	135	135
三亚市	Sanya	118	118	104	104	102	102
三沙市	Sansha						
儋州市	Danzhou	37		24		93	
重庆市	**Chongqing**	**4143**	**3562**	**2723**	**2233**	**2761**	**2551**

2-12 续表 6 continued

单位：万平方米 (10 000 sq.m)

城市	City	商品房销售面积 Sales Area of Commercial Residential Building		住宅 Residential Buildings		待售面积 Area for Sale	
		全市 Total City	市辖区 Districts under City	全市 Total City	市辖区 Districts under City	全市 Total City	市辖区 Districts under City
四川省	**Sichuan**						
成都市	Chengdu	2773	2296	2014	1619	1143	1045
自贡市	Zigong	365	244	234	141	38	18
攀枝花市	Panzhihua	127	86	103	65	124	120
泸州市	Luzhou	851	610	617	444	34	29
德阳市	Deyang	513	236	403	191	109	7
绵阳市	Mianyang	656	402	515	323	114	46
广元市	Guangyuan	134	84	112	74	86	30
遂宁市	Suining	363	228	329	198	17	17
内江市	Neijiang	501	227	353	161	29	28
乐山市	Leshan	369	195	307	170	28	16
南充市	Nanchong	858	345	690	263	51	48
眉山市	Meishan	782	431	640	349	157	100
宜宾市	Yibin	676	419	504	315	82	78
广安市	Guang'an	256	103	234	99	71	58
达州市	Dazhou	403	203	338	189	46	24
雅安市	Ya'an	127	73	102	56	56	17
巴中市	Bazhong	225	141	207	132	75	69
资阳市	Ziyang	192	74	172	73	1	
贵州省	**Guizhou**						
贵阳市	Guiyang	1053	863	891	709	191	182
六盘水市	Liupanshui	208	85	201	83	15	7
遵义市	Zunyi	672	247	587	210	241	118
安顺市	Anshun	141	91	132	87	39	21
毕节市	Bijie	518	131	471	116	33	3
铜仁市	Tongren						
云南省	**Yunnan**						
昆明市	Kunming	823	649	603	447	899	683
曲靖市	Qujing	233	105	220	100	44	28
玉溪市	Yuxi	195	100	169	82	292	116
保山市	Baoshan	154	58	141	52	126	53
昭通市	Zhaotong	197	83	183	80	102	45
丽江市	Lijiang	51	26	49	25	34	20
普洱市	Pu'er	82	45	66	36	41	20
临沧市	Lincang	87	33	65	25	41	10
西藏自治区	**Xizang**						
拉萨市	Lhasa	48	42	45	41	55	32
日喀则市	Xigazê	3	2	2	1	1	
昌都市	Qamdo	2	1	2	1	10	7
林芝市	Nyingchi	5	4	3	3	20	19
山南市	Lhoka	1	1	1	1	0	0
那曲市	Nagqu						

2–12 续表 7 continued

单位：万平方米 (10 000 sq.m)

城市	City	商品房销售面积 Sales Area of Commercial Residential Building 全市 Total City	市辖区 Districts under City	住宅 Residential Buildings 全市 Total City	市辖区 Districts under City	待售面积 Area for Sale 全市 Total City	市辖区 Districts under City
陕西省	**Shaanxi**						
西安市	Xi'an	1667	1627	1386	1347	140	130
铜川市	Tongchuan	56	55	56	54	23	23
宝鸡市	Baoji	253	182	245	178	63	34
咸阳市	Xianyang	217	56	213	55	19	13
渭南市	Weinan	36	11	36	11	7	2
延安市	Yan'an	66	57	59	50	39	39
汉中市	Hanzhong	203	102	192	95	141	54
榆林市	Yulin	235	162	215	144	111	71
安康市	Ankang	121	79	109	71	50	17
商洛市	Shangluo	94	27	93	27	8	3
甘肃省	**Gansu**						
兰州市	Lanzhou	283	151	260	134	89	67
嘉峪关市	Jiayuguan	34		32		10	
金昌市	Jinchang	4	3	4	3	21	9
白银市	Baiyin	59	28	58	28	83	29
天水市	Tianshui	174	34	170	33	15	9
武威市	Wuwei	57	41	57	41	25	9
张掖市	Zhangye	94	41	88	37	97	39
平凉市	Pingliang	192	85	179	76	33	27
酒泉市	Jiuquan	121	90	95	68	102	40
庆阳市	Qingyang	97	49	94	46	16	13
定西市	Dingxi	176	25	174	25	46	9
陇南市	Longnan	101	39	100	39	21	15
青海省	**Qinghai**						
西宁市	Xining	100	91	80	72	9	8
海东市	Haidong	79	39	73	36	137	53
宁夏回族自治区	**Ningxia**						
银川市	Yinchuan	404	296	365	265	530	377
石嘴山市	Shizuishan	32	15	29	14	27	12
吴忠市	Wuzhong	141	62	130	58	123	55
固原市	Guyuan	81	55	76	53	47	17
中卫市	Zhongwei	58	29	51	26	91	44
新疆维吾尔自治区	**Xinjiang**						
乌鲁木齐市	Urumqi	452	451	423	423	326	325
克拉玛依市	Karamay	30	30	28	28	24	24
吐鲁番市	Turpan	20	5	18	5	42	26
哈密市	Hami	25	23	24	22	47	46

2-13 对外经济贸易(全市)
Foreign Trade and Economic Cooperation (Total City)

单位：万元 (10 000 yuan)

城　市	City	货物进口额 Import Volume of Goods	货物出口额 Export Volume of Goods
北京市	**Beijing**	**305554835**	**58900240**
天津市	**Tianjin**	**46449307**	**38035852**
河北省	**Hebei**		
石家庄市	Shijiazhuang	4313784	8037149
唐山市	Tangshan	9260050	6137922
秦皇岛市	Qinhuangdao	1774119	2757995
邯郸市	Handan	760775	2617880
邢台市	Xingtai	211462	2014605
保定市	Baoding	456095	4309550
张家口市	Zhangjiakou	88823	460663
承德市	Chengde	46061	175729
沧州市	Cangzhou	1876293	2943545
廊坊市	Langfang	3289386	2122222
衡水市	Hengshui	138949	2497032
山西省	**Shanxi**		
太原市	Taiyuan	4952544	9718169
大同市	Datong	156583	361019
阳泉市	Yangquan	39613	65972
长治市	Changzhi	17239	132114
晋城市	Jincheng	238569	181517
朔州市	Shuozhou	27037	44784
晋中市	Jinzhong	60802	347303
运城市	Yuncheng	550044	574771
忻州市	Xinzhou	58496	177081
临汾市	Linfen	42972	265096
吕梁市	Lvliang	197420	247781
内蒙古自治区	**Inner Mongolia**		
呼和浩特市	Hohhot	897000	930000
包头市	Baotou	1279000	1136000
乌海市	Wuhai	1300	206800
赤峰市	Chifeng	1139000	403000
通辽市	Tongliao	109000	423000
鄂尔多斯市	Erdos	461000	1168000
呼伦贝尔市	Hulunbuir	1178000	780400
巴彦淖尔市	Bayannur	3019000	556000
乌兰察布市	Ulanqab	110000	199000
辽宁省	**Liaoning**		
沈阳市	Shenyang	8842940	5222668
大连市	Dalian	27053742	20867275
鞍山市	Anshan	1945230	1958205

2-13 续表 1 continued

单位：万元 (10 000 yuan)

城　市	City	货物进口额 Import Volume of Goods	货物出口额 Export Volume of Goods
抚顺市	Fushun	34535	526329
本溪市	Benxi	925800	945500
丹东市	Dandong	238151	1342767
锦州市	Jinzhou	223404	738531
营口市	Yingkou	2063000	2686000
阜新市	Fuxin	19405	207265
辽阳市	Liaoyang	38872	214876
盘锦市	Panjin	1080665	221945
铁岭市	Tieling	449803	236342
朝阳市	Chaoyang	178000	377000
葫芦岛市	Huludao	134134	301358
吉林省	**Jilin**		
长春市	Changchun	8991255	2084581
吉林市	Jilin	246549	558520
四平市	Siping	601	20359
辽源市	Liaoyuan	22856	128141
通化市	Tonghua	70413	64530
白山市	Baishan	38461	95390
松原市	Songyuan	651	111537
白城市	Baicheng	16841	303454
黑龙江省	**Heilongjiang**		
哈尔滨市	Harbin	2506388	1363164
齐齐哈尔市	Qiqihar	386401	540636
鸡西市	Jixi	11968	617057
鹤岗市	Hegang	188722	14033
双鸭山市	Shuangyashan	82973	118500
大庆市	Daqing	669837	13458331
伊春市	Yichun	55262	56512
佳木斯市	Jiamusi	118000	304000
七台河市	Qitaihe	1971	20954
牡丹江市	Mudanjiang	1463787	1206920
黑河市	Heihe	1404451	249174
绥化市	Suihua	377541	273225
上海市	**Shanghai**	**247685300**	**171342100**
江苏省	**Jiangsu**		
南京市	Nanjing	62921000	38279000
无锡市	Wuxi	25204360	48526357
徐州市	Xuzhou	1791355	11119586
常州市	Changzhou	7210872	25073673
苏州市	Suzhou	257211108	154750446
南通市	Nantong	13148701	23503816

2-13 续表 2 continued

单位：万元 (10 000 yuan)

城　市	City	货物进口额 Import Volume of Goods	货物出口额 Export Volume of Goods
连云港市	Lianyungang	1063661	395604
淮安市	Huai'an	4283243	3213841
盐城市	Yancheng	4535409	9345243
扬州市	Yangzhou	11011904	8708215
镇江市	Zhenjiang	10388234	7746053
泰州市	Taizhou	13073341	8958246
宿迁市	Suqian		
浙江省	**Zhejiang**		
杭州市	Hangzhou	24241563	51406490
宁波市	Ningbo	44406691	82305891
温州市	Wenzhou	4475486	25020016
嘉兴市	Jiaxing	11869158	32130776
湖州市	Huzhou	1294398	15001315
绍兴市	Shaoxing	2829592	34089751
金华市	Jinhua	8821683	59565745
衢州市	Quzhou	2105883	4019251
舟山市	Zhoushan	22262811	11554963
台州市	Taizhou	2451543	25266899
丽水市	Lishui	353178	2892552
安徽省	**Anhui**		
合肥市	Hefei	13091050	23018409
芜湖市	Wuhu	2746171	6322339
蚌埠市	Bengbu	783388	1213652
淮南市	Huainan	23651	769175
马鞍山市	Ma'anshan	2335540	2106615
淮北市	Huaibei	92246	860651
铜陵市	Tongling	5795713	742731
安庆市	Anqing	556358	2080200
黄山市	Huangshan	109250	1091629
滁州市	Chuzhou	713404	3457703
阜阳市	Fuyang	186604	1174400
宿州市	Suzhou	80876	1125829
六安市	Lu'an	69582	948386
亳州市	Bozhou	82521	354319
池州市	Chizhou	820604	329940
宣城市	Xuancheng	180406	2040445
福建省	**Fujian**		
福州市	Fuzhou	11798745	26788133
厦门市	Xiamen	45626253	46551255
莆田市	Putian	2966290	3792718
三明市	Sanming	75000	1379000

2-13 续表 3 continued

单位：万元 (10 000 yuan)

城　市	City	货物进口额 Import Volume of Goods	货物出口额 Export Volume of Goods
泉州市	Quanzhou	7173183	19946105
漳州市	Zhangzhou	3845151	8130634
南平市	Nanping	59200	1511800
龙岩市	Longyan	2249000	3322000
宁德市	Ningde	2981000	9948000
江西省	**Jiangxi**		
南昌市	Nanchang	3906680	9548945
景德镇市	Jingdezhen	736641	1709084
萍乡市	Pingxiang	46554	2165627
九江市	Jiujiang	1730096	7953415
新余市	Xinyu	2442656	2148024
鹰潭市	Yingtan	3148099	1182594
赣州市	Ganzhou	2089832	8241148
吉安市	Ji'an	1092861	6048925
宜春市	Yichun	333370	4747768
抚州市	Fuzhou	168360	2673395
上饶市	Shangrao	558131	4417729
山东省	**Shandong**		
济南市	Jinan	7769444	14318148
青岛市	Qingdao	37595293	47107906
淄博市	Zibo	5025449	7315938
枣庄市	Zaozhuang	334930	3974635
东营市	Dongying	19517181	6747615
烟台市	Yantai	17964744	27508966
潍坊市	Weifang	9427088	24771908
济宁市	Jining	1829362	7885616
泰安市	Tai'an	3523952	534704
威海市	Weihai	5281555	15674938
日照市	Rizhao	8524000	5453000
临沂市	Linyi	1592203	17039875
德州市	Dezhou	1329763	4890997
聊城市	Liaocheng	2083866	4082190
滨州市	Binzhou	7208514	5062851
菏泽市	Heze	6543000	3130000
河南省	**Henan**		
郑州市	Zhengzhou	24734000	35963000
开封市	Kaifeng	160000	785000
洛阳市	Luoyang	339000	1753000
平顶山市	Pingdingshan	10000	565000
安阳市	Anyang	148000	456000
鹤壁市	Hebi	29000	615000

2-13 续表 4 continued

单位：万元 (10 000 yuan)

城　市	City	货物进口额 Import Volume of Goods	货物出口额 Export Volume of Goods
新乡市	Xinxiang	296000	1251000
焦作市	Jiaozuo	430000	1608000
濮阳市	Puyang	1153000	819000
许昌市	Xuchang	399568	2195742
漯河市	Luohe	150827	363414
三门峡市	Sanmenxia	1938000	288000
南阳市	Nanyang	356196	2034993
商丘市	Shangqiu	140000	516000
信阳市	Xinyang	239000	315000
周口市	Zhoukou	161000	1024000
驻马店市	Zhumadian	47000	949000
湖北省	**Hubei**		
武汉市	Wuhan	13792000	21530000
黄石市	Huangshi	2106744	2013141
十堰市	Shiyan	43562	1567853
宜昌市	Yichang	510331	3660874
襄阳市	Xiangyang	255196	3459815
鄂州市	Ezhou	244794	184199
荆门市	Jingmen	645134	1362214
孝感市	Xiaogan	253000	1485000
荆州市	Jingzhou	294000	1788000
黄冈市	Huanggang	152174	1434787
咸宁市	Xianning	86132	1135615
随州市	Suizhou	39510	1256827
湖南省	**Hunan**		
长沙市	Changsha	8526748	24628803
株洲市	Zhuzhou	533000	1573000
湘潭市	Xiangtan	1040549	2706215
衡阳市	Hengyang	1773762	3098583
邵阳市	Shaoyang	108276	2439642
岳阳市	Yueyang	4114118	3248752
常德市	Changde	339607	2185800
张家界市	Zhangjiajie	4000	179000
益阳市	Yiyang	144298	1949728
郴州市	Chenzhou	1376960	3780175
永州市	Yongzhou	69631	4080835
怀化市	Huaihua	44347	423229
娄底市	Loudi	1034000	969000
广东省	**Guangdong**		
广州市	Guangzhou	47527626	61954201
韶关市	Shaoguan	1071352	909021

2-13 续表 5 continued

单位：万元 (10 000 yuan)

城　　市	City	货物进口额 Import Volume of Goods	货物出口额 Export Volume of Goods
深圳市	Shenzhen	147927163	219448010
珠海市	Zhuhai	11248175	19286805
汕头市	Shantou	1360814	6348936
佛山市	Foshan	10752646	55625354
江门市	Jiangmen	3261021	14464930
湛江市	Zhanjiang	4106655	2068149
茂名市	Maoming	771000	1800000
肇庆市	Zhaoqing	1122075	2734444
惠州市	Huizhou	10458399	20451478
梅州市	Meizhou	915122	185160
汕尾市	Shanwei	634138	984620
河源市	Heyuan	499000	1939000
阳江市	Yangjiang	897059	1790236
清远市	Qingyuan	2955089	2570825
东莞市	Dongguan	46864991	92401265
中山市	Zhongshan	4706602	23280453
潮州市	Chaozhou	542743	2069304
揭阳市	Jieyang	370700	1254857
云浮市	Yunfu	888821	503659
广西壮族自治区	**Guangxi**		
南宁市	Nanning	7673974	7426763
柳州市	Liuzhou	778847	2213483
桂林市	Guilin	73515	883915
梧州市	Wuzhou	429164	839280
北海市	Beihai	2258052	1179850
防城港市	Fangchenggang	7237039	608648
钦州市	Qinzhou	5606642	815239
贵港市	Guigang	200040	306236
玉林市	Yulin	108075	326307
百色市	Baise	270958	3349593
贺州市	Hezhou	25967	234090
河池市	Hechi	390684	196902
来宾市	Laibin	21665	143735
崇左市	Chongzuo	3495000	18702037
海南省	**Hainan**		
海口市	Haikou	4348400	1708000
三亚市	Sanya	1966789	180760
三沙市	Sansha		
儋州市	Danzhou	5809909	3708523
重庆市	**Chongqing**	**29130344**	**52453186**

2-13 续表 6 continued

单位：万元 (10 000 yuan)

城市	City	货物进口额 Import Volume of Goods	货物出口额 Export Volume of Goods
四川省	**Sichuan**		
成都市	Chengdu	33413217	50050937
自贡市	Zigong	153305	371751
攀枝花市	Panzhihua	168510	362531
泸州市	Luzhou	777759	1144295
德阳市	Deyang	86032	188181
绵阳市	Mianyang	967588	1722546
广元市	Guangyuan	25184	123208
遂宁市	Suining	173792	658400
内江市	Neijiang	86442	210751
乐山市	Leshan	151600	952900
南充市	Nanchong	43903	566349
眉山市	Meishan	399100	793400
宜宾市	Yibin	1128414	2040140
广安市	Guang'an	17567	364173
达州市	Dazhou	58813	672786
雅安市	Ya'an	394812	145854
巴中市	Bazhong	2900	88100
资阳市	Ziyang	106941	290136
贵州省	**Guizhou**		
贵阳市	Guiyang	2776426	5236004
六盘水市	Liupanshui	150657	13936
遵义市	Zunyi	270519	786725
安顺市	Anshun	58053	35247
毕节市	Bijie	12629	40321
铜仁市	Tongren	254609	70335
云南省	**Yunnan**		
昆明市	Kunming	10510096	9464018
曲靖市	Qujing	76462	883929
玉溪市	Yuxi	90462	629567
保山市	Baoshan	515302	114000
昭通市	Zhaotong		16428
丽江市	Lijiang	37514	48
普洱市	Pu'er	965060	181813
临沧市	Lincang	223850	181992
西藏自治区	**Xizang**		
拉萨市	Lhasa	26400	418200
日喀则市	Xigazê		28
昌都市	Qamdo	1100	200
林芝市	Nyingchi		173
山南市	Lhoka		
那曲市	Nagqu		

2-13 续表 7 continued

单位：万元 (10 000 yuan)

城　　市	City	货物进口额 Import Volume of Goods	货物出口额 Export Volume of Goods
陕西省	**Shaanxi**		
西安市	Xi'an	16320085	27475120
铜川市	Tongchuan	82039	49728
宝鸡市	Baoji	528900	614800
咸阳市	Xianyang	880514	952829
渭南市	Weinan	44457	182345
延安市	Yan'an	164437	9345
汉中市	Hanzhong	51634	306675
榆林市	Yulin	67601	264785
安康市	Ankang	3074	156349
商洛市	Shangluo	97223	101479
甘肃省	**Gansu**		
兰州市	Lanzhou	949111	588496
嘉峪关市	Jiayuguan	152000	16000
金昌市	Jinchang	80086	2241470
白银市	Baiyin	920600	40300
天水市	Tianshui	1880	2220
武威市	Wuwei	193	69784
张掖市	Zhangye	1331	38452
平凉市	Pingliang	91	21254
酒泉市	Jiuquan	11226	65289
庆阳市	Qingyang	65	13201
定西市	Dingxi	17400	11200
陇南市	Longnan		28000
青海省	**Qinghai**		
西宁市	Xining	159339	164776
海东市	Haidong	1675	31734
宁夏回族自治区	**Ningxia**		
银川市	Yinchuan	270463	886405
石嘴山市	Shizuishan	76698	479323
吴忠市	Wuzhong	17647	64796
固原市	Guyuan		
中卫市	Zhongwei	163590	192724
新疆维吾尔自治区	**Xinjiang**		
乌鲁木齐市	Urumqi	1247921	3887798
克拉玛依市	Karamay	12179	149885
吐鲁番市	Turpan	11094	13392
哈密市	Hami	64812	75829

2-14 规模以上工业企业数
Number of Industrial Enterprises above Designated Size

单位：个 (unit)

城市	City	工业企业数 Number of Industrial Enterprises		内资企业 Domestic Funded		港、澳、台商投资企业 Enterprises with Funds from Hong Kong, Macao and Taiwan		外商投资企业 Foreign Funded Enterprises	
		全市 Total City	市辖区 Districts under City	全市 Total City	市辖区 Districts under City	全市 Total City	市辖区 Districts under City	全市 Total City	市辖区 Districts under City
北京市	**Beijing**	**3141**	**3141**	**2494**	**2494**	**130**	**130**	**517**	**517**
天津市	**Tianjin**	**5812**	**5812**	**4691**	**4691**	**220**	**220**	**901**	**901**
河北省	**Hebei**								
石家庄市	Shijiazhuang	2627	948	2548	898	36	19	43	31
唐山市	Tangshan	2234	1296	2154	1249	19	7	61	40
秦皇岛市	Qinhuangdao	506	365	454	318	12	10	40	37
邯郸市	Handan	2006	694	1976	682	18	7	12	5
邢台市	Xingtai	1852	310	1806	296	16	4	30	10
保定市	Baoding	2291	714	2219	685	20	8	52	21
张家口市	Zhangjiakou	555	247	525	233	13	4	17	10
承德市	Chengde	472	97	459	91	7	2	6	4
沧州市	Cangzhou	2740	148	2655	131	20	5	65	12
廊坊市	Langfang	1575	290	1443	209	28	15	104	66
衡水市	Hengshui	1219	335	1187	327	15	5	17	3
山西省	**Shanxi**								
太原市	Taiyuan	847	579	822	561	8	2	17	16
大同市	Datong	493	307	472	294	8	3	13	10
阳泉市	Yangquan	322	145	312	138	3	3	7	4
长治市	Changzhi	717	387	704	377	7	7	6	3
晋城市	Jincheng	617	84	600	80	5	1	12	3
朔州市	Shuozhou	475	155	468	149	2	2	5	4
晋中市	Jinzhong	1096	243	1081	233	8	5	7	5
运城市	Yuncheng	911	105	897	104	3	1	11	
忻州市	Xinzhou	673	62	664	61	4		5	1
临汾市	Linfen	711	96	698	94	10	1	3	1
吕梁市	Lvliang	808	44	795	43	5		8	1
内蒙古自治区	**Inner Mongolia**								
呼和浩特市	Hohhot	303	75	278	72	8	2	17	1
包头市	Baotou	549	384	535	374	3	2	11	8
乌海市	Wuhai	195	195	190	190	1	1	4	4
赤峰市	Chifeng	360	145	349	137	2	2	9	6
通辽市	Tongliao	263	40	257	38	3		3	2
鄂尔多斯市	Erdos	568	88	548	83	4		16	5
呼伦贝尔市	Hulunbuir	141	32	131	27	3	3	7	2
巴彦淖尔市	Bayannur	307	85	297	80	7	4	3	1
乌兰察布市	Ulanqab	342	32	330	29	8	1	4	2
辽宁省	**Liaoning**								
沈阳市	Shenyang	1824	1562	1559	1310	59	55	206	197
大连市	Dalian	2135	1723	1584	1213	105	93	446	417
鞍山市	Anshan	776	316	733	292	19	10	24	14

2-14 续表 1 continued

单位：个 (unit)

城市	City	工业企业数 Number of Industrial Enterprises		内资企业 Domestic Funded		港、澳、台商投资企业 Enterprises with Funds from Hong Kong, Macao and Taiwan		外商投资企业 Foreign Funded Enterprises	
		全市 Total City	市辖区 Districts under City	全市 Total City	市辖区 Districts under City	全市 Total City	市辖区 Districts under City	全市 Total City	市辖区 Districts under City
抚顺市	Fushun	287	234	265	215	11	11	11	8
本溪市	Benxi	246	184	227	171	10	8	9	5
丹东市	Dandong	427	162	402	144	11	7	14	11
锦州市	Jinzhou	351	167	317	141	13	9	21	17
营口市	Yingkou	686	341	606	288	30	21	50	32
阜新市	Fuxin	244	112	227	101	10	5	7	6
辽阳市	Liaoyang	289	152	272	138	9	6	8	8
盘锦市	Panjin	339	252	319	234	5	4	15	14
铁岭市	Tieling	350	96	328	87	11	3	11	6
朝阳市	Chaoyang	414	108	392	106	10	2	12	
葫芦岛市	Huludao	302	118	291	114	4	1	7	3
吉林省	**Jilin**								
长春市	Changchun	1298	784	1139	654	27	17	132	113
吉林市	Jilin	457	246	432	225	6	4	19	17
四平市	Siping	185	103	177	98	6	4	2	1
辽源市	Liaoyuan	109	62	104	60	2	1	3	1
通化市	Tonghua	216	85	211	85	3		2	
白山市	Baishan	152	63	145	61			7	2
松原市	Songyuan	226	87	216	84	4	1	6	2
白城市	Baicheng	172	55	157	48	8	5	7	2
黑龙江省	**Heilongjiang**								
哈尔滨市	Harbin	1433	962	1371	907	18	16	44	39
齐齐哈尔市	Qiqihar	412	165	390	157	9	4	13	4
鸡西市	Jixi	234	104	228	101	2	1	4	2
鹤岗市	Hegang	174	115	170	113	2	2	2	
双鸭山市	Shuangyashan	148	46	144	45	3	1	1	
大庆市	Daqing	544	330	532	320	3	2	9	8
伊春市	Yichun	74	25	70	23			4	2
佳木斯市	Jiamusi	395	121	381	113	5	1	9	7
七台河市	Qitaihe	122	96	121	95			1	1
牡丹江市	Mudanjiang	346	98	334	92	4	2	8	4
黑河市	Heihe	113	29	108	27	1		4	2
绥化市	Suihua	461	100	455	98	3	2	3	
上海市	**Shanghai**	**9432**	**9432**	**6479**	**6479**	**787**	**787**	**2166**	**2166**
江苏省	**Jiangsu**								
南京市	Nanjing	4294	4294	3711	3711	196	196	387	387
无锡市	Wuxi	8132	4181	7008	3384	402	252	722	545
徐州市	Xuzhou	3049	1081	2898	1010	68	26	83	45
常州市	Changzhou	6291	5599	5608	4951	233	221	450	427
苏州市	Suzhou	13277	6051	9335	4200	1108	516	2834	1335
南通市	Nantong	6541	2747	5784	2289	278	155	479	303

2-14 续表 2 continued

单位：个 (unit)

城市	City	工业企业数 Number of Industrial Enterprises		内资企业 Domestic Funded		港、澳、台商投资企业 Enterprises with Funds from Hong Kong, Macao and Taiwan		外商投资企业 Foreign Funded Enterprises	
		全市 Total City	市辖区 Districts under City	全市 Total City	市辖区 Districts under City	全市 Total City	市辖区 Districts under City	全市 Total City	市辖区 Districts under City
连云港市	Lianyungang	1287	666	1157	592	48	23	82	51
淮安市	Huai'an	1968	927	1791	866	95	36	82	25
盐城市	Yancheng	3887	1416	3566	1220	118	58	203	138
扬州市	Yangzhou	3863	1905	3580	1743	132	70	151	92
镇江市	Zhenjiang	2510	826	2219	687	130	63	161	76
泰州市	Taizhou	3676	1381	3426	1247	92	50	158	84
宿迁市	Suqian	2647	729	2530	680	60	23	57	26
浙江省	**Zhejiang**								
杭州市	Hangzhou	6802	5897	6080	5221	258	237	464	439
宁波市	Ningbo	10342	5149	9037	4314	616	375	689	460
温州市	Wenzhou	8658	2666	8535	2603	50	23	73	40
嘉兴市	Jiaxing	6592	1274	5582	1033	374	86	636	155
湖州市	Huzhou	4251	1753	3916	1644	158	47	177	62
绍兴市	Shaoxing	5263	2899	4911	2654	189	132	163	113
金华市	Jinhua	5613	1077	5440	1009	88	37	85	31
衢州市	Quzhou	1362	436	1316	415	15	2	31	19
舟山市	Zhoushan	464	382	438	364	8	6	18	12
台州市	Taizhou	5545	1785	5407	1732	60	27	78	26
丽水市	Lishui	1588	460	1563	452	8	3	17	5
安徽省	**Anhui**								
合肥市	Hefei	2544	1128	2358	982	67	55	119	91
芜湖市	Wuhu	2264	2032	2115	1892	59	53	90	87
蚌埠市	Bengbu	933	449	890	427	19	6	24	16
淮南市	Huainan	848	396	824	386	16	8	8	2
马鞍山市	Ma'anshan	1401	635	1311	579	47	26	43	30
淮北市	Huaibei	644	355	619	341	9	5	16	9
铜陵市	Tongling	621	484	593	458	15	13	13	13
安庆市	Anqing	1730	327	1669	293	24	9	37	25
黄山市	Huangshan	555	265	537	254	8	5	10	6
滁州市	Chuzhou	2368	552	2250	482	38	21	80	49
阜阳市	Fuyang	1549	408	1529	396	13	9	7	3
宿州市	Suzhou	1174	589	1141	574	17	8	16	7
六安市	Lu'an	1325	601	1295	586	16	7	14	8
亳州市	Bozhou	735	359	727	355	6	3	2	1
池州市	Chizhou	703	386	681	376	10	3	12	7
宣城市	Xuancheng	2097	554	2036	535	22	5	39	14
福建省	**Fujian**								
福州市	Fuzhou	2894	1223	2441	1042	226	94	227	87
厦门市	Xiamen	3059	3059	2321	2321	362	362	376	376
莆田市	Putian	1161	863	1039	754	79	71	43	38
三明市	Sanming	1550	467	1498	451	33	10	19	6

2-14 续表 3 continued

单位：个 (unit)

城市	City	工业企业数 Number of Industrial Enterprises		内资企业 Domestic Funded		港、澳、台商投资企业 Enterprises with Funds from Hong Kong, Macao and Taiwan		外商投资企业 Foreign Funded Enterprises	
		全市 Total City	市辖区 Districts under City	全市 Total City	市辖区 Districts under City	全市 Total City	市辖区 Districts under City	全市 Total City	市辖区 Districts under City
泉州市	Quanzhou	6183	747	5292	593	697	119	194	35
漳州市	Zhangzhou	2528	1317	2172	1124	210	117	146	76
南平市	Nanping	1039	261	1007	253	15	4	17	4
龙岩市	Longyan	1208	565	1129	534	45	16	34	15
宁德市	Ningde	1116	151	1081	137	14	7	21	7
江西省	**Jiangxi**								
南昌市	Nanchang	1921	1030	1792	941	60	41	69	48
景德镇市	Jingdezhen	621	217	601	211	6	3	14	3
萍乡市	Pingxiang	710	372	689	356	14	10	7	6
九江市	Jiujiang	2065	480	1952	442	58	14	55	24
新余市	Xinyu	594	479	581	470	10	7	3	2
鹰潭市	Yingtan	505	306	482	288	12	10	11	8
赣州市	Ganzhou	2831	1216	2641	1167	129	26	61	23
吉安市	Ji'an	1944	240	1860	226	52	6	32	8
宜春市	Yichun	2166	394	2082	378	46	9	38	7
抚州市	Fuzhou	1224	433	1177	417	15	7	11	6
上饶市	Shangrao	2319	714	2287	704	19	5	13	5
山东省	**Shandong**								
济南市	Jinan	2665	2340	2511	2199	65	55	89	86
青岛市	Qingdao	4613	2848	3798	2289	185	133	630	426
淄博市	Zibo	2019	1587	1912	1505	49	32	58	50
枣庄市	Zaozhuang	1020	659	975	627	27	16	18	16
东营市	Dongying	947	585	901	553	20	13	26	19
烟台市	Yantai	2584	1325	2121	1027	119	64	344	234
潍坊市	Weifang	4086	926	3831	850	106	29	149	47
济宁市	Jining	2208	657	2099	604	39	16	70	37
泰安市	Tai'an	1346	516	1288	492	21	6	37	18
威海市	Weihai	1312	877	1051	676	62	48	199	153
日照市	Rizhao	940	476	848	409	27	15	65	52
临沂市	Linyi	3955	1496	3845	1458	58	17	52	21
德州市	Dezhou	1934	507	1858	475	32	17	44	15
聊城市	Liaocheng	1650	570	1613	549	18	9	19	12
滨州市	Binzhou	1593	336	1544	318	27	10	22	8
菏泽市	Heze	2411	525	2370	509	21	9	20	7
河南省	**Henan**								
郑州市	Zhengzhou	2710	829	2627	786	37	17	46	26
开封市	Kaifeng	1199	377	1164	352	14	7	21	18
洛阳市	Luoyang	1943	1162	1896	1137	22	7	25	18
平顶山市	Pingdingshan	1033	179	1004	169	17	3	12	7
安阳市	Anyang	930	322	912	317	11	1	7	4
鹤壁市	Hebi	500	256	493	250	4	4	3	2

2-14 续表 4 continued

单位：个 (unit)

城　市	City	工业企业数 Number of Industrial Enterprises		内资企业 Domestic Funded		港、澳、台商投资企业 Enterprises with Funds from Hong Kong, Macao and Taiwan		外商投资企业 Foreign Funded Enterprises	
		全　市 Total City	市辖区 Districts under City	全　市 Total City	市辖区 Districts under City	全　市 Total City	市辖区 Districts under City	全　市 Total City	市辖区 Districts under City
新乡市	Xinxiang	1876	436	1842	418	11	7	23	11
焦作市	Jiaozuo	1031	217	1005	207	15	6	11	4
濮阳市	Puyang	762	166	749	160	8	2	5	4
许昌市	Xuchang	1785	462	1763	449	14	7	8	6
漯河市	Luohe	791	461	760	441	11	5	20	15
三门峡市	Sanmenxia	545	235	532	227	4	1	9	7
南阳市	Nanyang	1913	353	1875	336	22	8	16	9
商丘市	Shangqiu	1899	375	1869	364	17	5	13	6
信阳市	Xinyang	1516	380	1494	367	10	4	12	9
周口市	Zhoukou	1748	253	1715	246	13	4	20	3
驻马店市	Zhumadian	1365	192	1331	179	19	5	15	8
湖北省	**Hubei**								
武汉市	Wuhan	3329	3329	2981	2981	79	79	269	269
黄石市	Huangshi	819	345	778	319	15	8	26	18
十堰市	Shiyan	1182	644	1153	620	12	9	17	15
宜昌市	Yichang	1544	475	1494	446	28	16	22	13
襄阳市	Xiangyang	2015	804	1945	756	30	16	40	32
鄂州市	Ezhou	490	490	479	479	4	4	7	7
荆门市	Jingmen	1014	303	979	287	17	6	18	10
孝感市	Xiaogan	1413	340	1352	311	27	9	34	20
荆州市	Jingzhou	1527	580	1490	556	17	10	20	14
黄冈市	Huanggang	1451	125	1413	111	24	10	14	4
咸宁市	Xianning	1021	270	983	253	20	8	18	9
随州市	Suizhou	715	263	697	256	14	4	4	3
湖南省	**Hunan**								
长沙市	Changsha	3059	1040	2921	984	65	29	73	27
株洲市	Zhuzhou	2002	774	1969	758	17	5	16	11
湘潭市	Xiangtan	1367	636	1332	611	16	13	19	12
衡阳市	Hengyang	1389	271	1360	258	19	5	10	8
邵阳市	Shaoyang	1966	338	1946	331	17	5	3	2
岳阳市	Yueyang	1954	514	1921	497	17	7	16	10
常德市	Changde	1711	578	1670	562	25	8	16	8
张家界市	Zhangjiajie	244	94	241	93	1		2	1
益阳市	Yiyang	1440	703	1420	690	10	7	10	6
郴州市	Chenzhou	1322	279	1275	266	31	8	16	5
永州市	Yongzhou	1211	320	1159	307	33	6	19	7
怀化市	Huaihua	843	77	827	74	8	1	8	2
娄底市	Loudi	971	301	953	294	10	2	8	5
广东省	**Guangdong**								
广州市	Guangzhou	6878	6878	5592	5592	639	639	647	647
韶关市	Shaoguan	641	229	565	201	55	18	21	10

2-14 续表 5 continued

单位：个 (unit)

城 市	City	工业企业数 Number of Industrial Enterprises		内资企业 Domestic Funded		港、澳、台商投资企业 Enterprises with Funds from Hong Kong, Macao and Taiwan		外商投资企业 Foreign Funded Enterprises	
		全 市 Total City	市辖区 Districts under City	全 市 Total City	市辖区 Districts under City	全 市 Total City	市辖区 Districts under City	全 市 Total City	市辖区 Districts under City
深圳市	Shenzhen	13790	13790	11631	11631	1587	1587	572	572
珠海市	Zhuhai	1792	1792	1297	1297	294	294	201	201
汕头市	Shantou	2181	2175	2018	2014	109	108	54	53
佛山市	Foshan	9851	9851	8849	8849	624	624	378	378
江门市	Jiangmen	3264	1769	2577	1404	522	292	165	73
湛江市	Zhanjiang	815	267	740	225	39	21	36	21
茂名市	Maoming	674	336	639	322	26	7	9	7
肇庆市	Zhaoqing	1562	964	1360	830	138	90	64	44
惠州市	Huizhou	4365	2794	3471	2178	670	451	224	165
梅州市	Meizhou	547	184	505	168	30	13	12	3
汕尾市	Shanwei	316	74	267	55	42	15	7	4
河源市	Heyuan	627	240	495	177	109	47	23	16
阳江市	Yangjiang	516	384	462	346	38	27	16	11
清远市	Qingyuan	1034	562	853	467	138	67	43	28
东莞市	Dongguan	13844		10681		2176		987	
中山市	Zhongshan	4959		4111		547		301	
潮州市	Chaozhou	1075	935	1025	890	43	39	7	6
揭阳市	Jieyang	1572	1020	1499	981	61	31	12	8
云浮市	Yunfu	426	173	356	142	55	25	15	6
广西壮族自治区	**Guangxi**								
南宁市	Nanning	1401	977	1292	882	60	51	49	44
柳州市	Liuzhou	1258	869	1208	824	9	7	41	38
桂林市	Guilin	659	211	625	191	12	6	22	14
梧州市	Wuzhou	619	242	579	218	27	17	13	7
北海市	Beihai	349	213	316	188	20	15	13	10
防城港市	Fangchenggang	171	94	157	81	8	7	6	6
钦州市	Qinzhou	436	233	409	214	20	13	7	6
贵港市	Guigang	1155	833	1127	815	13	8	15	10
玉林市	Yulin	749	197	708	182	30	6	11	9
百色市	Baise	500	131	488	126	9	4	3	1
贺州市	Hezhou	393	253	376	243	11	6	6	4
河池市	Hechi	312	106	308	103	1		3	3
来宾市	Laibin	388	169	374	159	7	5	7	5
崇左市	Chongzuo	523	110	491	97	11	2	21	11
海南省	**Hainan**								
海口市	Haikou	210	210	179	179	16	16	15	15
三亚市	Sanya	35	35	30	30	3	3	2	2
三沙市	Sansha								
儋州市	Danzhou	65		56		4		5	
重庆市	**Chongqing**	**7617**	**6808**	**7197**	**6399**	**125**	**115**	**295**	**294**

2-14 续表 6 continued

单位：个 (unit)

城市	City	工业企业数 Number of Industrial Enterprises		内资企业 Domestic Funded		港、澳、台商投资企业 Enterprises with Funds from Hong Kong, Macao and Taiwan		外商投资企业 Foreign Funded Enterprises	
		全市 Total City	市辖区 Districts under City	全市 Total City	市辖区 Districts under City	全市 Total City	市辖区 Districts under City	全市 Total City	市辖区 Districts under City
四川省	**Sichuan**								
成都市	Chengdu	4391		4067		104		220	
自贡市	Zigong								
攀枝花市	Panzhihua	467	324	463	321	2	1	2	2
泸州市	Luzhou	833	465	818	457	8	4	7	4
德阳市	Deyang	1465	659	1426	632	15	8	24	19
绵阳市	Mianyang	1295	701	1262	675	16	11	17	15
广元市	Guangyuan	591	336	584	331	1		6	5
遂宁市	Suining	637	313	613	294	7	7	17	12
内江市	Neijiang	467	177	448	168	10	5	9	4
乐山市	Leshan	667	237	656	232	6	2	5	3
南充市	Nanchong	899	304	885	298	9	4	5	2
眉山市	Meishan	841	458	814	435	13	10	14	13
宜宾市	Yibin	916	409	906	401	5	4	5	4
广安市	Guang'an	601	183	584	175	6	4	11	4
达州市	Dazhou	1080	352	1073	351	3		4	1
雅安市	Ya'an	385	132	375	129	5	2	5	1
巴中市	Bazhong	347	146	342	143	1	1	4	2
资阳市	Ziyang	306	144	289	131	5	5	12	8
贵州省	**Guizhou**								
贵阳市	Guiyang	918	610	878	577	17	13	23	20
六盘水市	Liupanshui	443	206	437	203	2		4	3
遵义市	Zunyi	868	337	857	331	4	2	7	4
安顺市	Anshun	512	346	503	339	6	4	3	3
毕节市	Bijie	426	103	420	101	4	1	2	1
铜仁市	Tongren	432	116	427	113	5	3		
云南省	**Yunnan**								
昆明市	Kunming	1097	625	1031	583	28	19	38	23
曲靖市	Qujing	720	290	709	282	6	6	5	2
玉溪市	Yuxi	501	197	489	191	6	2	6	4
保山市	Baoshan	266	92	261	90	1		4	2
昭通市	Zhaotong	187	30	181	27	5	3	1	
丽江市	Lijiang	64	17	63	17	1			
普洱市	Pu'er	181	52	175	49	3		3	3
临沧市	Lincang	219	36	217	36			2	
西藏自治区	**Xizang**								
拉萨市	Lhasa	97	29	93	28			4	1
日喀则市	Xigazê	27	12	26	12			1	
昌都市	Qamdo	12	7	11	6	1	1		
林芝市	Nyingchi	17	11	17	11				
山南市	Lhoka	21	6	21	6				
那曲市	Nagqu	7	3	7	3				

2-14 续表 7 continued

单位：个 (unit)

城　市	City	工业企业数 Number of Industrial Enterprises		内资企业 Domestic Funded		港、澳、台商投资企业 Enterprises with Funds from Hong Kong, Macao and Taiwan		外商投资企业 Foreign Funded Enterprises	
		全　市 Total City	市辖区 Districts under City	全　市 Total City	市辖区 Districts under City	全　市 Total City	市辖区 Districts under City	全　市 Total City	市辖区 Districts under City
陕西省	**Shaanxi**								
西安市	Xi'an	1799	1704	1677	1585	26	24	96	95
铜川市	Tongchuan	223	202	212	191			11	11
宝鸡市	Baoji	971	563	959	556	4		8	7
咸阳市	Xianyang	859	172	831	161	5	2	23	9
渭南市	Weinan	621	152	600	147	5	1	16	4
延安市	Yan'an	339	84	332	82	3	1	4	1
汉中市	Hanzhong	766	210	754	206	4	1	8	3
榆林市	Yulin	997	121	988	116	3	2	6	3
安康市	Ankang	746	204	736	200	4		6	4
商洛市	Shangluo	335	42	329	42			6	
甘肃省	**Gansu**								
兰州市	Lanzhou	459	182	447	177	4		8	5
嘉峪关市	Jiayuguan	69		69					
金昌市	Jinchang	125	76	123	74	2	2		
白银市	Baiyin	231	124	227	121	2	1	2	2
天水市	Tianshui	190	113	187	110			3	3
武威市	Wuwei	214	110	209	107	3	2	2	1
张掖市	Zhangye	207	78	202	77	2		3	1
平凉市	Pingliang	115	40	114	40			1	
酒泉市	Jiuquan	344	106	331	104	5	1	8	1
庆阳市	Qingyang	124	32	123	32	1			
定西市	Dingxi	186	50	185	50	1			
陇南市	Longnan	90	15	89	15	1			
青海省	**Qinghai**								
西宁市	Xining	247	189	239	182	2	2	6	5
海东市	Haidong	94	39	93	38	1	1		
宁夏回族自治区	**Ningxia**								
银川市	Yinchuan	473	175	445	157	8	4	20	14
石嘴山市	Shizuishan	362	182	352	177	3	2	7	3
吴忠市	Wuzhong	375	94	373	94	2			
固原市	Guyuan	70	40	69	39			1	1
中卫市	Zhongwei	185	107	177	105	6	1	2	1
新疆维吾尔自治区	**Xinjiang**								
乌鲁木齐市	Urumqi	523	515	506	498	6	6	11	11
克拉玛依市	Karamay	106	106	104	104			2	2
吐鲁番市	Turpan	176	60	172	57	2	2	2	1
哈密市	Hami	174	113	172	111	1	1	1	1

2-15 规模以上工业企业资产及利润状况
Assets and Profits of Industrial Enterprises above Designated Size

单位：万元 (10 000 yuan)

城　市	City	流动资产合计 Total Current Assets		利润总额 Total Profits	
		全　市 Total City	市辖区 Districts under City	全　市 Total City	市辖区 Districts under City
北京市	**Beijing**	**274129431**	**274129431**	**19987243**	**19987243**
天津市	**Tianjin**	**131855495**	**131855495**	**16856186**	**16856186**
河北省	**Hebei**				
石家庄市	Shijiazhuang	47016551	27379102	3265099	2322116
唐山市	Tangshan	61967996	37699729	877897	1027454
秦皇岛市	Qinhuangdao	17128248	12238457	1006907	872459
邯郸市	Handan	40208235	14823216	618061	711190
邢台市	Xingtai	19516107	8384514	1249760	545373
保定市	Baoding	36233176	22076660	2045273	913022
张家口市	Zhangjiakou	11841137	5809928	759419	-117280
承德市	Chengde	12440494	4244027	892000	174916
沧州市	Cangzhou	26277447	3263063	-38919	163817
廊坊市	Langfang	21262684	5409945	702788	439597
衡水市	Hengshui	11137612	5095969	725335	427757
山西省	**Shanxi**				
太原市	Taiyuan	39068756	32997689	2283929	1782409
大同市	Datong	44326468	40136141	1270489	562847
阳泉市	Yangquan	15306869	12650743	1049995	810780
长治市	Changzhi	40588144	14548578	7970120	2785980
晋城市	Jincheng	30247430	1771579	4350258	81071
朔州市	Shuozhou	13988176	6111095	3911149	1745229
晋中市	Jinzhong	17358606	3295271	2328010	-196452
运城市	Yuncheng	17507123	935060	1516768	-28229
忻州市	Xinzhou	13726350	1036362	2286165	7710
临汾市	Linfen	22179020	1689123	3515365	432438
吕梁市	Lvliang	36312795	4338139	8418924	1122023
内蒙古自治区	**Inner Mongolia**				
呼和浩特市	Hohhot	18248780	5094771	3279935	640200
包头市	Baotou	29508562	25668045	4609284	3849819
乌海市	Wuhai	11767300	11767300	1653800	1653800
赤峰市	Chifeng	8533135	3820119	425276	124383
通辽市	Tongliao	6975792	950601	1091340	199912
鄂尔多斯市	Erdos	55568400	7375030	24210117	3047723
呼伦贝尔市	Hulunbuir	4778302	951169	1692331	-41360
巴彦淖尔市	Bayannur	7570004	1958361	902305	150561
乌兰察布市	Ulanqab	7720834	749905	941716	50029
辽宁省	**Liaoning**				
沈阳市	Shenyang	49104031	47326741	6113184	6210206
大连市	Dalian	56697293	42676749	5423073	4700053
鞍山市	Anshan	17148738	10766617	1609383	1340768

2–15 续表 1 continued

单位：万元 (10 000 yuan)

城市	City	流动资产合计 Total Current Assets		利润总额 Total Profits	
		全市 Total City	市辖区 Districts under City	全市 Total City	市辖区 Districts under City
抚顺市	Fushun	5770699	5227956	301990	245128
本溪市	Benxi	8416610	7543647	305394	274862
丹东市	Dandong	4737046	2366961	220769	46096
锦州市	Jinzhou	5295543	3459041	604261	481996
营口市	Yingkou	18699267	13589959	304946	156384
阜新市	Fuxin	3963495	2190959	138097	-32091
辽阳市	Liaoyang	15161248	9829509	9108	104594
盘锦市	Panjin	20318817	13770592	-135252	120103
铁岭市	Tieling	5214528	863881	116739	29671
朝阳市	Chaoyang	4825359	2408625	137008	18867
葫芦岛市	Huludao	7558408	1732929	480034	345185
吉林省	**Jilin**				
长春市	Changchun	64438531	59055414	7012706	7053391
吉林市	Jilin	9706362	6683589	203057	46528
四平市	Siping	2460246	1558114	-18786	17547
辽源市	Liaoyuan	2272782	1423395	-203652	-95541
通化市	Tonghua	4689023	2087750	18580	-151007
白山市	Baishan	2165467	1290498	184231	70622
松原市	Songyuan	3132315	1243642	109341	7924
白城市	Baicheng	2716618	628980	396778	88707
黑龙江省	**Heilongjiang**				
哈尔滨市	Harbin	27813289	23964364	1100377	923788
齐齐哈尔市	Qiqihar	13410038	6022428	969760	250006
鸡西市	Jixi	4200110	2176007	327032	203409
鹤岗市	Hegang	2395900	1852600	204200	119000
双鸭山市	Shuangyashan	2807964	306187	-199387	6467
大庆市	Daqing	26687825	25113060	3469369	3338581
伊春市	Yichun	1224458	847102	224126	15392
佳木斯市	Jiamusi	3627562	1903589	200842	82911
七台河市	Qitaihe	2788786	2313453	4656	29924
牡丹江市	Mudanjiang	2311984	1213535	15902	12742
黑河市	Heihe	1457019	317000	472966	69446
绥化市	Suihua	4698261	605511	113136	5742
上海市	**Shanghai**	**335766700**	**335766700**	**27881900**	**27881900**
江苏省	**Jiangsu**				
南京市	Nanjing	106726416	106726416	8428438	8428438
无锡市	Wuxi	157425568	84699805	15694793	8627307
徐州市	Xuzhou	43167955	29926499	4148709	2996293
常州市	Changzhou	114386492	96150011	9618595	7633204
苏州市	Suzhou	299851208	138731335	24013627	12154305
南通市	Nantong	78699852	37895243	7686150	3379283

2-15 续表 2 continued

单位：万元 (10 000 yuan)

城　市	City	流动资产合计 Total Current Assets		利润总额 Total Profits	
		全　市 Total City	市辖区 Districts under City	全　市 Total City	市辖区 Districts under City
连云港市	Lianyungang	27488875	22475489	3209081	2632521
淮安市	Huai'an	19644784	9905882	2602029	1201230
盐城市	Yancheng	45740702	21367893	3139918	705359
扬州市	Yangzhou	38806180	23178202	4027459	1638374
镇江市	Zhenjiang	41558189	16416349	2664514	1313599
泰州市	Taizhou	49458892	22372103	5354307	2451192
宿迁市	Suqian	24811385	10751118	3772516	1110961
浙江省	**Zhejiang**				
杭州市	Hangzhou	175414983	166700829	15430436	14041705
宁波市	Ningbo	154747887	94010728	14180052	8199390
温州市	Wenzhou	51778711	17822651	3654419	1174645
嘉兴市	Jiaxing	97732536	22620323	6996450	1877449
湖州市	Huzhou	46721870	18013143	3528917	982698
绍兴市	Shaoxing	62357657	40373996	5458431	3833933
金华市	Jinhua	42863737	8560618	2718465	363227
衢州市	Quzhou	20035503	12683094	1662399	1020482
舟山市	Zhoushan	16867587	6709910	856689	392046
台州市	Taizhou	48900283	17746889	4037535	1177161
丽水市	Lishui	13323111	5335046	1157961	323495
安徽省	**Anhui**				
合肥市	Hefei	85623875	55085912	4477878	2632590
芜湖市	Wuhu	53456282	52546823	4065740	3989287
蚌埠市	Bengbu	11489557	8251497	818148	707795
淮南市	Huainan	7734430	5734667	837681	435002
马鞍山市	Ma'anshan	18513651	13315599	1125525	837864
淮北市	Huaibei	9407070	5079015	1589652	971021
铜陵市	Tongling	10468353	9889599	1051667	962049
安庆市	Anqing	11361964	4685811	1148239	381797
黄山市	Huangshan	3386726	1876456	213427	135090
滁州市	Chuzhou	26596632	10785567	3078145	655263
阜阳市	Fuyang	9787494	3605139	791311	212807
宿州市	Suzhou	5687387	3331787	673532	451421
六安市	Lu'an	12148111	4617491	972761	284006
亳州市	Bozhou	9030356	6394222	950796	666015
池州市	Chizhou	6480936	4151193	719383	352469
宣城市	Xuancheng	15023918	3544396	1352074	263945
福建省	**Fujian**				
福州市	Fuzhou	43466398	20335332	5564949	2430301
厦门市	Xiamen	58056218	58056218	5557939	5557939
莆田市	Putian	11486772	9222681	1735542	1233939
三明市	Sanming	7690846	3294832	743422	336112

2-15 续表 3 continued

单位：万元 (10 000 yuan)

城市	City	流动资产合计 Total Current Assets		利润总额 Total Profits	
		全市 Total City	市辖区 Districts under City	全市 Total City	市辖区 Districts under City
泉州市	Quanzhou	53797055	9852882	11121645	1979739
漳州市	Zhangzhou	24244867	13736116	3021820	1974501
南平市	Nanping	6020534	2213303	504084	172336
龙岩市	Longyan	13711953	6490145	1903247	746755
宁德市	Ningde	51934626	40111769	6830498	3605594
江西省	**Jiangxi**				
南昌市	Nanchang	35181327	25628986	3440030	2600683
景德镇市	Jingdezhen	6289700	3277466	728564	310196
萍乡市	Pingxiang	5118071	3403319	686886	454306
九江市	Jiujiang	18363628	5621028	7044025	1829937
新余市	Xinyu	10147525	9292055	2273129	2077224
鹰潭市	Yingtan	9705773	2903767	1694596	757792
赣州市	Ganzhou	26620146	12536088	2801122	816993
吉安市	Ji'an	14329686	1241059	2792227	246518
宜春市	Yichun	21830283	5870818	5551883	865338
抚州市	Fuzhou	9617182	6112654	1762844	970684
上饶市	Shangrao	23254508	12634201	2569459	1092469
山东省	**Shandong**				
济南市	Jinan	57146308	52680305	3448638	2993430
青岛市	Qingdao	88347112	67843408	5664677	4658956
淄博市	Zibo	34043559	23936775	2231883	1353780
枣庄市	Zaozhuang	13519900	8557400	760800	369500
东营市	Dongying	48909554	28435897	1632439	2114317
烟台市	Yantai	62221764	41147608	6882357	5191311
潍坊市	Weifang	69012929	24154282	3824491	1845901
济宁市	Jining	34965203	13575701	4446603	1236400
泰安市	Tai'an	25870460	10118967	1379239	879013
威海市	Weihai	24867131	18246079	1832645	1519123
日照市	Rizhao	23732501	17643599	1193061	961163
临沂市	Linyi	37421602	15684527	1815861	582171
德州市	Dezhou	20478075	6990127	2435979	1295403
聊城市	Liaocheng	28501855	15378402	1841721	1458995
滨州市	Binzhou	54069986	7932438	2836331	676405
菏泽市	Heze	18249035	4739351	4550398	1743170
河南省	**Henan**				
郑州市	Zhengzhou	70937177	28680492	3447580	2073589
开封市	Kaifeng	8601535	5261536	628637	203964
洛阳市	Luoyang	36594095	21530692	2204667	968706
平顶山市	Pingdingshan	20180764	7443124	1202644	1019917
安阳市	Anyang	13102833	7119297	419148	153569
鹤壁市	Hebi	4370899	2768499	54826	-797

2-15 续表 4 continued

单位：万元 (10 000 yuan)

城　市	City	流动资产合计 Total Current Assets		利润总额 Total Profits	
		全　市 Total City	市辖区 Districts under City	全　市 Total City	市辖区 Districts under City
新乡市	Xinxiang	19228263	6807091	1321674	308377
焦作市	Jiaozuo	13836103	6698130	1299281	869465
濮阳市	Puyang	7518464	3556802	-524379	-459930
许昌市	Xuchang	14733642	6940520	943398	415007
漯河市	Luohe	5001436	2910959	1280973	1070985
三门峡市	Sanmenxia	9152111	3950204	358575	175370
南阳市	Nanyang	17192767	5444916	1116122	206472
商丘市	Shangqiu	10040030	1667395	842453	82971
信阳市	Xinyang	6053050	3266666	428568	114228
周口市	Zhoukou	7426971	1636874	520324	83002
驻马店市	Zhumadian	8456790	4346582	879126	203787
湖北省	**Hubei**				
武汉市	Wuhan	101383823	101383823	6683110	6683110
黄石市	Huangshi	15826215	7589763	1255628	562571
十堰市	Shiyan	12695759	9664784	712227	11432
宜昌市	Yichang	21988951	8247714	8532025	2158330
襄阳市	Xiangyang	35386435	28197551	3525906	1024078
鄂州市	Ezhou	5632511	5632511	510992	510992
荆门市	Jingmen	12624359	8727996	1805800	884006
孝感市	Xiaogan	9711989	3062704	1634843	426742
荆州市	Jingzhou	13561438	6100731	1971821	672106
黄冈市	Huanggang	8915364	1781706	973981	81125
咸宁市	Xianning	6407568	2556850	1787087	454582
随州市	Suizhou	4679479	2607765	1194386	163988
湖南省	**Hunan**				
长沙市	Changsha				
株洲市	Zhuzhou	20377510	17385468	1858024	923070
湘潭市	Xiangtan	12262906	10412043	1191977	906370
衡阳市	Hengyang	8416633	4264614	1046054	395379
邵阳市	Shaoyang	4752704	2585004	2738123	437872
岳阳市	Yueyang	10621465	6197717	2812951	684049
常德市	Changde	15260331	5551374	2421877	1374665
张家界市	Zhangjiajie	602214	324430	56799	18412
益阳市	Yiyang	7209428	4459025	1131779	595733
郴州市	Chenzhou	6913619	2975745	1662914	191625
永州市	Yongzhou	4621855	1251069	1139132	179178
怀化市	Huaihua	2937582	353602	563942	40715
娄底市	Loudi	6084818	3430635	996579	533033
广东省	**Guangdong**				
广州市	Guangzhou	159482630	159482630	15282255	15282255
韶关市	Shaoguan	8857306	3595873	209419	-189838

2-15 续表 5 continued

单位：万元 (10 000 yuan)

城 市	City	流动资产合计 Total Current Assets		利润总额 Total Profits	
		全 市 Total City	市辖区 Districts under City	全 市 Total City	市辖区 Districts under City
深圳市	Shenzhen	402938491	402938491	33155634	33155634
珠海市	Zhuhai	66659021	66659021	5965283	5965283
汕头市	Shantou	14051237	14006624	2014311	1984043
佛山市	Foshan	118340842	118340842	20055095	20055095
江门市	Jiangmen	31751808	19075928	1936425	1168515
湛江市	Zhanjiang	14229666	9304050	1892587	1853682
茂名市	Maoming	5941358	4796770	47890	45819
肇庆市	Zhaoqing	18839000	14329607	1740332	1141066
惠州市	Huizhou	58705757	48049885	3043979	2269036
梅州市	Meizhou	6418820	3887259	272700	214535
汕尾市	Shanwei	5194576	1892537	133089	-12689
河源市	Heyuan	6534991	3326696	526300	127697
阳江市	Yangjiang	8440657	5247636	1470578	1094937
清远市	Qingyuan	20378925	13446568	1549742	1044132
东莞市	Dongguan	169440606		9256655	
中山市	Zhongshan	44962266		3021863	
潮州市	Chaozhou	5733890	4890621	825384	608790
揭阳市	Jieyang	8550937	3321762	800012	666099
云浮市	Yunfu	3470975	1698817	92972	-24258
广西壮族自治区	**Guangxi**				
南宁市	Nanning	23817920	20268422	847934	671245
柳州市	Liuzhou	21741158	19663037	273970	100379
桂林市	Guilin	8863412	5389666	613957	513734
梧州市	Wuzhou	6505473	4582449	1022397	609747
北海市	Beihai	7585382	6562702	829763	770644
防城港市	Fangchenggang	8402528	7923028	174535	153528
钦州市	Qinzhou	8300110	7223980	685874	433219
贵港市	Guigang	6390154	4784884	687044	557839
玉林市	Yulin	6586221	2253945	500390	212817
百色市	Baise	10825852	2638099	1590557	235144
贺州市	Hezhou	4156066	3296274	428116	256089
河池市	Hechi	3835355	1050000	596270	52000
来宾市	Laibin	4029700	2486000	195300	129000
崇左市	Chongzuo	5875850	1775282	1011801	159117
海南省	**Hainan**				
海口市	Haikou	6430410	6430410	879413	879413
三亚市	Sanya	804006	804006	3310	3310
三沙市	Sansha				
儋州市	Danzhou	4570690		226168	
重庆市	**Chongqing**	**146531965**	**141017503**	**18296766**	**17001882**

2-15 续表 6 continued

单位：万元 (10 000 yuan)

城市	City	流动资产合计 Total Current Assets		利润总额 Total Profits	
		全市 Total City	市辖区 Districts under City	全市 Total City	市辖区 Districts under City
四川省	**Sichuan**				
成都市	Chengdu	135468108		12050129	
自贡市	Zigong				
攀枝花市	Panzhihua	9381770	7079553	1972131	1050173
泸州市	Luzhou	12950679	8216473	4333802	2866887
德阳市	Deyang	24931845	12196412	3904067	1268727
绵阳市	Mianyang	23777111	19857012	1685173	1044262
广元市	Guangyuan	3307311	2418830	523569	378231
遂宁市	Suining	7757132	3154517	2275469	786537
内江市	Neijiang	5673818	1851150	1125003	190833
乐山市	Leshan	13743917	8638934	5287413	4660796
南充市	Nanchong	7308942	4035571	867603	345435
眉山市	Meishan	9367870	5856065	1183071	882522
宜宾市	Yibin	30909180	26204087	6196935	4753485
广安市	Guang'an	3914292	2126782	711070	346485
达州市	Dazhou	6829616	2392131	1492125	179656
雅安市	Ya'an	4785964	2299500	1012520	447306
巴中市	Bazhong	1056869	542238	158265	65248
资阳市	Ziyang	2253821	1695127	-26630	-76119
贵州省	**Guizhou**				
贵阳市	Guiyang	23331273	15873145	2582353	2070393
六盘水市	Liupanshui	8005500	3443000	901600	-73700
遵义市	Zunyi	25357200	4831100	9510700	276000
安顺市	Anshun	5001837	4184572	-126109	-68152
毕节市	Bijie	6779000	797800	64800	-21700
铜仁市	Tongren	3046273	637439	208839	27040
云南省	**Yunnan**				
昆明市	Kunming	36790749	27412366	3480430	3008251
曲靖市	Qujing	15347324	8737661	1751196	1032648
玉溪市	Yuxi	11963865	8094809	1195506	1037881
保山市	Baoshan	5371032	2383025	1259382	370239
昭通市	Zhaotong	3712933	1384635	1137115	276526
丽江市	Lijiang	2535645	615492	375941	39215
普洱市	Pu'er	1698600	459721	131826	102444
临沧市	Lincang	2167049	325363	250824	-949
西藏自治区	**Xizang**				
拉萨市	Lhasa	3108721	1260705	-46485	-507848
日喀则市	Xigazê	482238	118042	150551	5360
昌都市	Qamdo	167102	73614	391615	-7015
林芝市	Nyingchi	328656	303610	47281	47010
山南市	Lhoka	292288	56078	28240	2010
那曲市	Nagqu	119939	16261	5487	1371

2–15 续表 7 continued

单位：万元 (10 000 yuan)

城市	City	流动资产合计 Total Current Assets		利润总额 Total Profits	
		全市 Total City	市辖区 Districts under City	全市 Total City	市辖区 Districts under City
陕西省	**Shaanxi**				
西安市	Xi'an	85442235	84213854	6227679	6163013
铜川市	Tongchuan	3863720	3504301	413459	376597
宝鸡市	Baoji	17174371	11115043	2013353	811716
咸阳市	Xianyang	12911702	4230976	2436073	159159
渭南市	Weinan	12122200	2118600	801500	200900
延安市	Yan'an	22428596	16064370	2526113	299509
汉中市	Hanzhong	7702038	2020600	681644	190400
榆林市	Yulin	45647084	11027900	26750957	8135600
安康市	Ankang	2960731	962447	1001524	267122
商洛市	Shangluo	3744583	1061148	618164	59301
甘肃省	**Gansu**				
兰州市	Lanzhou	13891000	7128000	790000	959000
嘉峪关市	Jiayuguan	3990542		387602	
金昌市	Jinchang	7448134	6628188	1115112	1121178
白银市	Baiyin	6077422	5128995	163529	94904
天水市	Tianshui	3775181	3413769	215871	202945
武威市	Wuwei	3236585	2012538	138590	-25134
张掖市	Zhangye	2036718	776572	160770	62488
平凉市	Pingliang	2796727	451166	623478	43609
酒泉市	Jiuquan	5825488	1833478	392440	24657
庆阳市	Qingyang	2331300	737000	1608100	77000
定西市	Dingxi	1830314	458488	34764	25558
陇南市	Longnan	1825024	103586	415623	7640
青海省	**Qinghai**				
西宁市	Xining	12128185	10779718	2021344	1890521
海东市	Haidong	1892236	615825	235495	35488
宁夏回族自治区	**Ningxia**				
银川市	Yinchuan	19138759	8460125	2995990	1173963
石嘴山市	Shizuishan	8275323	5692305	242958	131214
吴忠市	Wuzhong	8244533	1410934	839464	176128
固原市	Guyuan	799067	594689	174772	50054
中卫市	Zhongwei	12547109	2497437	-90950	116990
新疆维吾尔自治区	**Xinjiang**				
乌鲁木齐市	Urumqi	23188972	22912360	3634047	3567575
克拉玛依市	Karamay	5354277	5354277	1246707	1246707
吐鲁番市	Turpan	5065802	930820	985073	27465
哈密市	Hami	7602043	4545537	3097603	853447

2−16 社会消费品零售总额及批发零售贸易业情况
Total Retail Sales of Consumer Goods and Basic Conditions of Wholesale and Retail Trades

城市	City	社会消费品零售总额（万元）Total Retail Sales of Consumer Goods (10 000 yuan)		限额以上批发零售业法人企业数（个）Number of Legal Enterprises above Designated Size of Wholesale and Retail Trades (unit)		限额以上批发零售业商品销售总额（万元）Total Sales of Commodities of Enterprises above Designated Size in Wholesale and Retail Trades (10 000 yuan)	
		全市 Total City	市辖区 Districts under City	全市 Total City	市辖区 Districts under City	全市 Total City	市辖区 Districts under City
北京市	**Beijing**	**137942455**	**137942455**	**10727**	**10727**	**906908305**	**906908305**
天津市	**Tianjin**	**35719920**	**35719920**	**9691**	**9691**	**454019427**	**454019427**
河北省	**Hebei**						
石家庄市	Shijiazhuang	25483862	19167784	1774	1446	79210959	52919030
唐山市	Tangshan	21903934	12864105	1501	1139	71395227	59041939
秦皇岛市	Qinhuangdao	5972476	4278813	360	307	16349757	15465260
邯郸市	Handan	13015510	6225168	675	344	9985934	6164373
邢台市	Xingtai	10279756	3820711	513	254	6880862	3913245
保定市	Baoding	17721284	9031918	994	373	11844130	7438280
张家口市	Zhangjiakou	6414252	4538092	256	181	6896752	6135856
承德市	Chengde	5107936	2084051	223	104	3103374	2247519
沧州市	Cangzhou	11437001	4397101	559	170	14511885	5866476
廊坊市	Langfang	14099328	5192973	622	247	15713180	11363397
衡水市	Hengshui	6265753	2898003	358	205	5412084	4101616
山西省	**Shanxi**						
太原市	Taiyuan	17613967	16467748	2269	2076	88379490	82823621
大同市	Datong	7576735	6100555	311	271	18838633	18196671
阳泉市	Yangquan	3245208	2040834	203	150	9459656	8564293
长治市	Changzhi	6637353	4786840	729	535	27401238	15531640
晋城市	Jincheng	5330833	3188966	695	294	15323847	6890984
朔州市	Shuozhou	3396214	1549696	200	103	8369120	3564600
晋中市	Jinzhong	6550177	2144141	490	200	10914986	5497082
运城市	Yuncheng	8096332	2846959	539	101	14200139	2250568
忻州市	Xinzhou	4385498	1484435	374	91	13012400	3892351
临汾市	Linfen	7541010	2869038	537	234	16616072	5769830
吕梁市	Lvliang	5253979	764023	414	85	12633767	2442335
内蒙古自治区	**Inner Mongolia**						
呼和浩特市	Hohhot	10598061	8982760	621	500	13195714	8680651
包头市	Baotou	10278767	9473430	475	435	10344407	9529908
乌海市	Wuhai	1334131	1334131	184	184	1808656	1808656
赤峰市	Chifeng	6115911	3261808	193	106	7279464	2745636
通辽市	Tongliao	3295302	1116658	255	60	4929677	1576552
鄂尔多斯市	Erdos	6155640	3036226	322	169	33561819	17853531
呼伦贝尔市	Hulunbuir	3196678	926890	249	71	4780033	1602586
巴彦淖尔市	Bayannur	2194997	1068634	151	70	2656806	1281628
乌兰察布市	Ulanqab	2309374	922106	126	53	1599269	1153397
辽宁省	**Liaoning**						
沈阳市	Shenyang	38645155	36512940	2138	1998	129919619	128212315
大连市	Dalian	18469064	16301695	2214	1598	64891095	50341669
鞍山市	Anshan	7831991	3379919	501	280	10226225	8719810

2–16 续表 1 continued

城市	City	社会消费品零售总额（万元）Total Retail Sales of Consumer Goods (10 000 yuan) 全市 Total City	市辖区 Districts under City	限额以上批发零售业法人企业数（个）Number of Legal Enterprises above Designated Size of Wholesale and Retail Trades (unit) 全市 Total City	市辖区 Districts under City	限额以上批发零售业商品销售总额（万元）Total Sales of Commodities of Enterprises above Designated Size in Wholesale and Retail Trades (10 000 yuan) 全市 Total City	市辖区 Districts under City
抚顺市	Fushun	1825283	1562828	127	118	2902524	2794386
本溪市	Benxi	1483869	1139856	121	91	1355478	1199392
丹东市	Dandong	2648427	1440074	151	73	1561349	1049324
锦州市	Jinzhou	3549328	2620504	224	161	4420925	3982840
营口市	Yingkou	4160797	2764365	321	204	9893516	8230381
阜新市	Fuxin	2263296	1697989	91	66	2518881	2068300
辽阳市	Liaoyang	2881157	1671531	142	107	3095126	2379198
盘锦市	Panjin	3837355	3550695	183	156	12046386	8858845
铁岭市	Tieling	1895926	952301	124	51	2049796	1163851
朝阳市	Chaoyang	3091993	1326399	147	74	5283792	1307021
葫芦岛市	Huludao	2678827	1373743	196	107	4794623	1848072
吉林省	**Jilin**						
长春市	Changchun	19078392	17021698	1350	1236	36565620	35835854
吉林市	Jilin	5070897	3731737	304	214	4575226	3960342
四平市	Siping	1743221	976536	117	69	1509654	1152767
辽源市	Liaoyuan	1185444	760277	72	46	936869	421141
通化市	Tonghua	1748602	991296	129	81	1934600	1746144
白山市	Baishan	1292319	600076	62	40	651240	577191
松原市	Songyuan	2393260	887911	182	73	1998340	949645
白城市	Baicheng	1531931	849024	92	41	1209167	256206
黑龙江省	**Heilongjiang**						
哈尔滨市	Harbin	21958973	18671866	1315	1138	46466334	44553937
齐齐哈尔市	Qiqihar	3318146	1691733	326	191	8220896	2450722
鸡西市	Jixi	2183998	1376444	153	72	1490460	902071
鹤岗市	Hegang	886443	654215	65	48	672718	627007
双鸭山市	Shuangyashan	919644	335229	74	17	839143	503776
大庆市	Daqing	6695090	5567581	371	301	24205409	23777995
伊春市	Yichun	1148115	607171	51	23	1250416	1181451
佳木斯市	Jiamusi	2293584		304		6209799	
七台河市	Qitaihe	690700	516712	69	51	956989	790560
牡丹江市	Mudanjiang	7131893	2510650	303	87	5244137	1620496
黑河市	Heihe	1159610	133554	153	43	2781718	1792499
绥化市	Suihua	3325040	716771	188	29	2292781	951917
上海市	**Shanghai**	**164421400**	**164421400**	**16355**	**16355**	**1546540000**	**1546540000**
江苏省	**Jiangsu**						
南京市	Nanjing	78324086	78324086	5748	5748	208183745	208183745
无锡市	Wuxi	33375955	20870066	5882	3617	197273826	103417637
徐州市	Xuzhou	41027251	19102981	3909	1585	52288211	29448713
常州市	Changzhou	28561650	24762872	3661	3367	76872908	71150885
苏州市	Suzhou	90107071	48720977	6640	3220	296795869	129616566
南通市	Nantong	39568728	20240205	4132	2270	76581578	42859397

2-16 续表 2 continued

城　市	City	社会消费品零售总额(万元) Total Retail Sales of Consumer Goods (10 000 yuan)		限额以上批发零售业法人企业数(个) Number of Legal Enterprises above Designated Size of Wholesale and Retail Trades (unit)		限额以上批发零售业商品销售总额(万元) Total Sales of Commodities of Enterprises above Designated Size in Wholesale and Retail Trades (10 000 yuan)	
		全市 Total City	市辖区 Districts under City	全市 Total City	市辖区 Districts under City	全市 Total City	市辖区 Districts under City
连云港市	Lianyungang	11976878	7602476	1587	916	23327280	19522136
淮安市	Huai'an	18201919	12845641	1277	845	15085929	10028567
盐城市	Yancheng	27005888	11964711	2190	956	34316000	17004000
扬州市	Yangzhou	15189091	10274136	3527	2365	25456878	15944496
镇江市	Zhenjiang	13640208	6637272	1025	516	20517532	14033581
泰州市	Taizhou	15883575	6977292	2683	1231	46245354	25374401
宿迁市	Suqian	14658923	7470910	1005	430	22602393	12427517
浙江省	**Zhejiang**						
杭州市	Hangzhou	72935631	68594825	7203	6759	445115112	439665912
宁波市	Ningbo	48967201	31430383	8873	7045	467997863	417591137
温州市	Wenzhou	39441005	16852534	3396	1807	108225407	70488883
嘉兴市	Jiaxing	23427304	6287061	2192	644	59105557	20403419
湖州市	Huzhou	15961479	8858206	1085	491	51319411	16272051
绍兴市	Shaoxing	25859143	15654550	3652	2811	64644467	45461507
金华市	Jinhua	29653018	7813147	2179	626	39795882	15056246
衢州市	Quzhou	8780633	3181383	817	494	11992120	7149237
舟山市	Zhoushan	5752436	4494039	620	552	57193052	55069605
台州市	Taizhou	25859776	9789022	1913	767	41694392	24409803
丽水市	Lishui	8048445	2290224	613	195	25361579	9900738
安徽省	**Anhui**						
合肥市	Hefei	50216208	36124226	2276	1732	98086127	88719190
芜湖市	Wuhu	19951164	16302555	1322	1120	35110515	33979631
蚌埠市	Bengbu	12562408	7602507	590	414	6193781	4655013
淮南市	Huainan	8831269	5709022	415	238	4960627	4425012
马鞍山市	Ma'anshan	9582372	5022743	250	143	7717858	5868301
淮北市	Huaibei	4948724	3400068	260	169	6447158	5719138
铜陵市	Tongling	4030229	3083916	256	211	9290960	8891608
安庆市	Anqing	13069424	4649535	839	351	8578199	5794483
黄山市	Huangshan	5094957	2702159	260	181	1899834	1595384
滁州市	Chuzhou	15559696	3583340	644	157	8959921	2302624
阜阳市	Fuyang	22965023	8663796	791	347	7600573	4772146
宿州市	Suzhou	12240069	4956361	591	335	6331720	5138996
六安市	Lu'an	11832476	5851223	614	291	5555111	3610145
亳州市	Bozhou	11882193	4159676	458	254	6174722	4906874
池州市	Chizhou	4656395	2616815	264	165	3074015	2745634
宣城市	Xuancheng	7761512	2526112	342	134	3635210	2467087
福建省	**Fujian**						
福州市	Fuzhou	46795215	35906235	5084	3657	149496064	109024212
厦门市	Xiamen	26653620	26653620	4631	4631	366511987	366511987
莆田市	Putian	18045834	14451002	2167	1937	21814278	18388430
三明市	Sanming	8832717	3195896	892	380	10961332	9240604

2-16 续表 3 continued

城 市	City	社会消费品零售总额 (万元) Total Retail Sales of Consumer Goods (10 000 yuan)		限额以上批发零售业法人企业数 (个) Number of Legal Enterprises above Designated Size of Wholesale and Retail Trades (unit)		限额以上批发零售业商品销售总额 (万元) Total Sales of Commodities of Enterprises above Designated Size in Wholesale and Retail Trades (10 000 yuan)	
		全市 Total City	市辖区 Districts under City	全市 Total City	市辖区 Districts under City	全市 Total City	市辖区 Districts under City
泉州市	Quanzhou	59829422	12489642	5047	928	113952566	21724887
漳州市	Zhangzhou	19042094	8737347	1543	759	32417437	20780936
南平市	Nanping	7649614	1091668	475	144	3683709	763571
龙岩市	Longyan	14276745	6631748	1375	672	20427799	13318216
宁德市	Ningde	9114340	1781858	562	143	11155205	3144490
江西省	**Jiangxi**						
南昌市	Nanchang	30119960	24385619	2042	1735	59835194	48869105
景德镇市	Jingdezhen	5730579	3395359	357	136	2603709	1007792
萍乡市	Pingxiang	4106411	2891700	301	220	2617488	2266460
九江市	Jiujiang	14859584	5778843	906	265	7677422	4251054
新余市	Xinyu	4232495	3324589	263	220	6261402	6086649
鹰潭市	Yingtan	4232159	2847898	287	187	7668942	3613520
赣州市	Ganzhou	21000086	10565960	1036	394	12798968	7635192
吉安市	Ji'an	10947690	3608142	1179	210	7435062	3202888
宜春市	Yichun	11309984	3515771	964	314	12658074	4575494
抚州市	Fuzhou	6658978	3119681	558	192	7634462	4233886
上饶市	Shangrao	15336930	5657346	1113	383	10480599	5245720
山东省	**Shandong**						
济南市	Jinan	48781082	47248883	5059	4890	128240008	125974405
青岛市	Qingdao	58917785	45907366	4230	3499	200015103	179275708
淄博市	Zibo	12944879	9721892	2158	1811	47911502	42249204
枣庄市	Zaozhuang	10144920	5975093	740	528	9452900	6075330
东营市	Dongying	7714277	5712607	1103	714	48237605	27357096
烟台市	Yantai	32484240	16574893	2049	1430	49661687	35108717
潍坊市	Weifang	27452986	9568023	2321	831	46616066	22779505
济宁市	Jining	24630344	8936188	2350	1029	32106262	14293578
泰安市	Tai'an	11619183	4375762	1424	916	28334241	15928646
威海市	Weihai	12877642	7938303	728	590	13794995	12817584
日照市	Rizhao	6571169	4514200	762	604	32720577	27523888
临沂市	Linyi	29187610	16796672	1932	1359	33544690	24503427
德州市	Dezhou	12754636	3965332	920	357	16011651	6399551
聊城市	Liaocheng	9178220	5207523	965	605	19084462	16005227
滨州市	Binzhou	8207035	3026988	886	340	30801397	6891249
菏泽市	Heze	18895618	5826925	839	358	15346511	4910447
河南省	**Henan**						
郑州市	Zhengzhou	52231364	36962734	3682	2838	96017994	81355588
开封市	Kaifeng	11204478	5420378	528	160	4070821	2543470
洛阳市	Luoyang	22947813	14227770	1334	1058	23148240	19908865
平顶山市	Pingdingshan	11157841	4270306	729	226	8599951	5002459
安阳市	Anyang	8885366	3679277	671	343	8450148	4322818
鹤壁市	Hebi	3247708	1727827	261	160	3375577	2460554

2-16 续表 4 continued

城 市	City	社会消费品零售总额(万元) Total Retail Sales of Consumer Goods (10 000 yuan)		限额以上批发零售业法人企业数(个) Number of Legal Enterprises above Designated Size of Wholesale and Retail Trades (unit)		限额以上批发零售业商品销售总额(万元) Total Sales of Commodities of Enterprises above Designated Size in Wholesale and Retail Trades (10 000 yuan)	
		全市 Total City	市辖区 Districts under City	全市 Total City	市辖区 Districts under City	全市 Total City	市辖区 Districts under City
新乡市	Xinxiang	10776984	3981383	1022	390	8748645	4771520
焦作市	Jiaozuo	8724402	2935514	660	312	7998007	3520542
濮阳市	Puyang	7360040	3263619	510	255	5224367	3306056
许昌市	Xuchang	12832255	5252287	605	231	6949172	3461709
漯河市	Luohe	7342033	5128664	386	294	8191314	7596312
三门峡市	Sanmenxia	5412438	1924818	637	311	5197955	3181972
南阳市	Nanyang	22458462	8169895	1416	412	12607201	5309335
商丘市	Shangqiu	15183101	6122357	1076	376	9673336	4865246
信阳市	Xinyang	12701180	3791401	1072	279	5511351	3253075
周口市	Zhoukou	18372932	4339493	1011	304	10363569	6285926
驻马店市	Zhumadian	11259472	3122286	731	195	5158359	3670838
湖北省	**Hubei**						
武汉市	Wuhan	69362049	69362049	3278	3278	153663895	153663895
黄石市	Huangshi	9846621	4999563	550	264	7495067	3891923
十堰市	Shiyan	12944788	7582840	717	369	6662298	5378635
宜昌市	Yichang	18666351	9529644	1247	483	19218452	9183102
襄阳市	Xiangyang	20322049	10169459	1045	501	10703444	7695314
鄂州市	Ezhou	3595686	3595686	139	139	2993454	2993454
荆门市	Jingmen	9691242	3923094	603	213	6938422	5029551
孝感市	Xiaogan	12410525	2469388	577	236	7811060	3521900
荆州市	Jingzhou	16701912	6456386	1162	382	8552106	4718273
黄冈市	Huanggang	14512920	2001273	776	101	5704310	3370817
咸宁市	Xianning	8123436	2032250	488	92	3981601	2269061
随州市	Suizhou	6356400	3785500	408	196	4540320	2842386
湖南省	**Hunan**						
长沙市	Changsha	52355636	36190364	2229	1482	67168714	54317739
株洲市	Zhuzhou	12770211	6653675	1140	615	10999174	7492724
湘潭市	Xiangtan	8921185	5774092	528	354	7096397	6312249
衡阳市	Hengyang	18608248	9289370	880	369	7135178	5342410
邵阳市	Shaoyang	14088170	2799548	1305	186	7551984	3393408
岳阳市	Yueyang	18574072	9651852	1068	502	15982284	12482053
常德市	Changde	16733702	6725175	799	291	7457523	4718265
张家界市	Zhangjiajie	2099433	1178505	133	72	972761	836070
益阳市	Yiyang	8408738	3785046	548	222	4752456	3079563
郴州市	Chenzhou	10853660	4054547	913	313	2299525	1454933
永州市	Yongzhou	9221199	3092330	687	184	5604920	2966007
怀化市	Huaihua	7042676	2946492	504	240	3628801	2861057
娄底市	Loudi	7986864	2392150	519	117	5746843	2448944
广东省	**Guangdong**						
广州市	Guangzhou	102981533	102981533	15203	15203	53841	53841
韶关市	Shaoguan	4939734	2439431	476	257	7115879	4789518

2–16 续表 5 continued

城市	City	社会消费品零售总额(万元) Total Retail Sales of Consumer Goods (10 000 yuan)		限额以上批发零售业法人企业数(个) Number of Legal Enterprises above Designated Size of Wholesale and Retail Trades (unit)		限额以上批发零售业商品销售总额(万元) Total Sales of Commodities of Enterprises above Designated Size in Wholesale and Retail Trades (10 000 yuan)	
		全市 Total City	市辖区 Districts under City	全市 Total City	市辖区 Districts under City	全市 Total City	市辖区 Districts under City
深圳市	Shenzhen	97082807	97082807	13756	13756	454406374	454406374
珠海市	Zhuhai	10446739	10446739	1576	1576	47114001	47114001
汕头市	Shantou	14850272	14661973	1333	1327	20775740	20730062
佛山市	Foshan	35935653	35935653	5864	5864	172867241	172867241
江门市	Jiangmen	13090454	6358004	1287	878	16894131	12916160
湛江市	Zhanjiang	18266312	9533736	881	633	15919240	14577487
茂名市	Maoming	15098924	7968979	896	657	20554239	19588092
肇庆市	Zhaoqing	11170661	6425800	439	299	11953583	8162078
惠州市	Huizhou	20405218	12250878	1578	1139	18785937	16003096
梅州市	Meizhou	6568176	2915182	241	143	3237603	2430571
汕尾市	Shanwei	4755301	1165678	193	74	1774790	1181227
河源市	Heyuan	3780141	1428202	202	108	2249375	1881939
阳江市	Yangjiang	4956322	2937903	318	232	3769948	2896653
清远市	Qingyuan	5811573	3534392	450	283	6806833	4835070
东莞市	Dongguan	42548673		4616		78838268	
中山市	Zhongshan	15934162		1342		22022746	
潮州市	Chaozhou	4870795	3808977	162	132	1992380	1725121
揭阳市	Jieyang	10661318	5294659	710	413	7742797	5588756
云浮市	Yunfu	3841942	1397317	220	95	2734102	1331295
广西壮族自治区	**Guangxi**						
南宁市	Nanning	23587533	21159037	1747	1626	75714440	74940508
柳州市	Liuzhou	13036184	11043216	1144	976	19016497	18651497
桂林市	Guilin	9329499	4985552	550	348	5906230	4891315
梧州市	Wuzhou	3212339	1816576	319	196	5121970	4804616
北海市	Beihai	3454089	3029798	213	163	4354900	3480339
防城港市	Fangchenggang	1316489	1026011	123	84	6387971	6100886
钦州市	Qinzhou	4882306	2980110	403	321	16744111	16352242
贵港市	Guigang	4608495	2677596	390	244	4184339	3610952
玉林市	Yulin	8647894	5010783	635	348	7723818	5157630
百色市	Baise	4192671	1961011	486	167	9498790	6657861
贺州市	Hezhou	2012078	1375420	151	112	4684276	4578420
河池市	Hechi	3103399	1435410	353	168	6709218	4011758
来宾市	Laibin	1460011	652256	170	85	3008150	2654812
崇左市	Chongzuo	2547922	693316	310	62	4792480	1678134
海南省	**Hainan**						
海口市	Haikou	10030503	10030503	863	863	68574593	68574593
三亚市	Sanya	4322918	4322918	190	190	13997744	13997744
三沙市	Sansha						
儋州市	Danzhou	1190280		312		84909132	
重庆市	**Chongqing**	**139260832**	**116059993**	**7539**	**5687**	**199114926**	**186014988**

2-16 续表 6 continued

城 市	City	社会消费品零售总额（万元） Total Retail Sales of Consumer Goods (10 000 yuan)		限额以上批发零售业法人企业数（个） Number of Legal Enterprises above Designated Size of Wholesale and Retail Trades (unit)		限额以上批发零售业商品销售总额（万元） Total Sales of Commodities of Enterprises above Designated Size in Wholesale and Retail Trades (10 000 yuan)	
		全市 Total City	市辖区 Districts under City	全市 Total City	市辖区 Districts under City	全市 Total City	市辖区 Districts under City
四川省	**Sichuan**						
成都市	Chengdu	90964793	78528145	3564	3217	169171017	158386509
自贡市	Zigong	7121356	4368235	542	269	5059440	3917054
攀枝花市	Panzhihua	2857315	2170897	295	233	8194112	7356308
泸州市	Luzhou	12444116	8167381	980	575	24333190	15979689
德阳市	Deyang	10148092	3267051	492	279	12772263	11369335
绵阳市	Mianyang	16350023	9388037	771	545	17152293	15185857
广元市	Guangyuan	4745907	2426786	266	182	2553804	2192575
遂宁市	Suining	5621555	2612840	368	230	4465882	535886
内江市	Neijiang	6418100	2927707	266	123	4410023	2206507
乐山市	Leshan	9042931	4111886	410	209	6742108	4568136
南充市	Nanchong	14843595	6848857	613	279	4546226	3319473
眉山市	Meishan	6397453	3125977	260	124	4403816	2781035
宜宾市	Yibin	12099800	6509605	855	360	13609754	10078793
广安市	Guang'an	6174099	2300379	426	179	3011410	2124720
达州市	Dazhou	13181755	4800674	602	219	6934859	3618368
雅安市	Ya'an	3061738	1353175	224	99	2376018	1324046
巴中市	Bazhong	4933866	2122313	339	181	1940022	1326763
资阳市	Ziyang	4465841	1648469	164	71	2108871	1619703
贵州省	**Guizhou**						
贵阳市	Guiyang	24021110	20615282	993	879	41071917	39215966
六盘水市	Liupanshui	4835108	2868321	407	226	6689655	3189686
遵义市	Zunyi	12377039	7099415	807	363	27700367	7199309
安顺市	Anshun	5455661	3591856	258	185	2559341	2381906
毕节市	Bijie	10759308	3738288	495	132	6010709	3134788
铜仁市	Tongren			321	119		
云南省	**Yunnan**						
昆明市	Kunming	33852617	27833185	1016	851	83002801	80502052
曲靖市	Qujing	11611529	4850724	496	212	11034066	9953386
玉溪市	Yuxi	7888913	3142962	488	240	10200326	6488163
保山市	Baoshan	5289729	2642081	214	90	3342710	2576015
昭通市	Zhaotong	4917699	1723500	165	54	3092009	2524790
丽江市	Lijiang	2545561	1238734	102	51	1440152	1154902
普洱市	Pu'er	3228944	1151814	224	85	2817408	2011599
临沧市	Lincang	3841432	518421	201	61	2234749	819867
西藏自治区	**Xizang**						
拉萨市	Lhasa	3533132	2722199	163	116	7581601	1887197
日喀则市	Xigazê	1351548	960719	36	29	430399	419262
昌都市	Qamdo	747173	136945	24	13	388595	307256
林芝市	Nyingchi	521806	356900	39	39	280289	280289
山南市	Lhoka	675415	458699	29	22	224776	215109
那曲市	Nagqu	276820	219175	7	7	137037	137037

2-16 续表 7 continued

城 市	City	社会消费品零售总额（万元）Total Retail Sales of Consumer Goods (10 000 yuan)		限额以上批发零售业法人企业数（个）Number of Legal Enterprises above Designated Size of Wholesale and Retail Trades (unit)		限额以上批发零售业商品销售总额（万元）Total Sales of Commodities of Enterprises above Designated Size in Wholesale and Retail Trades (10 000 yuan)	
		全市 Total City	市辖区 Districts under City	全市 Total City	市辖区 Districts under City	全市 Total City	市辖区 Districts under City
陕西省	**Shaanxi**						
西安市	Xi'an	46421133	45738333	2733	2679	148606339	148475596
铜川市	Tongchuan	1626125	1527961	224	193	2732750	2294662
宝鸡市	Baoji	9829800	4373502	965	594	15231045	12862405
咸阳市	Xianyang	12533476	3836471	729	154	9299531	4112283
渭南市	Weinan	7390315	2070275	577	152	13259708	2811691
延安市	Yan'an	4456299	2658458	565	244	5100588	3897422
汉中市	Hanzhong	6438814	2963700	777	269	4904958	3327172
榆林市	Yulin	7345517	2828800	616	146	42339321	17480000
安康市	Ankang	5411083	2047265	711	242	4417010	2596123
商洛市	Shangluo	2060350	625239	304	56	1475540	787597
甘肃省	**Gansu**						
兰州市	Lanzhou	15982127	14094768	750	561	78808037	45926732
嘉峪关市	Jiayuguan	864015		50		3617840	
金昌市	Jinchang	1045651	694226	57	23	1179383	673628
白银市	Baiyin	1974993	1263363	137	62	2516686	2051829
天水市	Tianshui	2793710	1608564	259	187	2433074	2246414
武威市	Wuwei	1670070	1007666	181	140	1526026	1343747
张掖市	Zhangye	2453306	1366931	225	134	1844363	1462127
平凉市	Pingliang	1972134	939013	100	61	930324	825009
酒泉市	Jiuquan	3099796	1555365	194	85	6197903	2010701
庆阳市	Qingyang	1997461	822650	151	91	1405543	1290685
定西市	Dingxi	2014941	761467	103	32	1266976	768620
陇南市	Longnan	1800447	871614	107	41	1222615	753862
青海省	**Qinghai**						
西宁市	Xining	5316809	4938200	359	332	16885748	12968828
海东市	Haidong	1181015	458575	40	18	467351	422632
宁夏回族自治区	**Ningxia**						
银川市	Yinchuan	7916241	5854410	321	173	15015810	10121780
石嘴山市	Shizuishan	1068052	737725	83	62	1195290	1037367
吴忠市	Wuzhong	1827395	879152	135	61	2175153	820048
固原市	Guyuan	1253801	712803	42	28	567888	501008
中卫市	Zhongwei	1318928	588001	96	56	1778392	1106391
新疆维吾尔自治区	**Xinjiang**						
乌鲁木齐市	Urumqi	10330011	10217105	1530	1529	98697982	98693121
克拉玛依市	Karamay	1044873	1044873	136	136	1906313	1906313
吐鲁番市	Turpan	620924	350482	91	38	1370554	664654
哈密市	Hami	1098833	1008003	108	102	689541	682533

(四)科技创新
Scientific and Technological Innovation

2-17 科技创新情况(全市)
Scientific and Technological Innovation (Total City)

单位：件 (piece)

城 市	City	专利授权数 Number of Patent Authorizations	发明 Invention
北京市	**Beijing**	**202722**	**88127**
天津市	**Tianjin**	**71545**	**11745**
河北省	**Hebei**		
石家庄市	Shijiazhuang	25339	3547
唐山市	Tangshan	12798	1548
秦皇岛市	Qinhuangdao	5095	1429
邯郸市	Handan	7941	871
邢台市	Xingtai	8676	475
保定市	Baoding	20117	1595
张家口市	Zhangjiakou	3052	256
承德市	Chengde	2574	248
沧州市	Cangzhou	11703	678
廊坊市	Langfang	11939	1118
衡水市	Hengshui	6077	257
山西省	**Shanxi**		
太原市	Taiyuan	15838	3761
大同市	Datong	1692	177
阳泉市	Yangquan	923	73
长治市	Changzhi	2743	156
晋城市	Jincheng	1687	92
朔州市	Shuozhou	722	34
晋中市	Jinzhong	2473	198
运城市	Yuncheng	2557	229
忻州市	Xinzhou	1124	93
临汾市	Linfen	1724	98
吕梁市	Lvliang	1585	115
内蒙古自治区	**Inner Mongolia**		
呼和浩特市	Hohhot	6351	891
包头市	Baotou	4201	428
乌海市	Wuhai	840	49
赤峰市	Chifeng	1921	96
通辽市	Tongliao	152	62
鄂尔多斯市	Erdos	4130	272
呼伦贝尔市	Hulunbuir	415	40
巴彦淖尔市	Bayannur	1190	40
乌兰察布市	Ulanqab	1323	51
辽宁省	**Liaoning**		
沈阳市	Shenyang	27393	4606
大连市	Dalian	25473	4284
鞍山市	Anshan	4475	619

2-17 续表 1 continued

单位：件 (piece)

城　市	City	专利授权数 Number of Patent Authorizations	发明 Invention
抚顺市	Fushun	2457	208
本溪市	Benxi	1108	133
丹东市	Dandong	2223	91
锦州市	Jinzhou	1698	169
营口市	Yingkou	2657	143
阜新市	Fuxin	1470	202
辽阳市	Liaoyang	1680	93
盘锦市	Panjin	1886	154
铁岭市	Tieling	1604	18
朝阳市	Chaoyang	2046	50
葫芦岛市	Huludao	1347	104
吉林省	**Jilin**		
长春市	Changchun	22083	5630
吉林市	Jilin	2822	480
四平市	Siping	924	105
辽源市	Liaoyuan	474	31
通化市	Tonghua	774	40
白山市	Baishan	310	12
松原市	Songyuan	648	35
白城市	Baicheng	695	59
黑龙江省	**Heilongjiang**		
哈尔滨市	Harbin	23089	7095
齐齐哈尔市	Qiqihar	2646	277
鸡西市	Jixi	720	52
鹤岗市	Hegang	431	18
双鸭山市	Shuangyashan	436	20
大庆市	Daqing	3289	646
伊春市	Yichun	405	16
佳木斯市	Jiamusi	1390	149
七台河市	Qitaihe	304	14
牡丹江市	Mudanjiang	1349	121
黑河市	Heihe	37	17
绥化市	Suihua	1572	68
上海市	**Shanghai**	**178300**	**36800**
江苏省	**Jiangsu**		
南京市	Nanjing	86900	28291
无锡市	Wuxi	68950	8439
徐州市	Xuzhou	27540	5502
常州市	Changzhou	53163	6712
苏州市	Suzhou	164972	20558
南通市	Nantong	38506	6209

2-17 续表 2 continued

单位：件 (piece)

城 市	City	专利授权数 Number of Patent Authorizations	发明 Invention
连云港市	Lianyungang	8285	1126
淮安市	Huai'an	11624	1095
盐城市	Yancheng	24606	2614
扬州市	Yangzhou	23219	2543
镇江市	Zhenjiang	20131	3270
泰州市	Taizhou	20204	2061
宿迁市	Suqian	11994	825
浙江省	**Zhejiang**		
杭州市	Hangzhou	121196	30100
宁波市	Ningbo	76127	9611
温州市	Wenzhou	55500	3835
嘉兴市	Jiaxing	39085	3932
湖州市	Huzhou	18954	2232
绍兴市	Shaoxing	33181	3500
金华市	Jinhua	43198	2782
衢州市	Quzhou	7059	962
舟山市	Zhoushan	2741	743
台州市	Taizhou	36555	2941
丽水市	Lishui	10363	632
安徽省	**Anhui**		
合肥市	Hefei	59340	12734
芜湖市	Wuhu	16836	2879
蚌埠市	Bengbu	6202	751
淮南市	Huainan	4512	696
马鞍山市	Ma'anshan	9669	1797
淮北市	Huaibei	3822	519
铜陵市	Tongling	3263	332
安庆市	Anqing	7437	882
黄山市	Huangshan	2445	273
滁州市	Chuzhou	11219	1427
阜阳市	Fuyang	7089	1074
宿州市	Suzhou	4972	670
六安市	Lu'an	6820	672
亳州市	Bozhou	3692	437
池州市	Chizhou	3015	403
宣城市	Xuancheng	6251	634
福建省	**Fujian**		
福州市	Fuzhou	28922	5385
厦门市	Xiamen	38442	5274
莆田市	Putian	4449	357
三明市	Sanming	3659	297

2-17 续表 3 continued

单位：件 (piece)

城 市	City	专利授权数 Number of Patent Authorizations	发明 Invention
泉州市	Quanzhou	40449	2821
漳州市	Zhangzhou	8774	683
南平市	Nanping	3729	180
龙岩市	Longyan	6163	491
宁德市	Ningde	6551	685
江西省	**Jiangxi**		
南昌市	Nanchang	17855	3730
景德镇市	Jingdezhen	3749	401
萍乡市	Pingxiang	1985	294
九江市	Jiujiang	8964	728
新余市	Xinyu	1920	76
鹰潭市	Yingtan	2744	151
赣州市	Ganzhou	15709	1233
吉安市	Ji'an	6586	574
宜春市	Yichun	6742	659
抚州市	Fuzhou	4381	390
上饶市	Shangrao	5998	269
山东省	**Shandong**		
济南市	Jinan	64777	11853
青岛市	Qingdao		14523
淄博市	Zibo	15982	2068
枣庄市	Zaozhuang	7827	685
东营市	Dongying	8931	1846
烟台市	Yantai	22310	3869
潍坊市	Weifang	30191	3917
济宁市	Jining	16666	1734
泰安市	Tai'an	10973	997
威海市	Weihai	13471	1485
日照市	Rizhao	6706	743
临沂市	Linyi	19801	1549
德州市	Dezhou	13257	962
聊城市	Liaocheng	12136	952
滨州市	Binzhou	8339	1002
菏泽市	Heze	1896	533
河南省	**Henan**		
郑州市	Zhengzhou	52031	7408
开封市	Kaifeng	4173	578
洛阳市	Luoyang	14123	1725
平顶山市	Pingdingshan	3918	437
安阳市	Anyang	4301	320
鹤壁市	Hebi	1874	99

2-17 续表 4 continued

单位：件 (piece)

城　市	City	专利授权数 Number of Patent Authorizations	发明 Invention
新乡市	Xinxiang	12452	1146
焦作市	Jiaozuo	5688	616
濮阳市	Puyang	2477	193
许昌市	Xuchang	4779	553
漯河市	Luohe	2638	136
三门峡市	Sanmenxia	1546	86
南阳市	Nanyang	8084	520
商丘市	Shangqiu	4680	203
信阳市	Xinyang	4010	186
周口市	Zhoukou	3679	115
驻马店市	Zhumadian	3653	169
湖北省	**Hubei**		
武汉市	Wuhan	89461	23658
黄石市	Huangshi	5377	439
十堰市	Shiyan	5057	352
宜昌市	Yichang	10648	1345
襄阳市	Xiangyang	10596	948
鄂州市	Ezhou	2384	266
荆门市	Jingmen	5307	361
孝感市	Xiaogan	5674	476
荆州市	Jingzhou	6671	461
黄冈市	Huanggang	6722	283
咸宁市	Xianning	4172	233
随州市	Suizhou	1939	89
湖南省	**Hunan**		
长沙市	Changsha	45602	12365
株洲市	Zhuzhou	8069	2119
湘潭市	Xiangtan	4958	1224
衡阳市	Hengyang	5183	781
邵阳市	Shaoyang	4445	416
岳阳市	Yueyang	4262	519
常德市	Changde	4501	916
张家界市	Zhangjiajie	523	76
益阳市	Yiyang	3638	537
郴州市	Chenzhou	3210	299
永州市	Yongzhou	2810	289
怀化市	Huaihua	2300	420
娄底市	Loudi	2507	363
广东省	**Guangdong**		
广州市	Guangzhou	146854	27604
韶关市	Shaoguan	4108	660

2-17 续表 5 continued

单位：件 (piece)

城　市	City	专利授权数 Number of Patent Authorizations	发明 Invention
深圳市	Shenzhen	275774	52172
珠海市	Zhuhai	27764	6188
汕头市	Shantou	25315	627
佛山市	Foshan	106422	8607
江门市	Jiangmen	20501	1183
湛江市	Zhanjiang	6388	757
茂名市	Maoming	3883	239
肇庆市	Zhaoqing	8999	672
惠州市	Huizhou	27613	2092
梅州市	Meizhou	3521	244
汕尾市	Shanwei	3077	69
河源市	Heyuan	4230	166
阳江市	Yangjiang	5338	135
清远市	Qingyuan	5881	611
东莞市	Dongguan	95581	10700
中山市	Zhongshan	43328	1939
潮州市	Chaozhou	9915	161
揭阳市	Jieyang	10277	134
云浮市	Yunfu	2490	116
广西壮族自治区	**Guangxi**		
南宁市	Nanning	14859	2214
柳州市	Liuzhou	7345	821
桂林市	Guilin	5613	1396
梧州市	Wuzhou	1729	89
北海市	Beihai	1031	132
防城港市	Fangchenggang	208	23
钦州市	Qinzhou	1608	156
贵港市	Guigang	2654	82
玉林市	Yulin	3250	201
百色市	Baise	1790	79
贺州市	Hezhou	1232	66
河池市	Hechi	1097	44
来宾市	Laibin	850	61
崇左市	Chongzuo	1030	83
海南省	**Hainan**		
海口市	Haikou	7760	1123
三亚市	Sanya	1532	439
三沙市	Sansha		
儋州市	Danzhou	821	38
重庆市	**Chongqing**	**66467**	**12207**

2-17 续表 6 continued

单位：件 (piece)

城 市	City	专利授权数 Number of Patent Authorizations	发明 Invention
四川省	**Sichuan**		
成都市	Chengdu	83616	19560
自贡市	Zigong	2948	314
攀枝花市	Panzhihua	1754	391
泸州市	Luzhou	3591	199
德阳市	Deyang	6165	578
绵阳市	Mianyang	9438	2761
广元市	Guangyuan	1125	40
遂宁市	Suining	2613	200
内江市	Neijiang		
乐山市	Leshan	1991	149
南充市	Nanchong	3340	134
眉山市	Meishan	3005	239
宜宾市	Yibin	4604	275
广安市	Guang'an	102	2
达州市	Dazhou	2706	132
雅安市	Ya'an	1357	138
巴中市	Bazhong	1075	20
资阳市	Ziyang	976	387
贵州省	**Guizhou**		
贵阳市	Guiyang	13994	2642
六盘水市	Liupanshui	1525	70
遵义市	Zunyi	5035	387
安顺市	Anshun	1681	145
毕节市	Bijie	1586	87
铜仁市	Tongren	1219	83
云南省	**Yunnan**		
昆明市	Kunming	24822	3437
曲靖市	Qujing	2111	106
玉溪市	Yuxi	2752	124
保山市	Baoshan	756	27
昭通市	Zhaotong	929	50
丽江市	Lijiang	567	17
普洱市	Pu'er	621	12
临沧市	Lincang	705	34
西藏自治区	**Xizang**		
拉萨市	Lhasa	4686	
日喀则市	Xigazê	3	3
昌都市	Qamdo	174	25
林芝市	Nyingchi	96	15
山南市	Lhoka	101	5
那曲市	Nagqu	36	36

2-17 续表 7 continued

单位：件 (piece)

城　市	City	专利授权数 Number of Patent Authorizations	发明 Invention
陕西省	**Shaanxi**		
西安市	Xi'an	58045	17136
铜川市	Tongchuan	619	34
宝鸡市	Baoji	3146	235
咸阳市	Xianyang	5915	509
渭南市	Weinan	1740	99
延安市	Yan'an	1311	74
汉中市	Hanzhong	1666	231
榆林市	Yulin	3738	601
安康市	Ankang	1015	56
商洛市	Shangluo	491	40
甘肃省	**Gansu**		
兰州市	Lanzhou	10120	1904
嘉峪关市	Jiayuguan	882	44
金昌市	Jinchang	1131	53
白银市	Baiyin	1208	91
天水市	Tianshui	1202	64
武威市	Wuwei	1136	39
张掖市	Zhangye	1522	66
平凉市	Pingliang	1037	30
酒泉市	Jiuquan	1277	45
庆阳市	Qingyang	817	69
定西市	Dingxi	1182	26
陇南市	Longnan	412	16
青海省	**Qinghai**		
西宁市	Xining	3827	399
海东市	Haidong	504	97
宁夏回族自治区	**Ningxia**		
银川市	Yinchuan	7200	872
石嘴山市	Shizuishan	1778	117
吴忠市	Wuzhong	1738	93
固原市	Guyuan	685	67
中卫市	Zhongwei	1050	55
新疆维吾尔自治区	**Xinjiang**		
乌鲁木齐市	Urumqi	8041	916
克拉玛依市	Karamay	1036	82
吐鲁番市	Turpan	422	17
哈密市	Hami	797	27

(五)人民生活
People's Livelihood

2-18 劳动力就业及收入状况(全市)
Employment and Income of Labour Force (Total City)

城　市	City	城镇非私营单位从业人员期末人数(人) Persons Employed in Urban Non-Private Units at Year-end (persons)	城镇非私营单位在岗职工平均人数(万人) Average Number of Employed Staff and Workers in Urban Non-Private Units (10 000 persons)	城镇非私营单位在岗职工工资总额(万元) Total Wage Bill of Employed Staff and Workers in Urban Non-Private Units (10 000 yuan)
北京市	**Beijing**	**7470567**	**714**	**153565189**
天津市	**Tianjin**	**2433406**	**213**	**31106122**
河北省	**Hebei**			
石家庄市	Shijiazhuang	1037065	98	9897290
唐山市	Tangshan	739346	71	6799202
秦皇岛市	Qinhuangdao	270837	26	2579860
邯郸市	Handan	585705	54	4625003
邢台市	Xingtai	400377	37	2901657
保定市	Baoding	802544	71	6146799
张家口市	Zhangjiakou	334094	32	2711618
承德市	Chengde	264088	25	2307159
沧州市	Cangzhou	452109	44	4052067
廊坊市	Langfang	414321	40	4418117
衡水市	Hengshui	238625	23	1826272
山西省	**Shanxi**			
太原市	Taiyuan	977704	98	10300657
大同市	Datong	362264	34	3004985
阳泉市	Yangquan	217458	21	1692914
长治市	Changzhi	462029	45	4088671
晋城市	Jincheng	355003	34	3069632
朔州市	Shuozhou	180470	16	1536345
晋中市	Jinzhong	390961	35	3147397
运城市	Yuncheng	370130	33	2585068
忻州市	Xinzhou	257103	24	1966045
临汾市	Linfen	360081	33	2839228
吕梁市	Lvliang	355901	32	2994154
内蒙古自治区	**Inner Mongolia**			
呼和浩特市	Hohhot	461912	44	4847886
包头市	Baotou	338304	32	3379644
乌海市	Wuhai	79603	8	816835
赤峰市	Chifeng	306794	30	2723507
通辽市	Tongliao	209196	20	1889535
鄂尔多斯市	Erdos	331799	29	3617583
呼伦贝尔市	Hulunbuir	262205	26	2463508
巴彦淖尔市	Bayannur	124906	12	1105159
乌兰察布市	Ulanqab	152153	15	1357840
辽宁省	**Liaoning**			
沈阳市	Shenyang	1162444	112	12076870
大连市	Dalian	1008243	95	10863615
鞍山市	Anshan	278795	28	2185413

2–18 续表 1 continued

城　市	City	城镇非私营单位从业人员期末人数（人） Persons Employed in Urban Non-Private Units at Year-end (persons)	城镇非私营单位在岗职工平均人数（万人） Average Number of Employed Staff and Workers in Urban Non-Private Units (10 000 persons)	城镇非私营单位在岗职工工资总额（万元） Total Wage Bill of Employed Staff and Workers in Urban Non-Private Units (10 000 yuan)
抚顺市	Fushun	192485	19	1553896
本溪市	Benxi	171511	17	1364241
丹东市	Dandong	168338	16	1126381
锦州市	Jinzhou	200266	18	1482711
营口市	Yingkou	184452	18	1484050
阜新市	Fuxin	118104	11	807313
辽阳市	Liaoyang	146945	14	1281955
盘锦市	Panjin	283838	27	2285181
铁岭市	Tieling	164956	17	1264697
朝阳市	Chaoyang	201678	17	1407655
葫芦岛市	Huludao	154963	14	1130720
吉林省	**Jilin**			
长春市	Changchun	1030237	98	10146376
吉林市	Jilin	323506	32	2518785
四平市	Siping	130722	12	947867
辽源市	Liaoyuan	72604	7	523621
通化市	Tonghua	142416	13	942791
白山市	Baishan	132245	11	812176
松原市	Songyuan	184134	18	1455812
白城市	Baicheng	115125	11	821913
黑龙江省	**Heilongjiang**			
哈尔滨市	Harbin	924010	94	9242600
齐齐哈尔市	Qiqihar	258871	26	2028545
鸡西市	Jixi	122831	12	950145
鹤岗市	Hegang	110778	11	801763
双鸭山市	Shuangyashan	126379	13	983572
大庆市	Daqing	355914	36	3996366
伊春市	Yichun	108476	11	727049
佳木斯市	Jiamusi	166351	17	1180987
七台河市	Qitaihe	73323	7	561235
牡丹江市	Mudanjiang	172351	17	1245719
黑河市	Heihe	117520	12	848546
绥化市	Suihua	197208	20	1313681
上海市	**Shanghai**	**6722700**	**636**	**138344329**
江苏省	**Jiangsu**			
南京市	Nanjing	2063075	192	29803785
无锡市	Wuxi	1170619	111	14825838
徐州市	Xuzhou	789285	74	7523229
常州市	Changzhou	661000	64	8179198
苏州市	Suzhou	2872395	281	37160344
南通市	Nantong	1650725	153	15890482

2-18 续表 2 continued

城 市	City	城镇非私营单位从业人员期末人数(人) Persons Employed in Urban Non-Private Units at Year-end (persons)	城镇非私营单位在岗职工平均人数(万人) Average Number of Employed Staff and Workers in Urban Non-Private Units (10 000 persons)	城镇非私营单位在岗职工工资总额(万元) Total Wage Bill of Employed Staff and Workers in Urban Non-Private Units (10 000 yuan)
连云港市	Lianyungang	417064	39	4041897
淮安市	Huai'an	428647	39	3742244
盐城市	Yancheng	632000	60	6293330
扬州市	Yangzhou	862212	79	8310878
镇江市	Zhenjiang	378066	3	3910272
泰州市	Taizhou	505506	49	5831000
宿迁市	Suqian	361629	34	3153032
浙江省	**Zhejiang**			
杭州市	Hangzhou	2998563	286	44939432
宁波市	Ningbo	1665719	155	20843908
温州市	Wenzhou	1057142	99	11174287
嘉兴市	Jiaxing	797574	77	9564727
湖州市	Huzhou	530840	46	5422932
绍兴市	Shaoxing	1107677	105	11282254
金华市	Jinhua	716173	62	7651778
衢州市	Quzhou	219386	19	2721221
舟山市	Zhoushan	192618	18	2336554
台州市	Taizhou	913836	88	9805889
丽水市	Lishui	214154	21	2887868
安徽省	**Anhui**			
合肥市	Hefei	1686058	149	17570012
芜湖市	Wuhu	681417	59	56989020
蚌埠市	Bengbu	247485	24	2106169
淮南市	Huainan	225527	21	2467157
马鞍山市	Ma'anshan	247976	24	2592122
淮北市	Huaibei	169018	16	1568731
铜陵市	Tongling	146644	14	1403913
安庆市	Anqing	331820	30	2819529
黄山市	Huangshan	121013	11	1105778
滁州市	Chuzhou	330045	31	2945687
阜阳市	Fuyang	379089	36	3131621
宿州市	Suzhou	288069	27	2290726
六安市	Lu'an	257399	25	2439250
亳州市	Bozhou	250653	24	1987671
池州市	Chizhou	114715	11	1058663
宣城市	Xuancheng	251958	24	2189261
福建省	**Fujian**			
福州市	Fuzhou	1372521	124	14346877
厦门市	Xiamen	1202706	115	14262474
莆田市	Putian	384317	35	2986011
三明市	Sanming	228501	21	2278978

2–18 续表 3 continued

城 市	City	城镇非私营单位从业人员期末人数（人）Persons Employed in Urban Non-Private Units at Year-end (persons)	城镇非私营单位在岗职工平均人数（万人）Average Number of Employed Staff and Workers in Urban Non-Private Units (10 000 persons)	城镇非私营单位在岗职工工资总额（万元）Total Wage Bill of Employed Staff and Workers in Urban Non-Private Units (10 000 yuan)
泉州市	Quanzhou	1094366	105	9391212
漳州市	Zhangzhou	533719	47	4854796
南平市	Nanping	220574	20	1897321
龙岩市	Longyan	272153	25	2569134
宁德市	Ningde	249780	22	2351179
江西省	**Jiangxi**			
南昌市	Nanchang	1106251	94	9975358
景德镇市	Jingdezhen	141938	14	1117388
萍乡市	Pingxiang	150761	13	1277871
九江市	Jiujiang	438929	42	3557323
新余市	Xinyu	115808	11	1054602
鹰潭市	Yingtan	114200	12	1023126
赣州市	Ganzhou	592799	57	4926173
吉安市	Ji'an	394013	35	2940596
宜春市	Yichun	424019	41	3136957
抚州市	Fuzhou	379992	37	27815455
上饶市	Shangrao	409541	38	3151593
山东省	**Shandong**			
济南市	Jinan	1543425	144	18648759
青岛市	Qingdao	1443644	121	16243910
淄博市	Zibo	677708	62	6073216
枣庄市	Zaozhuang	321856	30	2683080
东营市	Dongying	366666	35	4382068
烟台市	Yantai	840554	81	8480290
潍坊市	Weifang	935168	91	8374324
济宁市	Jining	834237	69	6571100
泰安市	Tai'an	560282	53	4406737
威海市	Weihai	472674	45	4070733
日照市	Rizhao	304462	29	2770529
临沂市	Linyi	718993	64	6102021
德州市	Dezhou	420113	39	3510440
聊城市	Liaocheng	394970	35	3276825
滨州市	Binzhou	422887	38	3594321
菏泽市	Heze	466580	44	3696384
河南省	**Henan**			
郑州市	Zhengzhou	1987772	187	18188094
开封市	Kaifeng	333126	31	2174468
洛阳市	Luoyang	595469	57	4932597
平顶山市	Pingdingshan	458072	44	3210103
安阳市	Anyang	413610	39	2897431
鹤壁市	Hebi	140692	13	905929

2-18 续表 4 continued

城 市	City	城镇非私营单位从业人员期末人数(人) Persons Employed in Urban Non-Private Units at Year-end (persons)	城镇非私营单位在岗职工平均人数(万人) Average Number of Employed Staff and Workers in Urban Non-Private Units (10 000 persons)	城镇非私营单位在岗职工工资总额(万元) Total Wage Bill of Employed Staff and Workers in Urban Non-Private Units (10 000 yuan)
新乡市	Xinxiang	433690	41	2972888
焦作市	Jiaozuo	293095	29	2004698
濮阳市	Puyang	319932	32	2550367
许昌市	Xuchang	335920	32	2361327
漯河市	Luohe	213503	21	1575545
三门峡市	Sanmenxia	191374	18	1464993
南阳市	Nanyang	645342	61	4125232
商丘市	Shangqiu	530639	52	3472489
信阳市	Xinyang	479028	46	3012114
周口市	Zhoukou	551276	53	3224353
驻马店市	Zhumadian	503867	48	3105931
湖北省	**Hubei**			
武汉市	Wuhan	1874057	174	22401436
黄石市	Huangshi	275081	24	1982679
十堰市	Shiyan	362136	34	3073910
宜昌市	Yichang	468545	43	4023338
襄阳市	Xiangyang	501699	47	3938887
鄂州市	Ezhou	77958	7	630378
荆门市	Jingmen	202634	20	1756599
孝感市	Xiaogan	346045	35	2861458
荆州市	Jingzhou	356136	34	2767949
黄冈市	Huanggang	606132	32	2431178
咸宁市	Xianning	218170	21	1665968
随州市	Suizhou	152408	15	1066109
湖南省	**Hunan**			
长沙市	Changsha	1472263	141	17029956
株洲市	Zhuzhou	406250	37	3547083
湘潭市	Xiangtan	312214	29	2307617
衡阳市	Hengyang	485324	48	3694977
邵阳市	Shaoyang	408730	37	2978783
岳阳市	Yueyang	429964	36	2778807
常德市	Changde	424371	36	3172167
张家界市	Zhangjiajie	89035	8	741393
益阳市	Yiyang	268826	24	1870980
郴州市	Chenzhou	353408	35	3069619
永州市	Yongzhou	342539	32	2430159
怀化市	Huaihua	296776	28	2416085
娄底市	Loudi	289153	29	2226633
广东省	**Guangdong**			
广州市	Guangzhou	4249041	404	61517485
韶关市	Shaoguan	269234	26	2807738

2–18 续表 5 continued

城　市	City	城镇非私营单位从业人员期末人数（人）Persons Employed in Urban Non-Private Units at Year-end (persons)	城镇非私营单位在岗职工平均人数（万人）Average Number of Employed Staff and Workers in Urban Non-Private Units (10 000 persons)	城镇非私营单位在岗职工工资总额（万元）Total Wage Bill of Employed Staff and Workers in Urban Non-Private Units (10 000 yuan)
深圳市	Shenzhen	5112380	503	82856217
珠海市	Zhuhai	810991	79	9978147
汕头市	Shantou	488188	47	4334806
佛山市	Foshan	1499489	148	16139700
江门市	Jiangmen	632496	61	6193821
湛江市	Zhanjiang	448547	41	4438112
茂名市	Maoming	460564	44	4280028
肇庆市	Zhaoqing	362496	35	3422906
惠州市	Huizhou	1043707	105	10611506
梅州市	Meizhou	268782	26	2403214
汕尾市	Shanwei	189807	18	1774240
河源市	Heyuan	293023	29	2649031
阳江市	Yangjiang	167898	17	1569880
清远市	Qingyuan	322177	31	3087328
东莞市	Dongguan	2711570	276	25911791
中山市	Zhongshan	750825	72	7422753
潮州市	Chaozhou	160232	15	1354663
揭阳市	Jieyang	249762	24	1957413
云浮市	Yunfu	175277	17	1688376
广西壮族自治区	**Guangxi**			
南宁市	Nanning	1075202	99	10682747
柳州市	Liuzhou	495305	48	4601828
桂林市	Guilin	403716	39	3480889
梧州市	Wuzhou	173554	16	1347664
北海市	Beihai	146379	13	1170279
防城港市	Fangchenggang	80823	8	730074
钦州市	Qinzhou	198561	19	1617646
贵港市	Guigang	197126	18	1559012
玉林市	Yulin	310113	29	2297253
百色市	Baise	228357	21	2032857
贺州市	Hezhou	120200	11	983037
河池市	Hechi	192384	18	1674648
来宾市	Laibin	140584	13	1074164
崇左市	Chongzuo	134413	13	1120351
海南省	**Hainan**			
海口市	Haikou	530672	53	5642787
三亚市	Sanya	145127	14	1509753
三沙市	Sansha			
儋州市	Danzhou	83254	8	885053
重庆市	**Chongqing**	**3452173**	**322**	**35861102**

2-18 续表 6 continued

城 市	City	城镇非私营单位从业人员期末人数（人）Persons Employed in Urban Non-Private Units at Year-end (persons)	城镇非私营单位在岗职工平均人数（万人）Average Number of Employed Staff and Workers in Urban Non-Private Units (10 000 persons)	城镇非私营单位在岗职工工资总额（万元）Total Wage Bill of Employed Staff and Workers in Urban Non-Private Units (10 000 yuan)
四川省	**Sichuan**			
成都市	Chengdu			
自贡市	Zigong	204655	16	1391507
攀枝花市	Panzhihua	648800	26	2178094
泸州市	Luzhou	506108	39	2778882
德阳市	Deyang		31	3151135
绵阳市	Mianyang			
广元市	Guangyuan	175151	15	1461627
遂宁市	Suining	258830	20	1669436
内江市	Neijiang			
乐山市	Leshan	266371	23	2331098
南充市	Nanchong			
眉山市	Meishan	244295	20	1861
宜宾市	Yibin			
广安市	Guang'an	1711800		2414298
达州市	Dazhou	380684	38	8068
雅安市	Ya'an	146963	13	1238960
巴中市	Bazhong	608500	17	1398451
资阳市	Ziyang			
贵州省	**Guizhou**			
贵阳市	Guiyang	1046072	97	10238254
六盘水市	Liupanshui	293310	24	2325269
遵义市	Zunyi	502743	47	5031369
安顺市	Anshun	172489	16	1427882
毕节市	Bijie	319916	28	2664192
铜仁市	Tongren	239343	21	1942908
云南省	**Yunnan**			
昆明市	Kunming	1075446	99	11718197
曲靖市	Qujing	344869	31	3094057
玉溪市	Yuxi	185649	16	1689834
保山市	Baoshan	156517	14	1379444
昭通市	Zhaotong	248584	22	2216513
丽江市	Lijiang	80923	7	807930
普洱市	Pu'er	132407	13	1362611
临沧市	Lincang	159428	13	1259580
西藏自治区	**Xizang**			
拉萨市	Lhasa	172750	16	2624892
日喀则市	Xigazê	58992	5	794255
昌都市	Qamdo	53984	5	812306
林芝市	Nyingchi	33117	3	496977
山南市	Lhoka	45032	5	650889
那曲市	Nagqu	37987		629435

2-18 续表 7 continued

城　　市	City	城镇非私营单位从业人员期末人数(人) Persons Employed in Urban Non-Private Units at Year-end (persons)	城镇非私营单位在岗职工平均人数(万人) Average Number of Employed Staff and Workers in Urban Non-Private Units (10 000 persons)	城镇非私营单位在岗职工工资总额(万元) Total Wage Bill of Employed Staff and Workers in Urban Non-Private Units (10 000 yuan)
陕西省	**Shaanxi**			
西安市	Xi'an	2057927	202	24568851
铜川市	Tongchuan	106776	9	731881
宝鸡市	Baoji	364641	33	2721426
咸阳市	Xianyang	446267	40	3321173
渭南市	Weinan	389355	39	2815653
延安市	Yan'an	342508	28	2642644
汉中市	Hanzhong	261242	24	1865097
榆林市	Yulin	476231	40	4689470
安康市	Ankang	185822	16	1212180
商洛市	Shangluo	172476	15	1048764
甘肃省	**Gansu**			
兰州市	Lanzhou	766138	71	7190616
嘉峪关市	Jiayuguan	55715	5	547761
金昌市	Jinchang	92779	9	818873
白银市	Baiyin	147616	13	10992693
天水市	Tianshui	230623	20	1592604
武威市	Wuwei	124398	11	972713
张掖市	Zhangye	116801	12	1018447
平凉市	Pingliang	167011	15	1510689
酒泉市	Jiuquan	127512	11	1014459
庆阳市	Qingyang	174051	17	1559899
定西市	Dingxi	157007	14	1244975
陇南市	Longnan	146100	14	1165620
青海省	**Qinghai**			
西宁市	Xining	360213	33	3894993
海东市	Haidong	74148	7	832406
宁夏回族自治区	**Ningxia**			
银川市	Yinchuan	371912	36	4370002
石嘴山市	Shizuishan	70181	6	686317
吴忠市	Wuzhong	117426	10	1161271
固原市	Guyuan	76186	6	816237
中卫市	Zhongwei	58795	5	602812
新疆维吾尔自治区	**Xinjiang**			
乌鲁木齐市	Urumqi	724242	69	8284397
克拉玛依市	Karamay	133192	13	1952601
吐鲁番市	Turpan	85988	9	879240
哈密市	Hami	95626	9	959678

(六)公共服务
Public Service

2-19 学校数(一)
Number of Schools (Ⅰ)

单位：所 (unit)

城　市	City	普通、职业高等学校 Regular & Vocational Higher Education Institutions	中等职业教育学校 Vocational Secondary Schools	
		全　市 Total City	全　市 Total City	市辖区 Districts under City
北京市	**Beijing**	**92**	**77**	**77**
天津市	**Tianjin**	**82**	**58**	**58**
河北省	**Hebei**			
石家庄市	Shijiazhuang	44	135	80
唐山市	Tangshan	12	49	32
秦皇岛市	Qinhuangdao	7	32	22
邯郸市	Handan	7	70	47
邢台市	Xingtai	5	68	27
保定市	Baoding	15	81	30
张家口市	Zhangjiakou	5	52	32
承德市	Chengde	6	24	11
沧州市	Cangzhou	8	42	8
廊坊市	Langfang	12	33	13
衡水市	Hengshui	2	36	14
山西省	**Shanxi**			
太原市	Taiyuan		49	46
大同市	Datong	4	33	20
阳泉市	Yangquan	3	11	9
长治市	Changzhi	6	35	24
晋城市	Jincheng	2	13	5
朔州市	Shuozhou	4	20	9
晋中市	Jinzhong	17	25	8
运城市	Yuncheng	7	41	24
忻州市	Xinzhou	2	33	10
临汾市	Linfen		40	19
吕梁市	Lvliang	1	30	10
内蒙古自治区	**Inner Mongolia**			
呼和浩特市	Hohhot	25	38	30
包头市	Baotou	5	17	13
乌海市	Wuhai	1	1	1
赤峰市	Chifeng	5	29	16
通辽市	Tongliao	3	14	3
鄂尔多斯市	Erdos	4	10	3
呼伦贝尔市	Hulunbuir	4	24	2
巴彦淖尔市	Bayannur	2	9	5
乌兰察布市	Ulanqab	3	15	
辽宁省	**Liaoning**			
沈阳市	Shenyang	50	76	71
大连市	Dalian	31	48	40
鞍山市	Anshan	3	24	17

2-19 续表 1 continued

单位：所 (unit)

城 市	City	普通、职业高等学校 Regular & Vocational Higher Education Institutions	中等职业教育学校 Vocational Secondary Schools	
		全 市 Total City	全 市 Total City	市辖区 Districts under City
抚顺市	Fushun	6	12	9
本溪市	Benxi	7	10	8
丹东市	Dandong	3	17	14
锦州市	Jinzhou	9	10	6
营口市	Yingkou	3	12	10
阜新市	Fuxin	2	13	11
辽阳市	Liaoyang	3	8	6
盘锦市	Panjin	2	8	5
铁岭市	Tieling	4	16	16
朝阳市	Chaoyang	1	14	9
葫芦岛市	Huludao	1	12	6
吉林省	**Jilin**			
长春市	Changchun	41	101	77
吉林市	Jilin	9	33	19
四平市	Siping	4	19	7
辽源市	Liaoyuan	1	12	6
通化市	Tonghua	3	23	9
白山市	Baishan	1	13	5
松原市	Songyuan	1	22	8
白城市	Baicheng	3	14	5
黑龙江省	**Heilongjiang**			
哈尔滨市	Harbin	59	52	43
齐齐哈尔市	Qiqihar	5	25	16
鸡西市	Jixi	1	8	5
鹤岗市	Hegang	1	6	3
双鸭山市	Shuangyashan	1	8	3
大庆市	Daqing	6	13	10
伊春市	Yichun	1	9	5
佳木斯市	Jiamusi	5	16	8
七台河市	Qitaihe	1	3	2
牡丹江市	Mudanjiang	7	17	9
黑河市	Heihe	1	11	4
绥化市	Suihua		17	5
上海市	**Shanghai**	**64**	**81**	**81**
江苏省	**Jiangsu**			
南京市	Nanjing	51	22	22
无锡市	Wuxi	13	31	24
徐州市	Xuzhou	12	27	19
常州市	Changzhou	11	20	5
苏州市	Suzhou	26	25	6
南通市	Nantong	9	27	16

2-19 续表 2 continued

单位：所 (unit)

城市	City	普通、职业高等学校 Regular & Vocational Higher Education Institutions	中等职业教育学校 Vocational Secondary Schools	
		全市 Total City	全市 Total City	市辖区 Districts under City
连云港市	Lianyungang	5	12	4
淮安市	Huai'an	8	13	9
盐城市	Yancheng	6	13	6
扬州市	Yangzhou	8	9	7
镇江市	Zhenjiang	9	7	4
泰州市	Taizhou	7	12	9
宿迁市	Suqian	3	18	9
浙江省	**Zhejiang**			
杭州市	Hangzhou	40	43	38
宁波市	Ningbo	14	32	15
温州市	Wenzhou	11	39	13
嘉兴市	Jiaxing	6	21	5
湖州市	Huzhou	4	13	4
绍兴市	Shaoxing	12	18	10
金华市	Jinhua	9	24	10
衢州市	Quzhou	2	14	7
舟山市	Zhoushan	3	4	3
台州市	Taizhou	4	25	7
丽水市	Lishui	2	13	4
安徽省	**Anhui**			
合肥市	Hefei	58	49	29
芜湖市	Wuhu	10	17	13
蚌埠市	Bengbu	6	17	11
淮南市	Huainan	6	14	10
马鞍山市	Ma'anshan	6	6	3
淮北市	Huaibei	4	5	3
铜陵市	Tongling	3	5	3
安庆市	Anqing	5	26	8
黄山市	Huangshan	3	10	4
滁州市	Chuzhou	4	10	3
阜阳市	Fuyang	5	32	19
宿州市	Suzhou	4	16	6
六安市	Lu'an	4	15	9
亳州市	Bozhou	2	13	5
池州市	Chizhou	3	6	3
宣城市	Xuancheng	1	11	4
福建省	**Fujian**			
福州市	Fuzhou	35	40	28
厦门市	Xiamen	16	13	13
莆田市	Putian	2	12	9
三明市	Sanming	4	16	6

2-19 续表 3 continued

单位：所 (unit)

城 市	City	普通、职业高等学校 Regular & Vocational Higher Education Institutions	中等职业教育学校 Vocational Secondary Schools	
		全 市 Total City	全 市 Total City	市辖区 Districts under City
泉州市	Quanzhou	18	32	13
漳州市	Zhangzhou	7	16	5
南平市	Nanping	4	19	9
龙岩市	Longyan	2	11	6
宁德市	Ningde	2	11	3
江西省	**Jiangxi**			
南昌市	Nanchang	49	43	34
景德镇市	Jingdezhen		10	6
萍乡市	Pingxiang	4	18	12
九江市	Jiujiang	13	25	10
新余市	Xinyu	5	11	10
鹰潭市	Yingtan	2	7	4
赣州市	Ganzhou	12	45	19
吉安市	Ji'an	2	26	6
宜春市	Yichun	5	24	6
抚州市	Fuzhou	5	21	7
上饶市	Shangrao	5	36	13
山东省	**Shandong**			
济南市	Jinan	48	65	63
青岛市	Qingdao	27	53	46
淄博市	Zibo	7	19	16
枣庄市	Zaozhuang	3	18	12
东营市	Dongying	4	10	8
烟台市	Yantai	16	29	17
潍坊市	Weifang	16	51	19
济宁市	Jining	7	20	7
泰安市	Tai'an	9	14	7
威海市	Weihai	11	17	14
日照市	Rizhao	4	12	9
临沂市	Linyi	5	31	21
德州市	Dezhou	4	32	13
聊城市	Liaocheng	3	27	19
滨州市	Binzhou	4	19	10
菏泽市	Heze	4	63	35
河南省	**Henan**			
郑州市	Zhengzhou	68	103	60
开封市	Kaifeng	7	33	19
洛阳市	Luoyang	8	39	23
平顶山市	Pingdingshan	7	18	5
安阳市	Anyang	7	18	4
鹤壁市	Hebi	3	5	3

2−19 续表 4 continued

单位：所 (unit)

城 市	City	普通、职业高等学校 Regular & Vocational Higher Education Institutions	中等职业教育学校 Vocational Secondary Schools	
		全 市 Total City	全 市 Total City	市辖区 Districts under City
新乡市	Xinxiang	11	24	8
焦作市	Jiaozuo	6	23	7
濮阳市	Puyang	3	19	7
许昌市	Xuchang	4	24	12
漯河市	Luohe	3	22	13
三门峡市	Sanmenxia	2	18	9
南阳市	Nanyang	7	69	27
商丘市	Shangqiu	6	31	11
信阳市	Xinyang	7	29	9
周口市	Zhoukou	4	31	11
驻马店市	Zhumadian	3	26	6
湖北省	**Hubei**			
武汉市	Wuhan	83	99	99
黄石市	Huangshi	4	11	7
十堰市	Shiyan	6	12	6
宜昌市	Yichang	5	21	12
襄阳市	Xiangyang	5	26	16
鄂州市	Ezhou	1	8	8
荆门市	Jingmen	2	12	6
孝感市	Xiaogan	3	20	11
荆州市	Jingzhou	7	13	6
黄冈市	Huanggang	4	21	8
咸宁市	Xianning	6	13	3
随州市	Suizhou	1	7	4
湖南省	**Hunan**			
长沙市	Changsha	52	88	56
株洲市	Zhuzhou	9	23	14
湘潭市	Xiangtan	11	23	14
衡阳市	Hengyang	9	57	26
邵阳市	Shaoyang	3	70	34
岳阳市	Yueyang	5	32	16
常德市	Changde	6	43	19
张家界市	Zhangjiajie	1	10	4
益阳市	Yiyang	5	22	14
郴州市	Chenzhou	3	28	11
永州市	Yongzhou	4	41	15
怀化市	Huaihua	4	38	14
娄底市	Loudi	4	22	6
广东省	**Guangdong**			
广州市	Guangzhou	84	77	77
韶关市	Shaoguan	2	14	7

2-19 续表 5 continued

单位：所 (unit)

城 市	City	普通、职业高等学校 Regular & Vocational Higher Education Institutions	中等职业教育学校 Vocational Secondary Schools	
		全 市 Total City	全 市 Total City	市辖区 Districts under City
深圳市	Shenzhen	15	16	16
珠海市	Zhuhai	11	8	8
汕头市	Shantou	5	18	17
佛山市	Foshan	13	26	26
江门市	Jiangmen	7	16	8
湛江市	Zhanjiang	6	24	15
茂名市	Maoming	6	12	6
肇庆市	Zhaoqing	10	15	10
惠州市	Huizhou	5	25	18
梅州市	Meizhou	9	16	10
汕尾市	Shanwei	2	10	4
河源市	Heyuan	1	18	10
阳江市	Yangjiang	2	6	3
清远市	Qingyuan	2	13	4
东莞市	Dongguan	8	20	
中山市	Zhongshan	5	12	
潮州市	Chaozhou	1	8	5
揭阳市	Jieyang	3	11	4
云浮市	Yunfu	2	8	1
广西壮族自治区	**Guangxi**			
南宁市	Nanning	40	27	22
柳州市	Liuzhou	6	16	14
桂林市	Guilin	12	17	7
梧州市	Wuzhou	3	12	8
北海市	Beihai	5	7	5
防城港市	Fangchenggang	1	3	1
钦州市	Qinzhou	3	11	7
贵港市	Guigang		14	9
玉林市	Yulin	1	19	12
百色市	Baise	5	19	13
贺州市	Hezhou	1	12	9
河池市	Hechi	2	15	5
来宾市	Laibin	2	8	3
崇左市	Chongzuo	9	14	5
海南省	**Hainan**			
海口市	Haikou	13	24	24
三亚市	Sanya	6	3	3
三沙市	Sansha			
儋州市	Danzhou		1	
重庆市	**Chongqing**	**70**	**131**	**101**

2-19 续表 6 continued

单位：所 (unit)

城市	City	普通、职业高等学校 Regular & Vocational Higher Education Institutions	中等职业教育学校 Vocational Secondary Schools	
		全市 Total City	全市 Total City	市辖区 Districts under City
四川省	**Sichuan**			
成都市	Chengdu	58	83	66
自贡市	Zigong	3	9	7
攀枝花市	Panzhihua	4	8	7
泸州市	Luzhou	7	16	7
德阳市	Deyang	9	16	11
绵阳市	Mianyang	15	21	13
广元市	Guangyuan	5	11	5
遂宁市	Suining	1	10	3
内江市	Neijiang	5	16	9
乐山市	Leshan	3	18	11
南充市	Nanchong	7	29	18
眉山市	Meishan	6	16	6
宜宾市	Yibin	2	16	9
广安市	Guang'an	1	26	8
达州市	Dazhou	4	28	16
雅安市	Ya'an	2	8	4
巴中市	Bazhong	1	9	3
资阳市	Ziyang	3	7	3
贵州省	**Guizhou**			
贵阳市	Guiyang	35	56	47
六盘水市	Liupanshui	3	13	9
遵义市	Zunyi	7	20	9
安顺市	Anshun	3	10	5
毕节市	Bijie	7	15	6
铜仁市	Tongren	5	19	10
云南省	**Yunnan**			
昆明市	Kunming	52	77	58
曲靖市	Qujing	4	34	19
玉溪市	Yuxi	2	13	6
保山市	Baoshan	3	8	4
昭通市	Zhaotong	2	29	10
丽江市	Lijiang	2	8	3
普洱市	Pu'er	3	25	7
临沧市	Lincang	1	20	7
西藏自治区	**Xizang**			
拉萨市	Lhasa	5	3	3
日喀则市	Xigazê		2	2
昌都市	Qamdo		2	
林芝市	Nyingchi	1	1	1
山南市	Lhoka		2	2
那曲市	Nagqu		2	2

2-19 续表 7 continued

单位：所 (unit)

城市	City	普通、职业高等学校 Regular & Vocational Higher Education Institutions	中等职业教育学校 Vocational Secondary Schools	
		全市 Total City	全市 Total City	市辖区 Districts under City
陕西省	**Shaanxi**			
西安市	Xi'an	63	150	144
铜川市	Tongchuan	1	5	4
宝鸡市	Baoji	5	3	3
咸阳市	Xianyang	8	29	15
渭南市	Weinan	3	23	12
延安市	Yan'an	2	13	2
汉中市	Hanzhong	3	14	4
榆林市	Yulin	24	22	9
安康市	Ankang	2	12	4
商洛市	Shangluo	2	7	1
甘肃省	**Gansu**			
兰州市	Lanzhou	31	42	24
嘉峪关市	Jiayuguan	1	3	
金昌市	Jinchang	1	2	1
白银市	Baiyin	2	10	3
天水市	Tianshui	4	19	9
武威市	Wuwei	2	12	9
张掖市	Zhangye	2	9	3
平凉市	Pingliang	2	8	2
酒泉市	Jiuquan	1	11	6
庆阳市	Qingyang	2	13	5
定西市	Dingxi		18	4
陇南市	Longnan	1	11	2
青海省	**Qinghai**			
西宁市	Xining	10	15	12
海东市	Haidong	1	5	1
宁夏回族自治区	**Ningxia**			
银川市	Yinchuan	16	16	12
石嘴山市	Shizuishan	2	2	1
吴忠市	Wuzhong	1	5	
固原市	Guyuan	1	5	1
中卫市	Zhongwei		3	1
新疆维吾尔自治区	**Xinjiang**			
乌鲁木齐市	Urumqi	22	27	27
克拉玛依市	Karamay	3		
吐鲁番市	Turpan	1	2	1
哈密市	Hami	1	1	1

2-20 学校数(二)
Number of Schools (Ⅱ)

单位：所 (unit)

城 市	City	普通中学 Regular Secondary Schools		普通小学 Regular Primary Schools	
		全 市 Total City	市辖区 Districts under City	全 市 Total City	市辖区 Districts under City
北京市	**Beijing**	**684**	**684**	**719**	**719**
天津市	**Tianjin**	**542**	**542**	**884**	**884**
河北省	**Hebei**				
石家庄市	Shijiazhuang	443	169	1465	518
唐山市	Tangshan	346	135	1134	387
秦皇岛市	Qinhuangdao	157	88	412	163
邯郸市	Handan	465	183	1806	593
邢台市	Xingtai	300	77	1018	273
保定市	Baoding	526	136	2088	414
张家口市	Zhangjiakou	168	69	419	161
承德市	Chengde	136	27	448	60
沧州市	Cangzhou	341	20	1349	53
廊坊市	Langfang	220	30	751	124
衡水市	Hengshui	190	59	570	95
山西省	**Shanxi**				
太原市	Taiyuan	219	189	409	279
大同市	Datong	143	82	274	120
阳泉市	Yangquan	78	41	185	61
长治市	Changzhi	188	97	455	211
晋城市	Jincheng	134	33	280	55
朔州市	Shuozhou	84	36	150	46
晋中市	Jinzhong	210	36	456	84
运城市	Yuncheng	231	43	647	76
忻州市	Xinzhou	181	34	342	85
临汾市	Linfen	209	60	625	128
吕梁市	Lvliang	234	23	385	40
内蒙古自治区	**Inner Mongolia**				
呼和浩特市	Hohhot	118	83	195	141
包头市	Baotou	98	84	134	103
乌海市	Wuhai	21	21	21	21
赤峰市	Chifeng	150	57	394	110
通辽市	Tongliao	141	30	220	35
鄂尔多斯市	Erdos	86	34	146	42
呼伦贝尔市	Hulunbuir	154	22	132	23
巴彦淖尔市	Bayannur	53	21	89	29
乌兰察布市	Ulanqab	77	15	111	28
辽宁省	**Liaoning**				
沈阳市	Shenyang	317	260	285	248
大连市	Dalian	315	228	386	291
鞍山市	Anshan	160	65	226	62

2-20 续表 1 continued

单位：所 (unit)

城　市	City	普通中学 Regular Secondary Schools		普通小学 Regular Primary Schools	
		全　市 Total City	市辖区 Districts under City	全　市 Total City	市辖区 Districts under City
抚顺市	Fushun	101	59	91	54
本溪市	Benxi	60	39	61	32
丹东市	Dandong	126	39	173	61
锦州市	Jinzhou	129	41	210	46
营口市	Yingkou	100	39	94	49
阜新市	Fuxin	88	38	64	33
辽阳市	Liaoyang	76	38	73	34
盘锦市	Panjin	68	52	35	32
铁岭市	Tieling	104	25	142	22
朝阳市	Chaoyang	167	33	383	73
葫芦岛市	Huludao	131	42	232	57
吉林省	**Jilin**				
长春市	Changchun	413	220	413	251
吉林市	Jilin	184	74	483	133
四平市	Siping	134	29	496	72
辽源市	Liaoyuan	65	20	70	31
通化市	Tonghua	135	20	148	31
白山市	Baishan	103	34	72	26
松原市	Songyuan	157	32	599	85
白城市	Baicheng	123	31	97	21
黑龙江省	**Heilongjiang**				
哈尔滨市	Harbin	453	255	399	229
齐齐哈尔市	Qiqihar	245	68	167	59
鸡西市	Jixi	97	30	58	19
鹤岗市	Hegang	51	25	33	20
双鸭山市	Shuangyashan	77	24	62	21
大庆市	Daqing	147	77	138	72
伊春市	Yichun	47	15	45	15
佳木斯市	Jiamusi	127	38	112	33
七台河市	Qitaihe	46	28	32	17
牡丹江市	Mudanjiang	108	30	113	38
黑河市	Heihe	83	17	49	10
绥化市	Suihua	252	35	169	29
上海市	**Shanghai**	**888**	**888**	**671**	**671**
江苏省	**Jiangsu**				
南京市	Nanjing	270	270	391	391
无锡市	Wuxi	206	110	235	122
徐州市	Xuzhou	375	96	868	288
常州市	Changzhou	174	111	221	176
苏州市	Suzhou	357	155	447	223
南通市	Nantong	219	101	349	145

2-20 续表 2 continued

单位：所 (unit)

城 市	City	普通中学 Regular Secondary Schools		普通小学 Regular Primary Schools	
		全 市 Total City	市辖区 Districts under City	全 市 Total City	市辖区 Districts under City
连云港市	Lianyungang	180	74	406	161
淮安市	Huai'an	208	125	232	143
盐城市	Yancheng	294	109	280	108
扬州市	Yangzhou	165	89	195	93
镇江市	Zhenjiang	110	45	115	45
泰州市	Taizhou	183	63	157	52
宿迁市	Suqian	207	63	192	55
浙江省	**Zhejiang**				
杭州市	Hangzhou	403	343	507	418
宁波市	Ningbo	328	167	388	185
温州市	Wenzhou	422	93	558	146
嘉兴市	Jiaxing	171	57	151	29
湖州市	Huzhou	117	52	129	47
绍兴市	Shaoxing	195	92	302	144
金华市	Jinhua	273	69	395	71
衢州市	Quzhou	96	35	189	49
舟山市	Zhoushan	40	30	58	41
台州市	Taizhou	275	80	343	88
丽水市	Lishui	103	25	184	20
安徽省	**Anhui**				
合肥市	Hefei	317	129	470	177
芜湖市	Wuhu	210	119	236	135
蚌埠市	Bengbu	190	61	544	121
淮南市	Huainan	195	99	385	147
马鞍山市	Ma'anshan	104	34	179	56
淮北市	Huaibei	125	72	274	103
铜陵市	Tongling	85	51	112	72
安庆市	Anqing	297	40	507	63
黄山市	Huangshan	111	33	125	35
滁州市	Chuzhou	252	32	227	35
阜阳市	Fuyang	430	125	1187	301
宿州市	Suzhou	253	73	723	238
六安市	Lu'an	337	127	346	131
亳州市	Bozhou	312	73	908	236
池州市	Chizhou	99	43	154	55
宣城市	Xuancheng	142	49	132	44
福建省	**Fujian**				
福州市	Fuzhou	334	128	876	290
厦门市	Xiamen	122	122	300	300
莆田市	Putian	148	93	560	371
三明市	Sanming	151	37	235	49

2-20 续表 3 continued

单位：所 (unit)

城　市	City	普通中学 Regular Secondary Schools 全　市 Total City	普通中学 Regular Secondary Schools 市辖区 Districts under City	普通小学 Regular Primary Schools 全　市 Total City	普通小学 Regular Primary Schools 市辖区 Districts under City
泉州市	Quanzhou	334	51	1269	155
漳州市	Zhangzhou	208	60	821	252
南平市	Nanping	168	40	269	73
龙岩市	Longyan	176	61	373	123
宁德市	Ningde	178	32	270	32
江西省	**Jiangxi**				
南昌市	Nanchang	316	209	380	198
景德镇市	Jingdezhen	105	33	274	49
萍乡市	Pingxiang	112	45	338	140
九江市	Jiujiang	297	52	519	74
新余市	Xinyu	44	37	72	51
鹰潭市	Yingtan	99	46	99	53
赣州市	Ganzhou	499	113	1468	330
吉安市	Ji'an	331	31	608	71
宜春市	Yichun	274	54	625	142
抚州市	Fuzhou	241	78	557	288
上饶市	Shangrao	473	129	1383	365
山东省	**Shandong**				
济南市	Jinan	334	303	608	551
青岛市	Qingdao	363	240	672	458
淄博市	Zibo	193	137	263	178
枣庄市	Zaozhuang	136	89	453	255
东营市	Dongying	105	76	101	65
烟台市	Yantai	276	108	288	162
潍坊市	Weifang	371	100	659	149
济宁市	Jining	343	95	931	144
泰安市	Tai'an	206	73	463	163
威海市	Weihai	116	66	100	76
日照市	Rizhao	103	45	225	83
临沂市	Linyi	396	90	1324	150
德州市	Dezhou	214	37	641	138
聊城市	Liaocheng	275	98	696	215
滨州市	Binzhou	176	56	265	61
菏泽市	Heze	449	100	1374	361
河南省	**Henan**				
郑州市	Zhengzhou	559	322	981	466
开封市	Kaifeng	281	86	811	260
洛阳市	Luoyang	409	173	768	288
平顶山市	Pingdingshan	287	64	1059	130
安阳市	Anyang	341	110	1177	269
鹤壁市	Hebi	78	37	269	60

2-20 续表 4 continued

单位：所 (unit)

城 市	City	普通中学 Regular Secondary Schools		普通小学 Regular Primary Schools	
		全 市 Total City	市辖区 Districts under City	全 市 Total City	市辖区 Districts under City
新乡市	Xinxiang	416	67	1235	142
焦作市	Jiaozuo	214	55	507	78
濮阳市	Puyang	206	70	721	80
许昌市	Xuchang	238	58	780	150
漯河市	Luohe	127	61	363	152
三门峡市	Sanmenxia	136	37	212	49
南阳市	Nanyang	607	141	1610	249
商丘市	Shangqiu	465	90	1752	345
信阳市	Xinyang	405	78	961	141
周口市	Zhoukou	527	95	1739	207
驻马店市	Zhumadian	374	45	1904	184
湖北省	**Hubei**				
武汉市	Wuhan	409	409	610	610
黄石市	Huangshi	134	40	348	92
十堰市	Shiyan	197	74	411	147
宜昌市	Yichang	169	64	226	83
襄阳市	Xiangyang	263	114	467	162
鄂州市	Ezhou	53	53	239	239
荆门市	Jingmen	130	39	188	49
孝感市	Xiaogan	243	52	438	72
荆州市	Jingzhou	239	51	389	59
黄冈市	Huanggang	320	29	693	38
咸宁市	Xianning	158	37	404	54
随州市	Suizhou	110	38	191	43
湖南省	**Hunan**				
长沙市	Changsha	386	175	882	405
株洲市	Zhuzhou	216	81	374	116
湘潭市	Xiangtan	156	33	336	79
衡阳市	Hengyang	474	56	916	136
邵阳市	Shaoyang	473	46	902	82
岳阳市	Yueyang	295	62	881	125
常德市	Changde	278	39	370	54
张家界市	Zhangjiajie	106	29	96	45
益阳市	Yiyang	217	59	397	120
郴州市	Chenzhou	317	60	342	58
永州市	Yongzhou	364	80	476	96
怀化市	Huaihua	378	46	233	33
娄底市	Loudi	302	37	728	77
广东省	**Guangdong**				
广州市	Guangzhou	555	555	992	992
韶关市	Shaoguan	151	41	217	72

2-20 续表 5 continued

单位：所 (unit)

城　　市	City	普通中学 Regular Secondary Schools		普通小学 Regular Primary Schools	
		全　市 Total City	市辖区 Districts under City	全　市 Total City	市辖区 Districts under City
深圳市	Shenzhen	521	521	353	353
珠海市	Zhuhai	90	90	149	149
汕头市	Shantou	318	314	725	721
佛山市	Foshan	235	235	423	423
江门市	Jiangmen	203	90	332	133
湛江市	Zhanjiang	300	98	914	88
茂名市	Maoming	272	97	1400	319
肇庆市	Zhaoqing	208	81	234	85
惠州市	Huizhou	309	162	590	279
梅州市	Meizhou	241	49	448	63
汕尾市	Shanwei	167	23	559	58
河源市	Heyuan	201	37	359	55
阳江市	Yangjiang	122	74	166	80
清远市	Qingyuan	193	77	354	125
东莞市	Dongguan	267		341	
中山市	Zhongshan	116		212	
潮州市	Chaozhou	148	104	567	340
揭阳市	Jieyang	301	119	1207	271
云浮市	Yunfu	106	25	183	54
广西壮族自治区	**Guangxi**				
南宁市	Nanning	359	235	1087	558
柳州市	Liuzhou	141	90	346	188
桂林市	Guilin	227	71	556	168
梧州市	Wuzhou	141	40	514	137
北海市	Beihai	98	61	329	101
防城港市	Fangchenggang	49	32	379	192
钦州市	Qinzhou	132	61	999	340
贵港市	Guigang	207	76	817	350
玉林市	Yulin	277	61	1350	230
百色市	Baise	162	31	370	69
贺州市	Hezhou	109	59	339	157
河池市	Hechi	187	44	658	168
来宾市	Laibin	91	47	214	110
崇左市	Chongzuo	105	23	211	25
海南省	**Hainan**				
海口市	Haikou	108	108	139	139
三亚市	Sanya	52	52	115	115
三沙市	Sansha				
儋州市	Danzhou	56		242	
重庆市	**Chongqing**	**1120**	**838**	**2637**	**1830**

2-20 续表 6 continued

单位：所 (unit)

城市	City	普通中学 Regular Secondary Schools		普通小学 Regular Primary Schools	
		全市 Total City	市辖区 Districts under City	全市 Total City	市辖区 Districts under City
四川省	**Sichuan**				
成都市	Chengdu	642	390	636	433
自贡市	Zigong	138	56	104	54
攀枝花市	Panzhihua	55	41	55	29
泸州市	Luzhou	214	63	194	49
德阳市	Deyang	133	29	227	59
绵阳市	Mianyang	165	75	331	96
广元市	Guangyuan	138	48	254	84
遂宁市	Suining	138	50	176	74
内江市	Neijiang	163	54	223	71
乐山市	Leshan	165	59	207	66
南充市	Nanchong	406	98	266	103
眉山市	Meishan	164	50	171	67
宜宾市	Yibin	271	118	294	107
广安市	Guang'an	267	75	157	36
达州市	Dazhou	350	107	257	69
雅安市	Ya'an	67	34	128	40
巴中市	Bazhong	217	89	182	44
资阳市	Ziyang	196	64	149	65
贵州省	**Guizhou**				
贵阳市	Guiyang	289	212	532	356
六盘水市	Liupanshui	207	107	462	194
遵义市	Zunyi	420	115	996	292
安顺市	Anshun	158	78	418	176
毕节市	Bijie	463	107	1633	345
铜仁市	Tongren	254	42	693	89
云南省	**Yunnan**				
昆明市	Kunming	349	245	717	367
曲靖市	Qujing	269	86	1627	305
玉溪市	Yuxi	108	37	461	121
保山市	Baoshan	116	36	797	268
昭通市	Zhaotong	270	41	1436	150
丽江市	Lijiang	64	14	336	35
普洱市	Pu'er	134	15	461	38
临沧市	Lincang	125	24	882	107
西藏自治区	**Xizang**				
拉萨市	Lhasa	27	21	74	33
日喀则市	Xigazê	34	13	231	22
昌都市	Qamdo	23	1	204	26
林芝市	Nyingchi	11	5	61	4
山南市	Lhoka	19	1	93	7
那曲市	Nagqu	23	6	130	8

2-20 续表 7 continued

单位：所 (unit)

城市	City	普通中学 Regular Secondary Schools		普通小学 Regular Primary Schools	
		全市 Total City	市辖区 Districts under City	全市 Total City	市辖区 Districts under City
陕西省	**Shaanxi**				
西安市	Xi'an	517	436	1174	980
铜川市	Tongchuan	42	35	77	64
宝鸡市	Baoji	188	102	387	164
咸阳市	Xianyang	263	49	595	36
渭南市	Weinan	225	50	645	135
延安市	Yan'an	111	42	236	74
汉中市	Hanzhong	214	61	433	125
榆林市	Yulin	38	4	324	94
安康市	Ankang	177	61	372	100
商洛市	Shangluo	159	37	357	79
甘肃省	**Gansu**				
兰州市	Lanzhou	215	125	421	206
嘉峪关市	Jiayuguan	9		14	
金昌市	Jinchang	19	10	26	13
白银市	Baiyin	136	37	284	53
天水市	Tianshui	253	78	534	174
武威市	Wuwei	129	77	444	218
张掖市	Zhangye	41	12	127	31
平凉市	Pingliang	164	35	629	146
酒泉市	Jiuquan	47	22	96	26
庆阳市	Qingyang	165	25	603	84
定西市	Dingxi	252	41	511	49
陇南市	Longnan	231	40	1177	153
青海省	**Qinghai**				
西宁市	Xining	143	95	136	102
海东市	Haidong	95	21	253	52
宁夏回族自治区	**Ningxia**				
银川市	Yinchuan	86	59	193	118
石嘴山市	Shizuishan	34	23	66	41
吴忠市	Wuzhong	66	22	265	51
固原市	Guyuan	70	17	401	162
中卫市	Zhongwei	52	26	268	31
新疆维吾尔自治区	**Xinjiang**				
乌鲁木齐市	Urumqi	160	157	124	114
克拉玛依市	Karamay	20	20	27	27
吐鲁番市	Turpan	48	18	97	43
哈密市	Hami	27	18	49	35

2-21 专任教师数(一)
Number of Full-time Teachers (Ⅰ)

单位：人 (person)

城　市	City	普通、职业高等学校 Regular & Vocational Higher Education Institutions	中等职业教育学校 Vocational Secondary Schools	
		全　市 Total City	全　市 Total City	市辖区 Districts under City
北京市	**Beijing**	**76154**	**5937**	**5937**
天津市	**Tianjin**	**40872**	**5286**	**5286**
河北省	**Hebei**			
石家庄市	Shijiazhuang	34999	12358	6951
唐山市	Tangshan	9739	4645	2406
秦皇岛市	Qinhuangdao	5588	2367	1302
邯郸市	Handan	4752	7207	4083
邢台市	Xingtai	3479	5435	2217
保定市	Baoding	12416	8580	3340
张家口市	Zhangjiakou	3579	3588	1959
承德市	Chengde	3448	2976	1004
沧州市	Cangzhou	4633	4206	898
廊坊市	Langfang	9319	2306	619
衡水市	Hengshui	1268	2853	1354
山西省	**Shanxi**			
太原市	Taiyuan		4482	4275
大同市	Datong	2082	1972	1372
阳泉市	Yangquan	1046	510	361
长治市	Changzhi	2292	3012	2276
晋城市	Jincheng	407	1225	546
朔州市	Shuozhou	880	1772	668
晋中市	Jinzhong	11644	3044	767
运城市	Yuncheng	2857	3110	1444
忻州市	Xinzhou	1524	1412	330
临汾市	Linfen		2519	884
吕梁市	Lvliang	890	2727	1182
内蒙古自治区	**Inner Mongolia**			
呼和浩特市	Hohhot	13549	2038	1535
包头市	Baotou	5530	1342	975
乌海市	Wuhai	264	158	158
赤峰市	Chifeng	2193	2674	992
通辽市	Tongliao	2093	1481	595
鄂尔多斯市	Erdos	1060	1376	355
呼伦贝尔市	Hulunbuir	1655	1246	198
巴彦淖尔市	Bayannur	667	1272	841
乌兰察布市	Ulanqab	1258	1124	
辽宁省	**Liaoning**			
沈阳市	Shenyang	27306	5619	5155
大连市	Dalian	19066	2779	2341
鞍山市	Anshan	2250	1220	838

2-21 续表 1 continued

单位：人 (person)

城　市	City	普通、职业高等学校 Regular & Vocational Higher Education Institutions	中等职业教育学校 Vocational Secondary Schools	
		全　市 Total City	全　市 Total City	市辖区 Districts under City
抚顺市	Fushun	2142	987	835
本溪市	Benxi	2043	1015	875
丹东市	Dandong	1519	915	319
锦州市	Jinzhou	4955	1093	765
营口市	Yingkou	1278	1205	947
阜新市	Fuxin	1927	761	547
辽阳市	Liaoyang	900	910	734
盘锦市	Panjin	473	579	306
铁岭市	Tieling	1205	823	823
朝阳市	Chaoyang	460	1586	786
葫芦岛市	Huludao	641	831	344
吉林省	**Jilin**			
长春市	Changchun	27662	4938	2798
吉林市	Jilin	5520	2839	1982
四平市	Siping	2309	1149	451
辽源市	Liaoyuan	345	768	489
通化市	Tonghua	842	1396	587
白山市	Baishan	248	649	218
松原市	Songyuan	286	1132	213
白城市	Baicheng	1176	877	308
黑龙江省	**Heilongjiang**			
哈尔滨市	Harbin	34640	3885	3196
齐齐哈尔市	Qiqihar	3218	1584	721
鸡西市	Jixi	458	408	199
鹤岗市	Hegang	241	431	249
双鸭山市	Shuangyashan	131	300	67
大庆市	Daqing	3556	738	434
伊春市	Yichun		279	117
佳木斯市	Jiamusi	2244	1063	627
七台河市	Qitaihe	180	71	46
牡丹江市	Mudanjiang	3265	1034	552
黑河市	Heihe	809	747	241
绥化市	Suihua		1060	507
上海市	**Shanghai**	**50400**	**8021**	**8021**
江苏省	**Jiangsu**			
南京市	Nanjing	50096	4807	4807
无锡市	Wuxi	7903	6280	4239
徐州市	Xuzhou	9732	5150	3184
常州市	Changzhou	8405	4317	1169
苏州市	Suzhou	15616	5870	1413
南通市	Nantong	6070	5355	2731

2-21 续表 2 continued

单位：人 (person)

城市	City	普通、职业高等学校 Regular & Vocational Higher Education Institutions	中等职业教育学校 Vocational Secondary Schools	
		全市 Total City	全市 Total City	市辖区 Districts under City
连云港市	Lianyungang	2874	2987	773
淮安市	Huai'an	5028	2833	1944
盐城市	Yancheng	4487	3216	1400
扬州市	Yangzhou	5854	2105	1445
镇江市	Zhenjiang	6850	1856	864
泰州市	Taizhou	2580	1862	1039
宿迁市	Suqian	1547	3374	2091
浙江省	**Zhejiang**			
杭州市	Hangzhou	36728	5602	5051
宁波市	Ningbo	9826	5037	2735
温州市	Wenzhou	7533	6289	1944
嘉兴市	Jiaxing	4013	3390	848
湖州市	Huzhou	2170	2289	766
绍兴市	Shaoxing	6440	3202	1859
金华市	Jinhua	6584	3961	1271
衢州市	Quzhou	932	1735	798
舟山市	Zhoushan	1727	503	406
台州市	Taizhou	2471	4479	1258
丽水市	Lishui	1296	2350	590
安徽省	**Anhui**			
合肥市	Hefei	33565	5678	3010
芜湖市	Wuhu	9133	1729	1452
蚌埠市	Bengbu	3697	2088	1083
淮南市	Huainan	3806	1518	1065
马鞍山市	Ma'anshan	3916	782	428
淮北市	Huaibei	2482	918	515
铜陵市	Tongling	1844	624	403
安庆市	Anqing	2778	2018	416
黄山市	Huangshan	1361	698	247
滁州市	Chuzhou	3202	1952	478
阜阳市	Fuyang	2629	4498	2343
宿州市	Suzhou	1667	2920	888
六安市	Lu'an	2643	2004	914
亳州市	Bozhou	973	2419	1071
池州市	Chizhou	1334	666	402
宣城市	Xuancheng	346	1751	658
福建省	**Fujian**			
福州市	Fuzhou	24002	4797	3349
厦门市	Xiamen	11233	2099	2099
莆田市	Putian	1669	1319	892
三明市	Sanming	1809	1560	656

2–21 续表 3 continued

单位：人 (person)

城 市	City	普通、职业高等学校 Regular & Vocational Higher Education Institutions	中等职业教育学校 Vocational Secondary Schools	
		全 市 Total City	全 市 Total City	市辖区 Districts under City
泉州市	Quanzhou	9987	4316	1285
漳州市	Zhangzhou	4892	1823	545
南平市	Nanping	1725	1267	757
龙岩市	Longyan	1292	1179	533
宁德市	Ningde	890	1235	326
江西省	**Jiangxi**			
南昌市	Nanchang	38916	3790	2671
景德镇市	Jingdezhen	643	3317	2394
萍乡市	Pingxiang	2383	918	617
九江市	Jiujiang	8297	1732	572
新余市	Xinyu	2997	1460	1436
鹰潭市	Yingtan	587	614	496
赣州市	Ganzhou	7585	5138	2533
吉安市	Ji'an	1827	1666	289
宜春市	Yichun	3226	2170	719
抚州市	Fuzhou		1269	239
上饶市	Shangrao	2800	1860	851
山东省	**Shandong**			
济南市	Jinan	38636	7016	6575
青岛市	Qingdao	25885	7064	5342
淄博市	Zibo	6689	2125	1482
枣庄市	Zaozhuang	2348	1826	1072
东营市	Dongying	2185	1743	1091
烟台市	Yantai	14003	4368	2015
潍坊市	Weifang	13159	7990	2044
济宁市	Jining	7165	3347	1125
泰安市	Tai'an	7323	2709	994
威海市	Weihai	6365	2037	1576
日照市	Rizhao	2659	1784	1124
临沂市	Linyi	5510	5482	2377
德州市	Dezhou	4029	3428	1451
聊城市	Liaocheng	2991	3405	1939
滨州市	Binzhou	3692	2466	994
菏泽市	Heze	2923	6277	3208
河南省	**Henan**			
郑州市	Zhengzhou	69516	11234	6490
开封市	Kaifeng	3805	1936	1180
洛阳市	Luoyang	8986	3557	1956
平顶山市	Pingdingshan	4610	2084	923
安阳市	Anyang	6938	2379	724
鹤壁市	Hebi	1517	604	229

2-21 续表 4 continued

单位：人 (person)

城　市	City	普通、职业高等学校 Regular & Vocational Higher Education Institutions	中等职业教育学校 Vocational Secondary Schools	
		全　市 Total City	全　市 Total City	市辖区 Districts under City
新乡市	Xinxiang	11514	2727	545
焦作市	Jiaozuo	6166	1744	586
濮阳市	Puyang	1923	1572	489
许昌市	Xuchang	4049	2079	831
漯河市	Luohe	2879	1935	1504
三门峡市	Sanmenxia	1693	813	400
南阳市	Nanyang	6820	5270	1546
商丘市	Shangqiu	6738	3055	1033
信阳市	Xinyang	5486	3461	739
周口市	Zhoukou	3746	3197	924
驻马店市	Zhumadian	2466	2670	368
湖北省	**Hubei**			
武汉市	Wuhan	64323	4473	4473
黄石市	Huangshi	3568	773	439
十堰市	Shiyan	2862	1928	1029
宜昌市	Yichang	3429	2120	972
襄阳市	Xiangyang	2687	2039	1100
鄂州市	Ezhou	978	324	324
荆门市	Jingmen	1050	1336	599
孝感市	Xiaogan	1836	1215	493
荆州市	Jingzhou	5413	1692	762
黄冈市	Huanggang	2949	2721	462
咸宁市	Xianning	1900	1798	311
随州市	Suizhou	326	469	195
湖南省	**Hunan**			
长沙市	Changsha	40718	7528	4397
株洲市	Zhuzhou	5590	1746	1082
湘潭市	Xiangtan	8303	1374	788
衡阳市	Hengyang		4096	1857
邵阳市	Shaoyang	2426	3892	1055
岳阳市	Yueyang	2593	2710	1037
常德市	Changde	3528	3178	991
张家界市	Zhangjiajie		733	233
益阳市	Yiyang	2861	2172	927
郴州市	Chenzhou	1952	2969	1140
永州市	Yongzhou	2483	4308	1271
怀化市	Huaihua	2244	2664	694
娄底市	Loudi	2832	1993	458
广东省	**Guangdong**			
广州市	Guangzhou	80015	6606	6606
韶关市	Shaoguan	2542	2060	1178

2-21 续表 5 continued

单位：人 (person)

城市	City	普通、职业高等学校 Regular & Vocational Higher Education Institutions	中等职业教育学校 Vocational Secondary Schools	
		全市 Total City	全市 Total City	市辖区 Districts under City
深圳市	Shenzhen	9080	2962	2962
珠海市	Zhuhai	7018	1043	1043
汕头市	Shantou	2274	2608	2594
佛山市	Foshan	7599	3981	3981
江门市	Jiangmen	3707	1934	917
湛江市	Zhanjiang	7141	2800	1639
茂名市	Maoming	3680	3441	1126
肇庆市	Zhaoqing	5217	2878	2268
惠州市	Huizhou	2711	2374	1742
梅州市	Meizhou	1664	984	580
汕尾市	Shanwei	613	938	327
河源市	Heyuan	493	1970	1412
阳江市	Yangjiang	629	787	361
清远市	Qingyuan	1165	1858	853
东莞市	Dongguan	7278	3508	
中山市	Zhongshan	1928	2283	
潮州市	Chaozhou	1328	713	574
揭阳市	Jieyang	671	1471	516
云浮市	Yunfu	511	917	
广西壮族自治区	**Guangxi**			
南宁市	Nanning	27519	2879	2424
柳州市	Liuzhou	4743	2600	2374
桂林市	Guilin	10147	1257	695
梧州市	Wuzhou	1607	1020	566
北海市	Beihai	2049	796	653
防城港市	Fangchenggang	171	247	199
钦州市	Qinzhou	1810	1519	863
贵港市	Guigang		1185	556
玉林市	Yulin	1151	2220	1560
百色市	Baise	3552	1242	493
贺州市	Hezhou	1278	793	492
河池市	Hechi	1162	1349	634
来宾市	Laibin	1226	808	526
崇左市	Chongzuo	4731	785	478
海南省	**Hainan**			
海口市	Haikou	9882	2354	2354
三亚市	Sanya	3241	31	31
三沙市	Sansha			
儋州市	Danzhou		136	
重庆市	**Chongqing**	**55343**	**18208**	**14737**

2-21 续表 6 continued

单位：人 (person)

城 市	City	普通、职业高等学校 Regular & Vocational Higher Education Institutions	中等职业教育学校 Vocational Secondary Schools	
		全 市 Total City	全 市 Total City	市辖区 Districts under City
四川省	**Sichuan**			
成都市	Chengdu	55844	9820	7427
自贡市	Zigong	2438	1522	961
攀枝花市	Panzhihua	1384	889	802
泸州市	Luzhou	3866	2637	916
德阳市	Deyang	5786	1641	797
绵阳市	Mianyang	8587	2516	1275
广元市	Guangyuan	947	1298	555
遂宁市	Suining	715	1285	324
内江市	Neijiang	2159	1230	589
乐山市	Leshan	2668	1735	1183
南充市	Nanchong	5368	3077	1635
眉山市	Meishan	2986	1852	860
宜宾市	Yibin	2093	3416	1720
广安市	Guang'an	626	1824	547
达州市	Dazhou	1788	2719	1233
雅安市	Ya'an	3410	602	357
巴中市	Bazhong	301	1621	514
资阳市	Ziyang	931	1099	626
贵州省	**Guizhou**			
贵阳市	Guiyang	23288	4953	4091
六盘水市	Liupanshui	1112	786	410
遵义市	Zunyi	5179	2834	1107
安顺市	Anshun	1186	949	523
毕节市	Bijie	2343	1872	437
铜仁市	Tongren	2738	1785	764
云南省	**Yunnan**			
昆明市	Kunming	33555	4138	2771
曲靖市	Qujing	1834	3329	2055
玉溪市	Yuxi	1035	1395	839
保山市	Baoshan	861	1091	391
昭通市	Zhaotong	794	1521	626
丽江市	Lijiang	1612	589	305
普洱市	Pu'er	414	1398	532
临沧市	Lincang	499	807	520
西藏自治区	**Xizang**			
拉萨市	Lhasa	1681	892	892
日喀则市	Xigazê		395	395
昌都市	Qamdo		327	
林芝市	Nyingchi		256	256
山南市	Lhoka		349	349
那曲市	Nagqu		209	209

2-21 续表 7 continued

单位：人 (person)

城 市	City	普通、职业高等学校 Regular & Vocational Higher Education Institutions	中等职业教育学校 Vocational Secondary Schools	
		全 市 Total City	全 市 Total City	市辖区 Districts under City
陕西省	**Shaanxi**			
西安市	Xi'an	55455	10108	9869
铜川市	Tongchuan	251	114	101
宝鸡市	Baoji	2433	144	144
咸阳市	Xianyang	6246	1900	439
渭南市	Weinan	3705	2209	776
延安市	Yan'an	1690	762	49
汉中市	Hanzhong	2250	1146	371
榆林市	Yulin	4194	2119	173
安康市	Ankang	1159	934	372
商洛市	Shangluo		952	120
甘肃省	**Gansu**			
兰州市	Lanzhou	24035	2070	772
嘉峪关市	Jiayuguan	90	114	
金昌市	Jinchang	331	214	83
白银市	Baiyin	528	1331	567
天水市	Tianshui	2213	1717	764
武威市	Wuwei	976	952	450
张掖市	Zhangye	1303	785	368
平凉市	Pingliang	947	1192	103
酒泉市	Jiuquan	564	769	241
庆阳市	Qingyang	1369	1317	569
定西市	Dingxi		1527	336
陇南市	Longnan	533	1125	263
青海省	**Qinghai**			
西宁市	Xining	4634	1131	894
海东市	Haidong	158	344	76
宁夏回族自治区	**Ningxia**			
银川市	Yinchuan	8095	1371	1011
石嘴山市	Shizuishan	970	394	166
吴忠市	Wuzhong	367	523	
固原市	Guyuan	573	751	277
中卫市	Zhongwei		508	186
新疆维吾尔自治区	**Xinjiang**			
乌鲁木齐市	Urumqi	12017	2339	2339
克拉玛依市	Karamay	834		
吐鲁番市	Turpan	434	352	225
哈密市	Hami	270	187	187

2-22 专任教师数(二)
Number of Full-time Teachers (Ⅱ)

单位：人 (person)

城市	City	普通中学 Regular Secondary Schools		普通小学 Regular Primary Schools	
		全市 Total City	市辖区 Districts under City	全市 Total City	市辖区 Districts under City
北京市	**Beijing**	**62867**	**62867**	**76699**	**76699**
天津市	**Tianjin**	**48696**	**48696**	**49450**	**49450**
河北省	**Hebei**				
石家庄市	Shijiazhuang	45595	19898	53458	23791
唐山市	Tangshan	35318	14333	35175	15093
秦皇岛市	Qinhuangdao	13855	6956	14802	8050
邯郸市	Handan	54660	21013	64031	23527
邢台市	Xingtai	36347	11156	45406	12384
保定市	Baoding	58233	15194	61287	14832
张家口市	Zhangjiakou	18900	8553	19187	7132
承德市	Chengde	16221	3149	18857	3355
沧州市	Cangzhou	35178	3536	42789	4491
廊坊市	Langfang	23884	4508	30340	5761
衡水市	Hengshui	31880	12976	22911	5945
山西省	**Shanxi**				
太原市	Taiyuan	20154	18252	22727	18914
大同市	Datong	14820	9285	15069	8959
阳泉市	Yangquan	5840	2941	4689	2295
长治市	Changzhi	14799	8323	15989	8382
晋城市	Jincheng	10052	3055	8042	2011
朔州市	Shuozhou	11795	6687	7483	3607
晋中市	Jinzhong	18940	4089	14105	2993
运城市	Yuncheng	25932	5921	22307	3656
忻州市	Xinzhou	13530	4003	14751	2935
临汾市	Linfen	19123	5670	19892	4539
吕梁市	Lvliang	21851	3078	16408	3003
内蒙古自治区	**Inner Mongolia**				
呼和浩特市	Hohhot	12087	8969	12468	9086
包头市	Baotou	10899	9559	9811	8206
乌海市	Wuhai	2361	2361	2066	2066
赤峰市	Chifeng	18573	6616	20083	6806
通辽市	Tongliao	14201	4391	15437	3278
鄂尔多斯市	Erdos	10490	4130	13033	4284
呼伦贝尔市	Hulunbuir	10129	1923	9449	1664
巴彦淖尔市	Bayannur	5030	1972	5606	2034
乌兰察布市	Ulanqab	7042	1869	6404	1683
辽宁省	**Liaoning**				
沈阳市	Shenyang	35063	27662	21027	18290
大连市	Dalian	22904	16993	21143	16223
鞍山市	Anshan	11926	5491	10227	3561

2-22 续表 1 continued

单位：人 (person)

城市	City	普通中学 Regular Secondary Schools		普通小学 Regular Primary Schools	
		全市 Total City	市辖区 Districts under City	全市 Total City	市辖区 Districts under City
抚顺市	Fushun	8510	5363	4087	2854
本溪市	Benxi	4711	3007	4301	2680
丹东市	Dandong	9628	2859	6462	1839
锦州市	Jinzhou	9080	3221	9349	3023
营口市	Yingkou	8221	3907	6768	3099
阜新市	Fuxin	6690	2810	5434	1848
辽阳市	Liaoyang	6988	3437	3922	2017
盘锦市	Panjin	6045	5082	4778	3994
铁岭市	Tieling	11237	2738	7801	1058
朝阳市	Chaoyang	14184	3240	12847	2738
葫芦岛市	Huludao	10399	3710	10232	3449
吉林省	**Jilin**				
长春市	Changchun	34097	19323	36293	21312
吉林市	Jilin	13915	6203	13676	5837
四平市	Siping	9088	2543	8347	2136
辽源市	Liaoyuan	4493	1588	5132	1499
通化市	Tonghua	8492	1724	7872	1342
白山市	Baishan	5365	2008	4441	1563
松原市	Songyuan	10744	3224	10431	2732
白城市	Baicheng	7491	1992	7557	1508
黑龙江省	**Heilongjiang**				
哈尔滨市	Harbin	34959	23395	26365	15859
齐齐哈尔市	Qiqihar	16934	5033	12932	3494
鸡西市	Jixi	7729	3120	3270	1449
鹤岗市	Hegang	4644	2491	1922	1163
双鸭山市	Shuangyashan	5437	2130	3167	896
大庆市	Daqing	15178	9524	7116	3521
伊春市	Yichun	3431	1486	2789	936
佳木斯市	Jiamusi	8670	3409	7525	2477
七台河市	Qitaihe	3424	2373	1889	1047
牡丹江市	Mudanjiang	8766	2752	6831	2396
黑河市	Heihe	5907	1457	5142	846
绥化市	Suihua	21397	3713	11998	2545
上海市	**Shanghai**	**67400**	**67400**	**65400**	**65400**
江苏省	**Jiangsu**				
南京市	Nanjing	29331	29331	36643	36643
无锡市	Wuxi	24707	14226	28311	17483
徐州市	Xuzhou	53055	17199	51053	18630
常州市	Changzhou	17610	11001	20351	17616
苏州市	Suzhou	41537	19208	54288	29208
南通市	Nantong	26015	11750	24635	12231

2-22 续表 2 continued

单位：人 (person)

城市	City	普通中学 Regular Secondary Schools		普通小学 Regular Primary Schools	
		全市 Total City	市辖区 Districts under City	全市 Total City	市辖区 Districts under City
连云港市	Lianyungang	28814	10130	26151	10651
淮安市	Huai'an	24967	14762	23255	14510
盐城市	Yancheng	32913	12841	28031	9347
扬州市	Yangzhou	16887	9452	15070	8995
镇江市	Zhenjiang	10964	4169	11079	4244
泰州市	Taizhou	18652	6731	14782	5651
宿迁市	Suqian	24338	6828	28759	9483
浙江省	**Zhejiang**				
杭州市	Hangzhou	36566	31820	42051	37479
宁波市	Ningbo	27522	14719	31356	16833
温州市	Wenzhou	35242	10333	38195	10662
嘉兴市	Jiaxing	14739	4374	17020	5117
湖州市	Huzhou	10589	4376	10781	5039
绍兴市	Shaoxing	19603	9513	17007	8902
金华市	Jinhua	23652	5333	27761	5797
衢州市	Quzhou	9259	3538	9195	3484
舟山市	Zhoushan	3340	2626	3870	3091
台州市	Taizhou	24673	7611	24501	8255
丽水市	Lishui	9871	2243	10468	2496
安徽省	**Anhui**				
合肥市	Hefei	34929	17192	36493	21244
芜湖市	Wuhu	13782	7784	12853	8317
蚌埠市	Bengbu	14674	5364	17274	6664
淮南市	Huainan	13157	6561	13500	6421
马鞍山市	Ma'anshan	8122	3632	7584	3052
淮北市	Huaibei	8785	4641	9033	4736
铜陵市	Tongling	6446	3667	5115	3134
安庆市	Anqing	20300	3199	17192	2513
黄山市	Huangshan	4860	1761	5214	1965
滁州市	Chuzhou	15610	2646	14732	2914
阜阳市	Fuyang	35270	10481	39197	10569
宿州市	Suzhou	24731	7884	29948	10187
六安市	Lu'an	21976	10447	19787	8617
亳州市	Bozhou	24007	6985	27784	8884
池州市	Chizhou	5877	2454	5166	2004
宣城市	Xuancheng	8767	3081	8796	3058
福建省	**Fujian**				
福州市	Fuzhou	28250	14000	34647	16873
厦门市	Xiamen	16424	16424	22112	22112
莆田市	Putian	16014	11436	16263	11677
三明市	Sanming	12078	3334	13019	3234

2-22 续表 3 continued

单位：人 (person)

城 市	City	普通中学 Regular Secondary Schools		普通小学 Regular Primary Schools	
		全 市 Total City	市辖区 Districts under City	全 市 Total City	市辖区 Districts under City
泉州市	Quanzhou	38177	8240	47861	9202
漳州市	Zhangzhou	22435	7509	23657	7900
南平市	Nanping	12402	3525	13012	3873
龙岩市	Longyan	13331	5189	16021	6925
宁德市	Ningde	14095	3072	16252	3490
江西省	**Jiangxi**				
南昌市	Nanchang	33879	22410	17549	10619
景德镇市	Jingdezhen	9663	1005	7288	1667
萍乡市	Pingxiang	10120	4662	7643	3900
九江市	Jiujiang	25128	5762	19619	4105
新余市	Xinyu	5600	4294	6369	4855
鹰潭市	Yingtan	6213	3377	6085	3356
赣州市	Ganzhou	49464	13541	51183	14224
吉安市	Ji'an	30818	3628	22649	2929
宜春市	Yichun	27706	6152	28375	6464
抚州市	Fuzhou	19739	7828	19615	7556
上饶市	Shangrao	40209	10738	31659	10475
山东省	**Shandong**				
济南市	Jinan	36165	32123	39874	35976
青岛市	Qingdao	39715	25791	40505	28831
淄博市	Zibo	23218	15916	16476	11499
枣庄市	Zaozhuang	18966	12351	22167	13435
东营市	Dongying	12906	8450	9199	6240
烟台市	Yantai	30331	8744	20296	10135
潍坊市	Weifang	44929	11256	41782	12635
济宁市	Jining	40483	11539	41639	10026
泰安市	Tai'an	26854	9415	21240	7070
威海市	Weihai	12408	7939	8539	5997
日照市	Rizhao	13309	6274	13214	6443
临沂市	Linyi	63238	20734	51583	12846
德州市	Dezhou	30412	6815	25483	6732
聊城市	Liaocheng	36100	12591	31994	11025
滨州市	Binzhou	17533	5515	13476	3577
菏泽市	Heze	47657	11801	51258	13071
河南省	**Henan**				
郑州市	Zhengzhou	60874	31828	56409	33283
开封市	Kaifeng	27016	9102	26459	8989
洛阳市	Luoyang	39349	17699	31102	13413
平顶山市	Pingdingshan	35554	7814	29858	5948
安阳市	Anyang	33215	9381	29676	9237
鹤壁市	Hebi	9168	4507	8112	3308

2-22 续表 4 continued

单位：人 (person)

城市	City	普通中学 Regular Secondary Schools		普通小学 Regular Primary Schools	
		全市 Total City	市辖区 Districts under City	全市 Total City	市辖区 Districts under City
新乡市	Xinxiang	35834	6307	30406	6183
焦作市	Jiaozuo	18235	5268	15675	4338
濮阳市	Puyang	25454	10284	21980	4031
许昌市	Xuchang	27197	7673	21595	5598
漯河市	Luohe	13785	6956	9612	5444
三门峡市	Sanmenxia	11739	3368	9359	2414
南阳市	Nanyang	78059	16344	59211	10024
商丘市	Shangqiu	44617	10197	48297	9909
信阳市	Xinyang	46569	9567	40205	7562
周口市	Zhoukou	59054	11886	57269	10187
驻马店市	Zhumadian	51027	6859	52216	6482
湖北省	**Hubei**				
武汉市	Wuhan	36827	36827	41609	41609
黄石市	Huangshi	10493	3327	11982	3473
十堰市	Shiyan	14459	6966	15108	6572
宜昌市	Yichang	12370	5425	11822	5138
襄阳市	Xiangyang	22182	12731	18162	7403
鄂州市	Ezhou	4474	4474	4690	4690
荆门市	Jingmen	10300	3509	8048	2212
孝感市	Xiaogan	19973	4694	13826	3230
荆州市	Jingzhou	20825	4739	15360	2304
黄冈市	Huanggang	24702	2064	24635	1674
咸宁市	Xianning	12221	3223	12909	3113
随州市	Suizhou	8263	3329	7685	2506
湖南省	**Hunan**				
长沙市	Changsha	44623	22396	40886	24310
株洲市	Zhuzhou	18565	7762	14040	6384
湘潭市	Xiangtan	9252	2838	10158	4018
衡阳市	Hengyang	32911	5553	33494	6593
邵阳市	Shaoyang	31989	3563	33014	3757
岳阳市	Yueyang	24614	6110	17510	4929
常德市	Changde	20045	4822	18157	3169
张家界市	Zhangjiajie	6841	2562	6560	2092
益阳市	Yiyang	15643	5010	16006	4886
郴州市	Chenzhou	26240	6233	26558	6191
永州市	Yongzhou	32384	7371	25329	5466
怀化市	Huaihua	27537	4601	17241	3293
娄底市	Loudi	24177	5153	15255	2976
广东省	**Guangdong**				
广州市	Guangzhou	48728	48728	67290	67290
韶关市	Shaoguan	12860	4372	15284	4926

2-22 续表 5 continued

单位：人 (person)

城　市	City	普通中学 Regular Secondary Schools		普通小学 Regular Primary Schools	
		全　市 Total City	市辖区 Districts under City	全　市 Total City	市辖区 Districts under City
深圳市	Shenzhen	50408	50408	66513	66513
珠海市	Zhuhai	10860	10860	9193	9193
汕头市	Shantou	37097	36758	23137	22810
佛山市	Foshan	31154	31154	37774	37774
江门市	Jiangmen	20713	10272	15581	6512
湛江市	Zhanjiang	31678	10405	41459	11754
茂名市	Maoming	36827	12849	41144	16191
肇庆市	Zhaoqing	19168	8077	21595	8446
惠州市	Huizhou	26832	14663	34390	19339
梅州市	Meizhou	21097	5090	21833	4945
汕尾市	Shanwei	13541	2494	17075	2766
河源市	Heyuan	22521	5826	17077	3647
阳江市	Yangjiang	11754	6175	15170	7880
清远市	Qingyuan	17714	8095	22898	9997
东莞市	Dongguan	28625		44603	
中山市	Zhongshan	13968		18507	
潮州市	Chaozhou	11568	7743	11414	8241
揭阳市	Jieyang	28861	10340	30114	9290
云浮市	Yunfu	11992	2737	15046	4090
广西壮族自治区	**Guangxi**				
南宁市	Nanning	35956	22767	46968	31667
柳州市	Liuzhou	17648	10640	19655	11254
桂林市	Guilin	21560	7509	25938	8713
梧州市	Wuzhou	16138	4053	19424	4512
北海市	Beihai	8352	4660	9768	5204
防城港市	Fangchenggang	4891	3067	6816	3760
钦州市	Qinzhou	17246	7829	23296	9715
贵港市	Guigang	25642	10949	27181	10189
玉林市	Yulin	32232	7143	39098	7141
百色市	Baise	19037	4328	19918	3917
贺州市	Hezhou	10096	5485	13690	6975
河池市	Hechi	17390	3663	21815	4740
来宾市	Laibin	10007	1997	12270	5693
崇左市	Chongzuo	9584	2466	11003	1859
海南省	**Hainan**				
海口市	Haikou	12757	12757	14568	14568
三亚市	Sanya	3972	3972	5485	5485
三沙市	Sansha				
儋州市	Danzhou	4949		6194	
重庆市	**Chongqing**	**129754**	**94987**	**134050**	**98316**

2-22 续表 6 continued

单位：人 (person)

城市	City	普通中学 Regular Secondary Schools		普通小学 Regular Primary Schools	
		全市 Total City	市辖区 Districts under City	全市 Total City	市辖区 Districts under City
四川省	**Sichuan**				
成都市	Chengdu	61221	39249	70031	52879
自贡市	Zigong	9538	4036	9644	4722
攀枝花市	Panzhihua	5229	3524	4532	2619
泸州市	Luzhou	20868	6888	14681	5576
德阳市	Deyang	11954	3682	11748	3600
绵阳市	Mianyang	22863	12059	16200	6722
广元市	Guangyuan	10641	4029	11705	4242
遂宁市	Suining	11332	3457	11817	5470
内江市	Neijiang	14825	3831	10372	3888
乐山市	Leshan	11359	4366	11208	3680
南充市	Nanchong	24449	8016	24101	7688
眉山市	Meishan	11255	3974	11489	4350
宜宾市	Yibin	21181	10148	21150	9130
广安市	Guang'an	17276	5490	15209	4237
达州市	Dazhou	24941	7684	24887	6791
雅安市	Ya'an	5695	2497	6285	2379
巴中市	Bazhong	15332	5944	15579	5522
资阳市	Ziyang	10804	3845	8914	3146
贵州省	**Guizhou**				
贵阳市	Guiyang	22257	15958	26165	19063
六盘水市	Liupanshui	15058	7920	16755	8017
遵义市	Zunyi	38099	13084	32087	10819
安顺市	Anshun	12324	5787	14083	6180
毕节市	Bijie	40253	9065	43687	9026
铜仁市	Tongren	22952	4234	21282	3515
云南省	**Yunnan**				
昆明市	Kunming	30023	19413	33163	22722
曲靖市	Qujing	30384	7829	31214	7242
玉溪市	Yuxi	9326	3509	10085	3068
保山市	Baoshan	10914	4159	11523	4001
昭通市	Zhaotong	29211	5404	28376	5100
丽江市	Lijiang	5579	758	6784	1135
普洱市	Pu'er	9641	1763	11500	1712
临沧市	Lincang	10080	2354	12142	1724
西藏自治区	**Xizang**				
拉萨市	Lhasa	4050	3272	4226	2648
日喀则市	Xigazê	4475	1559	5442	851
昌都市	Qamdo	3884	181	5880	585
林芝市	Nyingchi	1274	666	1985	556
山南市	Lhoka	1909	131	2463	213
那曲市	Nagqu	3092	862	4421	896

2-22 续表 7 continued

单位：人 (person)

城市	City	普通中学 Regular Secondary Schools 全市 Total City	普通中学 Regular Secondary Schools 市辖区 Districts under City	普通小学 Regular Primary Schools 全市 Total City	普通小学 Regular Primary Schools 市辖区 Districts under City
陕西省	**Shaanxi**				
西安市	Xi'an	39831	35434	53347	48782
铜川市	Tongchuan	2744	2406	3245	2808
宝鸡市	Baoji	13923	7466	13582	5767
咸阳市	Xianyang	22808	6593	16574	1763
渭南市	Weinan	20672	4787	21116	3911
延安市	Yan'an	12918	5897	13703	5164
汉中市	Hanzhong	14867	4848	15258	4769
榆林市	Yulin	20303	2383	19332	4494
安康市	Ankang	14004	5877	11225	4154
商洛市	Shangluo	11460	2826	9643	2203
甘肃省	**Gansu**				
兰州市	Lanzhou	16267	10579	15233	9558
嘉峪关市	Jiayuguan	1121		1081	
金昌市	Jinchang	2383	1283	1634	863
白银市	Baiyin	11311	3979	10528	2592
天水市	Tianshui	17538	5932	19522	6315
武威市	Wuwei	7710	4450	8686	5161
张掖市	Zhangye	4933	1990	5740	2221
平凉市	Pingliang	12818	2402	12123	2947
酒泉市	Jiuquan	4803	2118	4485	1791
庆阳市	Qingyang	14360	3013	14413	3209
定西市	Dingxi	17053	2682	13438	1944
陇南市	Longnan	12579	3035	15777	3450
青海省	**Qinghai**				
西宁市	Xining	9807	7130	9361	7100
海东市	Haidong	4265	2105	7435	1755
宁夏回族自治区	**Ningxia**				
银川市	Yinchuan	11505	7780	10605	6790
石嘴山市	Shizuishan	3334	2080	3025	1883
吴忠市	Wuzhong	7401	2397	7914	2174
固原市	Guyuan	7149	2846	7749	2822
中卫市	Zhongwei	5878	1842	5779	1769
新疆维吾尔自治区	**Xinjiang**				
乌鲁木齐市	Urumqi	13723	13544	13106	12763
克拉玛依市	Karamay	2401	2401	2063	2063
吐鲁番市	Turpan	3845	1655	5856	2543
哈密市	Hami	2690	2133	3670	2680

2-23 在校学生数(一)
Number of Students Enrollment (Ⅰ)

单位：人 (person)

城 市	City	普通、职业本专科 Undergraduate in Regular &Vocational HEIs	中等职业教育学校 Vocational Secondary Schools	
		全 市 Total City	全市 Total City	市辖区 Districts under City
北京市	**Beijing**	**626590**	**414074**	**414074**
天津市	**Tianjin**	**594505**	**82867**	**82867**
河北省	**Hebei**			
石家庄市	Shijiazhuang	653918	264090	182168
唐山市	Tangshan	182422	58650	28393
秦皇岛市	Qinhuangdao	95558	30282	17002
邯郸市	Handan	83432	106325	61931
邢台市	Xingtai	74740	80989	27341
保定市	Baoding	216136	120445	48293
张家口市	Zhangjiakou	80859	53629	32555
承德市	Chengde	59703	44935	13994
沧州市	Cangzhou	101261	94600	20417
廊坊市	Langfang	178418	34810	10797
衡水市	Hengshui	23705	33957	19724
山西省	**Shanxi**			
太原市	Taiyuan		61411	58159
大同市	Datong	52838	23404	16979
阳泉市	Yangquan	25815	7335	3578
长治市	Changzhi	55531	38539	30527
晋城市	Jincheng	14587	14888	8868
朔州市	Shuozhou	25518	17109	6839
晋中市	Jinzhong	258286	44448	13422
运城市	Yuncheng	75562	46068	25041
忻州市	Xinzhou	29532	22524	7220
临汾市	Linfen		28839	12600
吕梁市	Lvliang	20360	28240	6679
内蒙古自治区	**Inner Mongolia**			
呼和浩特市	Hohhot	267396	30344	23390
包头市	Baotou	84643	21580	18315
乌海市	Wuhai	5188	4866	4866
赤峰市	Chifeng	33844	34694	13572
通辽市	Tongliao	44452	17367	5109
鄂尔多斯市	Erdos	19859	14695	2561
呼伦贝尔市	Hulunbuir	8050	17415	2512
巴彦淖尔市	Bayannur	12314	13804	9014
乌兰察布市	Ulanqab	32311	10019	
辽宁省	**Liaoning**			
沈阳市	Shenyang	472174	84930	73596
大连市	Dalian	334572	38394	33834
鞍山市	Anshan	41437	14306	10368

2-23 续表 1 continued

单位：人 (person)

城市	City	普通、职业本专科 Undergraduate in Regular &Vocational HEIs	中等职业教育学校 Vocational Secondary Schools	
		全市 Total City	全市 Total City	市辖区 Districts under City
抚顺市	Fushun	44728	7447	5366
本溪市	Benxi	48162	6846	5789
丹东市	Dandong	36222	13431	6752
锦州市	Jinzhou	92846	17184	11088
营口市	Yingkou	17203	17203	14448
阜新市	Fuxin	54555	9295	6962
辽阳市	Liaoyang	23063	12124	10762
盘锦市	Panjin	9236	13663	3923
铁岭市	Tieling	28896	10297	10297
朝阳市	Chaoyang	8585	19229	9360
葫芦岛市	Huludao	11722	14815	5394
吉林省	**Jilin**			
长春市	Changchun	518336	77940	43726
吉林市	Jilin	125424	24997	14851
四平市	Siping	45562	12965	5886
辽源市	Liaoyuan	9368	4298	1781
通化市	Tonghua	16191	8976	2373
白山市	Baishan	4743	10314	1545
松原市	Songyuan	5740	10887	2834
白城市	Baicheng	30441	7754	3804
黑龙江省	**Heilongjiang**			
哈尔滨市	Harbin	768117	59476	50284
齐齐哈尔市	Qiqihar	58912	42742	9971
鸡西市	Jixi	10373	3919	1983
鹤岗市	Hegang	4254	3899	2229
双鸭山市	Shuangyashan	6783	1858	566
大庆市	Daqing	14329	9209	4823
伊春市	Yichun		2217	1195
佳木斯市	Jiamusi	43150	15256	10569
七台河市	Qitaihe	4629	2731	2592
牡丹江市	Mudanjiang	78507	17811	8627
黑河市	Heihe	12531	5663	2618
绥化市	Suihua		12677	5244
上海市	**Shanghai**	**554800**	**112571**	**112571**
江苏省	**Jiangsu**			
南京市	Nanjing	777677	63391	63391
无锡市	Wuxi	201295	77918	58924
徐州市	Xuzhou	261150	109215	56722
常州市	Changzhou	165541	60708	12635
苏州市	Suzhou	292738	66303	16722
南通市	Nantong	149154	77510	51090

2-23 续表 2 continued

单位：人 (person)

城 市	City	普通、职业本专科 Undergraduate in Regular &Vocational HEIs	中等职业教育学校 Vocational Secondary Schools	
		全 市 Total City	全市 Total City	市辖区 Districts under City
连云港市	Lianyungang	61695	42055	12767
淮安市	Huai'an	101055	44269	28797
盐城市	Yancheng	102222	49683	26182
扬州市	Yangzhou	112722	29160	18088
镇江市	Zhenjiang	117068	19855	9180
泰州市	Taizhou	73612	34316	16642
宿迁市	Suqian	33381	74591	38601
浙江省	**Zhejiang**			
杭州市	Hangzhou	501150	83284	76101
宁波市	Ningbo	179313	60930	32819
温州市	Wenzhou	135853	94434	26914
嘉兴市	Jiaxing	81043	37217	9000
湖州市	Huzhou	39067	32143	11068
绍兴市	Shaoxing	132849	41816	23368
金华市	Jinhua	106936	52131	14613
衢州市	Quzhou	15440	23693	9580
舟山市	Zhoushan	26182	6187	5419
台州市	Taizhou	44744	74063	27000
丽水市	Lishui	41758	26426	6577
安徽省	**Anhui**			
合肥市	Hefei	896076	111176	68568
芜湖市	Wuhu	167405	33006	24274
蚌埠市	Bengbu	75645	52015	14251
淮南市	Huainan	91581	43177	25885
马鞍山市	Ma'anshan	75993	22995	8488
淮北市	Huaibei	46927	20874	10512
铜陵市	Tongling	46928	16378	11044
安庆市	Anqing	60890	33787	4453
黄山市	Huangshan	33428	18510	8242
滁州市	Chuzhou	62793	40351	8227
阜阳市	Fuyang	58968	121266	59078
宿州市	Suzhou	39645	74583	25337
六安市	Lu'an	55574	52049	28061
亳州市	Bozhou	22517	45652	19469
池州市	Chizhou	41884	15533	8372
宣城市	Xuancheng	15096	26645	9989
福建省	**Fujian**			
福州市	Fuzhou	413386	98773	73947
厦门市	Xiamen	182439	39834	39834
莆田市	Putian	39439	26584	15623
三明市	Sanming	60787	31449	16415

2-23 续表 3 continued

单位：人 (person)

城 市	City	普通、职业本专科 Undergraduate in Regular &Vocational HEIs	中等职业教育学校 Vocational Secondary Schools	
		全 市 Total City	全市 Total City	市辖区 Districts under City
泉州市	Quanzhou	206171	86608	29616
漳州市	Zhangzhou	98631	39951	33919
南平市	Nanping	52695	28144	17417
龙岩市	Longyan	26438	21777	11208
宁德市	Ningde	17427	22764	3687
江西省	**Jiangxi**			
南昌市	Nanchang	762480	106606	75076
景德镇市	Jingdezhen		19003	11680
萍乡市	Pingxiang	51783	22010	16656
九江市	Jiujiang	172507	48019	20539
新余市	Xinyu	20911	29713	28812
鹰潭市	Yingtan	13144	22838	17522
赣州市	Ganzhou	148947	123630	65822
吉安市	Ji'an	58954	46463	9250
宜春市	Yichun	73102	51904	13030
抚州市	Fuzhou	46269	26969	8996
上饶市	Shangrao	48169	59325	30039
山东省	**Shandong**			
济南市	Jinan	644302	123749	117095
青岛市	Qingdao	404999	92381	67526
淄博市	Zibo	137780	31129	22826
枣庄市	Zaozhuang	44996	41426	27320
东营市	Dongying	45597	29621	19560
烟台市	Yantai	268189	49127	23805
潍坊市	Weifang	262469	112775	37721
济宁市	Jining	150759	58570	18887
泰安市	Tai'an	137882	41592	15221
威海市	Weihai	135801	23046	18729
日照市	Rizhao	49327	33588	21397
临沂市	Linyi	134918	111042	48077
德州市	Dezhou	73435	48093	21169
聊城市	Liaocheng	57854	51251	31632
滨州市	Binzhou	61726	32412	13613
菏泽市	Heze	67019	126214	67051
河南省	**Henan**			
郑州市	Zhengzhou	1330098	329684	200130
开封市	Kaifeng	73396	56905	40724
洛阳市	Luoyang	159195	98170	54989
平顶山市	Pingdingshan	88697	43451	20545
安阳市	Anyang	129150	51378	23465
鹤壁市	Hebi	30825	14948	8911

2-23 续表 4 continued

单位：人 (person)

城 市	City	普通、职业本专科 Undergraduate in Regular &Vocational HEIs	中等职业教育学校 Vocational Secondary Schools	
		全 市 Total City	全 市 Total City	市辖区 Districts under City
新乡市	Xinxiang	211655	70928	15926
焦作市	Jiaozuo	110642	33072	14659
濮阳市	Puyang	33012	39427	14919
许昌市	Xuchang	72664	41576	22970
漯河市	Luohe	44332	34317	31055
三门峡市	Sanmenxia	35401	15404	10449
南阳市	Nanyang	130571	109717	43028
商丘市	Shangqiu	134169	61063	27103
信阳市	Xinyang	102057	66612	20173
周口市	Zhoukou	78708	60027	31052
驻马店市	Zhumadian	47090	60483	22611
湖北省	**Hubei**			
武汉市	Wuhan	1135373	78534	78534
黄石市	Huangshi	61160	17002	9352
十堰市	Shiyan	65569	31917	18537
宜昌市	Yichang	69257	30901	15767
襄阳市	Xiangyang	83884	38081	23350
鄂州市	Ezhou	16785	8604	8604
荆门市	Jingmen	28622	20802	9169
孝感市	Xiaogan	36989	29910	13524
荆州市	Jingzhou	174135	31274	16221
黄冈市	Huanggang	54407	55336	11570
咸宁市	Xianning	53658	30061	12526
随州市	Suizhou	8420	14922	6235
湖南省	**Hunan**			
长沙市	Changsha	762443	151053	90441
株洲市	Zhuzhou	121147	29079	16137
湘潭市	Xiangtan	172049	20805	11824
衡阳市	Hengyang		70467	34025
邵阳市	Shaoyang	53098	85445	26984
岳阳市	Yueyang	66275	54714	16827
常德市	Changde	75570	50056	17720
张家界市	Zhangjiajie		14265	5626
益阳市	Yiyang	56105	41209	16617
郴州市	Chenzhou	36643	48688	19585
永州市	Yongzhou	53311	83723	24772
怀化市	Huaihua	70038	55861	14908
娄底市	Loudi	46188	45787	17553
广东省	**Guangdong**			
广州市	Guangzhou	1489276	163313	163313
韶关市	Shaoguan	45383	54644	16921

2-23 续表 5 continued

单位：人 (person)

城　市	City	普通、职业本专科 Undergraduate in Regular &Vocational HEIs	中等职业教育学校 Vocational Secondary Schools	
		全　市 Total City	全市 Total City	市辖区 Districts under City
深圳市	Shenzhen	195943	41829	41829
珠海市	Zhuhai	138589	36482	36482
汕头市	Shantou	65621	53667	53667
佛山市	Foshan	167602	68499	68499
江门市	Jiangmen	75182	33470	17512
湛江市	Zhanjiang	182012	73320	45750
茂名市	Maoming	89888	70453	25800
肇庆市	Zhaoqing	119500	63776	52128
惠州市	Huizhou	73648	55831	43568
梅州市	Meizhou	36365	24700	15766
汕尾市	Shanwei	11478	19308	6317
河源市	Heyuan	17752	42772	34774
阳江市	Yangjiang	15447	18532	9656
清远市	Qingyuan	13930	36965	17555
东莞市	Dongguan	152936	62270	
中山市	Zhongshan	58010	47242	
潮州市	Chaozhou	2766	11737	9327
揭阳市	Jieyang	14895	28297	10577
云浮市	Yunfu	16386	20947	
广西壮族自治区	**Guangxi**			
南宁市	Nanning	686632	93130	75919
柳州市	Liuzhou	115088	71412	69704
桂林市	Guilin	276382	29331	15819
梧州市	Wuzhou	41055	34252	13264
北海市	Beihai	49031	20829	17483
防城港市	Fangchenggang	3155	6785	6179
钦州市	Qinzhou	38006	36079	20192
贵港市	Guigang		44647	25133
玉林市	Yulin	19376	47601	35025
百色市	Baise	74724	33046	14677
贺州市	Hezhou	21622	15376	10484
河池市	Hechi	29642	32872	16150
来宾市	Laibin	25911	19258	13198
崇左市	Chongzuo	131689	11867	7034
海南省	**Hainan**			
海口市	Haikou	217071	69004	69004
三亚市	Sanya	71162	313	313
三沙市	Sansha			
儋州市	Danzhou		3210	
重庆市	**Chongqing**	**1066133**	**379710**	**322229**

2-23 续表 6 continued

单位：人 (person)

城市	City	普通、职业本专科 Undergraduate in Regular &Vocational HEIs	中等职业教育学校 Vocational Secondary Schools	
		全市 Total City	全市 Total City	市辖区 Districts under City
四川省	**Sichuan**			
成都市	Chengdu	1106037	191539	151172
自贡市	Zigong	52937	38971	27114
攀枝花市	Panzhihua	34865	17078	16468
泸州市	Luzhou	85172	78083	35219
德阳市	Deyang	125494	29551	13790
绵阳市	Mianyang	164025	51122	24827
广元市	Guangyuan	20703	26252	11686
遂宁市	Suining	17520	20799	5190
内江市	Neijiang	58431	28254	15472
乐山市	Leshan	50556	37007	23857
南充市	Nanchong	108446	67820	42632
眉山市	Meishan	70454	39786	18259
宜宾市	Yibin	37869	66206	33701
广安市	Guang'an	14896	48079	14187
达州市	Dazhou	40054	57292	28115
雅安市	Ya'an	54701	12375	7553
巴中市	Bazhong	11140	33568	11048
资阳市	Ziyang	18373	23862	15000
贵州省	**Guizhou**			
贵阳市	Guiyang	468517	93590	73524
六盘水市	Liupanshui	27182	37825	18361
遵义市	Zunyi	115097	54340	19744
安顺市	Anshun	28153	21714	11669
毕节市	Bijie	59119	34949	9865
铜仁市	Tongren	61319	39972	11076
云南省	**Yunnan**			
昆明市	Kunming	777429	141342	98283
曲靖市	Qujing	45082	76602	59427
玉溪市	Yuxi	25163	15139	9948
保山市	Baoshan	25558	23253	11463
昭通市	Zhaotong	18188	20998	7835
丽江市	Lijiang	29368	5562	2998
普洱市	Pu'er	13224	15063	5794
临沧市	Lincang	13719	24472	12025
西藏自治区	**Xizang**			
拉萨市	Lhasa	37307	9812	9812
日喀则市	Xigazê		6669	6669
昌都市	Qamdo		6043	
林芝市	Nyingchi		2362	2362
山南市	Lhoka		4242	4242
那曲市	Nagqu		2666	2666

2-23 续表 7 continued

单位：人 (person)

城市	City	普通、职业本专科 Undergraduate in Regular &Vocational HEIs	中等职业教育学校 Vocational Secondary Schools	
		全市 Total City	全市 Total City	市辖区 Districts under City
陕西省	**Shaanxi**			
西安市	Xi'an	835632	217091	212585
铜川市	Tongchuan	8843	481	481
宝鸡市	Baoji	53907	4413	4413
咸阳市	Xianyang	128514	30746	8212
渭南市	Weinan	17231	31268	12958
延安市	Yan'an	35654	11552	3011
汉中市	Hanzhong	45000	20253	5768
榆林市	Yulin	74010	34265	12787
安康市	Ankang	26323	20605	10745
商洛市	Shangluo		14284	4571
甘肃省	**Gansu**			
兰州市	Lanzhou	495145	32820	14423
嘉峪关市	Jiayuguan	6817	1847	
金昌市	Jinchang	7167	3039	1441
白银市	Baiyin	8585	11011	3350
天水市	Tianshui	55552	27365	12350
武威市	Wuwei	23674	15778	10592
张掖市	Zhangye	23650	12576	3467
平凉市	Pingliang	19735	20852	3953
酒泉市	Jiuquan	13244	11268	6334
庆阳市	Qingyang	26164	18283	9192
定西市	Dingxi		16569	4138
陇南市	Longnan	9358	18102	5251
青海省	**Qinghai**			
西宁市	Xining	94576	31060	24504
海东市	Haidong	3445	21788	5586
宁夏回族自治区	**Ningxia**			
银川市	Yinchuan	148656	37074	24236
石嘴山市	Shizuishan	18468	11245	6910
吴忠市	Wuzhong	7414	9129	280
固原市	Guyuan	10678	11172	4181
中卫市	Zhongwei		9254	3950
新疆维吾尔自治区	**Xinjiang**			
乌鲁木齐市	Urumqi	251223	35878	35878
克拉玛依市	Karamay	20881	1907	1907
吐鲁番市	Turpan	5781	3848	2223
哈密市	Hami	6369	3303	3303

2–24 在校学生数(二)
Number of Students Enrollment (Ⅱ)

单位：万人 (10 000 persons)

城市	City	普通中学 Regular Secondary Schools 全市 Total City	普通中学 Regular Secondary Schools 市辖区 Districts under City	普通小学 Regular Primary Schools 全市 Total City	普通小学 Regular Primary Schools 市辖区 Districts under City
北京市	**Beijing**	**55**	**55**	**108**	**108**
天津市	**Tianjin**	**57**	**57**	**77**	**77**
河北省	**Hebei**				
石家庄市	Shijiazhuang	65	28	96	48
唐山市	Tangshan	40	16	55	24
秦皇岛市	Qinhuangdao	15	7	20	12
邯郸市	Handan	77	28	107	40
邢台市	Xingtai	50	15	77	21
保定市	Baoding	77	20	98	26
张家口市	Zhangjiakou	23	10	25	10
承德市	Chengde	22	4	24	5
沧州市	Cangzhou	52	5	74	8
廊坊市	Langfang	32	6	52	10
衡水市	Hengshui	41	17	35	10
山西省	**Shanxi**				
太原市	Taiyuan	23	20	36	31
大同市	Datong	15	9	18	12
阳泉市	Yangquan	6	3	7	4
长治市	Changzhi	16	9	21	12
晋城市	Jincheng	9	3	11	4
朔州市	Shuozhou	12	5	12	6
晋中市	Jinzhong	19	4	22	6
运城市	Yuncheng	23	7	33	9
忻州市	Xinzhou	14	5	17	4
临汾市	Linfen	21	6	28	8
吕梁市	Lvliang	20	4	26	5
内蒙古自治区	**Inner Mongolia**				
呼和浩特市	Hohhot	15	11	20	16
包头市	Baotou	11	10	15	13
乌海市	Wuhai	2	2	3	3
赤峰市	Chifeng	21	7	25	10
通辽市	Tongliao	17	3	17	3
鄂尔多斯市	Erdos	11	5	17	7
呼伦贝尔市	Hulunbuir	9	2	10	2
巴彦淖尔市	Bayannur	5	2	8	3
乌兰察布市	Ulanqab	7	2	8	2
辽宁省	**Liaoning**				
沈阳市	Shenyang	31	26	45	40
大连市	Dalian	25	20	39	31
鞍山市	Anshan	12	5	14	6

2-24 续表 1 continued

单位：万人 (10 000 persons)

城市	City	普通中学 Regular Secondary Schools		普通小学 Regular Primary Schools	
		全市 Total City	市辖区 Districts under City	全市 Total City	市辖区 Districts under City
抚顺市	Fushun	6	4	7	5
本溪市	Benxi	4	3	5	3
丹东市	Dandong	8	3	9	3
锦州市	Jinzhou	10	4	10	5
营口市	Yingkou	8	4	12	7
阜新市	Fuxin	7	3	7	2
辽阳市	Liaoyang	5	3	6	3
盘锦市	Panjin	6	5	7	6
铁岭市	Tieling	10	2	9	2
朝阳市	Chaoyang	15	4	16	4
葫芦岛市	Huludao	11	4	12	5
吉林省	**Jilin**				
长春市	Changchun	39	20	45	29
吉林市	Jilin	14	6	16	8
四平市	Siping	9	3	8	3
辽源市	Liaoyuan	4	2	4	2
通化市	Tonghua	7	2	8	2
白山市	Baishan	4	2	4	2
松原市	Songyuan	13	4	11	4
白城市	Baicheng	7	2	7	2
黑龙江省	**Heilongjiang**				
哈尔滨市	Harbin	41	28	36	25
齐齐哈尔市	Qiqihar	17	3	14	5
鸡西市	Jixi	6	3	4	2
鹤岗市	Hegang	3	2	3	2
双鸭山市	Shuangyashan	5	2	4	1
大庆市	Daqing	15	9	10	7
伊春市	Yichun	2	1	2	1
佳木斯市	Jiamusi	9	4	8	3
七台河市	Qitaihe	4	3	2	2
牡丹江市	Mudanjiang	9	3	9	4
黑河市	Heihe	5	1	5	1
绥化市	Suihua	20	3	11	2
上海市	**Shanghai**	**72**	**72**	**92**	**92**
江苏省	**Jiangsu**				
南京市	Nanjing	30	30	53	53
无锡市	Wuxi	28	17	47	29
徐州市	Xuzhou	69	23	84	32
常州市	Changzhou	21	14	34	30
苏州市	Suzhou	48	21	92	48
南通市	Nantong	26	13	39	21

2-24 续表 2 continued

单位：万人 (10 000 persons)

城市	City	普通中学 Regular Secondary Schools		普通小学 Regular Primary Schools	
		全市 Total City	市辖区 Districts under City	全市 Total City	市辖区 Districts under City
连云港市	Lianyungang	34	12	41	17
淮安市	Huai'an	28	17	35	22
盐城市	Yancheng	36	11	42	15
扬州市	Yangzhou	17	10	23	14
镇江市	Zhenjiang	12	5	17	7
泰州市	Taizhou	18	7	24	10
宿迁市	Suqian	38	10	54	17
浙江省	**Zhejiang**				
杭州市	Hangzhou	42	37	71	64
宁波市	Ningbo	33	18	56	30
温州市	Wenzhou	43	12	64	18
嘉兴市	Jiaxing	18	5	31	9
湖州市	Huzhou	12	5	19	9
绍兴市	Shaoxing	21	10	29	16
金华市	Jinhua	29	6	48	10
衢州市	Quzhou	10	4	13	5
舟山市	Zhoushan	4	3	5	4
台州市	Taizhou	31	10	42	14
丽水市	Lishui	12	3	15	4
安徽省	**Anhui**				
合肥市	Hefei	44	22	64	39
芜湖市	Wuhu	16	9	21	14
蚌埠市	Bengbu	22	7	32	12
淮南市	Huainan	18	9	24	12
马鞍山市	Ma'anshan	9	4	12	5
淮北市	Huaibei	12	6	17	8
铜陵市	Tongling	6	4	7	4
安庆市	Anqing	22	4	26	4
黄山市	Huangshan	6	2	7	3
滁州市	Chuzhou	19	4	25	6
阜阳市	Fuyang	57	16	80	22
宿州市	Suzhou	34	11	52	18
六安市	Lu'an	28	14	31	16
亳州市	Bozhou	37	10	50	16
池州市	Chizhou	7	3	8	4
宣城市	Xuancheng	10	4	13	4
福建省	**Fujian**				
福州市	Fuzhou	39	20	61	32
厦门市	Xiamen	22	22	40	40
莆田市	Putian	21	15	29	21
三明市	Sanming	15	4	22	6

2-24 续表 3 continued

单位：万人 (10 000 persons)

城市	City	普通中学 Regular Secondary Schools 全市 Total City	普通中学 Regular Secondary Schools 市辖区 Districts under City	普通小学 Regular Primary Schools 全市 Total City	普通小学 Regular Primary Schools 市辖区 Districts under City
泉州市	Quanzhou	54	11	85	17
漳州市	Zhangzhou	28	10	43	15
南平市	Nanping	16	4	19	6
龙岩市	Longyan	15	6	27	12
宁德市	Ningde	19	4	28	6
江西省	**Jiangxi**				
南昌市	Nanchang	33	21	45	29
景德镇市	Jingdezhen	12	4	14	5
萍乡市	Pingxiang	12	5	14	7
九江市	Jiujiang	32	7	37	9
新余市	Xinyu	8	6	10	8
鹰潭市	Yingtan	9	5	9	6
赣州市	Ganzhou	69	18	80	23
吉安市	Ji'an	37	4	44	6
宜春市	Yichun	38	9	44	11
抚州市	Fuzhou	27	9	31	10
上饶市	Shangrao	52	15	55	17
山东省	**Shandong**				
济南市	Jinan	42	37	64	59
青岛市	Qingdao	45	30	66	49
淄博市	Zibo	25	18	23	17
枣庄市	Zaozhuang	27	18	35	21
东营市	Dongying	13	9	14	10
烟台市	Yantai	30	14	30	16
潍坊市	Weifang	47	11	64	19
济宁市	Jining	53	15	63	16
泰安市	Tai'an	31	10	32	11
威海市	Weihai	13	9	13	10
日照市	Rizhao	15	7	22	11
临沂市	Linyi	77	24	107	33
德州市	Dezhou	33	8	44	12
聊城市	Liaocheng	46	16	60	21
滨州市	Binzhou	19	6	28	9
菏泽市	Heze	72	19	94	27
河南省	**Henan**				
郑州市	Zhengzhou	72	37	110	65
开封市	Kaifeng	38	13	49	16
洛阳市	Luoyang	45	19	62	28
平顶山市	Pingdingshan	40	8	51	11
安阳市	Anyang	46	13	57	17
鹤壁市	Hebi	12	6	14	7

2-24 续表 4 continued

单位：万人 (10 000 persons)

城市	City	普通中学 Regular Secondary Schools		普通小学 Regular Primary Schools	
		全市 Total City	市辖区 Districts under City	全市 Total City	市辖区 Districts under City
新乡市	Xinxiang	47	8	61	12
焦作市	Jiaozuo	20	6	28	8
濮阳市	Puyang	31	12	43	13
许昌市	Xuchang	32	9	41	12
漯河市	Luohe	16	9	21	12
三门峡市	Sanmenxia	12	3	16	4
南阳市	Nanyang	92	21	105	24
商丘市	Shangqiu	56	13	90	21
信阳市	Xinyang	54	12	64	14
周口市	Zhoukou	68	12	95	18
驻马店市	Zhumadian	59	8	75	11
湖北省	**Hubei**				
武汉市	Wuhan	42	42	75	75
黄石市	Huangshi	16	5	23	7
十堰市	Shiyan	19	9	24	11
宜昌市	Yichang	13	6	18	9
襄阳市	Xiangyang	29	14	37	17
鄂州市	Ezhou	5	5	8	8
荆门市	Jingmen	11	4	14	5
孝感市	Xiaogan	21	5	28	7
荆州市	Jingzhou	24	5	30	6
黄冈市	Huanggang	34	2	45	3
咸宁市	Xianning	18	5	24	6
随州市	Suizhou	11	5	14	5
湖南省	**Hunan**				
长沙市	Changsha	50	29	82	51
株洲市	Zhuzhou	22	9	30	14
湘潭市	Xiangtan	12	4	17	7
衡阳市	Hengyang	46	8	53	12
邵阳市	Shaoyang	47	5	54	7
岳阳市	Yueyang	27	7	36	11
常德市	Changde	24	5	31	7
张家界市	Zhangjiajie	9	3	11	4
益阳市	Yiyang	19	7	26	9
郴州市	Chenzhou	38	9	42	11
永州市	Yongzhou	39	9	46	10
怀化市	Huaihua	28	6	38	8
娄底市	Loudi	27	6	35	8
广东省	**Guangdong**				
广州市	Guangzhou	60	60	120	120
韶关市	Shaoguan	18	6	27	9

2-24 续表 5 continued

单位：万人 (10 000 persons)

城市	City	普通中学 Regular Secondary Schools		普通小学 Regular Primary Schools	
		全市 Total City	市辖区 Districts under City	全市 Total City	市辖区 Districts under City
深圳市	Shenzhen	62	62	117	117
珠海市	Zhuhai	12	12	20	20
汕头市	Shantou	40	40	58	57
佛山市	Foshan	41	41	69	69
江门市	Jiangmen	24	11	36	17
湛江市	Zhanjiang	46	15	78	23
茂名市	Maoming	49	18	71	28
肇庆市	Zhaoqing	28	11	40	16
惠州市	Huizhou	39	21	63	36
梅州市	Meizhou	27	7	37	9
汕尾市	Shanwei	19	3	29	5
河源市	Heyuan	24	6	29	9
阳江市	Yangjiang	18	9	26	13
清远市	Qingyuan	26	12	42	19
东莞市	Dongguan	40		83	
中山市	Zhongshan	20		36	
潮州市	Chaozhou	15	10	21	15
揭阳市	Jieyang	40	13	57	18
云浮市	Yunfu	17	4	26	7
广西壮族自治区	**Guangxi**				
南宁市	Nanning	52	32	82	55
柳州市	Liuzhou	25	15	34	20
桂林市	Guilin	30	10	42	15
梧州市	Wuzhou	22	6	34	9
北海市	Beihai	12	6	18	9
防城港市	Fangchenggang	7	4	11	7
钦州市	Qinzhou	27	12	43	17
贵港市	Guigang	39	18	48	19
玉林市	Yulin	54	11	74	14
百色市	Baise	27	6	33	7
贺州市	Hezhou	15	8	24	13
河池市	Hechi	27	6	36	8
来宾市	Laibin	14	8	20	10
崇左市	Chongzuo	13	4	18	3
海南省	**Hainan**				
海口市	Haikou	17	17	24	24
三亚市	Sanya	5	5	8	8
三沙市	Sansha				
儋州市	Danzhou	7		10	
重庆市	**Chongqing**	**175**	**128**	**203**	**156**

2-24 续表 6 continued

单位：万人 (10 000 persons)

城 市	City	普通中学 Regular Secondary Schools		普通小学 Regular Primary Schools	
		全市 Total City	市辖区 Districts under City	全市 Total City	市辖区 Districts under City
四川省	**Sichuan**				
成都市	Chengdu	72	45	118	90
自贡市	Zigong	13	6	15	7
攀枝花市	Panzhihua	6	4	7	4
泸州市	Luzhou	30	10	25	7
德阳市	Deyang	14	5	18	6
绵阳市	Mianyang	26	15	28	14
广元市	Guangyuan	13	5	14	6
遂宁市	Suining	14	4	18	9
内江市	Neijiang	17	4	18	7
乐山市	Leshan	13	5	19	7
南充市	Nanchong	30	10	33	12
眉山市	Meishan	13	5	17	7
宜宾市	Yibin	28	13	35	15
广安市	Guang'an	19	6	22	6
达州市	Dazhou	36	10	34	10
雅安市	Ya'an	7	3	9	4
巴中市	Bazhong	15	6	19	8
资阳市	Ziyang	15	5	14	5
贵州省	**Guizhou**				
贵阳市	Guiyang	29	20	49	35
六盘水市	Liupanshui	22	11	34	16
遵义市	Zunyi	46	15	61	21
安顺市	Anshun	18	8	26	11
毕节市	Bijie	62	14	82	17
铜仁市	Tongren	28	6	33	7
云南省	**Yunnan**				
昆明市	Kunming	37	24	55	40
曲靖市	Qujing	45	10	51	12
玉溪市	Yuxi	11	4	14	5
保山市	Baoshan	15	5	19	7
昭通市	Zhaotong	42	8	51	10
丽江市	Lijiang	7	1	9	2
普洱市	Pu'er	13	2	19	3
临沧市	Lincang	14	3	20	3
西藏自治区	**Xizang**				
拉萨市	Lhasa	5	4	7	5
日喀则市	Xigazê	5	2	9	1
昌都市	Qamdo	5	0	8	1
林芝市	Nyingchi	1	1	2	1
山南市	Lhoka	2	0	3	0
那曲市	Nagqu	4	2	7	1

2-24 续表 7 continued

单位：万人 (10 000 persons)

城市	City	普通中学 Regular Secondary Schools 全市 Total City	普通中学 市辖区 Districts under City	普通小学 Regular Primary Schools 全市 Total City	普通小学 市辖区 Districts under City
陕西省	**Shaanxi**				
西安市	Xi'an	52	47	94	87
铜川市	Tongchuan	3	3	4	4
宝鸡市	Baoji	16	8	22	12
咸阳市	Xianyang	22	6	31	8
渭南市	Weinan	22	5	33	7
延安市	Yan'an	15	7	22	9
汉中市	Hanzhong	16	5	20	7
榆林市	Yulin	15	3	35	8
安康市	Ankang	15	6	19	7
商洛市	Shangluo	12	3	17	4
甘肃省	**Gansu**				
兰州市	Lanzhou	18	12	26	19
嘉峪关市	Jiayuguan	1		2	
金昌市	Jinchang	2	1	2	1
白银市	Baiyin	9	3	12	4
天水市	Tianshui	20	7	25	9
武威市	Wuwei	8	5	10	7
张掖市	Zhangye	6	3	7	3
平凉市	Pingliang	12	3	15	4
酒泉市	Jiuquan	5	2	6	3
庆阳市	Qingyang	15	4	20	5
定西市	Dingxi	14	2	22	3
陇南市	Longnan	16	4	22	5
青海省	**Qinghai**				
西宁市	Xining	13	9	17	12
海东市	Haidong	10	3	13	3
宁夏回族自治区	**Ningxia**				
银川市	Yinchuan	15	10	22	15
石嘴山市	Shizuishan	4	2	4	3
吴忠市	Wuzhong	10	3	13	4
固原市	Guyuan	9	4	11	5
中卫市	Zhongwei	7	2	10	3
新疆维吾尔自治区	**Xinjiang**				
乌鲁木齐市	Urumqi	18	18	26	26
克拉玛依市	Karamay	3	3	3	3
吐鲁番市	Turpan	4	2	7	3
哈密市	Hami	3	2	4	3

2–25 文化体育设施
Cultural and Sports Facilities

城　　市	City	公共图书馆图书藏量 (万册) Collections of Public Libraries (10 000 copies)		博物馆数 (个) Number of Museums (unit)	
		全市 Total City	市辖区 Districts under City	全市 Total City	市辖区 Districts under City
北京市	**Beijing**	**3492**	**3492**	**215**	**215**
天津市	**Tianjin**	**2391**	**2391**	**72**	**72**
河北省	**Hebei**				
石家庄市	Shijiazhuang	460	280	30	18
唐山市	Tangshan	1056	596	17	9
秦皇岛市	Qinhuangdao	266	163	6	6
邯郸市	Handan	289	105	15	4
邢台市	Xingtai	303	134	8	4
保定市	Baoding	433	158	29	10
张家口市	Zhangjiakou	192	117	12	6
承德市	Chengde	121	51	14	4
沧州市	Cangzhou	605	158	14	2
廊坊市	Langfang	392	213	8	2
衡水市	Hengshui	156	52	7	5
山西省	**Shanxi**				
太原市	Taiyuan	679	648	21	20
大同市	Datong	131	93	25	19
阳泉市	Yangquan	81	51	3	3
长治市	Changzhi	250	56	28	13
晋城市	Jincheng	203	91	8	1
朔州市	Shuozhou	132	22	7	3
晋中市	Jinzhong	237	26	25	1
运城市	Yuncheng	221	29	24	2
忻州市	Xinzhou	133	19	17	3
临汾市	Linfen	290	130	24	8
吕梁市	Lvliang	189	55	19	5
内蒙古自治区	**Inner Mongolia**				
呼和浩特市	Hohhot	345	181	31	24
包头市	Baotou	180	147	3	1
乌海市	Wuhai	110	110	8	8
赤峰市	Chifeng	225	56	22	3
通辽市	Tongliao	201	43	11	1
鄂尔多斯市	Erdos	313	166	27	9
呼伦贝尔市	Hulunbuir	176	9	36	6
巴彦淖尔市	Bayannur	92	10	13	2
乌兰察布市	Ulanqab	189	11	9	1
辽宁省	**Liaoning**				
沈阳市	Shenyang	1745	1699	13	13
大连市	Dalian	1274	1163	29	27
鞍山市	Anshan	345	294	7	3

2–25 续表 1 continued

城 市	City	公共图书馆图书藏量（万册）Collections of Public Libraries (10 000 copies)		博物馆数（个）Number of Museums (unit)	
		全市 Total City	市辖区 Districts under City	全市 Total City	市辖区 Districts under City
抚顺市	Fushun	164	118	5	3
本溪市	Benxi	180	154	6	2
丹东市	Dandong	104	72	4	2
锦州市	Jinzhou	210	154	8	3
营口市	Yingkou	185	160	5	2
阜新市	Fuxin	58	45	5	3
辽阳市	Liaoyang	128	114	4	4
盘锦市	Panjin	116	102		
铁岭市	Tieling	82	55	2	1
朝阳市	Chaoyang	128	48	15	6
葫芦岛市	Huludao	128	26	3	1
吉林省	**Jilin**				
长春市	Changchun	1296	1225	29	24
吉林市	Jilin	386	197	15	10
四平市	Siping	84	54	5	2
辽源市	Liaoyuan	121	58	7	4
通化市	Tonghua	108	38	9	3
白山市	Baishan	121	29	13	5
松原市	Songyuan	108	38	9	2
白城市	Baicheng	77	35	6	1
黑龙江省	**Heilongjiang**				
哈尔滨市	Harbin	643	187	69	57
齐齐哈尔市	Qiqihar	238	133	17	6
鸡西市	Jixi	117	74	10	1
鹤岗市	Hegang	58	39	5	3
双鸭山市	Shuangyashan	78		7	
大庆市	Daqing	167	121	11	6
伊春市	Yichun	132	34	9	3
佳木斯市	Jiamusi	104	37	9	2
七台河市	Qitaihe	37	20	1	1
牡丹江市	Mudanjiang	134	70	22	4
黑河市	Heihe	54	17	26	11
绥化市	Suihua	181	21	17	1
上海市	**Shanghai**	**8240**	**8240**	**159**	**159**
江苏省	**Jiangsu**				
南京市	Nanjing	2259	2259	74	74
无锡市	Wuxi	1027	634	64	44
徐州市	Xuzhou	548	213	18	9
常州市	Changzhou	474	207	30	3
苏州市	Suzhou	2794	995	46	18
南通市	Nantong	858	567	31	20

2-25 续表 2 continued

城 市	City	公共图书馆图书藏量(万册) Collections of Public Libraries (10 000 copies)		博物馆数(个) Number of Museums (unit)	
		全市 Total City	市辖区 Districts under City	全市 Total City	市辖区 Districts under City
连云港市	Lianyungang	436	117	11	3
淮安市	Huai'an	498	365	14	9
盐城市	Yancheng	688	381	14	9
扬州市	Yangzhou	616	384	17	10
镇江市	Zhenjiang	486	273	14	6
泰州市	Taizhou	429	250	18	10
宿迁市	Suqian	283	188	6	3
浙江省	**Zhejiang**				
杭州市	Hangzhou	2995	2729	87	80
宁波市	Ningbo	1281	1016	78	43
温州市	Wenzhou	1611	859	57	13
嘉兴市	Jiaxing	1253	347	35	13
湖州市	Huzhou	412	241	36	17
绍兴市	Shaoxing	877	592	50	32
金华市	Jinhua	709	175	33	9
衢州市	Quzhou	475	275	8	3
舟山市	Zhoushan	260	203	15	12
台州市	Taizhou	990	400	56	16
丽水市	Lishui	389	112	22	6
安徽省	**Anhui**				
合肥市	Hefei	945	756	44	29
芜湖市	Wuhu	317	128	13	6
蚌埠市	Bengbu	325	105	3	1
淮南市	Huainan	103	63	10	7
马鞍山市	Ma'anshan	258	168	11	6
淮北市	Huaibei	107	88	12	9
铜陵市	Tongling	246	173	4	3
安庆市	Anqing	371	109	17	7
黄山市	Huangshan	134	69	49	23
滁州市	Chuzhou	270	71	13	3
阜阳市	Fuyang	249	31	11	4
宿州市	Suzhou	162	96	7	3
六安市	Lu'an	211	107	10	6
亳州市	Bozhou	199	91	5	2
池州市	Chizhou	121	42	5	3
宣城市	Xuancheng	157	35	12	1
福建省	**Fujian**				
福州市	Fuzhou	1369	895	42	30
厦门市	Xiamen	1054	1054	4	4
莆田市	Putian	117	107	7	3
三明市	Sanming	306	99	14	3

2–25 续表 3 continued

城 市	City	公共图书馆图书藏量 (万册) Collections of Public Libraries (10 000 copies)		博物馆数 (个) Number of Museums (unit)	
		全市 Total City	市辖区 Districts under City	全市 Total City	市辖区 Districts under City
泉州市	Quanzhou	1159	351	18	4
漳州市	Zhangzhou	219	50	14	4
南平市	Nanping	230	92	19	2
龙岩市	Longyan	311	149	15	6
宁德市	Ningde	427	147	13	3
江西省	**Jiangxi**				
南昌市	Nanchang	390	327	28	24
景德镇市	Jingdezhen	145	97	6	6
萍乡市	Pingxiang	360	177	8	5
九江市	Jiujiang	392	151	27	7
新余市	Xinyu	96	57	4	3
鹰潭市	Yingtan	54	36	7	5
赣州市	Ganzhou	548	77	26	3
吉安市	Ji'an	408	174	20	3
宜春市	Yichun	196	34	13	1
抚州市	Fuzhou	229	92	17	4
上饶市	Shangrao	186	70	23	4
山东省	**Shandong**				
济南市	Jinan	1997	1924	76	71
青岛市	Qingdao	963	489	121	92
淄博市	Zibo	350	275	74	58
枣庄市	Zaozhuang	195	156	22	15
东营市	Dongying	202	148	13	9
烟台市	Yantai	634	342	45	23
潍坊市	Weifang	836	191	75	25
济宁市	Jining	346	142	64	21
泰安市	Tai'an	245	110	48	28
威海市	Weihai	468	321	13	9
日照市	Rizhao	187	153	4	2
临沂市	Linyi	452	162	60	24
德州市	Dezhou	281	84	16	6
聊城市	Liaocheng	247	152	18	9
滨州市	Binzhou	306	119	24	5
菏泽市	Heze	246	121	25	10
河南省	**Henan**				
郑州市	Zhengzhou	1095	920	56	40
开封市	Kaifeng	165	115	30	27
洛阳市	Luoyang	523	393	102	83
平顶山市	Pingdingshan	227	42	18	1
安阳市	Anyang	237	25	17	9
鹤壁市	Hebi	113	29	5	1

2-25 续表 4 continued

城 市	City	公共图书馆图书藏量（万册）Collections of Public Libraries (10 000 copies)		博物馆数（个）Number of Museums (unit)	
		全市 Total City	市辖区 Districts under City	全市 Total City	市辖区 Districts under City
新乡市	Xinxiang	197	116	16	8
焦作市	Jiaozuo	198	98	13	4
濮阳市	Puyang	132	12	15	3
许昌市	Xuchang	211	37	18	2
漯河市	Luohe	82	68	13	2
三门峡市	Sanmenxia	286	231	7	3
南阳市	Nanyang	312	116	26	2
商丘市	Shangqiu	165	39	14	5
信阳市	Xinyang	229	57	41	2
周口市	Zhoukou	149	68	22	5
驻马店市	Zhumadian	360	238	13	3
湖北省	**Hubei**				
武汉市	Wuhan	1995	1995	93	93
黄石市	Huangshi	205	147	9	2
十堰市	Shiyan	211	87	13	1
宜昌市	Yichang	415	113	19	5
襄阳市	Xiangyang	383	265	12	3
鄂州市	Ezhou	143	143	3	3
荆门市	Jingmen	147	87	6	1
孝感市	Xiaogan	211	34	14	4
荆州市	Jingzhou	205	81	10	4
黄冈市	Huanggang	512	66	21	5
咸宁市	Xianning	156	56	8	3
随州市	Suizhou	126	51	3	3
湖南省	**Hunan**				
长沙市	Changsha	1318	1139	27	16
株洲市	Zhuzhou	668	430	10	2
湘潭市	Xiangtan	172	25	8	2
衡阳市	Hengyang	356	216	20	7
邵阳市	Shaoyang	303	115	1	1
岳阳市	Yueyang	567	88	16	1
常德市	Changde	425	147	15	3
张家界市	Zhangjiajie	53	28	6	3
益阳市	Yiyang	190	125	12	7
郴州市	Chenzhou	242	88	13	2
永州市	Yongzhou	733	233	5	3
怀化市	Huaihua	259	83	11	1
娄底市	Loudi	193	91	4	2
广东省	**Guangdong**				
广州市	Guangzhou	3835	3835	59	59
韶关市	Shaoguan	365	171	13	5

2–25 续表 5 continued

城 市	City	公共图书馆图书藏量 (万册) Collections of Public Libraries (10 000 copies)		博物馆数 (个) Number of Museums (unit)	
		全市 Total City	市辖区 Districts under City	全市 Total City	市辖区 Districts under City
深圳市	Shenzhen	6052	6052	61	61
珠海市	Zhuhai	294	294	5	5
汕头市	Shantou	343	333	15	14
佛山市	Foshan	859	859	28	28
江门市	Jiangmen	666	368	10	5
湛江市	Zhanjiang	814	426	12	5
茂名市	Maoming	253	118	8	4
肇庆市	Zhaoqing	372	187	15	7
惠州市	Huizhou	335	219	12	7
梅州市	Meizhou	522	237	29	14
汕尾市	Shanwei	199	65	7	2
河源市	Heyuan	284	126	8	1
阳江市	Yangjiang	187	111	8	6
清远市	Qingyuan	374	142	9	3
东莞市	Dongguan	1227		53	
中山市	Zhongshan	659		5	
潮州市	Chaozhou	809	784	11	10
揭阳市	Jieyang	290	185	7	4
云浮市	Yunfu	195	74	6	3
广西壮族自治区	**Guangxi**				
南宁市	Nanning	1211	1124	7	6
柳州市	Liuzhou	235	174	61	48
桂林市	Guilin	550	384	28	12
梧州市	Wuzhou	123	67	1	1
北海市	Beihai	87	64	10	9
防城港市	Fangchenggang	136	96	2	1
钦州市	Qinzhou	84	50	3	1
贵港市	Guigang	383	286	5	2
玉林市	Yulin	222	93	10	4
百色市	Baise	223	81	14	3
贺州市	Hezhou	98	44	9	5
河池市	Hechi	140	14	10	2
来宾市	Laibin	137	75	12	1
崇左市	Chongzuo	97	23	5	1
海南省	**Hainan**				
海口市	Haikou	106	106	7	7
三亚市	Sanya	125	125	7	7
三沙市	Sansha				
儋州市	Danzhou	29		1	
重庆市	**Chongqing**	**2727**	**2486**	**130**	**105**

2-25 续表 6 continued

城 市	City	公共图书馆图书藏量(万册) Collections of Public Libraries (10 000 copies)		博物馆数(个) Number of Museums (unit)	
		全市 Total City	市辖区 Districts under City	全市 Total City	市辖区 Districts under City
四川省	**Sichuan**				
成都市	Chengdu	2018	1725	172	135
自贡市	Zigong	83	68	9	7
攀枝花市	Panzhihua	99	71	8	
泸州市	Luzhou	222	34	17	10
德阳市	Deyang	134	45	13	3
绵阳市	Mianyang	360	103	18	6
广元市	Guangyuan	168	55	18	9
遂宁市	Suining	108	23	6	2
内江市	Neijiang	108	34		
乐山市	Leshan	119	61	14	7
南充市	Nanchong	267	192	12	3
眉山市	Meishan	105	19	6	5
宜宾市	Yibin	224	110	19	8
广安市	Guang'an	242	166	10	4
达州市	Dazhou	571	110	4	1
雅安市	Ya'an	127	12	16	3
巴中市	Bazhong	115		18	4
资阳市	Ziyang	261	115	2	1
贵州省	**Guizhou**				
贵阳市	Guiyang	381	301	12	8
六盘水市	Liupanshui	95	67	5	2
遵义市	Zunyi	269	104	24	7
安顺市	Anshun	107	47	5	4
毕节市	Bijie	181	25	22	8
铜仁市	Tongren	131	35	14	4
云南省	**Yunnan**				
昆明市	Kunming	407		40	33
曲靖市	Qujing	644	100	12	3
玉溪市	Yuxi	599	60	10	2
保山市	Baoshan	118	38	23	5
昭通市	Zhaotong	81	32	3	1
丽江市	Lijiang	81	48	7	2
普洱市	Pu'er	115	6	9	1
临沧市	Lincang	61	19	4	3
西藏自治区	**Xizang**				
拉萨市	Lhasa	50		8	
日喀则市	Xigazê	13	13	2	2
昌都市	Qamdo	17	2	6	2
林芝市	Nyingchi	26	11	1	1
山南市	Lhoka	40	16	1	1
那曲市	Nagqu	16	16	1	1

2-25 续表 7 continued

城 市	City	公共图书馆图书藏量（万册）Collections of Public Libraries (10 000 copies)		博物馆数（个）Number of Museums (unit)	
		全市 Total City	市辖区 Districts under City	全市 Total City	市辖区 Districts under City
陕西省	**Shaanxi**				
西安市	Xi'an	935	869	131	121
铜川市	Tongchuan	78	72	11	9
宝鸡市	Baoji	229	154	31	11
咸阳市	Xianyang	189	21	36	9
渭南市	Weinan	213	16	23	2
延安市	Yan'an	147	17	29	16
汉中市	Hanzhong	126	44	24	3
榆林市	Yulin	232	24	38	7
安康市	Ankang	265	58	13	3
商洛市	Shangluo	109	13	8	2
甘肃省	**Gansu**				
兰州市	Lanzhou	160	132	29	20
嘉峪关市	Jiayuguan	30		7	
金昌市	Jinchang	80	66	3	2
白银市	Baiyin	133	58	14	4
天水市	Tianshui	111	73	12	6
武威市	Wuwei	117	65	11	6
张掖市	Zhangye	130	33	18	2
平凉市	Pingliang	106	46	7	7
酒泉市	Jiuquan	106	17	46	3
庆阳市	Qingyang	90	32	18	2
定西市	Dingxi	97	13	8	1
陇南市	Longnan	102	18	14	2
青海省	**Qinghai**				
西宁市	Xining	124	92	14	12
海东市	Haidong	123	80	9	2
宁夏回族自治区	**Ningxia**				
银川市	Yinchuan	409	343	22	13
石嘴山市	Shizuishan	81	65	1	1
吴忠市	Wuzhong	182	4	11	2
固原市	Guyuan	133	30	5	1
中卫市	Zhongwei	72	27	6	3
新疆维吾尔自治区	**Xinjiang**				
乌鲁木齐市	Urumqi	334	332	6	6
克拉玛依市	Karamay	191	191	4	4
吐鲁番市	Turpan	30	15	2	1
哈密市	Hami	27	9	4	2

2-26 医院、床位和医生数
Number of Hospitals, Beds and Doctors

城市	City	医院数（个） Number of Hospitals (unit)		医院床位数（张） Number of Beds of Hospitals (bed)		执业(助理)医师数（人） Number of Licensed (Assistant) Doctors (person)	
		全市 Total City	市辖区 Districts under City	全市 Total City	市辖区 Districts under City	全市 Total City	市辖区 Districts under City
北京市	**Beijing**	**728**	**728**	**126309**	**126309**	**114768**	**114768**
天津市	**Tianjin**	**435**	**435**	**62185**	**62185**	**52550**	**52550**
河北省	**Hebei**						
石家庄市	Shijiazhuang	325	165	59891	38799	45319	29257
唐山市	Tangshan	272	146	46168	27539	29440	16422
秦皇岛市	Qinhuangdao	85	46	16273	11375	11065	7546
邯郸市	Handan	316	140	48097	22249	29341	14341
邢台市	Xingtai	192	75	33660	13517	25374	9870
保定市	Baoding	450	144	54242	20674	41326	15360
张家口市	Zhangjiakou	147	74	24246	13124	12786	6989
承德市	Chengde	89	34	18243	6974	11845	4044
沧州市	Cangzhou	221	28	41635	14201	24444	7404
廊坊市	Langfang	187	50	21898	5854	17311	5184
衡水市	Hengshui	139	34	18230	7472	14052	5763
山西省	**Shanxi**						
太原市	Taiyuan	160	140	44472	41575	26282	23713
大同市	Datong	101	78	15972	13363	9929	7602
阳泉市	Yangquan	52	43	6892	5787	4556	3152
长治市	Changzhi	91	60	15096	10693	10058	6515
晋城市	Jincheng	90	42	11246	5954	7204	3187
朔州市	Shuozhou	84	51	9488	4492	3613	2041
晋中市	Jinzhong	108	24	14582	4495	8755	2695
运城市	Yuncheng	258	99	24057	9083	14532	5135
忻州市	Xinzhou	131	40	11685	3414	7181	1952
临汾市	Linfen	180	58	19794	8367	12780	4604
吕梁市	Lvliang	121	23	13016	2790	8495	1428
内蒙古自治区	**Inner Mongolia**						
呼和浩特市	Hohhot	109	95	20460	18369	12867	11224
包头市	Baotou	105	88	17340	16138	10481	9060
乌海市	Wuhai	25	25	3052	3052	1713	1713
赤峰市	Chifeng	105	49	24430	10501	15094	7276
通辽市	Tongliao	84	50	15400	9489	9381	4319
鄂尔多斯市	Erdos	97	44	11186	5609	7210	3098
呼伦贝尔市	Hulunbuir	181	23	12803	4093	8579	2286
巴彦淖尔市	Bayannur	58	37	7581	3849	5739	2858
乌兰察布市	Ulanqab	61	27	9000	1894	5000	799
辽宁省	**Liaoning**						
沈阳市	Shenyang	307	277	73715	68716	36149	33718
大连市	Dalian	233	179	47608	35764	24231	19886
鞍山市	Anshan	107	57	19297	11728	8258	4721

2–26 续表 1 continued

城市	City	医院数(个) Number of Hospitals (unit)		医院床位数(张) Number of Beds of Hospitals (bed)		执业(助理)医师数(人) Number of Licensed (Assistant) Doctors (person)	
		全市 Total City	市辖区 Districts under City	全市 Total City	市辖区 Districts under City	全市 Total City	市辖区 Districts under City
抚顺市	Fushun	53	41	10219	8569	5245	4185
本溪市	Benxi	43	29	9895	7614	3886	2699
丹东市	Dandong	68	36	15364	7016	7127	3170
锦州市	Jinzhou	75	43	15127	9090	7024	4265
营口市	Yingkou	115	69	14123	8343	6724	4042
阜新市	Fuxin	50	39	9946	7507	4673	2662
辽阳市	Liaoyang	57	43	13270	10821	5190	3688
盘锦市	Panjin	59	51	9006	7703	4747	4286
铁岭市	Tieling	79	37	13767	4874	5692	1752
朝阳市	Chaoyang	119	37	17456	6179	8440	2866
葫芦岛市	Huludao	112	67	14348	8360	5892	3218
吉林省	**Jilin**						
长春市	Changchun	256	180	61741	45284	33929	25496
吉林市	Jilin	168	87	26562	15922	13865	8519
四平市	Siping	65	41	12436	7626	6141	2783
辽源市	Liaoyuan	38	22	6323	4047	3150	1786
通化市	Tonghua	41	21	7975	4601	4383	1740
白山市	Baishan	38	19	8214	5312	3734	1869
松原市	Songyuan	80	31	11267	5114	6940	2643
白城市	Baicheng	49	24	7688	3055	5508	2181
黑龙江省	**Heilongjiang**						
哈尔滨市	Harbin	354	270	79458	68700	32140	25948
齐齐哈尔市	Qiqihar	142	74	31155	18928	12130	6769
鸡西市	Jixi	65	31	11268	6028	4715	2150
鹤岗市	Hegang	42	26	7734	5415	3092	2004
双鸭山市	Shuangyashan	56	23	8651	4583	3639	1545
大庆市	Daqing	126	93	16177	12389	9462	7168
伊春市	Yichun	40	15	6326	2932	2540	1281
佳木斯市	Jiamusi	103	52	14946	9978	7175	3893
七台河市	Qitaihe	27	23	4546	4068	1955	1556
牡丹江市	Mudanjiang	90	39	15685	10051	7966	4377
黑河市	Heihe	62	8	7801	1144	4009	790
绥化市	Suihua	120	33	16061	3696	11421	2751
上海市	**Shanghai**	**455**	**455**	**156500**	**156500**	**85100**	**85100**
江苏省	**Jiangsu**						
南京市	Nanjing	296	296	63951	63951	40610	40610
无锡市	Wuxi	203	139	41745	29661	25859	16402
徐州市	Xuzhou	195	105	43953	26747	29872	15352
常州市	Changzhou	96	79	26274	23098	16578	14217
苏州市	Suzhou	247	124	68707	40486	41048	23019
南通市	Nantong	237	96	39944	23600	23077	12556

2-26 续表 2 continued

城市	City	医院数(个) Number of Hospitals (unit)		医院床位数(张) Number of Beds of Hospitals (bed)		执业(助理)医师数(人) Number of Licensed (Assistant) Doctors (person)	
		全市 Total City	市辖区 Districts under City	全市 Total City	市辖区 Districts under City	全市 Total City	市辖区 Districts under City
连云港市	Lianyungang	92	50	19467	11058	13366	7258
淮安市	Huai'an	66	42	20225	14030	14582	9762
盐城市	Yancheng	172	68	31424	14081	21583	8412
扬州市	Yangzhou	95	62	20123	13136	13538	8201
镇江市	Zhenjiang	61	33	13550	8029	9522	4754
泰州市	Taizhou	93	41	22573	10786	14239	5768
宿迁市	Suqian	242	76	33155	11180	15368	4983
浙江省	**Zhejiang**						
杭州市	Hangzhou	387	344	87950	81069	57455	52474
宁波市	Ningbo	204	137	41423	28327	35939	22231
温州市	Wenzhou	164	75	41995	21142	35201	13976
嘉兴市	Jiaxing	101	38	25405	10258	20366	7059
湖州市	Huzhou	85	38	19043	10095	11621	6002
绍兴市	Shaoxing	102	56	26461	15458	19456	10829
金华市	Jinhua	158	42	32367	10035	22700	5945
衢州市	Quzhou	83	36	14979	7670	8412	4079
舟山市	Zhoushan	35	27	5899	5037	4459	3630
台州市	Taizhou	138	58	30393	11438	21483	7628
丽水市	Lishui	66	19	14154	6140	9516	3407
安徽省	**Anhui**						
合肥市	Hefei	222	146	63216	44876	32743	23407
芜湖市	Wuhu	98	74	23820	17724	11642	8796
蚌埠市	Bengbu	112	48	22223	11576	10649	6006
淮南市	Huainan	82	52	16848	12210	8410	5680
马鞍山市	Ma'anshan	65	34	11614	6644	6601	3971
淮北市	Huaibei	69	58	9866	7380	5885	3715
铜陵市	Tongling	30	23	7995	6413	4189	2989
安庆市	Anqing	89	29	22810	10040	12719	3695
黄山市	Huangshan	34	19	7879	4736	4211	2102
滁州市	Chuzhou	69	18	20269	4735	12402	2758
阜阳市	Fuyang	135	61	43126	17160	23869	9549
宿州市	Suzhou	99	40	24094	9597	15228	5586
六安市	Lu'an	52	28	16428	8988	13102	6948
亳州市	Bozhou	86	32	23477	7339	12768	4765
池州市	Chizhou	40	19	7909	3701	4223	1748
宣城市	Xuancheng	59	18	13507	5123	7288	2212
福建省	**Fujian**						
福州市	Fuzhou	146	85	37978	28100	27807	20791
厦门市	Xiamen	68	68	21410	21410	17562	17562
莆田市	Putian	66	50	13258	10344	7314	5736
三明市	Sanming	60	18	13333	5120	7466	2541

2-26 续表 3 continued

城市	City	医院数（个）Number of Hospitals (unit)		医院床位数（张）Number of Beds of Hospitals (bed)		执业(助理)医师数（人）Number of Licensed (Assistant) Doctors (person)	
		全市 Total City	市辖区 Districts under City	全市 Total City	市辖区 Districts under City	全市 Total City	市辖区 Districts under City
泉州市	Quanzhou	127	52	33813	14430	20889	7781
漳州市	Zhangzhou	94	47	23108	12325	12175	8501
南平市	Nanping	49	13	12755	4890	6626	2391
龙岩市	Longyan	51	27	14992	8975	8326	4454
宁德市	Ningde	52	11	14295	3205	7437	2001
江西省	**Jiangxi**						
南昌市	Nanchang	138	113	39687	34576	19597	16242
景德镇市	Jingdezhen	41	15	9605	5062	4105	2213
萍乡市	Pingxiang	41	28	9605	7213	5289	3397
九江市	Jiujiang	61	19	9791	9128	11862	4261
新余市	Xinyu	24	18	7288	5810	3310	2711
鹰潭市	Yingtan	40	24	6509	3903	2600	1598
赣州市	Ganzhou	178	66	42180	17837	20911	8450
吉安市	Ji'an	75	16	19673	4646	10495	2098
宜春市	Yichun	100	21	24182	7164	11835	3203
抚州市	Fuzhou	104	46	16467	7722	9176	4010
上饶市	Shangrao	172	68	30630	11573	14131	5550
山东省	**Shandong**						
济南市	Jinan	280	270	66157	62281	43984	41827
青岛市	Qingdao	353	268	58455	45812	41279	32961
淄博市	Zibo	153	120	27449	21620	18816	14522
枣庄市	Zaozhuang	88	52	20394	13027	11888	7309
东营市	Dongying	67	53	11627	8668	9060	6736
烟台市	Yantai	192	120	35394	19780	23051	12566
潍坊市	Weifang	258	111	52723	21735	32245	11770
济宁市	Jining	203	79	43543	20298	28196	11287
泰安市	Tai'an	105	42	28267	13774	16829	7918
威海市	Weihai	71	43	14841	10206	10412	7131
日照市	Rizhao	68	44	13258	7329	9195	5837
临沂市	Linyi	236	115	54561	23845	31728	14090
德州市	Dezhou	121	50	20419	8101	17037	5848
聊城市	Liaocheng	134	59	25870	12992	17962	7996
滨州市	Binzhou	107	52	21634	11940	13273	5760
菏泽市	Heze	230	60	43847	12822	25082	7865
河南省	**Henan**						
郑州市	Zhengzhou	290	197	98614	75146	53576	40311
开封市	Kaifeng	92	45	25929	12705	15252	7296
洛阳市	Luoyang	159	90	42679	26830	24335	15504
平顶山市	Pingdingshan	112	51	26929	10104	13247	4497
安阳市	Anyang	98	46	24010	12878	15966	6957
鹤壁市	Hebi	57	27	8219	4552	4789	2674

2-26 续表 4 continued

城市	City	医院数（个）Number of Hospitals (unit)		医院床位数（张）Number of Beds of Hospitals (bed)		执业(助理)医师数（人）Number of Licensed (Assistant) Doctors (person)	
		全市 Total City	市辖区 Districts under City	全市 Total City	市辖区 Districts under City	全市 Total City	市辖区 Districts under City
新乡市	Xinxiang	158	64	32397	12260	19020	6469
焦作市	Jiaozuo	114	69	21492	10530	10946	4532
濮阳市	Puyang	72	22	18938	8471	11197	4542
许昌市	Xuchang	121	57	21928	9452	13961	5444
漯河市	Luohe	76	46	13655	9330	7326	4905
三门峡市	Sanmenxia	58	20	13811	6080	7204	2899
南阳市	Nanyang	282	109	53870	20358	29669	9975
商丘市	Shangqiu	154	47	35980	9238	23961	6617
信阳市	Xinyang	122	42	29983	11483	16825	5457
周口市	Zhoukou	285	81	49931	14094	27701	7530
驻马店市	Zhumadian	201	48	37478	10621	18146	4278
湖北省	**Hubei**						
武汉市	Wuhan	362	362	85210	85210	47652	47652
黄石市	Huangshi	50	30	14359	8492	7275	3866
十堰市	Shiyan	71	29	24332	14011	11589	6709
宜昌市	Yichang	97	54	23651	13926	13298	7089
襄阳市	Xiangyang	101	44	28695	14375	13863	6945
鄂州市	Ezhou	26	26	4743	4743	3072	3072
荆门市	Jingmen	58	19	14354	5963	7487	3188
孝感市	Xiaogan	81	25	20178	6444	9851	2707
荆州市	Jingzhou	75	27	24630	10958	14603	5218
黄冈市	Huanggang	99	15	28867	4654	14971	1702
咸宁市	Xianning	58	25	13386	4713	7845	2250
随州市	Suizhou	40	26	8252	4812	4918	2459
湖南省	**Hunan**						
长沙市	Changsha	248	187	70204	53069	36782	26594
株洲市	Zhuzhou	109	55	22323	12820	11992	6283
湘潭市	Xiangtan	84	53	18238	11268	8667	4533
衡阳市	Hengyang	181	77	38153	16393	18072	6230
邵阳市	Shaoyang	138	38	36839	11038	17139	3824
岳阳市	Yueyang	138	63	26576	11152	14031	4836
常德市	Changde	110	52	25563	10146	17789	6713
张家界市	Zhangjiajie	33	14	7907	3484	4133	1961
益阳市	Yiyang	110	53	21715	10192	11554	4582
郴州市	Chenzhou	117	45	27111	11121	13211	4863
永州市	Yongzhou	143	39	30653	9364	15331	3965
怀化市	Huaihua	129	42	31912	10666	14044	3979
娄底市	Loudi	131	38	18369	7592	11297	3071
广东省	**Guangdong**						
广州市	Guangzhou	298	298	100490	100490	68687	68687
韶关市	Shaoguan	59	32	16801	8629	8355	3899

2–26 续表 5 continued

城 市	City	医院数 (个) Number of Hospitals (unit)		医院床位数 (张) Number of Beds of Hospitals (bed)		执业(助理)医师数 (人) Number of Licensed (Assistant) Doctors (person)	
		全市 Total City	市辖区 Districts under City	全市 Total City	市辖区 Districts under City	全市 Total City	市辖区 Districts under City
深圳市	Shenzhen	151	151	60643	60643	47234	47234
珠海市	Zhuhai	45	45	10846	10846	9072	9072
汕头市	Shantou	63	62	19797	19678	12292	12187
佛山市	Foshan	139	139	37910	37910	24685	24685
江门市	Jiangmen	57	31	19556	12432	12252	6322
湛江市	Zhanjiang	131	52	34283	14555	15497	7386
茂名市	Maoming	82	40	20640	11816	14214	6710
肇庆市	Zhaoqing	68	37	15724	8096	9835	4792
惠州市	Huizhou	85	57	19719	13473	16911	11509
梅州市	Meizhou	59	24	16453	8185	10594	4489
汕尾市	Shanwei	44	18	8643	3547	5464	1489
河源市	Heyuan	69	40	13437	7585	7667	2848
阳江市	Yangjiang	65	43	13235	7559	6317	3667
清远市	Qingyuan	64	38	12934	6272	9427	4749
东莞市	Dongguan	121		34145		24495	
中山市	Zhongshan	69		16845		11163	
潮州市	Chaozhou	32	28	5917	4977	4826	3904
揭阳市	Jieyang	79	41	18873	8380	10896	4665
云浮市	Yunfu	32	9	7506	2079	5398	1722
广西壮族自治区	**Guangxi**						
南宁市	Nanning	162	110	47664	37031	32511	26854
柳州市	Liuzhou	78	54	24057	17131	14358	10636
桂林市	Guilin	91	38	22207	10837	15510	7494
梧州市	Wuzhou	47	23	14391	6724	7448	3668
北海市	Beihai	31	19	7456	3930	4801	3097
防城港市	Fangchenggang	17	11	3849	2804	2551	1736
钦州市	Qinzhou	38	19	13560	7388	7446	4242
贵港市	Guigang	85	38	19512	9333	9562	4361
玉林市	Yulin	86	27	27738	12053	13616	5401
百色市	Baise	65	19	18410	7692	8969	3505
贺州市	Hezhou	34	18	6592	4060	4429	2804
河池市	Hechi	53	16	15414	7483	8435	3664
来宾市	Laibin	31	16	8852	4335	4814	2315
崇左市	Chongzuo	29	10	6947	1870	4172	947
海南省	**Hainan**						
海口市	Haikou	80	80	17867	17867	11783	11783
三亚市	Sanya	30	30	4451	4451	3309	3309
三沙市	Sansha						
儋州市	Danzhou	24		4180		2356	
重庆市	**Chongqing**	**857**	**608**	**186135**	**136762**	**94609**	**75111**

2-26 续表 6 continued

城市	City	医院数(个) Number of Hospitals (unit)		医院床位数(张) Number of Beds of Hospitals (bed)		执业(助理)医师数(人) Number of Licensed (Assistant) Doctors (person)	
		全市 Total City	市辖区 Districts under City	全市 Total City	市辖区 Districts under City	全市 Total City	市辖区 Districts under City
四川省	**Sichuan**						
成都市	Chengdu	744	556	139862	104480	80610	64465
自贡市	Zigong	67	37	18507	12026	7844	4786
攀枝花市	Panzhihua	28	17	9820	8460	4355	3295
泸州市	Luzhou	144	80	27310	16235	12588	6898
德阳市	Deyang	88	31	19218	7208	10540	4113
绵阳市	Mianyang	136	60	29931	14935	15263	7952
广元市	Guangyuan	82	42	16123	10126	7429	3924
遂宁市	Suining	70	38	15258	9205	8445	4515
内江市	Neijiang	79	37	19460	9756	9318	4281
乐山市	Leshan	95	49	18874	10012	9204	4621
南充市	Nanchong	183	85	36998	15140	16759	6845
眉山市	Meishan	78	63	14464	10286	9049	4025
宜宾市	Yibin	133	66	28153	16619	12929	7513
广安市	Guang'an	195	58	20981	6953	6892	2184
达州市	Dazhou	145	79	41641	13434	10016	3756
雅安市	Ya'an	47	20	12753	7349	5128	2575
巴中市	Bazhong	79	35	15287	7097	7239	2526
资阳市	Ziyang	54	26	14985	7895	6439	2928
贵州省	**Guizhou**						
贵阳市	Guiyang	204	176	42381	36681	23996	20702
六盘水市	Liupanshui	139	70	18958	8384	7390	3943
遵义市	Zunyi	218	106	45329	19692	20256	9207
安顺市	Anshun	82	52	13588	8740	5638	3571
毕节市	Bijie	315	83	38679	10539	16129	4065
铜仁市	Tongren	120	29	21429	6711	8753	2592
云南省	**Yunnan**						
昆明市	Kunming	321	235	59159	45504	35771	29079
曲靖市	Qujing	132	63	30725	10460	12849	5548
玉溪市	Yuxi	58	26	12062	6156	7366	3558
保山市	Baoshan	56	25	11187	5120	6841	2816
昭通市	Zhaotong	154	36	25610	8229	10031	3290
丽江市	Lijiang	36	19	5122	2082	3187	1103
普洱市	Pu'er	70	27	14139	5199	6186	2089
临沧市	Lincang	56	16	9898	4026	4913	1619
西藏自治区	**Xizang**						
拉萨市	Lhasa	34		3360		3723	
日喀则市	Xigazê	34	13	2400	1300	1962	615
昌都市	Qamdo	37	1	2128	100	1857	796
林芝市	Nyingchi	17	13	1142	656	804	
山南市	Lhoka	26	7	855	810	1446	449
那曲市	Nagqu	25		1700		1180	

2–26 续表 7 continued

城市	City	医院数(个) Number of Hospitals (unit) 全市 Total City	市辖区 Districts under City	医院床位数(张) Number of Beds of Hospitals (bed) 全市 Total City	市辖区 Districts under City	执业(助理)医师数(人) Number of Licensed (Assistant) Doctors (person) 全市 Total City	市辖区 Districts under City
陕西省	**Shaanxi**						
西安市	Xi'an	387	359	75540	71430	46744	44525
铜川市	Tongchuan	45	42	5804	5510	2621	2415
宝鸡市	Baoji	104	64	23210	14530	11470	6403
咸阳市	Xianyang	163	66	27809	12634	14020	6073
渭南市	Weinan	172	31	24998	6625	12414	2503
延安市	Yan'an	65	25	12073	6173	6178	2816
汉中市	Hanzhong	101	40	22519	8803	8915	3692
榆林市	Yulin	111	31	18313	6230	10008	3363
安康市	Ankang	58	23	13903	7481	6898	3090
商洛市	Shangluo	64	21	12189	3747	5497	1752
甘肃省	**Gansu**						
兰州市	Lanzhou	118	95	29765	25170	15752	13784
嘉峪关市	Jiayuguan	8		2232		1326	
金昌市	Jinchang	14	10	3171	2039	1952	1227
白银市	Baiyin	22	10	7195	3661	4276	1967
天水市	Tianshui	104	64	14644	8666	6912	3750
武威市	Wuwei	46	31	10295	6538	4994	3322
张掖市	Zhangye	46	30	8495	4263	4191	2279
平凉市	Pingliang	55	41	12582	5376	6301	2058
酒泉市	Jiuquan	41	20	6072	3624	3950	1841
庆阳市	Qingyang	47	20	11038	4869	5573	1747
定西市	Dingxi	60	14	14553	2974	6727	1817
陇南市	Longnan	65	4	10841	1210	4941	640
青海省	**Qinghai**						
西宁市	Xining	74	61	20655	18676	10502	9321
海东市	Haidong	48	16	5826	2291	3237	1046
宁夏回族自治区	**Ningxia**						
银川市	Yinchuan	84	59	16661	13276	11640	9599
石嘴山市	Shizuishan	35	23	4584	3430	2418	1613
吴忠市	Wuzhong	44	21	5528	2112	3394	1390
固原市	Guyuan	30	18	6195	3179	3900	1857
中卫市	Zhongwei	21	10	3731	2001	2286	1078
新疆维吾尔自治区	**Xinjiang**						
乌鲁木齐市	Urumqi	126	119	29602	29429	16733	16584
克拉玛依市	Karamay	21	21	2469	2469	1496	1496
吐鲁番市	Turpan	17	10	2734	1404	1584	659
哈密市	Hami	21	17	2556	2341	1758	1450

2-27 社会保障主要指标(一)
Main Indicators of Social Security (I)

单位：人 (person)

城市	City	城镇职工基本养老保险参保人数 Number of Employees Joining Urban Basic Pension Insurance		职工基本医疗保险参保人数 Number of Employees Joining Basic Medical Care System		失业保险参保人数 Persons Covered of Unemployment Insurance	
		全市 Total City	市辖区 Districts under City	全市 Total City	市辖区 Districts under City	全市 Total City	市辖区 Districts under City
北京市	**Beijing**	**18678356**	**18678356**	**14993630**	**14993630**	**13914474**	**13914474**
天津市	**Tianjin**	**8000600**	**8000600**	**6425962**	**6425962**	**3922000**	**3922000**
河北省	**Hebei**						
石家庄市	Shijiazhuang	3017502	2289032	1972734	1618703	1571104	1284882
唐山市	Tangshan	2656505	1678297	1873394	1365353	1198948	811002
秦皇岛市	Qinhuangdao	1070307	860272	921461	791254	469650	382954
邯郸市	Handan	1727330	1067514	1032819	745724	751449	487926
邢台市	Xingtai	1179601	559224	918689	544980	567297	293570
保定市	Baoding	1924736	901815	1526867	806536	1019754	548208
张家口市	Zhangjiakou	1214625	755803	934809	659805	421724	284635
承德市	Chengde	897191	402744	500560	247732	379402	165997
沧州市	Cangzhou	1439838	520437	863845	389270	629621	272979
廊坊市	Langfang	1246851	561111	820112	385639	527311	244090
衡水市	Hengshui	777431	359962	449373	237416	356603	186352
山西省	**Shanxi**						
太原市	Taiyuan	2105156	695863	1852600	1650916	1386299	386661
大同市	Datong	902907	703023	772215	479654	513552	448854
阳泉市	Yangquan	420157	312500	384415	43044	282488	231885
长治市	Changzhi	776802	530541	642589	473127	512676	359415
晋城市	Jincheng	633193	330549	530267	311971	373992	228819
朔州市	Shuozhou	367453	104340	216535	83905	233819	61335
晋中市	Jinzhong	885768	199370	666076	113697	425281	76503
运城市	Yuncheng	870219	87366	521115	43330	409150	28650
忻州市	Xinzhou	550040	57032	421043	34216	259587	18461
临汾市	Linfen	816003	91973	565984	52551	412806	37295
吕梁市	Lvliang	573538	50164	416732	22078	411321	43951
内蒙古自治区	**Inner Mongolia**						
呼和浩特市	Hohhot	886302	765328	828211	706989	748670	667520
包头市	Baotou	1113299	1007509	907987	848111	449104	426930
乌海市	Wuhai	226739	226739	223990	223990	103448	103448
赤峰市	Chifeng	530825	295525	721448	430498	290400	84352
通辽市	Tongliao	674068	164782	414410	75538	246346	38109
鄂尔多斯市	Erdos	748731	315554	588481	272326	404435	184033
呼伦贝尔市	Hulunbuir	829686	114256	592227	129923	285624	24930
巴彦淖尔市	Bayannur	502433	124486	232890	52552	107006	20500
乌兰察布市	Ulanqab	610500	58766	326400	48626	144700	19900
辽宁省	**Liaoning**						
沈阳市	Shenyang	4354303	4102421	3603277	3434596	1722649	1626471
大连市	Dalian	3864555	3187818	3662361	3082671	1708682	
鞍山市	Anshan	1330066	741317	1016624	781557	419306	

2-27 续表 1 continued

单位：人 (person)

城市	City	城镇职工基本养老保险参保人数 Number of Employees Joining Urban Basic Pension Insurance		职工基本医疗保险参保人数 Number of Employees Joining Basic Medical Care System		失业保险参保人数 Persons Covered of Unemployment Insurance	
		全市 Total City	市辖区 Districts under City	全市 Total City	市辖区 Districts under City	全市 Total City	市辖区 Districts under City
抚顺市	Fushun	858845	719483	849499		257469	
本溪市	Benxi	735628	584800	635359	547896	332699	284205
丹东市	Dandong	1132525	538554	809348	551554	268046	
锦州市	Jinzhou	898281	491667	789400	510524	273322	
营口市	Yingkou	1137485	681469	927287	597367	341563	
阜新市	Fuxin	539255	440070	548137	446123	160911	109911
辽阳市	Liaoyang	811701	289293	630428	504594	236683	
盘锦市	Panjin	715971	561774	558096	496502	309630	277531
铁岭市	Tieling	649385	222310	533573	275181	198726	
朝阳市	Chaoyang	728410	274044	546483	240683	235516	107223
葫芦岛市	Huludao	754179	215525	597272	136610	208025	60231
吉林省	**Jilin**						
长春市	Changchun	3051233	2337142	2021726	1661889	1261045	1081892
吉林市	Jilin	1393462	880751	832719	584428	335073	228740
四平市	Siping	609971	337374	278991	167929	136342	73473
辽源市	Liaoyuan	355266	229135	195238	138662	71110	39699
通化市	Tonghua	587479	279834	280310	154215	125873	66613
白山市	Baishan	524727	176354	311364	121121	112422	38592
松原市	Songyuan	511688	241022	369949	222041	177368	107051
白城市	Baicheng	485403	171303	242696	105895	95445	40147
黑龙江省	**Heilongjiang**						
哈尔滨市	Harbin	3586769	2615831	2390254	2118550	1034143	
齐齐哈尔市	Qiqihar	900493	405503	765468	530195	216286	148624
鸡西市	Jixi	314800	223776	401096	324089	164100	129100
鹤岗市	Hegang	384565	224872	233623	202695	78555	70362
双鸭山市	Shuangyashan	417900	266200	255364	167998	130800	46800
大庆市	Daqing	674840	494985	589831	475303	220791	192337
伊春市	Yichun	286136	132348	377666	136631	128015	55374
佳木斯市	Jiamusi	353053	201844	353053	201844	155015	120377
七台河市	Qitaihe	349661	275391	177620	147971	104227	91638
牡丹江市	Mudanjiang	419793	225983	517380	348884	166484	130257
黑河市	Heihe	222477	61991	204913	60752	51290	17594
绥化市	Suihua	773049	91986	409931	40913	121217	11148
上海市	**Shanghai**	**16593800**	**16593800**	**16247500**	**16247500**	**10147200**	**10147200**
江苏省	**Jiangsu**						
南京市	Nanjing	3776600	3776600	5394900	5394900	3487900	3487900
无锡市	Wuxi	4259753	2714728	4277506	2734136	2626600	1755300
徐州市	Xuzhou	2034517	1255931	1906060	1319186	974174	641827
常州市	Changzhou	1807831	1595452	2578834	1998724	1515035	1361062
苏州市	Suzhou	6236970	3394378	8247071	4340059	5622109	3121564
南通市	Nantong	1802966	981278	2597493	1412446	1466848	542541

2-27 续表 2 continued

单位：人 (person)

城市	City	城镇职工基本养老保险参保人数 Number of Employees Joining Urban Basic Pension Insurance		职工基本医疗保险参保人数 Number of Employees Joining Basic Medical Care System		失业保险参保人数 Persons Covered of Unemployment Insurance	
		全市 Total City	市辖区 Districts under City	全市 Total City	市辖区 Districts under City	全市 Total City	市辖区 Districts under City
连云港市	Lianyungang	1072122	728368	934438	701102	506458	374240
淮安市	Huai'an	783714	569992	1030754	736964	581473	425219
盐城市	Yancheng	1203960	595092	1638725	798967	926927	496353
扬州市	Yangzhou	1845826	1191127	1695788	1092839	802032	545481
镇江市	Zhenjiang	813181	375700	1129706	590721	601524	290555
泰州市	Taizhou	1468896	652221	1703053	794515	761930	361400
宿迁市	Suqian	805900	372300	750445	361477	456900	235300
浙江省	**Zhejiang**						
杭州市	Hangzhou	8232262	7630923	7830458	7316399	5762919	5496097
宁波市	Ningbo	5564979	3388210	5016301	3214538	3415878	2286759
温州市	Wenzhou	4035249	1367213	2570868	1036960	1661728	716361
嘉兴市	Jiaxing	2931821	862214	2720607	859142	1638195	535377
湖州市	Huzhou	1844521	747522	1672984	685044	950171	412556
绍兴市	Shaoxing	2878228	1728922	2392048	1458257	1387314	885489
金华市	Jinhua	2873855	689123	2100141	533216	1347891	374401
衢州市	Quzhou	908849	420752	782170	394672	434975	229768
舟山市	Zhoushan	685273	534171	509231	406441	269433	228082
台州市	Taizhou	2931767	1110451	2125409	660236	1280436	538763
丽水市	Lishui	1067112	281294	561439	205593	360272	140863
安徽省	**Anhui**						
合肥市	Hefei	3706739	3026360	2809098	2220321	2306295	1937523
芜湖市	Wuhu	1202900	1006900	977944	848562	598672	515238
蚌埠市	Bengbu	806728	562244	576370	429792	300192	214496
淮南市	Huainan	708946	507823	622366	503700	313117	240937
马鞍山市	Ma'anshan	770609	550619	633839	461835	319139	228934
淮北市	Huaibei	557044	433810	465821	402611	285385	232162
铜陵市	Tongling	398558	327388	337140	301564	182528	157548
安庆市	Anqing	924386	421947	530839	283008	343837	155803
黄山市	Huangshan	361290	202196	259961	155261	146000	92890
滁州市	Chuzhou	885163	335703	632894	264902	338189	139868
阜阳市	Fuyang	809040	377701	584388	291563	380790	196986
宿州市	Suzhou	612170	289604	367503	198550	160210	101248
六安市	Lu'an	657132	328590	460696	244812	291321	157568
亳州市	Bozhou	557021	249286	331634	156073	224132	109502
池州市	Chizhou	305385	173652	203632	113955	119187	73234
宣城市	Xuancheng	760808	283594	500830	88908	317818	103949
福建省	**Fujian**						
福州市	Fuzhou	2795513	2080999	1824859	1365507	1583195	1283545
厦门市	Xiamen	5117200	5117200	3202700	3202700	2873000	2873000
莆田市	Putian	804523	697824	340686	284249	302879	257589
三明市	Sanming	788392	325725	448245	212093	292034	130016

2-27 续表 3 continued

单位：人 (person)

城市	City	城镇职工基本养老保险参保人数 Number of Employees Joining Urban Basic Pension Insurance		职工基本医疗保险参保人数 Number of Employees Joining Basic Medical Care System		失业保险参保人数 Persons Covered of Unemployment Insurance	
		全市 Total City	市辖区 Districts under City	全市 Total City	市辖区 Districts under City	全市 Total City	市辖区 Districts under City
泉州市	Quanzhou	2383280	821337	1174276	492327	953502	381944
漳州市	Zhangzhou	1506816	566678	827580	317925	563624	309250
南平市	Nanping	593935	235690	438773	189988	265653	107655
龙岩市	Longyan	647114	304621	518500	263502	355777	193860
宁德市	Ningde	917732	400660	504356	210933	385028	171895
江西省	**Jiangxi**						
南昌市	Nanchang	2718970	2259958	1538276	1346932	1065690	955068
景德镇市	Jingdezhen	527032	227889	334457	52452		
萍乡市	Pingxiang	616007	407235	277529	212898	168305	128750
九江市	Jiujiang	1298497	563307	686903	330053	371003	184005
新余市	Xinyu	397822	197363	222493	191668	121508	105856
鹰潭市	Yingtan	316225	189992	165679	114053	101506	71504
赣州市	Ganzhou	1851156	788609	848472	402824	465020	175462
吉安市	Ji'an	969204	128439	508925	121137	284825	38656
宜春市	Yichun	1364869	282479	572340	57910	309048	31152
抚州市	Fuzhou	971602	455147	379868	195687	226400	108300
上饶市	Shangrao	1566840	673607	580428	225759	324910	163110
山东省	**Shandong**						
济南市	Jinan	4886234	4695373	3528168	3372294	2354346	2262640
青岛市	Qingdao	5369808	4381687	4292156	3577945	2814150	2331820
淄博市	Zibo	1989577	1617683	1552271	1297354	1071698	862468
枣庄市	Zaozhuang	908152	604051	706206	490268	439519	305677
东营市	Dongying	713833	524656	520410	374529	375382	277961
烟台市	Yantai	3044798	1824034	2613816	1534352	1356213	874355
潍坊市	Weifang	2564937	1029899	2355019	965270	1278612	531608
济宁市	Jining	1900494	912095	1504048	700960	952900	517586
泰安市	Tai'an	1572351	843781	1159505	560074	726231	374062
威海市	Weihai	1478595	747351	1057188	738723	655673	465274
日照市	Rizhao	854302	590412	586113	404720	328211	235675
临沂市	Linyi	1992164	481159	1437250	687598	860089	219281
德州市	Dezhou	1193974	278376	821642	188196	548598	139789
聊城市	Liaocheng	988161	409565	756830	404597	489554	236269
滨州市	Binzhou	1038893	370773	746395	303353	496206	200338
菏泽市	Heze	1087057	282440	770699	176757	500091	123692
河南省	**Henan**						
郑州市	Zhengzhou	6275450	5432500	3013414	2485295	3171072	2805000
开封市	Kaifeng	1067656	650021	564388	397845	318980	196427
洛阳市	Luoyang	1828582	1362279	1302006	1027673	783868	582296
平顶山市	Pingdingshan	871279	430355	757112	494340	632172	295700
安阳市	Anyang	1222957	675504	675325	435392	520843	236136
鹤壁市	Hebi	406117	274481	265700	210056	168532	121326

2-27 续表 4 continued

单位：人 (person)

城市	City	城镇职工基本养老保险参保人数 Number of Employees Joining Urban Basic Pension Insurance		职工基本医疗保险参保人数 Number of Employees Joining Basic Medical Care System		失业保险参保人数 Persons Covered of Unemployment Insurance	
		全市 Total City	市辖区 Districts under City	全市 Total City	市辖区 Districts under City	全市 Total City	市辖区 Districts under City
新乡市	Xinxiang	1452578	735865	806631	478638	567684	255899
焦作市	Jiaozuo	897213	451310	610416	380344	459749	266789
濮阳市	Puyang	578882	293480	352299	191004	409324	244812
许昌市	Xuchang	937702	466751	543049	319227	375506	199400
漯河市	Luohe	594751	442448	332263	250140	252380	185280
三门峡市	Sanmenxia	516115	266522	375262	250367	268216	114272
南阳市	Nanyang	1481515	578074	917587	379859	795689	352032
商丘市	Shangqiu	1078058	422359	537905	206640	441360	167029
信阳市	Xinyang	1124426	423096	542958	226680	487034	178937
周口市	Zhoukou	1299031	450101	587082	209665	531539	90029
驻马店市	Zhumadian	490113	200175	546827	195714	494099	178656
湖北省	**Hubei**						
武汉市	Wuhan	6486500	6486500	5688000	5688000	3274200	3274200
黄石市	Huangshi	904003	553088	581349	427888	299820	212981
十堰市	Shiyan	683292	411897	529404	375143	296635	212854
宜昌市	Yichang	1489319	796880	923859	565980	661885	430811
襄阳市	Xiangyang	1337743	739848	904997	627450	478424	318189
鄂州市	Ezhou	353271	353271	199706	199706	91094	91094
荆门市	Jingmen	764478	353030	467912	227412	270869	150255
孝感市	Xiaogan	929634	290324	438791	182714	262798	68588
荆州市	Jingzhou	1458322	568484	709612	386244	346103	159553
黄冈市	Huanggang	1135708	230719	518507	116546	297227	68912
咸宁市	Xianning	518710	176676	328267	136505	198820	81370
随州市	Suizhou	379665	202702	196156	66929	97618	67237
湖南省	**Hunan**						
长沙市	Changsha	4656268	3045130	3586148	2832145	2366307	1900457
株洲市	Zhuzhou	1267387	863510	735294	576387	460459	368915
湘潭市	Xiangtan	806900	544800	529300	466668	375800	292000
衡阳市	Hengyang	1505543	671766	850400	485842	659800	329800
邵阳市	Shaoyang	1133406	396007	572930	240092	355500	117284
岳阳市	Yueyang	1502300	651356	582519	88730	475800	278766
常德市	Changde	1515233	684220	583000	290600	356950	126637
张家界市	Zhangjiajie	295608	145743	142494	48054	118385	33163
益阳市	Yiyang	990580	206262	418112	235130	252236	51016
郴州市	Chenzhou	840832	383224	496810	275417	356588	169083
永州市	Yongzhou	832457	311374	406536	164924	334669	142250
怀化市	Huaihua	773286	110775	428300	197600	332919	137369
娄底市	Loudi	901194	402902	399423	173380	350500	204780
广东省	**Guangdong**						
广州市	Guangzhou	8860865	8860865	9086703	9086703	7148285	7148285
韶关市	Shaoguan	778747	398628	687071	418170	359711	212609

2-27 续表 5 continued

单位：人 (person)

城市	City	城镇职工基本养老保险参保人数 Number of Employees Joining Urban Basic Pension Insurance		职工基本医疗保险参保人数 Number of Employees Joining Basic Medical Care System		失业保险参保人数 Persons Covered of Unemployment Insurance	
		全市 Total City	市辖区 Districts under City	全市 Total City	市辖区 Districts under City	全市 Total City	市辖区 Districts under City
深圳市	Shenzhen	13801301	13801301	13376200	13376200	12347936	12347936
珠海市	Zhuhai	1536130	1536130	1492596	1492596	1220189	1220189
汕头市	Shantou	754089	743431	916775	906858	563356	557217
佛山市	Foshan	4556105	4556105	4490675	4490675	3260141	3260141
江门市	Jiangmen	1698673	973550	1788148	1040781	1053127	629114
湛江市	Zhanjiang	1105811	561170	966911	582277	489135	309736
茂名市	Maoming	851968	428083	613993	374964	371203	220453
肇庆市	Zhaoqing	909548	570351	900566	587393	541275	376397
惠州市	Huizhou	1951238	1436768	2418178	1778076	1668258	1270172
梅州市	Meizhou	1067239	398488	582215	277425	391787	196338
汕尾市	Shanwei	345555	118687	255405	101263	131522	60019
河源市	Heyuan	432418	204446	525470	245311	295049	164056
阳江市	Yangjiang	450229	287732	370169	244945	209536	151708
清远市	Qingyuan	924844	509954	859486	509933	511876	323500
东莞市	Dongguan	6087475		5875880		4618692	
中山市	Zhongshan	2035371		2179803		1704560	
潮州市	Chaozhou	346639	272539	325273	269357	237200	196614
揭阳市	Jieyang	645342	305784	270142	114412	193360	113484
云浮市	Yunfu	380438	129611	312346	115098	194998	76058
广西壮族自治区	**Guangxi**						
南宁市	Nanning	2251899	1929976	1629380	1418371	1185308	1060957
柳州市	Liuzhou	1282976	1009794	941902	782390	582324	483850
桂林市	Guilin	1151665	632410	799737	509815	538237	350401
梧州市	Wuzhou	512537	304771	370339	224563	221156	122485
北海市	Beihai	407310	290994	292374	214149	185172	139276
防城港市	Fangchenggang	173591	128166	171300	130000	115285	88898
钦州市	Qinzhou	338223	132556	285926	188517	164500	52766
贵港市	Guigang	446388	237266	327815	185417	188941	99939
玉林市	Yulin	714114	262840	491080	214044	291454	138131
百色市	Baise	480108	206848	416594	167747	259283	100972
贺州市	Hezhou	286358	181659	215960	140718	132527	87663
河池市	Hechi	453258	112301	352923	74991	202152	46206
来宾市	Laibin	285152	123815	229859	116976	137167	72703
崇左市	Chongzuo	307371	82067	227386	61598	146909	45149
海南省	**Hainan**						
海口市	Haikou	1183776	1183776	809067	809067	681651	681651
三亚市	Sanya	446742	446742	267578	267578	329352	329352
三沙市	Sansha						
儋州市	Danzhou	227963		165045		142145	
重庆市	**Chongqing**	**13161992**	**11247600**	**8084515**		**6142354**	**4823669**

2-27 续表 6 continued

单位：人 (person)

城 市	City	城镇职工基本养老保险参保人数 Number of Employees Joining Urban Basic Pension Insurance		职工基本医疗保险参保人数 Number of Employees Joining Basic Medical Care System		失业保险参保人数 Persons Covered of Unemployment Insurance	
		全市 Total City	市辖区 Districts under City	全市 Total City	市辖区 Districts under City	全市 Total City	市辖区 Districts under City
四川省	**Sichuan**						
成都市	Chengdu	13861579	11709358	10391273	8740093	6778892	6073462
自贡市	Zigong	900100	564359	403650	315262	184417	133601
攀枝花市	Panzhihua	343634	267106	436429	391028	181721	152540
泸州市	Luzhou	1108958	383633	592692	187858	359068	128171
德阳市	Deyang	838424	345431	855093	409659	448982	208683
绵阳市	Mianyang	1738051	938464	845894	542378	513679	305950
广元市	Guangyuan	661510	347379	342465	213503	176696	114818
遂宁市	Suining	916526	462279	351570	61978	203460	125493
内江市	Neijiang					207255	107111
乐山市	Leshan	712428	363331	634846	395184	304582	186271
南充市	Nanchong	1347104	590234	636186	300111	285398	159653
眉山市	Meishan	543432	204358	412350	139298	271170	98958
宜宾市	Yibin	1224071	751835	685869	479836	376020	273147
广安市	Guang'an	816900	256900	305200	84152	196736	60754
达州市	Dazhou	992710	294011	415894	88381	200193	35945
雅安市	Ya'an	540539	255087	282199	72490	142177	72461
巴中市	Bazhong	573225	184893	230907	63601	141625	38915
资阳市	Ziyang	560154	262095	253511	143565	130511	75630
贵州省	**Guizhou**						
贵阳市	Guiyang	2722127	2393753	1674800		1037601	931635
六盘水市	Liupanshui	507601	121211	354241	74514	261489	66730
遵义市	Zunyi	1178654	570182	862009	290131	606222	306486
安顺市	Anshun	319598	206703	248673	180255	138017	85311
毕节市	Bijie	644261	132889	395200	57289	335008	42246
铜仁市	Tongren	378891	127767	250437	36633	163719	51694
云南省	**Yunnan**						
昆明市	Kunming	2538802	2257496	1965838	1698375	1452684	1281800
曲靖市	Qujing	611999	185695	495290	248952	306997	102909
玉溪市	Yuxi	320207	220980	320207	90891	194187	107313
保山市	Baoshan	293565	91444	191040	48406	120957	27451
昭通市	Zhaotong	409700	69169	281787	49146	185262	35754
丽江市	Lijiang	171824	43294	134115	28037	77917	23339
普洱市	Pu'er	328629	97938	240435	35586	149922	56320
临沧市	Lincang	172791	51049	226762	24675	114827	37698
西藏自治区	**Xizang**						
拉萨市	Lhasa	130322		146285		108106	
日喀则市	Xigazê	27161	5734			39065	12946
昌都市	Qamdo	65132	4499	55357	4644	36679	2672
林芝市	Nyingchi	18786	13288	37788	3774	22689	
山南市	Lhoka	18651	2032	40884	4022	26429	2530
那曲市	Nagqu	43450		45532		27988	

2-27 续表 7 continued

单位：人 (person)

城市	City	城镇职工基本养老保险参保人数 Number of Employees Joining Urban Basic Pension Insurance		职工基本医疗保险参保人数 Number of Employees Joining Basic Medical Care System		失业保险参保人数 Persons Covered of Unemployment Insurance	
		全市 Total City	市辖区 Districts under City	全市 Total City	市辖区 Districts under City	全市 Total City	市辖区 Districts under City
陕西省	**Shaanxi**						
西安市	Xi'an	6235956	5850959	3692200	3618880	2755542	2745653
铜川市	Tongchuan	186187	103601	205070	198063	86430	81327
宝鸡市	Baoji	860200	315700	585200	313100	255000	209100
咸阳市	Xianyang	925755	413993	607451	301173	390923	170245
渭南市	Weinan	727300	197026	468700	164899	241700	76454
延安市	Yan'an	477122	98873	370087	46527	254110	40045
汉中市	Hanzhong	637600	308556	374200	75944	238000	41434
榆林市	Yulin	534434	69072	533470	64839	367817	130970
安康市	Ankang	259104	128347	216759	42733	132993	24310
商洛市	Shangluo	276873	83095	158621	24277	134400	19515
甘肃省	**Gansu**						
兰州市	Lanzhou	1150596	1046980	1308703	1210440	732265	691528
嘉峪关市	Jiayuguan	141650		103400		66485	
金昌市	Jinchang	107125	44304	136255	23767	73001	57739
白银市	Baiyin	124502	103968	253868	81250	117474	94323
天水市	Tianshui	272700	212000	306324	209627	124900	103600
武威市	Wuwei	255235	180934	161114	110760	117464	79788
张掖市	Zhangye	216628	70535	146850	34811	95959	24475
平凉市	Pingliang	160126	33564	191901	32060	124947	17144
酒泉市	Jiuquan	108681	44759	183208	41067	120491	29581
庆阳市	Qingyang	100613	16782	176758	23855	137454	18950
定西市	Dingxi	235839	26166	183888	29300	112150	16208
陇南市	Longnan	137482	9553	171045	23740	55742	7482
青海省	**Qinghai**						
西宁市	Xining	575768	535639	413360	369000	268638	249689
海东市	Haidong	174789	60194	94152	33049	60788	20292
宁夏回族自治区	**Ningxia**						
银川市	Yinchuan	1210499	946575	935300	769200	685749	541052
石嘴山市	Shizuishan	374693	255980	236531	185113	134857	112597
吴忠市	Wuzhong	306729	167844	193603	96948	143055	66255
固原市	Guyuan	194328	104958	118409	65920	85052	51187
中卫市	Zhongwei	305768	175204	139804	72661	91469	44589
新疆维吾尔自治区	**Xinjiang**						
乌鲁木齐市	Urumqi	1656958	1653186	1473900	1466253	1078400	1073387
克拉玛依市	Karamay	304726	304726	260695	260695	171820	171820
吐鲁番市	Turpan	149624	64285	115151	53762	83706	32894
哈密市	Hami	166511	139607	180381	150250	109807	90864

2-28 社会保障主要指标(二)
Main Indicators of Social Security(Ⅱ)

城　市	City	提供住宿的社会工作机构数(个) Number of Social Welfare Institutions with Accommodation Urban Basic Pension Insurance (unit)		养老机构数(个) Number of Institutions for the Aged (unit)		提供住宿的社会工作机构床位数(张) Number of Beds in Social Welfare Institutions with Accommodation (bed)		养老机构床位数(张) Number of Beds in Institutions for the Aged (bed)	
		全市 Total City	市辖区 Districts under City	全市 Total City	市辖区 Districts under City	全市 Total City	市辖区 Districts under City	全市 Total City	市辖区 Districts under City
北京市	**Beijing**	**617**	**617**	**584**	**584**	**115356**	**115356**	**110224**	**110224**
天津市	**Tianjin**	**449**	**449**	**435**	**435**	**61624**	**61624**	**59525**	**59525**
河北省	**Hebei**								
石家庄市	Shijiazhuang	286	124	269	118	38936	20018	37953	19293
唐山市	Tangshan	344	139	332	132	34010	16518	33079	15689
秦皇岛市	Qinhuangdao	52	26	51	25	9380	6073	9239	5932
邯郸市	Handan	182	71	174	68	21135	6799	20929	6649
邢台市	Xingtai	245	48	240	46	23274	5172	22999	4936
保定市	Baoding	164	54	158	53	26479	7961	26222	7895
张家口市	Zhangjiakou	171	85	167	82	15852	8796	15657	8630
承德市	Chengde	126	30	118	29	14012	2082	13850	2038
沧州市	Cangzhou	102	12	99	11	15351	1987	15262	1933
廊坊市	Langfang	63	12	56	11	22950	2430	22512	2380
衡水市	Hengshui	142	52	135	49	14956	5808	14157	5109
山西省	**Shanxi**								
太原市	Taiyuan	56	41	53	38	8647	5569	7437	4359
大同市	Datong	81	46	76	43	13705	7873	13075	7323
阳泉市	Yangquan	37	25	34	24	3218	2338	3085	2220
长治市	Changzhi	90	39	84	37	7355	4197	7106	3997
晋城市	Jincheng	69	12	69	12	7371	1497	7371	1497
朔州市	Shuozhou	53	14	42	11	8272	1788	7411	1483
晋中市	Jinzhong	102	18	87	18	10962	1729	10476	1729
运城市	Yuncheng	194	15	193	15	18669	1721	18409	1721
忻州市	Xinzhou	60	8	45	8	6759	756	6105	756
临汾市	Linfen	161	21	131	17	9493	2489	9307	2309
吕梁市	Lvliang	31		27		3024		2816	
内蒙古自治区	**Inner Mongolia**								
呼和浩特市	Hohhot	31	13	27	9	6111	4224	4955	3068
包头市	Baotou	54	40	51	40	8303	6568	8157	6568
乌海市	Wuhai	9	9	9	9	1988	1988	2388	2388
赤峰市	Chifeng	139	30	128	27	15467	4939	14947	5082
通辽市	Tongliao	95	37	92	37	7350	1834	6920	1834
鄂尔多斯市	Erdos	62	23	60	21	10010	3737	9710	3437
呼伦贝尔市	Hulunbuir	101	6	94	5	10196	472	9755	422
巴彦淖尔市	Bayannur	59	22	56	22	9850	2281	9285	2281
乌兰察布市	Ulanqab	523	16	517	11	83551	1187	82724	1057
辽宁省	**Liaoning**								
沈阳市	Shenyang	298	214	236	203	43193	29136	32975	27951
大连市	Dalian	398	334	388	327	33441	25531	32621	24773
鞍山市	Anshan	221	129	220	128	19664	10885	19564	10785

2−28 续表 1 continued

城 市	City	提供住宿的社会工作机构数（个）Number of Social Welfare Institutions with Accommodation Urban Basic Pension Insurance (unit)		养老机构数（个）Number of Institutions for the Aged (unit)		提供住宿的社会工作机构床位数（张）Number of Beds in Social Welfare Institutions with Accommodation (bed)		养老机构床位数（张）Number of Beds in Institutions for the Aged (bed)	
		全市 Total City	市辖区 Districts under City	全市 Total City	市辖区 Districts under City	全市 Total City	市辖区 Districts under City	全市 Total City	市辖区 Districts under City
抚顺市	Fushun	176	135	172	133	14200	10900	13274	9980
本溪市	Benxi	156	134	146	126	9437	7264	9186	7084
丹东市	Dandong	174	92	160	85	11652	4539	11063	4539
锦州市	Jinzhou	193	85	189	85	10855	3554	10184	3216
营口市	Yingkou	154	81	150	80	14023	7783	13671	7574
阜新市	Fuxin	99	60	99	60	7950	5565	7950	5565
辽阳市	Liaoyang	100	63	100	63	8963	5520	8713	4740
盘锦市	Panjin	75	61	75	61	5529	4055	5529	4055
铁岭市	Tieling	202	49	186	47	16004	3577	15628	3538
朝阳市	Chaoyang	127	27	123	27	10512	1611	10154	1611
葫芦岛市	Huludao	84	20	81	17	7991	2281	7951	2241
吉林省	**Jilin**								
长春市	Changchun	544	324	541	324	49741	32309	48761	32309
吉林市	Jilin								
四平市	Siping	76	26	71	24	7828	3142	7684	3023
辽源市	Liaoyuan	88	33	85	30	8602	3863	8472	3733
通化市	Tonghua	147	50	145	48	8806	3509	8516	3219
白山市	Baishan				55				3978
松原市	Songyuan			179	87			9548	3672
白城市	Baicheng	132	3	125	45			7728	2405
黑龙江省	**Heilongjiang**								
哈尔滨市	Harbin	475	263	466	258	43238	29224	41149	27013
齐齐哈尔市	Qiqihar	280	108	268	103	35998	20516	34561	19183
鸡西市	Jixi	131	82	82	82	10268	5660	10268	5660
鹤岗市	Hegang	128	96	126	94	7007	4680	6917	4590
双鸭山市	Shuangyashan	78	32	73	31	6543	3430	6460	3398
大庆市	Daqing	148	66	143	65	11816	6066	11748	6001
伊春市	Yichun	137	49	125	47	7856	3660	7364	3540
佳木斯市	Jiamusi	156	79	156	79	13663	4067	13663	6067
七台河市	Qitaihe	38	19	33	16	3688	2268	3551	2137
牡丹江市	Mudanjiang	207	76	193	73	16577	7791	15745	7024
黑河市	Heihe	121	10	121	10	13933	1498	13933	1498
绥化市	Suihua	206	18	195	18	24641	3487	24306	3487
上海市	**Shanghai**	**724**	**724**	**687**	**687**	**151782**	**151782**	**145574**	**145574**
江苏省	**Jiangsu**								
南京市	Nanjing	360	360	349	349	51996	51996	49240	49240
无锡市	Wuxi	287	190	279	185	70954	40047	66222	36617
徐州市	Xuzhou	237	123	207	97	46819	19548	46616	19412
常州市	Changzhou	134	108	121	101	26619	21081	25053	21011
苏州市	Suzhou	200	106	171	99	55176	30510	49931	28334
南通市	Nantong	322	164	312	159	58657	28001	57853	27540

2-28 续表 2 continued

城 市	City	提供住宿的社会工作机构数（个）Number of Social Welfare Institutions with Accommodation Urban Basic Pension Insurance (unit)		养老机构数（个）Number of Institutions for the Aged (unit)		提供住宿的社会工作机构床位数（张）Number of Beds in Social Welfare Institutions with Accommodation (bed)		养老机构床位数（张）Number of Beds in Institutions for the Aged (bed)	
		全市 Total City	市辖区 Districts under City	全市 Total City	市辖区 Districts under City	全市 Total City	市辖区 Districts under City	全市 Total City	市辖区 Districts under City
连云港市	Lianyungang	131	49	119	43	14494	6296	13390	5396
淮安市	Huai'an	212	2	210	1	26965	802	26613	600
盐城市	Yancheng	202	58	190	53	39368	12921	38865	12606
扬州市	Yangzhou	123	70	113	65	23910	10191	23369	9922
镇江市	Zhenjiang	155	55	150	53	18480	6798	18037	6480
泰州市	Taizhou	166	43	161	41	21325	4816	21034	4609
宿迁市	Suqian	182	58	175	54	24579	8116	24147	7921
浙江省	**Zhejiang**								
杭州市	Hangzhou	262	180	246	171	41226	27424	39914	27033
宁波市	Ningbo	275	136	258	125	52690	27209	51448	26287
温州市	Wenzhou	273	49	252	45	26415	7997	23497	6193
嘉兴市	Jiaxing	97	25	85	23	19123	5106	18437	4696
湖州市	Huzhou	112	40	102	36	14398	5973	14033	5768
绍兴市	Shaoxing	134	56	121	48	21134	9374	20243	8720
金华市	Jinhua	153	35	140	31	33436	6881	32900	6731
衢州市	Quzhou	121	24	118	23	14193	2970	14053	2920
舟山市	Zhoushan	71	44	68	42	9605	6981	9439	6835
台州市	Taizhou	250	78	241	73	28344	10444	27819	10029
丽水市	Lishui	81	18	73	16	9660	3229	9306	2934
安徽省	**Anhui**								
合肥市	Hefei	179	54	173	52	33921	12612	32151	11030
芜湖市	Wuhu	148	77	139	73	19084	9345	18569	8961
蚌埠市	Bengbu	156	60	149	56	12965	5381	11740	4281
淮南市	Huainan	190	85	188	83	23756	10065	23408	9717
马鞍山市	Ma'anshan	127	48	120	44	13512	6146	12491	5256
淮北市	Huaibei	54	35	52	34	8469	5417	8219	5267
铜陵市	Tongling	68	45	63	41	7024	5082	6576	4668
安庆市	Anqing	230	53	222	50	32662	5998	31707	5418
黄山市	Huangshan	74	22	68	21	5290	2476	5056	2397
滁州市	Chuzhou	158	26	149	23	18742	2922	18072	2642
阜阳市	Fuyang	363	93	355	91	49642	12646	48563	12136
宿州市	Suzhou	237	81	230	79	33925	11340	33539	11186
六安市	Lu'an	296	136	291	134	49061	18011	48566	17601
亳州市	Bozhou	177	41	170	38	37809	10263	36554	9428
池州市	Chizhou	88	28	85	26	11540	4162	11248	3885
宣城市	Xuancheng	169	33	161	31	19774	5484	19385	5360
福建省	**Fujian**								
福州市	Fuzhou	157	61	148	56	23770	12574	22485	11621
厦门市	Xiamen	95	95	45	45	14002	14002	12324	12324
莆田市	Putian	63	38	58	35	9473	5616	8177	4690
三明市	Sanming	144	18	131	11	12417	2423	11510	1710

2-28 续表 3 continued

城　市	City	提供住宿的社会工作机构数（个）Number of Social Welfare Institutions with Accommodation Urban Basic Pension Insurance (unit)		养老机构数（个）Number of Institutions for the Aged (unit)		提供住宿的社会工作机构床位数（张）Number of Beds in Social Welfare Institutions with Accommodation (bed)		养老机构床位数（张）Number of Beds in Institutions for the Aged (bed)	
		全市 Total City	市辖区 Districts under City	全市 Total City	市辖区 Districts under City	全市 Total City	市辖区 Districts under City	全市 Total City	市辖区 Districts under City
泉州市	Quanzhou	159	31	147	26	20723	5758	19636	5591
漳州市	Zhangzhou	167	48	143	39	14531	6154	13640	5334
南平市	Nanping	157	44	146	41	17182	4880	16928	4808
龙岩市	Longyan	68	29	60	26	10832	4360	9715	3796
宁德市	Ningde	119	22	108	16	11419	3662	10256	2572
江西省	**Jiangxi**								
南昌市	Nanchang	103	49	101	49	17368	10509	16706	10509
景德镇市	Jingdezhen			80	14			5294	801
萍乡市	Pingxiang	56	22	53	19	6974	1877	6674	1577
九江市	Jiujiang	250	50	242	45	21640	7474	20696	6561
新余市	Xinyu	77	26	71	25	8098	3300	8081	3300
鹰潭市	Yingtan	64	38	64	38	4515	3311	4515	3311
赣州市	Ganzhou	363	81	332	74	45547	12337	43674	11321
吉安市	Ji'an	255	22	255	22	15927	2912	15927	2912
宜春市	Yichun	256	44	250	44	29744	7688	29046	7688
抚州市	Fuzhou	204	70	197	68	14434	6755	14338	6689
上饶市	Shangrao	261	79	259	77	18355	6574	18355	6574
山东省	**Shandong**								
济南市	Jinan	4015	3289	4012	3286	69467	57641	68585	56739
青岛市	Qingdao	307	231	304	228	44408	35001	43778	34371
淄博市	Zibo	162	116	161	115	21022	14861	20501	14340
枣庄市	Zaozhuang	107	85	104	83	17213	12017	16868	11712
东营市	Dongying	66	39	62	36	8018	4339	7902	4233
烟台市	Yantai	268	109	253	100	45654	19918	45287	19623
潍坊市	Weifang	177	62	170	60	30501	8924	29952	8632
济宁市	Jining	222	42	215	39	36996	8627	36617	8385
泰安市	Tai'an	133	41	126	38	20853	6823	20396	6511
威海市	Weihai	169	99	162	98	40241	21455	39892	21450
日照市	Rizhao	65	40	59	35	8913	5403	8598	5118
临沂市	Linyi	141	45	135	43	31322	11382	30796	10982
德州市	Dezhou	130	38	126	35	18517	5030	18047	4570
聊城市	Liaocheng	120	47	111	46	24180	9719	23617	9156
滨州市	Binzhou	102	36	95	33	17769	5706	17659	5655
菏泽市	Heze	180	48	169	55	32325	10477	31835	10027
河南省	**Henan**								
郑州市	Zhengzhou	166	55	160	51	27062	10055	26010	9025
开封市	Kaifeng	238	134	229	131	20212	11414	19636	11011
洛阳市	Luoyang	225	88	219	86	21785	9685	20714	9025
平顶山市	Pingdingshan	147	22	139	21	11631	1859	11181	1729
安阳市	Anyang	181	71	178	70	16984	8183	16495	7975
鹤壁市	Hebi	56	31	51	26	5535	3542	5238	3299

2-28 续表 4 continued

城 市	City	提供住宿的社会工作机构数(个) Number of Social Welfare Institutions with Accommodation Urban Basic Pension Insurance (unit)		养老机构数(个) Number of Institutions for the Aged (unit)		提供住宿的社会工作机构床位数(张) Number of Beds in Social Welfare Institutions with Accommodation (bed)		养老机构床位数(张) Number of Beds in Institutions for the Aged (bed)	
		全市 Total City	市辖区 Districts under City	全市 Total City	市辖区 Districts under City	全市 Total City	市辖区 Districts under City	全市 Total City	市辖区 Districts under City
新乡市	Xinxiang	311	90	294	88	33196	9112	32680	8852
焦作市	Jiaozuo	130	47	121	41	12450	5811	11654	5211
濮阳市	Puyang	104	6	98	6	10778	574	10582	574
许昌市	Xuchang	196	74	188	69	23633	8905	23009	8461
漯河市	Luohe	100	52	96	48	11187	6024	10977	5954
三门峡市	Sanmenxia	158	53	152	50	13897	4098	13243	3548
南阳市	Nanyang	548	91	537	89	81377	12291	80895	12201
商丘市	Shangqiu	258	45	247	41	31359	4511	30741	4222
信阳市	Xinyang	312	69	301	64	29224	6303	28752	6027
周口市	Zhoukou	296	50	285	47	34347	4836	33932	4724
驻马店市	Zhumadian	335	33	319	30	29417	5238	28252	4581
湖北省	**Hubei**								
武汉市	Wuhan	293	293	277	277	49670	49670	48458	48458
黄石市	Huangshi	80	35	72	32	17232	7300	16452	6690
十堰市	Shiyan	177	69	164	64	22319	10893	21279	10093
宜昌市	Yichang	245	86	232	85	26112	9635	25666	9624
襄阳市	Xiangyang	212	95	201	90	29836	12654	28554	11563
鄂州市	Ezhou	36	36	33	33	6291	3291	6206	6206
荆门市	Jingmen	96	25	91	23	13948	4017	13621	3867
孝感市	Xiaogan	166	32	143	29	26635	6803	25352	5731
荆州市	Jingzhou	204	42	186	38	28646	6169	27821	5748
黄冈市	Huanggang	206	20	190	20	29162	1844	28341	1844
咸宁市	Xianning	119	31	107	28	14869	4685	14278	4455
随州市	Suizhou	90	22	85	22	10367	3166	10142	3166
湖南省	**Hunan**								
长沙市	Changsha	221	108	203	97	37285	22701	35586	21639
株洲市	Zhuzhou	166	61	161	59	19212	8453	18661	7953
湘潭市	Xiangtan	147	51	141	49	12305	5863	11750	5623
衡阳市	Hengyang	275	45	258	44	35958	3402	34596	3322
邵阳市	Shaoyang	182	21	167	21	21179	1194	19259	1194
岳阳市	Yueyang	206	40	181	34	26598	6710	23893	5280
常德市	Changde	238	47	225	42	30503	9139	28948	8121
张家界市	Zhangjiajie	107	34	96	29	5885	2235	5506	2077
益阳市	Yiyang	194	86	181	78	18198	9619	17206	8775
郴州市	Chenzhou	164	40	155	38	16284	4652	15607	4202
永州市	Yongzhou	169	38	149	36	15709	4973	15137	4898
怀化市	Huaihua	134	15	124	13	8475	1104	8275	1031
娄底市	Loudi	101	22	90	19	31780	7309	31125	7064
广东省	**Guangdong**								
广州市	Guangzhou	254	254	250	250	66264	66264	62411	62411
韶关市	Shaoguan	124	34	124	34	9380	3771	9380	3771

2−28 续表 5 continued

城　市	City	提供住宿的社会工作机构数（个）Number of Social Welfare Institutions with Accommodation Urban Basic Pension Insurance (unit)		养老机构数（个）Number of Institutions for the Aged (unit)		提供住宿的社会工作机构床位数（张）Number of Beds in Social Welfare Institutions with Accommodation (bed)		养老机构床位数（张）Number of Beds in Institutions for the Aged (bed)	
		全市 Total City	市辖区 Districts under City	全市 Total City	市辖区 Districts under City	全市 Total City	市辖区 Districts under City	全市 Total City	市辖区 Districts under City
深圳市	Shenzhen	82	82	76	76	13922	13922	12818	12818
珠海市	Zhuhai	27	27	22	22	4320	4320	3867	3867
汕头市	Shantou	47	44	41	39	3465	3315	3223	3093
佛山市	Foshan	102	102	94	94	22208	22208	20638	20638
江门市	Jiangmen	129	52	90	40	19111	9516	15570	7840
湛江市	Zhanjiang	133	21	90	16	10174	2220	6598	1477
茂名市	Maoming	157	54	146	48	24618	8154	23647	7519
肇庆市	Zhaoqing	86	36	72	31	8315	3760	7725	3484
惠州市	Huizhou	84	37	77	34	6868	4566	6209	4069
梅州市	Meizhou	178	46	170	44	10676	3244	10345	3094
汕尾市	Shanwei	53	7	44	4	2134	553	1663	429
河源市	Heyuan	99	5	95	3	3651	775	3366	515
阳江市	Yangjiang	96	47	87	41	10730	6495	10401	6270
清远市	Qingyuan	90	30	75	21	8457	4606	6280	2859
东莞市	Dongguan	49		48		6910		6462	
中山市	Zhongshan	34		31		4038		3601	
潮州市	Chaozhou	25	5	21	3	1029	290	896	210
揭阳市	Jieyang	37	16	25	12	2848	1379	1524	1023
云浮市	Yunfu	69	21	58	15	4831	1858	4432	1685
广西壮族自治区	**Guangxi**								
南宁市	Nanning	121	100	111	93	21777	18509	19587	16719
柳州市	Liuzhou	74	32	66	28	8937	5939	8123	5139
桂林市	Guilin	99	51	85	50	14784	7294	13302	7291
梧州市	Wuzhou	62	38	52	35	18285	6192	17597	5750
北海市	Beihai	36	22	31	19	6474	3632	6092	3355
防城港市	Fangchenggang	15	11	9	7	1634	1266	1479	1181
钦州市	Qinzhou	27	11	17	7	4056	560	3472	560
贵港市	Guigang	55	23	49	20	6518	3562	6162	3269
玉林市	Yulin	46	13	36	10	6558	2505	5920	2023
百色市	Baise	44	18	33	14	5988	2619	5617	2324
贺州市	Hezhou	188	74	180	69	5286	2140	4846	1870
河池市	Hechi	81	6	73	5	8276	4800	7994	954
来宾市	Laibin	39	9	33	6	5663	540	5556	540
崇左市	Chongzuo	25	8	13	5	1158	835	836	620
海南省	**Hainan**								
海口市	Haikou	37	37	33	33	5196	5196	5058	5058
三亚市	Sanya	7	7	7	7	1096	1096	1096	1096
三沙市	Sansha								
儋州市	Danzhou	6		5		301		251	
重庆市	**Chongqing**	**1255**	**895**	**1197**	**867**	**133672**	**96616**	**125079**	**96363**

2-28 续表 6 continued

城 市	City	提供住宿的社会工作机构数(个) Number of Social Welfare Institutions with Accommodation Urban Basic Pension Insurance (unit)		养老机构数(个) Number of Institutions for the Aged (unit)		提供住宿的社会工作机构床位数(张) Number of Beds in Social Welfare Institutions with Accommodation (bed)		养老机构床位数(张) Number of Beds in Institutions for the Aged (bed)	
		全市 Total City	市辖区 Districts under City	全市 Total City	市辖区 Districts under City	全市 Total City	市辖区 Districts under City	全市 Total City	市辖区 Districts under City
四川省	**Sichuan**								
成都市	Chengdu	355	225	332	216	56611	30002	53643	29591
自贡市	Zigong	183	103	165	93	23875	13675	21635	11789
攀枝花市	Panzhihua	86	48	78	44	7772	4849	7772	4849
泸州市	Luzhou	219	89	197	83	31018	10241	23018	7603
德阳市	Deyang	133	34	122	28	15060	3839	14444	3439
绵阳市	Mianyang	278	85	256	77	33416	11005	31273	10606
广元市	Guangyuan	86	37	86	37	10573	4709	8166	3183
遂宁市	Suining	255	67	139	51	19507	6902	16593	4734
内江市	Neijiang								
乐山市	Leshan	135	54	122	48	20394	8965	16863	7217
南充市	Nanchong	146	79	122	76	14611	5708	10731	5478
眉山市	Meishan	115	30	24	10	13347	3365	2646	1283
宜宾市	Yibin	171	58	155	51	19386	9177	16231	6106
广安市	Guang'an			171	44			22907	7138
达州市	Dazhou	215	46	181	36	24500	4555	24100	4325
雅安市	Ya'an	29	13	28	12	5156	2089	5062	1995
巴中市	Bazhong	125	71	72	23	8781	1878	8332	1865
资阳市	Ziyang	122	37	121	36	12559	3365	12480	3286
贵州省	**Guizhou**								
贵阳市	Guiyang	115	100	109	94	12678	11114	11748	10184
六盘水市	Liupanshui	47	23	35	19	20892	10755	20328	10575
遵义市	Zunyi	254	53	241	51	27649	6462	25557	6162
安顺市	Anshun	25	8	22	8	3976	1531	3586	1431
毕节市	Bijie	168	2	155		8978	30	7542	
铜仁市	Tongren	114	20	106	18	8091	1911	6665	1793
云南省	**Yunnan**								
昆明市	Kunming	146	91	135	85	26168	8216	24078	16216
曲靖市	Qujing	120	42	107	39	10577	2814	9736	2772
玉溪市	Yuxi	73	14	66	11	4851	750	4757	695
保山市	Baoshan	67	24	66	23	11165	3485	10875	3437
昭通市	Zhaotong	65	5	53	3	9397	1679	8734	1275
丽江市	Lijiang	28	3	21	2	2346	478	2261	476
普洱市	Pu'er	43	6	34	5	3723	520	3323	458
临沧市	Lincang	59	7	51	6	3718	357	3442	352
西藏自治区	**Xizang**								
拉萨市	Lhasa	10	4	10	4	1641	597	1641	597
日喀则市	Xigazê	27	9	19	2	2659	1122	1664	127
昌都市	Qamdo			11	1			2491	298
林芝市	Nyingchi	16	4	15	3	1687	721	1137	171
山南市	Lhoka	13	1	13	1	2584	302	2584	302
那曲市	Nagqu	13	2	13	2	2113	434	2058	434

2-28 续表 7 continued

城 市	City	提供住宿的社会工作机构数（个）Number of Social Welfare Institutions with Accommodation Urban Basic Pension Insurance (unit)		养老机构数（个）Number of Institutions for the Aged (unit)		提供住宿的社会工作机构床位数（张）Number of Beds in Social Welfare Institutions with Accommodation (bed)		养老机构床位数（张）Number of Beds in Institutions for the Aged (bed)	
		全市 Total City	市辖区 Districts under City	全市 Total City	市辖区 Districts under City	全市 Total City	市辖区 Districts under City	全市 Total City	市辖区 Districts under City
陕西省	**Shaanxi**								
西安市	Xi'an	155	153	145	133	31116	28419	29147	26450
铜川市	Tongchuan	21	19	19	17	2778	2298	2716	2236
宝鸡市	Baoji	66	31	53	27	14341	7775	13468	7052
咸阳市	Xianyang	47	7	35	7	7153	1225	6499	1039
渭南市	Weinan	122	31	115	28	18565	4251	17636	3855
延安市	Yan'an	60	13	46	11	6809	1856	6322	1803
汉中市	Hanzhong	112	21	98	21	23960	4218	19200	4218
榆林市	Yulin								
安康市	Ankang								
商洛市	Shangluo	100	15	90	14	12695	1307	12285	1287
甘肃省	**Gansu**								
兰州市	Lanzhou	33	25	30	22	25569	15817	24730	14978
嘉峪关市	Jiayuguan	11		10		848		778	
金昌市	Jinchang	18	11	15	10	1583	903	1438	758
白银市	Baiyin	29	10	22	9	2162	1138	1821	1128
天水市	Tianshui	18	8	11	4	1346	625	776	180
武威市	Wuwei	11	10	25	8	2605	2425	7248	4694
张掖市	Zhangye	28	10	25	7	3687	1661	3150	1124
平凉市	Pingliang	40	7	32	7	3035	350	2659	350
酒泉市	Jiuquan	30	17	29	10	3839	2294	3739	2294
庆阳市	Qingyang	46	8	37	7	2115	199	2027	167
定西市	Dingxi	63	12	62	12	3468	821	3414	821
陇南市	Longnan	29	6	16	3	1495	288	894	118
青海省	**Qinghai**								
西宁市	Xining	25	17	25	17	3820	3424	3820	3424
海东市	Haidong	14	5	14	5	2574	664	2316	406
宁夏回族自治区	**Ningxia**								
银川市	Yinchuan	43		42	24	10215		10015	7399
石嘴山市	Shizuishan	18	10	14	8	4003	2574	3803	2374
吴忠市	Wuzhong	45	2	43	2	7011	492	6891	492
固原市	Guyuan	30	5	26	3	4310	883	4033	756
中卫市	Zhongwei	28	15	25	15	5702	2234	5599	2234
新疆维吾尔自治区	**Xinjiang**								
乌鲁木齐市	Urumqi	43	38	40	35	7068	6686	5696	5314
克拉玛依市	Karamay	23	23	21	21	2118	2118	1868	1868
吐鲁番市	Turpan	11	3	5	2	717	168	297	130
哈密市	Hami	34	17	32	15	2107	1582	1935	1410

2-29 市政公用事业
Municipal Public Utilities

城 市	City	年末实有城市道路面积 (万平方米) Area of Urban Paved Roads at Year-end (10 000 sq.m)	排水管道长度 (公里) Length of Urban Sewage Pipes (km)	境内公路总里程 (公里) Total Mileage of Domestic Roads (km)	高速公路里程 (公里) The Mileage of Expressway (km)
		市辖区 Districts under City	市辖区 Districts under City	全市 Total City	全市 Total City
北京市	**Beijing**	**15375**	**20137**	**22363**	**1196**
天津市	**Tianjin**	**18687**	**23910**	**15230**	**1358**
河北省	**Hebei**				
石家庄市	Shijiazhuang	6055	2835	21146	863
唐山市	Tangshan	4866	3363	20192	839
秦皇岛市	Qinhuangdao	2521	1884	8908	357
邯郸市	Handan	4273	2308	20200	535
邢台市	Xingtai	2709	1637	21571	649
保定市	Baoding	4791	2017	23710	1404
张家口市	Zhangjiakou	2069	444	23589	1346
承德市	Chengde	1289	698	24804	759
沧州市	Cangzhou	1602	864	19573	682
廊坊市	Langfang	1523	1094	11549	558
衡水市	Hengshui	1255	824	13968	335
山西省	**Shanxi**				
太原市	Taiyuan	7118		6730	293
大同市	Datong	2720	1614	12746	562
阳泉市	Yangquan	1003	541	5734	282
长治市	Changzhi	1598	671	12510	382
晋城市	Jincheng	931	607	9838	429
朔州市	Shuozhou	1390	320	10278	453
晋中市	Jinzhong			16246	656
运城市	Yuncheng	1077	595	16453	621
忻州市	Xinzhou	932	824	17486	899
临汾市	Linfen	773	517	19570	663
吕梁市	Lvliang	440	422	17885	628
内蒙古自治区	**Inner Mongolia**				
呼和浩特市	Hohhot	3160	3261	8219	515
包头市	Baotou	3443	2670	9497	139
乌海市	Wuhai	2411	290	1081	101
赤峰市	Chifeng	2137	1150	29542	910
通辽市	Tongliao	1250	794	22975	647
鄂尔多斯市	Erdos	2996	2228	25504	1311
呼伦贝尔市	Hulunbuir	737	353	29415	659
巴彦淖尔市	Bayannur	1157	707	24182	371
乌兰察布市	Ulanqab	1132	764	17747	986
辽宁省	**Liaoning**				
沈阳市	Shenyang	10532	7302	13328	672
大连市	Dalian	7198	3315	13401	529
鞍山市	Anshan	3241	1096	7745	228

2-29 续表 1 continued

城　市	City	年末实有城市道路面积（万平方米）Area of Urban Paved Roads at Year-end (10 000 sq.m)	排水管道长度（公里）Length of Urban Sewage Pipes (km)	境内公路总里程（公里）Total Mileage of Domestic Roads (km)	高速公路里程（公里）The Mileage of Expressway (km)
		市辖区 Districts under City	市辖区 Districts under City	全市 Total City	全市 Total City
抚顺市	Fushun	1848	1010	6660	326
本溪市	Benxi	2218	645	4728	233
丹东市	Dandong	1196	549	10280	360
锦州市	Jinzhou	1033	748	10358	234
营口市	Yingkou	3219	1914	4668	189
阜新市	Fuxin	936	693	9253	311
辽阳市	Liaoyang	1564	1052	4104	159
盘锦市	Panjin	1976	1271	4091	141
铁岭市	Tieling	642	467	11997	346
朝阳市	Chaoyang	502	554	18581	386
葫芦岛市	Huludao	1944	684	10237	229
吉林省	**Jilin**				
长春市	Changchun	8163	6130	28238	655
吉林市	Jilin	2964	1135	15415	505
四平市	Siping	746	415	8024	413
辽源市	Liaoyuan	764	387	5259	247
通化市	Tonghua	351	270	7754	520
白山市	Baishan	477	257	6824	261
松原市	Songyuan	971	621	13894	616
白城市	Baicheng	807	416	13416	525
黑龙江省	**Heilongjiang**				
哈尔滨市	Harbin	6992	4017	24973	883
齐齐哈尔市	Qiqihar	1271	1019	24822	600
鸡西市	Jixi	833	287	9240	362
鹤岗市	Hegang	570	306	3033	
双鸭山市	Shuangyashan	519	407	4355	164
大庆市	Daqing	3887	1905	7605	318
伊春市	Yichun	883	428	7619	167
佳木斯市	Jiamusi	696	512	10879	8262
七台河市	Qitaihe	488	373	1834	117
牡丹江市	Mudanjiang	1173	771	12531	448
黑河市	Heihe	241	167	16600	
绥化市	Suihua	385	391	21598	446
上海市	**Shanghai**	**32663**	**28298**	**13005**	**851**
江苏省	**Jiangsu**				
南京市	Nanjing	18460	10863	9850	604
无锡市	Wuxi	7708	13554	7280	326
徐州市	Xuzhou	4772	3808	15906	464
常州市	Changzhou	5255	9587	8512	379
苏州市	Suzhou	11659	11613	11472	620
南通市	Nantong	6223	3821	17506	482

2-29 续表 2 continued

城市	City	年末实有城市道路面积(万平方米) Area of Urban Paved Roads at Year-end (10 000 sq.m)	排水管道长度(公里) Length of Urban Sewage Pipes (km)	境内公路总里程(公里) Total Mileage of Domestic Roads (km)	高速公路里程(公里) The Mileage of Expressway (km)
		市辖区 Districts under City	市辖区 Districts under City	全市 Total City	全市 Total City
连云港市	Lianyungang	2815	3394	12213	354
淮安市	Huai'an	4224	3476	13706	400
盐城市	Yancheng	3868	2987	26202	417
扬州市	Yangzhou	3418	3765	9604	308
镇江市	Zhenjiang	2664	2112	6895	210
泰州市	Taizhou	3170	2468	10101	323
宿迁市	Suqian	2707	2377	12260	247
浙江省	**Zhejiang**				
杭州市	Hangzhou	13843	12033	16632	801
宁波市	Ningbo	6620	7952	11470	584
温州市	Wenzhou	4116	3348	15533	608
嘉兴市	Jiaxing	2647	2375	8246	428
湖州市	Huzhou	3022	2102	8222	452
绍兴市	Shaoxing	5039	5627	10480	565
金华市	Jinhua	2664	2568	13232	408
衢州市	Quzhou	1498	2206	8735	422
舟山市	Zhoushan	1574	1221	1935	70
台州市	Taizhou	2544	3720	13298	500
丽水市	Lishui	802	1132	15135	452
安徽省	**Anhui**				
合肥市	Hefei	9700	9079	20154	569
芜湖市	Wuhu	4914	3676	11317	328
蚌埠市	Bengbu	2903	1440	11085	272
淮南市	Huainan	2251	1288	9521	211
马鞍山市	Ma'anshan	2106	1857	7789	215
淮北市	Huaibei	1655	1145	5371	95
铜陵市	Tongling	1524	1855	5785	163
安庆市	Anqing	2616	1487	26341	424
黄山市	Huangshan	1191	921	7760	420
滁州市	Chuzhou	2887	2496	20598	647
阜阳市	Fuyang	2766	1887	21309	257
宿州市	Suzhou	1933	1205	21251	354
六安市	Lu'an	2007	1026	25307	404
亳州市	Bozhou	1798	1384	18254	308
池州市	Chizhou	856	819	9560	327
宣城市	Xuancheng	1337	1360	16587	507
福建省	**Fujian**				
福州市	Fuzhou	6372	4536	11648	764
厦门市	Xiamen	6060	4652	2153	142
莆田市	Putian	1879	2937	6549	263
三明市	Sanming	1211	734	16016	943

2−29 续表 3 continued

城 市	City	年末实有城市道路面积（万平方米）Area of Urban Paved Roads at Year-end (10 000 sq.m)	排水管道长度（公里）Length of Urban Sewage Pipes (km)	境内公路总里程（公里）Total Mileage of Domestic Roads (km)	高速公路里程（公里）The Mileage of Expressway (km)
		市辖区 Districts under City	市辖区 Districts under City	全市 Total City	全市 Total City
泉州市	Quanzhou	4046	2558	18877	680
漳州市	Zhangzhou	2585	2115	13211	723
南平市	Nanping	759	472	16231	1043
龙岩市	Longyan	1222	780	15039	805
宁德市	Ningde	802	477	12521	596
江西省	**Jiangxi**				
南昌市	Nanchang	6442	4090	11674	430
景德镇市	Jingdezhen	520	1472	746	
萍乡市	Pingxiang	1218	303	9359	197
九江市	Jiujiang	2565	2361	23874	690
新余市	Xinyu	1241	1086	5064	130
鹰潭市	Yingtan	501	465	5380	101
赣州市	Ganzhou	4519	2958	45428	1728
吉安市	Ji'an	1323	971	30668	918
宜春市	Yichun	1900	1656	27349	863
抚州市	Fuzhou	2485	1989	19328	762
上饶市	Shangrao	2342	1606	27140	718
山东省	**Shandong**				
济南市	Jinan	14190	10059	18294	795
青岛市	Qingdao	11657	9956	15458	892
淄博市	Zibo	6505	3928	11501	265
枣庄市	Zaozhuang	3024	1522	9417	286
东营市	Dongying	3448	2975	9358	237
烟台市	Yantai	7492	4737	19820	668
潍坊市	Weifang	5066	3155	29513	721
济宁市	Jining	6198	2985	21361	499
泰安市	Tai'an	3171	1539	16938	475
威海市	Weihai	4446	3177	7235	235
日照市	Rizhao	2182	2955	10377	223
临沂市	Linyi	6393	4274	32072	687
德州市	Dezhou	2684	1530	21948	531
聊城市	Liaocheng	3217	2282	21447	474
滨州市	Binzhou	2736	1791	17645	491
菏泽市	Heze	3838	1829	29397	590
河南省	**Henan**				
郑州市	Zhengzhou	7883	5879	14125	633
开封市	Kaifeng	2238	1260	10440	471
洛阳市	Luoyang	3919	2811	20135	687
平顶山市	Pingdingshan	1389	756	14885	478
安阳市	Anyang	1656	1455	13220	339
鹤壁市	Hebi	1097	699	4749	98

2–29 续表 4 continued

城 市	City	年末实有城市道路面积(万平方米) Area of Urban Paved Roads at Year-end (10 000 sq.m)	排水管道长度(公里) Length of Urban Sewage Pipes (km)	境内公路总里程(公里) Total Mileage of Domestic Roads (km)	高速公路里程(公里) The Mileage of Expressway (km)
		市辖区 Districts under City	市辖区 Districts under City	全市 Total City	全市 Total City
新乡市	Xinxiang	1332	1161	13927	488
焦作市	Jiaozuo	2049	1317	8139	240
濮阳市	Puyang	1211	972	7194	305
许昌市	Xuchang	2527	1050	10236	281
漯河市	Luohe	1192	1173	5610	125
三门峡市	Sanmenxia	722	337	10388	402
南阳市	Nanyang	2645	2109	41719	892
商丘市	Shangqiu	3282	2054	24934	510
信阳市	Xinyang	956	1207	28373	629
周口市	Zhoukou	1768	1475	24436	513
驻马店市	Zhumadian	1667	1039	22525	793
湖北省	**Hubei**				
武汉市	Wuhan	12550	13632	16814	969
黄石市	Huangshi	2087	2084	8420	241
十堰市	Shiyan	1905	1338	31040	620
宜昌市	Yichang	3294	1879	38181	729
襄阳市	Xiangyang	3091	2204	33172	816
鄂州市	Ezhou	735	879	3949	189
荆门市	Jingmen	1455	1144	16628	443
孝感市	Xiaogan	1649	1152	18357	475
荆州市	Jingzhou	2365	1402	24319	712
黄冈市	Huanggang	594	461	34174	771
咸宁市	Xianning	2157	1295	16910	482
随州市	Suizhou	822	899	12548	335
湖南省	**Hunan**				
长沙市	Changsha	8062	6899	16359	779
株洲市	Zhuzhou	3432	2499	13933	432
湘潭市	Xiangtan	1660	1400	7970	284
衡阳市	Hengyang	2476	1847	21127	697
邵阳市	Shaoyang	1319	753	22615	582
岳阳市	Yueyang	2517	1608	20887	658
常德市	Changde	2514	2273	22859	529
张家界市	Zhangjiajie	486	349	9264	185
益阳市	Yiyang	1836	1151	16463	476
郴州市	Chenzhou			18088	579
永州市	Yongzhou	1367	829	23204	492
怀化市	Huaihua	737	746	20908	717
娄底市	Loudi	1370	442	14761	338
广东省	**Guangdong**				
广州市	Guangzhou	22411	43249	9068	1133
韶关市	Shaoguan	1091	1336	17171	766

2-29 续表 5 continued

城 市	City	年末实有城市道路面积(万平方米) Area of Urban Paved Roads at Year-end (10 000 sq.m)	排水管道长度(公里) Length of Urban Sewage Pipes (km)	境内公路总里程(公里) Total Mileage of Domestic Roads (km)	高速公路里程(公里) The Mileage of Expressway (km)
		市辖区 Districts under City	市辖区 Districts under City	全市 Total City	全市 Total City
深圳市	Shenzhen	14862	19257	726	397
珠海市	Zhuhai		6076	1506	224
汕头市	Shantou	3835	4619	4056	227
佛山市	Foshan	4584	15765	5312	554
江门市	Jiangmen	3310	2816	9877	616
湛江市	Zhanjiang	1599	1487	22561	480
茂名市	Maoming	2036	1090	19159	452
肇庆市	Zhaoqing		1822	14305	695
惠州市	Huizhou	5127	3920	13492	858
梅州市	Meizhou	1024	737	20842	752
汕尾市	Shanwei	693	499	5892	236
河源市	Heyuan	717	1231	17416	712
阳江市	Yangjiang	1811	1320	10830	378
清远市	Qingyuan	965	1058	20662	1055
东莞市	Dongguan			5266	380
中山市	Zhongshan			2840	270
潮州市	Chaozhou	1021	1081	5538	210
揭阳市	Jieyang	3503	2197	7634	390
云浮市	Yunfu	587	1293	8933	427
广西壮族自治区	**Guangxi**				
南宁市	Nanning	8692	6374	18661	1229
柳州市	Liuzhou	4658	2177	11907	640
桂林市	Guilin	2142	1108	18000	792
梧州市	Wuzhou	1688	942	8679	563
北海市	Beihai	1698	1253	3916	188
防城港市	Fangchenggang	972	1166	4145	139
钦州市	Qinzhou	1546	1126	10411	438
贵港市	Guigang	1624	1168	11344	469
玉林市	Yulin	1372	937	12572	521
百色市	Baise	1136	919	26470	1144
贺州市	Hezhou	880	736	7289	365
河池市	Hechi	779	865	19152	806
来宾市	Laibin	906	718	9099	543
崇左市	Chongzuo	558	575	10574	426
海南省	**Hainan**				
海口市	Haikou	1301	3067	6499	258
三亚市	Sanya	1254	1124	2001	94
三沙市	Sansha				
儋州市	Danzhou			3634	135
重庆市	**Chongqing**	**26922**	**25504**	**186137**	**4002**

2–29 续表 6 continued

城 市	City	年末实有城市道路面积(万平方米) Area of Urban Paved Roads at Year-end (10 000 sq.m)	排水管道长度(公里) Length of Urban Sewage Pipes (km)	境内公路总里程(公里) Total Mileage of Domestic Roads (km)	高速公路里程(公里) The Mileage of Expressway (km)
		市辖区 Districts under City	市辖区 Districts under City	全市 Total City	全市 Total City
四川省	**Sichuan**				
成都市	Chengdu	9735		29338	1240
自贡市	Zigong	2369	1978	9997	278
攀枝花市	Panzhihua	1350	1175	5119	233
泸州市	Luzhou	2474	1984	20186	575
德阳市	Deyang	1941	1609	10452	359
绵阳市	Mianyang	2978	2959	24509	546
广元市	Guangyuan	1086	1066	24084	464
遂宁市	Suining		1436	13951	385
内江市	Neijiang	1276	1369	14071	358
乐山市	Leshan	1337	1102	16638	448
南充市	Nanchong	2480	1910	30858	574
眉山市	Meishan	1208	943	9266	460
宜宾市	Yibin	2691	2031	26088	517
广安市	Guang'an	953	893	16535	373
达州市	Dazhou	755	35	28847	547
雅安市	Ya'an	1110	618	8442	377
巴中市	Bazhong	1200	611	25863	426
资阳市	Ziyang	1039	735	12668	380
贵州省	**Guizhou**				
贵阳市	Guiyang	5551	3792	13621	643
六盘水市	Liupanshui	1741	1200	14813	468
遵义市	Zunyi	3777	2823	39597	1517
安顺市	Anshun	1671	1133	14306	486
毕节市	Bijie	778	840	34483	1073
铜仁市	Tongren	1124	715	34264	939
云南省	**Yunnan**				
昆明市	Kunming	5522	6574	22877	1251
曲靖市	Qujing	1863	1293	29395	1100
玉溪市	Yuxi	724	1112	17973	675
保山市	Baoshan	945	461	21887	526
昭通市	Zhaotong	720	675	28029	895
丽江市	Lijiang	527	668	11522	451
普洱市	Pu'er	488	641	29834	579
临沧市	Lincang		350	22053	417
西藏自治区	**Xizang**				
拉萨市	Lhasa		477	6975	402
日喀则市	Xigazê	397	206	21567	35
昌都市	Qamdo			19652	27
林芝市	Nyingchi	90	133	7283	296
山南市	Lhoka		118	9480	90
那曲市	Nagqu			35011	106

2-29 续表 7 continued

城市	City	年末实有城市道路面积(万平方米) Area of Urban Paved Roads at Year-end (10 000 sq.m)	排水管道长度(公里) Length of Urban Sewage Pipes (km)	境内公路总里程(公里) Total Mileage of Domestic Roads (km)	高速公路里程(公里) The Mileage of Expressway (km)
		市辖区 Districts under City	市辖区 Districts under City	全市 Total City	全市 Total City
陕西省	**Shaanxi**				
西安市	Xi'an	15281	7768	13475	604
铜川市	Tongchuan	576	531	4503	279
宝鸡市	Baoji	1688	905	18411	541
咸阳市	Xianyang	539	253	16693	597
渭南市	Weinan	181	85	19915	547
延安市	Yan'an	984	681	21203	1095
汉中市	Hanzhong	719	504	24068	639
榆林市	Yulin	1542	1334	35139	1157
安康市	Ankang	837	401	25779	757
商洛市	Shangluo	319	267	20518	493
甘肃省	**Gansu**				
兰州市	Lanzhou	2844	1258	10341	462
嘉峪关市	Jiayuguan			1103	29
金昌市	Jinchang	981	132	2477	227
白银市	Baiyin	1036	588	12255	323
天水市	Tianshui	1066	749	14275	331
武威市	Wuwei	686	224	13244	612
张掖市	Zhangye	594	503	14092	349
平凉市	Pingliang	768	562	11247	425
酒泉市	Jiuquan	772	418	17529	1083
庆阳市	Qingyang	713	287	16653	496
定西市	Dingxi	308	201	12886	442
陇南市	Longnan	270	130	19263	645
青海省	**Qinghai**				
西宁市	Xining	1897	1805	5246	250
海东市	Haidong	663	412	12049	326
宁夏回族自治区	**Ningxia**				
银川市	Yinchuan	2909	917	6806	451
石嘴山市	Shizuishan	1924	273	2873	116
吴忠市	Wuzhong	607	239	9942	613
固原市	Guyuan	827	455	10707	327
中卫市	Zhongwei	586	102	8808	587
新疆维吾尔自治区	**Xinjiang**				
乌鲁木齐市	Urumqi	6017	3727	3036	339
克拉玛依市	Karamay	1731	704	1229	271
吐鲁番市	Turpan	409	257	5593	449
哈密市	Hami	657	490	9720	1044

2-30 公共汽车、出租车拥有情况(市辖区)
Number of Public Transportation Vehicles and Taxis (Districts under City)

城　市	City	年末实有公共汽(电)车营运车辆数(辆) Number of Buses and Trolley Buses under Operation at Year-end (unit)	全年公共汽(电)车客运总量(万人次) Total Annual Volume of Passengers Transported by Buses and Trolley Buses (10 000 person-times)	年末实有巡游出租汽车营运车数(辆) Number of Cruise Taxis under Operation at Year-end (unit)
北京市	**Beijing**	**23465**	**172558**	**70230**
天津市	**Tianjin**	**11653**	**44546**	**31779**
河北省	**Hebei**			
石家庄市	Shijiazhuang	4965	14370	7833
唐山市	Tangshan	2430	8134	4983
秦皇岛市	Qinhuangdao	1327	3073	3815
邯郸市	Handan	2545	5783	4261
邢台市	Xingtai	1408	2741	2999
保定市	Baoding	1436	4080	3728
张家口市	Zhangjiakou	1502	6066	4237
承德市	Chengde	735	5440	2469
沧州市	Cangzhou	1393	2797	2066
廊坊市	Langfang	861	886	
衡水市	Hengshui	991	2321	1324
山西省	**Shanxi**			
太原市	Taiyuan	2533	18800	8292
大同市	Datong	1379	12386	5261
阳泉市	Yangquan	747	8655	1885
长治市	Changzhi	927	6922	2229
晋城市	Jincheng	562	2521	1453
朔州市	Shuozhou	213	684	2224
晋中市	Jinzhong	628	1037	1180
运城市	Yuncheng	807	2153	1801
忻州市	Xinzhou	230	812	712
临汾市	Linfen	600	3773	1862
吕梁市	Lvliang	465	1211	453
内蒙古自治区	**Inner Mongolia**			
呼和浩特市	Hohhot	2750	12164	6568
包头市	Baotou	1241	7747	6311
乌海市	Wuhai	230	1183	1127
赤峰市	Chifeng	667	4144	3873
通辽市	Tongliao	478	4484	2859
鄂尔多斯市	Erdos	630	3024	2610
呼伦贝尔市	Hulunbuir	214	1378	2432
巴彦淖尔市	Bayannur	231	554	1238
乌兰察布市	Ulanqab	477	3133	2176
辽宁省	**Liaoning**			
沈阳市	Shenyang	5492	38000	20096

注：本表中“年末实有巡游出租汽车营运车数”与“年末实有出租汽车营运车数”口径一致。
The caliber of "Number of Cruise Taxis under Operation at Year-end" in this table is consistent with that of "Number of Taxis under Operation at Year-end".

2–30 续表 1 continued

城　市	City	年末实有公共汽(电)车营运车辆数(辆) Number of Buses and Trolley Buses under Operation at Year-end (unit)	全年公共汽(电)车客运总量(万人次) Total Annual Volume of Passengers Transported by Buses and Trolley Buses (10 000 person-times)	年末实有巡游出租汽车营运车数(辆) Number of Cruise Taxis under Operation at Year-end (unit)
大连市	Dalian	5118	54535	11776
鞍山市	Anshan	1677	13201	5375
抚顺市	Fushun	867	11977	4093
本溪市	Benxi	659	11068	2834
丹东市	Dandong	660	4382	1932
锦州市	Jinzhou	783	4160	4018
营口市	Yingkou	825	3197	3093
阜新市	Fuxin	481	2139	2867
辽阳市	Liaoyang	587	3477	2611
盘锦市	Panjin	1096	3643	3281
铁岭市	Tieling	213	1229	2249
朝阳市	Chaoyang	218	1885	1968
葫芦岛市	Huludao	591	2780	3051
吉林省	**Jilin**			
长春市	Changchun	4566	29668	18535
吉林市	Jilin	1311	10234	4452
四平市	Siping	342	1456	2975
辽源市	Liaoyuan	382	1807	1201
通化市	Tonghua	309	3477	1504
白山市	Baishan	363	1107	707
松原市	Songyuan	220	2313	2177
白城市	Baicheng	126	375	1815
黑龙江省	**Heilongjiang**			
哈尔滨市	Harbin	7428	45634	17021
齐齐哈尔市	Qiqihar	1071	2948	2318
鸡西市	Jixi	580	5490	2915
鹤岗市	Hegang	482	7229	2037
双鸭山市	Shuangyashan	424	3491	1100
大庆市	Daqing	2122	5293	364
伊春市	Yichun	271	2504	1928
佳木斯市	Jiamusi	433	7721	2650
七台河市	Qitaihe	495	5855	1005
牡丹江市	Mudanjiang	682	7516	2852
黑河市	Heihe	85	316	968
绥化市	Suihua	371	973	2334
上海市	**Shanghai**	**17305**	**81900**	**27500**
江苏省	**Jiangsu**			
南京市	Nanjing	8314	47853	10003
无锡市	Wuxi	3007	13218	4040
徐州市	Xuzhou	2526	4497	3707
常州市	Changzhou	2700	8635	3319
苏州市	Suzhou	6016	19934	5638

2–30 续表 2 continued

城 市	City	年末实有公共汽(电)车营运车辆数(辆) Number of Buses and Trolley Buses under Operation at Year-end (unit)	全年公共汽(电)车客运总量(万人次) Total Annual Volume of Passengers Transported by Buses and Trolley Buses (10 000 person-times)	年末实有巡游出租汽车营运车数(辆) Number of Cruise Taxis under Operation at Year-end (unit)
南通市	Nantong	2587	6481	1869
连云港市	Lianyungang	1114	3870	1336
淮安市	Huai'an	1659	8348	1373
盐城市	Yancheng	1919	10893	1494
扬州市	Yangzhou	2001	5036	2461
镇江市	Zhenjiang	1416	5495	1623
泰州市	Taizhou	1429	9107	706
宿迁市	Suqian	1211	5248	2025
浙江省	**Zhejiang**			
杭州市	Hangzhou	10174	47830	14130
宁波市	Ningbo	6130	22129	4755
温州市	Wenzhou	2581	14295	3981
嘉兴市	Jiaxing	1262	3276	1073
湖州市	Huzhou	1075	5907	975
绍兴市	Shaoxing	2302	9542	1746
金华市	Jinhua	975	5244	824
衢州市	Quzhou	305	1922	521
舟山市	Zhoushan	736	5194	863
台州市	Taizhou	1646	6034	1920
丽水市	Lishui	645	2642	409
安徽省	**Anhui**			
合肥市	Hefei	4317	28812	9402
芜湖市	Wuhu	1559	7992	4289
蚌埠市	Bengbu	1115	6870	2393
淮南市	Huainan	1279	4596	3132
马鞍山市	Ma'anshan	758	3087	2348
淮北市	Huaibei	571	2447	1629
铜陵市	Tongling	715	3651	1584
安庆市	Anqing	546	3149	1871
黄山市	Huangshan	238	980	605
滁州市	Chuzhou	606	2878	1257
阜阳市	Fuyang	787	2170	1788
宿州市	Suzhou	745	1714	1678
六安市	Lu'an	1111	3922	2007
亳州市	Bozhou	777	2014	1148
池州市	Chizhou	396	1159	600
宣城市	Xuancheng	789	2457	997
福建省	**Fujian**			
福州市	Fuzhou	5100	28522	6893
厦门市	Xiamen	4076	53140	5242
莆田市	Putian	1081	3122	1017

2-30 续表 3 continued

城　市	City	年末实有公共汽(电)车营运车辆数(辆) Number of Buses and Trolley Buses under Operation at Year-end (unit)	全年公共汽(电)车客运总量(万人次) Total Annual Volume of Passengers Transported by Buses and Trolley Buses (10 000 person-times)	年末实有巡游出租汽车营运车数(辆) Number of Cruise Taxis under Operation at Year-end (unit)
三明市	Sanming	481	7363	439
泉州市	Quanzhou	1488	4420	1465
漳州市	Zhangzhou	903	4314	884
南平市	Nanping	431	5217	568
龙岩市	Longyan	561	4981	192
宁德市	Ningde	428	3275	1120
江西省	**Jiangxi**			
南昌市	Nanchang	3773	13000	5453
景德镇市	Jingdezhen	526	2600	167
萍乡市	Pingxiang	769	7530	700
九江市	Jiujiang	738	5058	1539
新余市	Xinyu	368	1994	531
鹰潭市	Yingtan	211	1183	312
赣州市	Ganzhou	890	3212	984
吉安市	Ji'an	558	4202	393
宜春市	Yichun	555	2946	512
抚州市	Fuzhou	443	1923	1196
上饶市	Shangrao	662	2134	625
山东省	**Shandong**			
济南市	Jinan	7425	40229	10318
青岛市	Qingdao	8372	63528	10478
淄博市	Zibo	2589		6110
枣庄市	Zaozhuang	1453	2334	834
东营市	Dongying	1126	2975	3102
烟台市	Yantai	2953	17717	2991
潍坊市	Weifang	1804	5002	2347
济宁市	Jining	2937	10315	2060
泰安市	Tai'an	2360	4141	1292
威海市	Weihai	1580	8740	1871
日照市	Rizhao	1056	4338	1424
临沂市	Linyi	1994	6279	2750
德州市	Dezhou	1306	2365	2525
聊城市	Liaocheng	1302	3390	1431
滨州市	Binzhou	530	827	720
菏泽市	Heze	2044	2502	1668
河南省	**Henan**			
郑州市	Zhengzhou	6717	33515	11875
开封市	Kaifeng	882	2338	2636
洛阳市	Luoyang	2893	9556	4227
平顶山市	Pingdingshan	844	3062	2000
安阳市	Anyang	853	2590	1359

2-30 续表 4 continued

城 市	City	年末实有公共汽(电)车营运车辆数(辆) Number of Buses and Trolley Buses under Operation at Year-end (unit)	全年公共汽(电)车客运总量(万人次) Total Annual Volume of Passengers Transported by Buses and Trolley Buses (10 000 person-times)	年末实有巡游出租汽车营运车数(辆) Number of Cruise Taxis under Operation at Year-end (unit)
鹤壁市	Hebi	592	1347	674
新乡市	Xinxiang	1115	3512	1744
焦作市	Jiaozuo	942	3425	1398
濮阳市	Puyang	688	1586	1745
许昌市	Xuchang	1004	1749	1281
漯河市	Luohe	820	1688	1100
三门峡市	Sanmenxia	581	3356	600
南阳市	Nanyang	1355	5582	1800
商丘市	Shangqiu	1991	4300	2875
信阳市	Xinyang	643	1579	1850
周口市	Zhoukou	920	660	1195
驻马店市	Zhumadian	917	2113	1548
湖北省	**Hubei**			
武汉市	Wuhan	9943	58662	18407
黄石市	Huangshi	918	9370	1022
十堰市	Shiyan	1215	15013	1037
宜昌市	Yichang	846	9652	1892
襄阳市	Xiangyang	1583	17474	2190
鄂州市	Ezhou	405	1745	520
荆门市	Jingmen	653	5048	800
孝感市	Xiaogan	432	1480	866
荆州市	Jingzhou	911	6602	1988
黄冈市	Huanggang	290	925	693
咸宁市	Xianning	344	1216	656
随州市	Suizhou	376	1323	547
湖南省	**Hunan**			
长沙市	Changsha	9712	38003	8156
株洲市	Zhuzhou	1535	10349	2435
湘潭市	Xiangtan	1109	7360	47
衡阳市	Hengyang	1318	6933	701
邵阳市	Shaoyang	757	4465	994
岳阳市	Yueyang	1115	8623	1812
常德市	Changde	872	5275	1116
张家界市	Zhangjiajie	447	4401	912
益阳市	Yiyang	1428	5478	867
郴州市	Chenzhou	1237	9951	1295
永州市	Yongzhou	766	8596	735
怀化市	Huaihua	348	3494	800
娄底市	Loudi	423	5040	948
广东省	**Guangdong**			
广州市	Guangzhou	15046	102138	19720
韶关市	Shaoguan	503	2579	150

2-30 续表 5 continued

城 市	City	年末实有公共汽(电)车营运车辆数(辆) Number of Buses and Trolley Buses under Operation at Year-end (unit)	全年公共汽(电)车客运总量(万人次) Total Annual Volume of Passengers Transported by Buses and Trolley Buses (10 000 person-times)	年末实有巡游出租汽车营运车数(辆) Number of Cruise Taxis under Operation at Year-end (unit)
深圳市	Shenzhen	35533	75611	19602
珠海市	Zhuhai	2528	24754	3219
汕头市	Shantou	2301	10817	879
佛山市	Foshan	6772	26170	1310
江门市	Jiangmen	1257	5123	122
湛江市	Zhanjiang	853	2424	481
茂名市	Maoming	680	1205	550
肇庆市	Zhaoqing	833	4858	147
惠州市	Huizhou	2159	10364	1215
梅州市	Meizhou	1384	4950	50
汕尾市	Shanwei	460	1862	80
河源市	Heyuan	250	804	202
阳江市	Yangjiang	258	379	50
清远市	Qingyuan	547	1892	347
东莞市	Dongguan			
中山市	Zhongshan			
潮州市	Chaozhou	262		204
揭阳市	Jieyang	522	2244	102
云浮市	Yunfu	136	311	116
广西壮族自治区	**Guangxi**			
南宁市	Nanning	3433	17954	5415
柳州市	Liuzhou	1293	9672	2692
桂林市	Guilin	800	10520	2703
梧州市	Wuzhou	595	4693	612
北海市	Beihai	454	234	468
防城港市	Fangchenggang	151	255	315
钦州市	Qinzhou	159	434	369
贵港市	Guigang	474	707	604
玉林市	Yulin	231	1417	406
百色市	Baise	218	513	320
贺州市	Hezhou	279	955	194
河池市	Hechi	227	1618	475
来宾市	Laibin	317	805	494
崇左市	Chongzuo	90	103	66
海南省	**Hainan**			
海口市	Haikou	2055	5932	2198
三亚市	Sanya	1000	1929	2412
三沙市	Sansha			
儋州市	Danzhou			
重庆市	**Chongqing**			

2-30 续表 6 continued

城 市	City	年末实有公共汽(电)车营运车辆数(辆) Number of Buses and Trolley Buses under Operation at Year-end (unit)	全年公共汽(电)车客运总量(万人次) Total Annual Volume of Passengers Transported by Buses and Trolley Buses (10 000 person-times)	年末实有巡游出租汽车营运车数(辆) Number of Cruise Taxis under Operation at Year-end (unit)
四川省	**Sichuan**			
成都市	Chengdu	14778	89344	13999
自贡市	Zigong	855	18538	1108
攀枝花市	Panzhihua	659	7927	1416
泸州市	Luzhou	1392	15457	1574
德阳市	Deyang	498	3093	892
绵阳市	Mianyang	1454	12206	2437
广元市	Guangyuan	398	3197	567
遂宁市	Suining	300	4431	769
内江市	Neijiang	630		
乐山市	Leshan	674	5812	1076
南充市	Nanchong	677	9698	1207
眉山市	Meishan	566	3184	600
宜宾市	Yibin	1029	11211	1448
广安市	Guang'an	177		464
达州市	Dazhou	871	9780	2129
雅安市	Ya'an	166	1579	481
巴中市	Bazhong	282	3089	901
资阳市	Ziyang	242	1792	438
贵州省	**Guizhou**			
贵阳市	Guiyang	3177	29526	16505
六盘水市	Liupanshui	697	14800	1348
遵义市	Zunyi	1277	15693	3924
安顺市	Anshun	532	4437	1200
毕节市	Bijie	400	5854	1781
铜仁市	Tongren	205	1799	1153
云南省	**Yunnan**			
昆明市	Kunming	5957	34524	9637
曲靖市	Qujing	607	6291	1719
玉溪市	Yuxi	262	2215	485
保山市	Baoshan	273	730	450
昭通市	Zhaotong	307	2560	581
丽江市	Lijiang	442	1367	776
普洱市	Pu'er	98	698	489
临沧市	Lincang	173	608	1273
西藏自治区	**Xizang**			
拉萨市	Lhasa	576	4291	1144
日喀则市	Xigazê	125	275	201
昌都市	Qamdo	54	178	140
林芝市	Nyingchi	24	65	120
山南市	Lhoka	40		
那曲市	Nagqu	18	37	160

2–30 续表 7 continued

城 市	City	年末实有公共汽(电)车营运车辆数(辆) Number of Buses and Trolley Buses under Operation at Year-end (unit)	全年公共汽(电)车客运总量(万人次) Total Annual Volume of Passengers Transported by Buses and Trolley Buses (10 000 person-times)	年末实有巡游出租汽车营运车数(辆) Number of Cruise Taxis under Operation at Year-end (unit)
陕西省	**Shaanxi**			
西安市	Xi'an	9272	57495	15457
铜川市	Tongchuan	385	2255	1124
宝鸡市	Baoji	1326	14968	2204
咸阳市	Xianyang	712	7853	1719
渭南市	Weinan	462	1925	901
延安市	Yan'an	563	6722	1180
汉中市	Hanzhong	521	2359	692
榆林市	Yulin	1083	12137	3962
安康市	Ankang	271	2790	857
商洛市	Shangluo	111	260	319
甘肃省	**Gansu**			
兰州市	Lanzhou	3078	35302	10416
嘉峪关市	Jiayuguan			
金昌市	Jinchang	166	1093	983
白银市	Baiyin	315	3412	2069
天水市	Tianshui	664	8837	1594
武威市	Wuwei	430	3256	1340
张掖市	Zhangye	189	1092	1176
平凉市	Pingliang	194	4416	916
酒泉市	Jiuquan	347	335	704
庆阳市	Qingyang	200	1844	1079
定西市	Dingxi	235	52	1212
陇南市	Longnan	140	332	676
青海省	**Qinghai**			
西宁市	Xining	1981	17185	5686
海东市	Haidong	299	498	710
宁夏回族自治区	**Ningxia**			
银川市	Yinchuan	2024	15449	5562
石嘴山市	Shizuishan	230	897	2268
吴忠市	Wuzhong	220	1639	1042
固原市	Guyuan	120	1311	2623
中卫市	Zhongwei	354	605	939
新疆维吾尔自治区	**Xinjiang**			
乌鲁木齐市	Urumqi	4503	30054	13138
克拉玛依市	Karamay	483	2105	1523
吐鲁番市	Turpan	20	423	763
哈密市	Hami	277		1088

2-31 公路运输量（全市）
The Volume of Highway Transportation (Total City)

城 市	City	公路客运量 (万人) Highway Passenger Traffic (10 000 persons)	公路货运量 (万吨) Highway Freight Traffic (10 000 tons)
北京市	**Beijing**	**21105**	**18549**
天津市	**Tianjin**	**6959**	**30382**
河北省	**Hebei**		
石家庄市	Shijiazhuang	809	51420
唐山市	Tangshan	400	39204
秦皇岛市	Qinhuangdao	278	6102
邯郸市	Handan	455	19735
邢台市	Xingtai	42	19248
保定市	Baoding	1129	11259
张家口市	Zhangjiakou	147	12394
承德市	Chengde	354	3574
沧州市	Cangzhou	295	24212
廊坊市	Langfang	311	3287
衡水市	Hengshui	77	6112
山西省	**Shanxi**		
太原市	Taiyuan	134	
大同市	Datong		
阳泉市	Yangquan		
长治市	Changzhi		
晋城市	Jincheng		
朔州市	Shuozhou	120	
晋中市	Jinzhong	115	
运城市	Yuncheng	259	15206
忻州市	Xinzhou		
临汾市	Linfen		
吕梁市	Lvliang	220	
内蒙古自治区	**Inner Mongolia**		
呼和浩特市	Hohhot	115	13072
包头市	Baotou	208	12316
乌海市	Wuhai	274	6173
赤峰市	Chifeng	456	19435
通辽市	Tongliao	214	8548
鄂尔多斯市	Erdos	115	28325
呼伦贝尔市	Hulunbuir	185	7485
巴彦淖尔市	Bayannur	57	10295
乌兰察布市	Ulanqab	31	10728
辽宁省	**Liaoning**		
沈阳市	Shenyang	3961	17363
大连市	Dalian	3209	16309
鞍山市	Anshan	1288	14955

2-31 续表 1 continued

城　市	City	公路客运量 (万人) Highway Passenger Traffic (10 000 persons)	公路货运量 (万吨) Highway Freight Traffic (10 000 tons)
抚顺市	Fushun	742	4779
本溪市	Benxi	540	4654
丹东市	Dandong	446	5175
锦州市	Jinzhou	356	14757
营口市	Yingkou	384	21696
阜新市	Fuxin	122	5073
辽阳市	Liaoyang	716	5285
盘锦市	Panjin	362	8919
铁岭市	Tieling	685	6316
朝阳市	Chaoyang	326	5105
葫芦岛市	Huludao	383	8187
吉林省	**Jilin**		
长春市	Changchun	1765	17558
吉林市	Jilin	856	3499
四平市	Siping	522	7638
辽源市	Liaoyuan	331	1384
通化市	Tonghua	379	1631
白山市	Baishan	126	824
松原市	Songyuan	536	5169
白城市	Baicheng	169	1039
黑龙江省	**Heilongjiang**		
哈尔滨市	Harbin	1447	7387
齐齐哈尔市	Qiqihar	535	7455
鸡西市	Jixi	1224	1851
鹤岗市	Hegang	83	818
双鸭山市	Shuangyashan	592	1115
大庆市	Daqing	460	4214
伊春市	Yichun	91	660
佳木斯市	Jiamusi	314	293
七台河市	Qitaihe	65	894
牡丹江市	Mudanjiang	491	2173
黑河市	Heihe	142	958
绥化市	Suihua	589	6455
上海市	**Shanghai**	**2860**	**44846**
江苏省	**Jiangsu**		
南京市	Nanjing	4871	20834
无锡市	Wuxi	5292	17444
徐州市	Xuzhou	1498	26453
常州市	Changzhou	1533	9770
苏州市	Suzhou	12958	23320
南通市	Nantong	957	11541

2-31 续表 2 continued

城 市	City	公路客运量 (万人) Highway Passenger Traffic (10 000 persons)	公路货运量 (万吨) Highway Freight Traffic (10 000 tons)
连云港市	Lianyungang	1142	10828
淮安市	Huai'an	793	4939
盐城市	Yancheng	1057	10923
扬州市	Yangzhou	563	5039
镇江市	Zhenjiang	1064	5381
泰州市	Taizhou	792	4982
宿迁市	Suqian	132	8482
浙江省	**Zhejiang**		
杭州市	Hangzhou	4100	35091
宁波市	Ningbo	1104	45310
温州市	Wenzhou	4086	14561
嘉兴市	Jiaxing	276	16339
湖州市	Huzhou	305	13217
绍兴市	Shaoxing	763	17856
金华市	Jinhua	645	15856
衢州市	Quzhou	3271	12059
舟山市	Zhoushan	2036	12181
台州市	Taizhou	662	17773
丽水市	Lishui	690	5693
安徽省	**Anhui**		
合肥市	Hefei	1010	28546
芜湖市	Wuhu	575	7192
蚌埠市	Bengbu	321	31600
淮南市	Huainan	388	9388
马鞍山市	Ma'anshan	335	4568
淮北市	Huaibei	110	12379
铜陵市	Tongling	100	3356
安庆市	Anqing	650	6285
黄山市	Huangshan	574	3857
滁州市	Chuzhou	283	19192
阜阳市	Fuyang	949	33638
宿州市	Suzhou	200	20555
六安市	Lu'an	498	17595
亳州市	Bozhou	473	30557
池州市	Chizhou	647	5402
宣城市	Xuancheng	170	11870
福建省	**Fujian**		
福州市	Fuzhou	2894	20745
厦门市	Xiamen	1469	25755
莆田市	Putian	110	4395
三明市	Sanming	898	8538

2-31 续表 3 continued

城 市	City	公路客运量 (万人) Highway Passenger Traffic (10 000 persons)	公路货运量 (万吨) Highway Freight Traffic (10 000 tons)
泉州市	Quanzhou	625	17013
漳州市	Zhangzhou	616	7518
南平市	Nanping	613	4968
龙岩市	Longyan	743	10926
宁德市	Ningde	1651	6719
江西省	**Jiangxi**		
南昌市	Nanchang	548	16538
景德镇市	Jingdezhen	2410	2129
萍乡市	Pingxiang	1153	5519
九江市	Jiujiang	1609	12862
新余市	Xinyu	228	15204
鹰潭市	Yingtan	357	7331
赣州市	Ganzhou	1605	22618
吉安市	Ji'an	865	11621
宜春市	Yichun	759	50726
抚州市	Fuzhou	350	1657
上饶市	Shangrao	1488	18264
山东省	**Shandong**		
济南市	Jinan	1438	23843
青岛市	Qingdao	1694	26696
淄博市	Zibo	66	17696
枣庄市	Zaozhuang	59	9091
东营市	Dongying	231	6477
烟台市	Yantai	1200	18345
潍坊市	Weifang	417	26078
济宁市	Jining	523	28787
泰安市	Tai'an	588	7314
威海市	Weihai	373	6269
日照市	Rizhao	134	2670
临沂市	Linyi	400	34561
德州市	Dezhou	119	14635
聊城市	Liaocheng	706	20015
滨州市	Binzhou	71	13376
菏泽市	Heze	228	15172
河南省	**Henan**		
郑州市	Zhengzhou	1338	18584
开封市	Kaifeng	378	6484
洛阳市	Luoyang	1579	23473
平顶山市	Pingdingshan	1046	10080
安阳市	Anyang	742	15200
鹤壁市	Hebi	150	6885

2–31 续表 4 continued

城　市	City	公路客运量(万人) Highway Passenger Traffic (10 000 persons)	公路货运量(万吨) Highway Freight Traffic (10 000 tons)
新乡市	Xinxiang	1213	14956
焦作市	Jiaozuo	207	14924
濮阳市	Puyang	446	8286
许昌市	Xuchang	590	10653
漯河市	Luohe	433	10058
三门峡市	Sanmenxia	793	6322
南阳市	Nanyang	3046	31580
商丘市	Shangqiu	1521	12860
信阳市	Xinyang	1570	3454
周口市	Zhoukou	2026	15544
驻马店市	Zhumadian	1839	14772
湖北省	**Hubei**		
武汉市	Wuhan	331	44977
黄石市	Huangshi	1438	5381
十堰市	Shiyan	518	2927
宜昌市	Yichang	2481	10304
襄阳市	Xiangyang	1768	26574
鄂州市	Ezhou	478	496
荆门市	Jingmen	650	8796
孝感市	Xiaogan	1094	3426
荆州市	Jingzhou	2158	11354
黄冈市	Huanggang	1828	9846
咸宁市	Xianning	710	8651
随州市	Suizhou	1453	6948
湖南省	**Hunan**		
长沙市	Changsha	1545	50412
株洲市	Zhuzhou	970	17001
湘潭市	Xiangtan	254	6452
衡阳市	Hengyang	1948	7467
邵阳市	Shaoyang	3511	9335
岳阳市	Yueyang	1620	13666
常德市	Changde	3060	18511
张家界市	Zhangjiajie	1337	2332
益阳市	Yiyang	1282	9827
郴州市	Chenzhou	1576	25711
永州市	Yongzhou	3370	6953
怀化市	Huaihua	2039	7600
娄底市	Loudi	3136	9113
广东省	**Guangdong**		
广州市	Guangzhou	6651	48845
韶关市	Shaoguan	861	5474

2-31 续表 5 continued

城 市	City	公路客运量 (万人) Highway Passenger Traffic (10 000 persons)	公路货运量 (万吨) Highway Freight Traffic (10 000 tons)
深圳市	Shenzhen	4424	30612
珠海市	Zhuhai	520	4008
汕头市	Shantou	263	6945
佛山市	Foshan	1774	20714
江门市	Jiangmen	816	14381
湛江市	Zhanjiang	1605	14910
茂名市	Maoming	950	11524
肇庆市	Zhaoqing	549	7057
惠州市	Huizhou	553	9824
梅州市	Meizhou	271	10232
汕尾市	Shanwei	579	3220
河源市	Heyuan	833	5494
阳江市	Yangjiang	164	6576
清远市	Qingyuan	795	13455
东莞市	Dongguan	704	9271
中山市	Zhongshan	440	8001
潮州市	Chaozhou	146	2150
揭阳市	Jieyang	507	2763
云浮市	Yunfu	326	7015
广西壮族自治区	**Guangxi**		
南宁市	Nanning	2816	36360
柳州市	Liuzhou	791	16047
桂林市	Guilin	1309	10929
梧州市	Wuzhou	373	6445
北海市	Beihai	302	7049
防城港市	Fangchenggang	117	4940
钦州市	Qinzhou	256	13286
贵港市	Guigang	1110	11059
玉林市	Yulin	1587	25436
百色市	Baise	2398	11336
贺州市	Hezhou	490	5139
河池市	Hechi	1560	7798
来宾市	Laibin	1002	2348
崇左市	Chongzuo	368	5047
海南省	**Hainan**		
海口市	Haikou	640	3419
三亚市	Sanya	477	256
三沙市	Sansha		
儋州市	Danzhou	36	255
重庆市	**Chongqing**	**14432**	**111915**

2-31 续表 6 continued

城 市	City	公路客运量 (万人) Highway Passenger Traffic (10 000 persons)	公路货运量 (万吨) Highway Freight Traffic (10 000 tons)
四川省	**Sichuan**		
成都市	Chengdu	3432	35047
自贡市	Zigong	1549	4877
攀枝花市	Panzhihua	29075	10704
泸州市	Luzhou	1976	8811
德阳市	Deyang	1323	8881
绵阳市	Mianyang	2409	7109
广元市	Guangyuan	393	4078
遂宁市	Suining	758	4032
内江市	Neijiang	2041	5686
乐山市	Leshan	1052	10113
南充市	Nanchong	1179	12703
眉山市	Meishan	795	9287
宜宾市	Yibin	1796	11129
广安市	Guang'an	992	3270
达州市	Dazhou	2093	8118
雅安市	Ya'an	695	6070
巴中市	Bazhong	1618	5257
资阳市	Ziyang	854	1981
贵州省	**Guizhou**		
贵阳市	Guiyang	1198	
六盘水市	Liupanshui		
遵义市	Zunyi	3949	
安顺市	Anshun	9746	1050
毕节市	Bijie	162	39
铜仁市	Tongren	7493	7070
云南省	**Yunnan**		
昆明市	Kunming	3886	50515
曲靖市	Qujing	5011	30119
玉溪市	Yuxi	410	5973
保山市	Baoshan	1753	8678
昭通市	Zhaotong	1396	6207
丽江市	Lijiang	1063	50986
普洱市	Pu'er	379	5868
临沧市	Lincang	231	3748
西藏自治区	**Xizang**		
拉萨市	Lhasa	164	1497
日喀则市	Xigazê	50	929
昌都市	Qamdo	23	497
林芝市	Nyingchi	70	195
山南市	Lhoka	53	503
那曲市	Nagqu	22	200

2-31 续表 7 continued

城　　市	City	公路客运量 (万人) Highway Passenger Traffic (10 000 persons)	公路货运量 (万吨) Highway Freight Traffic (10 000 tons)
陕西省	**Shaanxi**		
西安市	Xi'an	2184	26166
铜川市	Tongchuan	274	8489
宝鸡市	Baoji	645	11504
咸阳市	Xianyang	687	12044
渭南市	Weinan	757	16797
延安市	Yan'an	478	4165
汉中市	Hanzhong	880	4300
榆林市	Yulin	719	28291
安康市	Ankang	1104	4262
商洛市	Shangluo	487	2999
甘肃省	**Gansu**		
兰州市	Lanzhou	1112	14519
嘉峪关市	Jiayuguan	3032	6819
金昌市	Jinchang	108	1201
白银市	Baiyin	142	10506
天水市	Tianshui	2472	2577
武威市	Wuwei	1052	6931
张掖市	Zhangye	731	3909
平凉市	Pingliang	773	615
酒泉市	Jiuquan	1481	3541
庆阳市	Qingyang	268	2396
定西市	Dingxi	312	6135
陇南市	Longnan	3029	2088
青海省	**Qinghai**		
西宁市	Xining	321	8065
海东市	Haidong	172	2442
宁夏回族自治区	**Ningxia**		
银川市	Yinchuan	785	15318
石嘴山市	Shizuishan	50	4984
吴忠市	Wuzhong		
固原市	Guyuan		
中卫市	Zhongwei		
新疆维吾尔自治区	**Xinjiang**		
乌鲁木齐市	Urumqi	529	8898
克拉玛依市	Karamay	6	2383
吐鲁番市	Turpan	137	1288
哈密市	Hami	50	3755

2-32 邮政、电信业发展情况(全市)
Development of Postal and Telecommunications Industry (Total City)

城　　市	City	邮政业务收入(万元) Revenue from Postal Services (10 000 yuan)	电信业务收入(万元) Revenue from Telecommunication Services (10 000 yuan)	移动电话年末用户数(万户) Number of Subscribers of Mobile Telephones at Year-end (10 000 households)
北京市	**Beijing**	**3649487**	**7332630**	**3927**
天津市	**Tianjin**	**1629461**	**1639800**	**1810**
河北省	**Hebei**			
石家庄市	Shijiazhuang	1116619	1029130	1450
唐山市	Tangshan	282888	604611	970
秦皇岛市	Qinhuangdao	108929	254401	388
邯郸市	Handan	377806	528584	1009
邢台市	Xingtai	356006	406148	742
保定市	Baoding	853982	879797	1294
张家口市	Zhangjiakou	108403	361982	466
承德市	Chengde	66300	262799	405
沧州市	Cangzhou	429962	500184	860
廊坊市	Langfang	783042	589384	654
衡水市	Hengshui	260765	253728	495
山西省	**Shanxi**			
太原市	Taiyuan	473300	684133	806
大同市	Datong	105600	239474	376
阳泉市	Yangquan	14366	116280	168
长治市	Changzhi	80801	275289	375
晋城市	Jincheng	43404	193014	269
朔州市	Shuozhou	16408	128860	183
晋中市	Jinzhong	90000	272818	398
运城市	Yuncheng	147019	316808	592
忻州市	Xinzhou	52325	196000	313
临汾市	Linfen	105333		454
吕梁市	Lvliang	88100	258902	378
内蒙古自治区	**Inner Mongolia**			
呼和浩特市	Hohhot	185684	403826	451
包头市	Baotou	75900	241477	361
乌海市	Wuhai	20859	62672	92
赤峰市	Chifeng	113100	324724	469
通辽市	Tongliao	51300	222700	408
鄂尔多斯市	Erdos	52200	252000	275
呼伦贝尔市	Hulunbuir	53152	192954	297
巴彦淖尔市	Bayannur	20443	147900	211
乌兰察布市	Ulanqab	37821	130000	200
辽宁省	**Liaoning**			
沈阳市	Shenyang	944457	1186908	1203
大连市	Dalian	487123	902225	956
鞍山市	Anshan	130512	305492	394

2-32 续表 1 continued

城 市	City	邮政业务收入 (万元) Revenue from Postal Services (10 000 yuan)	电信业务收入 (万元) Revenue from Telecommunication Services (10 000 yuan)	移动电话年末用户数 (万户) Number of Subscribers of Mobile Telephones at Year-end (10 000 households)
抚顺市	Fushun	57272	167074	212
本溪市	Benxi	46085	130130	160
丹东市	Dandong	67276	207086	252
锦州市	Jinzhou	87678	215886	304
营口市	Yingkou	73902	229390	261
阜新市	Fuxin	36614	137309	188
辽阳市	Liaoyang	62778	142270	185
盘锦市	Panjin	120589	152174	176
铁岭市	Tieling	85283	159096	253
朝阳市	Chaoyang	84663	216212	285
葫芦岛市	Huludao	77578	186528	266
吉林省	**Jilin**			
长春市	Changchun	575367	783311	1140
吉林市	Jilin	134470	244192	457
四平市	Siping	74452	166828	262
辽源市	Liaoyuan	45005	59917	129
通化市	Tonghua	76427	129824	211
白山市	Baishan	48000	66314	125
松原市	Songyuan	56783	129981	284
白城市	Baicheng	47500	102300	208
黑龙江省	**Heilongjiang**			
哈尔滨市	Harbin	760486	937851	1202
齐齐哈尔市	Qiqihar	130713	236937	413
鸡西市	Jixi	66139	103824	191
鹤岗市	Hegang	22160	65325	111
双鸭山市	Shuangyashan	23749	77947	167
大庆市	Daqing	103794	249724	366
伊春市	Yichun	28542	75012	115
佳木斯市	Jiamusi	40090	21000	284
七台河市	Qitaihe	19321	49918	84
牡丹江市	Mudanjiang	110800	150647	259
黑河市	Heihe	39500	86507	176
绥化市	Suihua	108128	236289	419
上海市	**Shanghai**	**19669426**	**6709552**	**4433**
江苏省	**Jiangsu**			
南京市	Nanjing	1341500	1877812	1354
无锡市	Wuxi	1295267	1325781	1024
徐州市	Xuzhou	594348	923575	1045
常州市	Changzhou	785176	891864	703
苏州市	Suzhou	2847445	2595861	1871
南通市	Nantong	1015748	971809	914

2-32 续表 2 continued

城　　市	City	邮政业务收入 (万元) Revenue from Postal Services (10 000 yuan)	电信业务收入 (万元) Revenue from Telecommunication Services (10 000 yuan)	移动电话 年末用户数 (万户) Number of Subscribers of Mobile Telephones at Year-end (10 000 households)
连云港市	Lianyungang	386975	458813	524
淮安市	Huai'an	358286	448866	505
盐城市	Yancheng	347622	662000	702
扬州市	Yangzhou	432534	584076	547
镇江市	Zhenjiang	356411	423762	388
泰州市	Taizhou	383374	550639	522
宿迁市	Suqian	446607	516610	511
浙江省	**Zhejiang**			
杭州市	Hangzhou	4302534	2570624	1850
宁波市	Ningbo	1504613	1539864	1385
温州市	Wenzhou	1234000	1474665	1340
嘉兴市	Jiaxing	1178540	793322	726
湖州市	Huzhou	493489	520972	460
绍兴市	Shaoxing	648127	711235	704
金华市	Jinhua	3814538	1057208	1002
衢州市	Quzhou	114025	266194	270
舟山市	Zhoushan	74990	193027	187
台州市	Taizhou	900600	936237	955
丽水市	Lishui	177194	281285	285
安徽省	**Anhui**			
合肥市	Hefei	1160903	1129131	1145
芜湖市	Wuhu	282753	345482	414
蚌埠市	Bengbu	166620	258565	336
淮南市	Huainan	107722	230809	308
马鞍山市	Ma'anshan	100402	188006	252
淮北市	Huaibei	66093	149089	218
铜陵市	Tongling	64035	105767	142
安庆市	Anqing	251880	299523	410
黄山市	Huangshan	71239	121897	151
滁州市	Chuzhou	190412	308425	399
阜阳市	Fuyang	290438	509093	749
宿州市	Suzhou	189233	343763	522
六安市	Lu'an	211002	331563	436
亳州市	Bozhou	264939	310166	470
池州市	Chizhou	63362	112091	155
宣城市	Xuancheng	120805	226012	283
福建省	**Fujian**			
福州市	Fuzhou	1166255	1280269	986
厦门市	Xiamen	869013	781042	680
莆田市	Putian	275131	323843	360
三明市	Sanming	114127	235620	242

2-32 续表 3 continued

城 市	City	邮政业务收入（万元）Revenue from Postal Services (10 000 yuan)	电信业务收入（万元）Revenue from Telecommunication Services (10 000 yuan)	移动电话年末用户数（万户）Number of Subscribers of Mobile Telephones at Year-end (10 000 households)
泉州市	Quanzhou	1405100	1087536	1068
漳州市	Zhangzhou	321900	473130	558
南平市	Nanping	148100	281154	296
龙岩市	Longyan	110624	264692	291
宁德市	Ningde	165733	306479	334
江西省	**Jiangxi**			
南昌市	Nanchang	792300	752230	803
景德镇市	Jingdezhen	27904	156925	186
萍乡市	Pingxiang	64300	125200	195
九江市	Jiujiang	149980	379700	492
新余市	Xinyu	76405	130000	139
鹰潭市	Yingtan	38322	120000	127
赣州市	Ganzhou	372402	801175	904
吉安市	Ji'an	180716	384000	437
宜春市	Yichun	183300	437000	491
抚州市	Fuzhou	124102	309752	338
上饶市	Shangrao	201151	452800	574
山东省	**Shandong**			
济南市	Jinan	1053800	1207640	1275
青岛市	Qingdao	1038510	1309808	1345
淄博市	Zibo	198559	393213	558
枣庄市	Zaozhuang	141300	261629	409
东营市	Dongying	84862	220146	296
烟台市	Yantai	108866	758874	875
潍坊市	Weifang	524100	711704	1093
济宁市	Jining	330000	536116	1012
泰安市	Tai'an	191257	326088	570
威海市	Weihai	209300	272356	409
日照市	Rizhao	121731	211703	333
临沂市	Linyi	821490	811493	1149
德州市	Dezhou	431095	335211	571
聊城市	Liaocheng	278900	346997	620
滨州市	Binzhou	158488	281527	430
菏泽市	Heze	353500	488166	884
河南省	**Henan**			
郑州市	Zhengzhou	1614697	1792079	1810
开封市	Kaifeng	136400	324044	467
洛阳市	Luoyang	304011	610091	792
平顶山市	Pingdingshan	149094	336263	505
安阳市	Anyang	186290	374301	586
鹤壁市	Hebi	45935	112226	174

2-32 续表 4 continued

城 市	City	邮政业务收入（万元）Revenue from Postal Services (10 000 yuan)	电信业务收入（万元）Revenue from Telecommunication Services (10 000 yuan)	移动电话年末用户数（万户）Number of Subscribers of Mobile Telephones at Year-end (10 000 households)
新乡市	Xinxiang	309494	460221	675
焦作市	Jiaozuo	213848	269440	392
濮阳市	Puyang	118564	281213	408
许昌市	Xuchang	158262	311678	452
漯河市	Luohe	184804	176588	261
三门峡市	Sanmenxia	61155	166608	226
南阳市	Nanyang	370543	623731	938
商丘市	Shangqiu	446439	493237	784
信阳市	Xinyang	177990	437586	599
周口市	Zhoukou	242000	538973	782
驻马店市	Zhumadian	331600	448879	692
湖北省	**Hubei**			
武汉市	Wuhan	2133500	1850949	1651
黄石市	Huangshi	115585	205201	259
十堰市	Shiyan	60324	245684	329
宜昌市	Yichang	175895	363521	436
襄阳市	Xiangyang	223373	424511	546
鄂州市	Ezhou	132100	89615	107
荆门市	Jingmen	122571	200473	271
孝感市	Xiaogan	241115	311000	380
荆州市	Jingzhou	232983	378202	473
黄冈市	Huanggang	164428	363187	496
咸宁市	Xianning	98626	194333	247
随州市	Suizhou	78200	135270	190
湖南省	**Hunan**			
长沙市	Changsha	1254300	1451400	1421
株洲市	Zhuzhou	177266	402000	449
湘潭市	Xiangtan	80929	301700	305
衡阳市	Hengyang	239846	414728	624
邵阳市	Shaoyang	181100	402365	595
岳阳市	Yueyang	153111	440800	538
常德市	Changde	151968	434800	
张家界市	Zhangjiajie	33472	134000	175
益阳市	Yiyang	126376	279487	405
郴州市	Chenzhou	140702	386941	493
永州市	Yongzhou	68255	315013	469
怀化市	Huaihua	115955	436600	476
娄底市	Loudi	106188	284830	395
广东省	**Guangdong**			
广州市	Guangzhou	8972993	4209729	3643
韶关市	Shaoguan	112401	259000	298

2-32 续表 5 continued

城　　市	City	邮政业务收入 (万元) Revenue from Postal Services (10 000 yuan)	电信业务收入 (万元) Revenue from Telecommunication Services (10 000 yuan)	移动电话年末用户数 (万户) Number of Subscribers of Mobile Telephones at Year-end (10 000 households)
深圳市	Shenzhen	8436637	4387858	2818
珠海市	Zhuhai	268774	484739	385
汕头市	Shantou	1307768	581987	653
佛山市	Foshan	2013279	1597260	1242
江门市	Jiangmen	343779	568214	566
湛江市	Zhanjiang	242200	616000	733
茂名市	Maoming	230104	446334	610
肇庆市	Zhaoqing	251000	406533	418
惠州市	Huizhou	602112	826000	744
梅州市	Meizhou	154000	328000	440
汕尾市	Shanwei	139378	218961	249
河源市	Heyuan	100548	251518	276
阳江市	Yangjiang	171322	252539	271
清远市	Qingyuan	141567	367823	401
东莞市	Dongguan	3117538	1998425	1645
中山市	Zhongshan	806242	761067	692
潮州市	Chaozhou	359631	238439	281
揭阳市	Jieyang	1842140	425572	540
云浮市	Yunfu	81300	193420	227
广西壮族自治区	**Guangxi**			
南宁市	Nanning	694589	1088996	1211
柳州市	Liuzhou	196547	394130	523
桂林市	Guilin	137328	381820	596
梧州市	Wuzhou	73642	252018	299
北海市	Beihai	50020	214000	229
防城港市	Fangchenggang	28919	97578	132
钦州市	Qinzhou	71273	219983	343
贵港市	Guigang	104820	257639	411
玉林市	Yulin	142493	375074	585
百色市	Baise	62294	299600	399
贺州市	Hezhou	38484	132497	217
河池市	Hechi	64332	263363	379
来宾市	Laibin	38845	148622	238
崇左市	Chongzuo	31635	166112	244
海南省	**Hainan**			
海口市	Haikou	196397	513819	404
三亚市	Sanya	51882	167590	143
三沙市	Sansha			
儋州市	Danzhou	20168	85501	98
重庆市	**Chongqing**	**1869617**	**3208661**	**3962**

2-32 续表 6 continued

城市	City	邮政业务收入 (万元) Revenue from Postal Services (10 000 yuan)	电信业务收入 (万元) Revenue from Telecommunication Services (10 000 yuan)	移动电话年末用户数 (万户) Number of Subscribers of Mobile Telephones at Year-end (10 000 households)
四川省	**Sichuan**			
成都市	Chengdu	2046100	2744577	3033
自贡市	Zigong	89843	195129	295
攀枝花市	Panzhihua	79051	106661	150
泸州市	Luzhou	146678	391645	515
德阳市	Deyang	205000	282387	420
绵阳市	Mianyang	159500	426173	701
广元市	Guangyuan	65122	195815	282
遂宁市	Suining	93412	183147	282
内江市	Neijiang			318
乐山市	Leshan	94858	265418	403
南充市	Nanchong	218954	386643	587
眉山市	Meishan	118730	361666	390
宜宾市	Yibin	120646	360071	530
广安市	Guang'an	85700	21962	345
达州市	Dazhou	138800	112523	511
雅安市	Ya'an	47941		169
巴中市	Bazhong	81199	200428	306
资阳市	Ziyang	80096	199606	125
贵州省	**Guizhou**			
贵阳市	Guiyang	354132	923200	833
六盘水市	Liupanshui	56204	239700	347
遵义市	Zunyi	203400	592900	759
安顺市	Anshun	48876	202300	270
毕节市	Bijie	95000	478100	695
铜仁市	Tongren	68934	272400	380
云南省	**Yunnan**			
昆明市	Kunming	658313	1217331	1235
曲靖市	Qujing	78313	413969	572
玉溪市	Yuxi	39928	189900	246
保山市	Baoshan	49309	223832	280
昭通市	Zhaotong	70643	361421	444
丽江市	Lijiang	30415	22198	123
普洱市	Pu'er	37400	260821	264
临沧市	Lincang	36622	215910	239
西藏自治区	**Xizang**			
拉萨市	Lhasa	44700	18100	106
日喀则市	Xigazê	4718	112300	
昌都市	Qamdo	5556	29960	42
林芝市	Nyingchi	7153	50758	25
山南市	Lhoka	65600	27000	33
那曲市	Nagqu	3568	23596	

2-32 续表 7 continued

城市	City	邮政业务收入(万元) Revenue from Postal Services (10 000 yuan)	电信业务收入(万元) Revenue from Telecommunication Services (10 000 yuan)	移动电话年末用户数(万户) Number of Subscribers of Mobile Telephones at Year-end (10 000 households)
陕西省	**Shaanxi**			
西安市	Xi'an	1386302	1794913	1762
铜川市	Tongchuan	21461	69610	82
宝鸡市	Baoji	109300	297000	390
咸阳市	Xianyang	190981	291835	530
渭南市	Weinan	132600	381300	536
延安市	Yan'an	65591	242436	297
汉中市	Hanzhong	124138	244732	368
榆林市	Yulin	91186	382665	438
安康市	Ankang	73863	207306	276
商洛市	Shangluo	45073	144004	192
甘肃省	**Gansu**			
兰州市	Lanzhou	208800	620302	606
嘉峪关市	Jiayuguan	12078	45506	54
金昌市	Jinchang	13562	323600	55
白银市	Baiyin	31470	111410	171
天水市	Tianshui	76200	192649	337
武威市	Wuwei	31200	111200	191
张掖市	Zhangye	26093	92900	147
平凉市	Pingliang	33100	126075	193
酒泉市	Jiuquan	27805	107533	136
庆阳市	Qingyang	53164	193718	244
定西市	Dingxi	39800	159187	227
陇南市	Longnan	39647	204331	246
青海省	**Qinghai**			
西宁市	Xining	85542	446122	308
海东市	Haidong	16764		140
宁夏回族自治区	**Ningxia**			
银川市	Yinchuan	174800	380554	384
石嘴山市	Shizuishan	17214	62356	99
吴忠市	Wuzhong	24500	104100	162
固原市	Guyuan	19000	75000	126
中卫市	Zhongwei	17002	114000	120
新疆维吾尔自治区	**Xinjiang**			
乌鲁木齐市	Urumqi	46232	760166	574
克拉玛依市	Karamay	14710	71764	62
吐鲁番市	Turpan	11360	67180	79
哈密市	Hami	18995	95454	80

2-33 天然气及液化石油气供应及利用情况(市辖区)
Supply and Consumption of Natural Gas and Liquefied Petroleum Gas (Districts under City)

城 市	City	天然气供气总量(万立方米) Total Natural Gas Supply (10 000 cubic meters)	居民家庭用量 Consumptionof Gas for Residential Use	液化石油气供气总量(吨) Liquefied Petroleum Gas Supply (ton)	居民家庭用量 Consumption of Liquefied PetroleumGas for Residential Use
北京市	**Beijing**	**1991095**	**204687**	**156679**	**120088**
天津市	**Tianjin**	**670400**	**116070**	**102224**	**45301**
河北省	**Hebei**				
石家庄市	Shijiazhuang	79905	41971	17204	6793
唐山市	Tangshan	82116	12331	14123	9320
秦皇岛市	Qinhuangdao	64157	8614	5704	4223
邯郸市	Handan	62089	30022	431	170
邢台市	Xingtai	27924	12898	1805	1491
保定市	Baoding	54671	30138	2470	2320
张家口市	Zhangjiakou	12274	3869	6210	5161
承德市	Chengde	9174	1620	3866	3734
沧州市	Cangzhou	13326	5049	805	805
廊坊市	Langfang	78978	36969	6695	3983
衡水市	Hengshui	13026	6362	5761	3987
山西省	**Shanxi**				
太原市	Taiyuan	95890	29363	35000	34830
大同市	Datong	23787	6959	4034	1041
阳泉市	Yangquan	38733	4910	1712	402
长治市	Changzhi	29387	12187	4204	4174
晋城市	Jincheng	10550	4365	1540	1063
朔州市	Shuozhou	7211	6637		
晋中市	Jinzhong	9656	2202	1682	95
运城市	Yuncheng	10845	7369	11880	3920
忻州市	Xinzhou	5738	3750	2400	645
临汾市	Linfen	10385	2606	2200	150
吕梁市	Lvliang	1384	621		
内蒙古自治区	**Inner Mongolia**				
呼和浩特市	Hohhot	74007	17019	10402	5201
包头市	Baotou	124474	66938	6459	140
乌海市	Wuhai	18051	2346	19891	
赤峰市	Chifeng	4582	2671	14770	12704
通辽市	Tongliao	1716	1371	280	248
鄂尔多斯市	Erdos	11654	3140	1750	680
呼伦贝尔市	Hulunbuir	1329	793	3730	2565
巴彦淖尔市	Bayannur	5833	1019	2180	2180
乌兰察布市	Ulanqab	2919	600	1966	1921
辽宁省	**Liaoning**				
沈阳市	Shenyang	86550	25729	64625	13286
大连市	Dalian	55943	14945	280736	11092
鞍山市	Anshan	22094	10080	22759	3945

2-33 续表 1 continued

城市	City	天然气供气总量(万立方米) Total Natural Gas Supply (10 000 cubic meters)	居民家庭用量 Consumption of Gas for Residential Use	液化石油气供气总量(吨) Liquefied Petroleum Gas Supply (ton)	居民家庭用量 Consumption of Liquefied PetroleumGas for Residential Use
抚顺市	Fushun	50155	2457	21358	12290
本溪市	Benxi	11480	2685	4699	2184
丹东市	Dandong	1695	549	5286	1626
锦州市	Jinzhou	17180	6102		
营口市	Yingkou	19515	6295	5532	4236
阜新市	Fuxin	5000	685	2974	2530
辽阳市	Liaoyang	11376	2289	6579	5433
盘锦市	Panjin	15419	5521	9238	2367
铁岭市	Tieling	12084	1633	1996	1542
朝阳市	Chaoyang	10494	993	3500	3481
葫芦岛市	Huludao	18719	4347	28446	4123
吉林省	**Jilin**				
长春市	Changchun	92545	24681	29954	3605
吉林市	Jilin	75864	6540	23527	7061
四平市	Siping	6152	2878	634	565
辽源市	Liaoyuan	3881	941	4672	1541
通化市	Tonghua	5569	2315	1120	
白山市	Baishan	2219	587	2445	2111
松原市	Songyuan	10336	3302	2834	1246
白城市	Baicheng	1069	283	1829	1801
黑龙江省	**Heilongjiang**				
哈尔滨市	Harbin	82096	18970	34546	16998
齐齐哈尔市	Qiqihar	28751	4368	7205	840
鸡西市	Jixi	2318	1046	11378	7225
鹤岗市	Hegang	828	697	1557	1533
双鸭山市	Shuangyashan	1118	792	4580	1031
大庆市	Daqing	37834	10172	9866	2781
伊春市	Yichun	183	46	700	235
佳木斯市	Jiamusi	5940	3254	21211	171
七台河市	Qitaihe	1045	94	1321	1320
牡丹江市	Mudanjiang	3654	1927	8250	1568
黑河市	Heihe	175	47	1539	1343
绥化市	Suihua	1583	924	3500	3498
上海市	**Shanghai**				
江苏省	**Jiangsu**				
南京市	Nanjing	170597	69090	52057	19248
无锡市	Wuxi	125429	31060	25847	13566
徐州市	Xuzhou	57615	15773	21210	17124
常州市	Changzhou	172272	16367	33416	2204
苏州市	Suzhou	136560	36832	56980	39074
南通市	Nantong	68296	13504	35988	22951

2-33 续表 2 continued

城 市	City	天然气供气总量(万立方米) Total Natural Gas Supply (10 000 cubic meters)	居民家庭用量 Consumption of Gas for Residential Use	液化石油气供气总量(吨) Liquefied Petroleum Gas Supply (ton)	居民家庭用量 Consumption of Liquefied Petroleum Gas for Residential Use
连云港市	Lianyungang	111822	8141	24720	20791
淮安市	Huai'an	37963	16624	27919	20565
盐城市	Yancheng	28932	13205	28821	20895
扬州市	Yangzhou	26586	14088	22294	8892
镇江市	Zhenjiang	57070	8693	16716	12168
泰州市	Taizhou	76394	7652	12065	8630
宿迁市	Suqian	47301	5639	17323	10663
浙江省	**Zhejiang**				
杭州市	Hangzhou	294382	55976	119533	60360
宁波市	Ningbo	121053	23350	116513	84885
温州市	Wenzhou	39980	5630	45385	28967
嘉兴市	Jiaxing	52877	6177	31782	11382
湖州市	Huzhou	33363	5661	10882	6731
绍兴市	Shaoxing	156157	8863	50653	35497
金华市	Jinhua	21972	2625	14012	10656
衢州市	Quzhou	23888	2137	4743	4014
舟山市	Zhoushan	8531	2737	26372	26372
台州市	Taizhou	28052	3361	59008	51946
丽水市	Lishui	6636	1181	9514	9000
安徽省	**Anhui**				
合肥市	Hefei	136264	48357	39502	7483
芜湖市	Wuhu	57965	13462	21359	6458
蚌埠市	Bengbu	48281	11576	1340	1340
淮南市	Huainan	18673	8208	8743	8667
马鞍山市	Ma'anshan	34143	6771	1989	330
淮北市	Huaibei	18499	6425	9714	9714
铜陵市	Tongling	24613	4306	6500	2345
安庆市	Anqing	14669	4106	2950	1032
黄山市	Huangshan	4610	963	5802	5802
滁州市	Chuzhou	24264	7412	2792	583
阜阳市	Fuyang	14726	6485	15863	10750
宿州市	Suzhou	11399	4967	2850	2834
六安市	Lu'an	16833	6356	153	153
亳州市	Bozhou	10067	4081	12475	6342
池州市	Chizhou	5795	1795	2192	735
宣城市	Xuancheng	13904	2631	2000	500
福建省	**Fujian**				
福州市	Fuzhou	30039	9426	51537	12359
厦门市	Xiamen	41261	6138	92811	35011
莆田市	Putian	22710	3128	11967	9264
三明市	Sanming	2892	2605	1555	1539

2-33 续表 3 continued

城 市	City	天然气供气总量(万立方米) Total Natural Gas Supply (10 000 cubic meters)	居民家庭用量 Consumption of Gas for Residential Use	液化石油气供气总量(吨) Liquefied Petroleum Gas Supply (ton)	居民家庭用量 Consumption of Liquefied Petroleum Gas for Residential Use
泉州市	Quanzhou	23161	2802	28760	10860
漳州市	Zhangzhou	24636	2019	18640	13663
南平市	Nanping	2482	708	5814	5233
龙岩市	Longyan	9312	2162	6829	4332
宁德市	Ningde	1575	1008	4650	4426
江西省	**Jiangxi**				
南昌市	Nanchang	58017	20931	19238	19215
景德镇市	Jingdezhen	16461	2100	4600	2410
萍乡市	Pingxiang	26440	14495	29221	14531
九江市	Jiujiang	33661	6328	10498	2672
新余市	Xinyu	13668	4201	2308	2008
鹰潭市	Yingtan	7463	1260	4000	3820
赣州市	Ganzhou	21895	7483	20190	15786
吉安市	Ji'an	4922	2521	7412	5115
宜春市	Yichun	18567	3577	8506	8241
抚州市	Fuzhou	11091	2583	20737	20667
上饶市	Shangrao	11644	3052	17256	10937
山东省	**Shandong**				
济南市	Jinan	188303	78950	37451	13334
青岛市	Qingdao	160699	33937	28048	11827
淄博市	Zibo	116998	17180	16489	6837
枣庄市	Zaozhuang	13524	4628	8981	7196
东营市	Dongying	38722	13562	1300	713
烟台市	Yantai	44654	11336	24313	4965
潍坊市	Weifang	58218	15200	14015	7421
济宁市	Jining	42004	16065	705	705
泰安市	Tai'an	45137	5532	1501	105
威海市	Weihai	18820	5450	13058	1863
日照市	Rizhao	29510	7294	7780	7691
临沂市	Linyi	89174	13093	19851	18534
德州市	Dezhou	33904	5398	5553	4828
聊城市	Liaocheng	44768	16990	6728	1100
滨州市	Binzhou	29064	8813	860	857
菏泽市	Heze	53651	15637	8749	7854
河南省	**Henan**				
郑州市	Zhengzhou	189849	51086	11035	6226
开封市	Kaifeng	21965	7690	24540	22930
洛阳市	Luoyang	88637	45815	15815	15799
平顶山市	Pingdingshan	13968	6672	5782	4224
安阳市	Anyang	11956	7810	6314	3711
鹤壁市	Hebi	10358	4137	920	915

2-33 续表 4 continued

城 市	City	天然气供气总量（万立方米）Total Natural Gas Supply (10 000 cubic meters)	居民家庭用量 Consumption of Gas for Residential Use	液化石油气供气总量（吨）Liquefied Petroleum Gas Supply (ton)	居民家庭用量 Consumption of Liquefied Petroleum Gas for Residential Use
新乡市	Xinxiang	27259	11164	1313	1185
焦作市	Jiaozuo	34957	5420	2328	319
濮阳市	Puyang	10295	6159		
许昌市	Xuchang	14038	9336	7573	2318
漯河市	Luohe	13705	7475	11656	11643
三门峡市	Sanmenxia	10709	2006	2916	2676
南阳市	Nanyang	18763	6614	1194	1190
商丘市	Shangqiu	24058	6643	20010	16932
信阳市	Xinyang	17283	7160	7813	6128
周口市	Zhoukou	12096	6261	6212	5980
驻马店市	Zhumadian	9322	5375	2080	1985
湖北省	**Hubei**				
武汉市	Wuhan	239689	93991	144712	61257
黄石市	Huangshi	37000	4011	18353	7002
十堰市	Shiyan	18795	4662	6125	4649
宜昌市	Yichang	28006	9419	6830	5617
襄阳市	Xiangyang	37751	10469	3944	2545
鄂州市	Ezhou	7151	2904	4150	2237
荆门市	Jingmen	15243	5591	4762	4458
孝感市	Xiaogan	12126	2541	4895	4867
荆州市	Jingzhou	19029	6663	7524	7517
黄冈市	Huanggang	9310	2459	1560	1320
咸宁市	Xianning	19966	2509	5000	4983
随州市	Suizhou	6935	3440	2488	1700
湖南省	**Hunan**				
长沙市	Changsha	107781	53744	80665	35005
株洲市	Zhuzhou	34834	15895	8668	6505
湘潭市	Xiangtan	18600		13000	
衡阳市	Hengyang	30907	8936	8548	7235
邵阳市	Shaoyang	7733	4640	3500	2975
岳阳市	Yueyang	26127	9656	14832	7132
常德市	Changde	19956	6450	11751	6960
张家界市	Zhangjiajie	2638	1227	7370	7146
益阳市	Yiyang	10664	4174	7800	7800
郴州市	Chenzhou	10570	4068	8535	7588
永州市	Yongzhou	3966	2767	5981	4268
怀化市	Huaihua	3454	2053	6080	5776
娄底市	Loudi	5776	4480	9115	9080
广东省	**Guangdong**				
广州市	Guangzhou	181556	49777	592649	320568
韶关市	Shaoguan	12861	3949	10756	8285

2−33 续表 5 continued

城 市	City	天然气供气总量（万立方米）Total Natural Gas Supply (10 000 cubic meters)	居民家庭用量 Consumption of Gas for Residential Use	液化石油气供气总量（吨）Liquefied Petroleum Gas Supply (ton)	居民家庭用量 Consumption of Liquefied Petroleum Gas for Residential Use
深圳市	Shenzhen	1281201	61086	1579699	171410
珠海市	Zhuhai	31539	5991	96507	63116
汕头市	Shantou	9740	2749	146110	104270
佛山市	Foshan	329200	24400	498974	120186
江门市	Jiangmen	58328	2648	73189	29003
湛江市	Zhanjiang	15898	4040	30242	29035
茂名市	Maoming	4547	4316	21749	18305
肇庆市	Zhaoqing	78620	3380	14475	8788
惠州市	Huizhou	24455	10362	91452	55421
梅州市	Meizhou	4156	2153	9914	8530
汕尾市	Shanwei	1238	521	5431	5431
河源市	Heyuan	2413	1903	7891	5189
阳江市	Yangjiang	32275	1730	16961	16856
清远市	Qingyuan	81792	6304	28808	16220
东莞市	Dongguan				
中山市	Zhongshan				
潮州市	Chaozhou	49163	730	47356	18359
揭阳市	Jieyang	8702	927	19415	17588
云浮市	Yunfu	5708	1064	7588	6216
广西壮族自治区	**Guangxi**				
南宁市	Nanning	37664	20620	119837	66154
柳州市	Liuzhou	17733	6905	25178	16031
桂林市	Guilin	10548	4581	15969	14462
梧州市	Wuzhou	21048	2138	10881	7116
北海市	Beihai	70158	4685	12896	9925
防城港市	Fangchenggang	4692	969	4255	3103
钦州市	Qinzhou	9536	2887	14160	7419
贵港市	Guigang	5203	2456	9433	7099
玉林市	Yulin	6402	4392	10360	7560
百色市	Baise	9996	861	8119	5705
贺州市	Hezhou	3495	347	8644	4900
河池市	Hechi	998	629	11446	10534
来宾市	Laibin	2812	1194	5728	4674
崇左市	Chongzuo	1036	598	4632	2653
海南省	**Hainan**				
海口市	Haikou	16505	7367	33822	15218
三亚市	Sanya	6725	2411	7871	4722
三沙市	Sansha				
儋州市	Danzhou				
重庆市	**Chongqing**	**591130**	**234303**	**50826**	**26708**

2–33 续表 6 continued

城 市	City	天然气供气总量（万立方米）Total Natural Gas Supply (10 000 cubic meters)	居民家庭用量 Consumption of Gas for Residential Use	液化石油气供气总量（吨）Liquefied Petroleum Gas Supply (ton)	居民家庭用量 Consumption of Liquefied Petroleum Gas for Residential Use
四川省	**Sichuan**				
成都市	Chengdu				
自贡市	Zigong	29120	20582		
攀枝花市	Panzhihua	13047	490	2284	1674
泸州市	Luzhou	62354	12015	972	735
德阳市	Deyang	48580	9215	2937	1492
绵阳市	Mianyang	61617	24068	3192	2871
广元市	Guangyuan	17974	8422	911	903
遂宁市	Suining	41328	8086	119	110
内江市	Neijiang	16101	7855		
乐山市	Leshan	27493	12059	5236	2396
南充市	Nanchong	30025	17326	4800	3700
眉山市	Meishan	37136	9043	248	77
宜宾市	Yibin	41179	18980	2595	2059
广安市	Guang'an	28599	21162	365	365
达州市	Dazhou	8510	5399	2360	950
雅安市	Ya'an	8606	4986	16000	550
巴中市	Bazhong	13764	9510	1937	1937
资阳市	Ziyang	9031	4038	295	125
贵州省	**Guizhou**				
贵阳市	Guiyang	55694	32586	54000	10800
六盘水市	Liupanshui	7977	4373	1490	330
遵义市	Zunyi	27817	5444	8116	7060
安顺市	Anshun	5453	2220	4757	618
毕节市	Bijie	3595	1909	7058	2179
铜仁市	Tongren	2180	600	2568	1139
云南省	**Yunnan**				
昆明市	Kunming	33707	11827	89314	27225
曲靖市	Qujing	9304	554	3849	2647
玉溪市	Yuxi	2737	317	4580	1073
保山市	Baoshan	2129	500	2078	502
昭通市	Zhaotong	1930	516	365	355
丽江市	Lijiang	2742	2305	2978	1289
普洱市	Pu'er	334	100	1994	1983
临沧市	Lincang	77	77	2892	1432
西藏自治区	**Xizang**				
拉萨市	Lhasa	5270	3073		
日喀则市	Xigazê				
昌都市	Qamdo				
林芝市	Nyingchi			4746	4746
山南市	Lhoka				
那曲市	Nagqu				

2-33 续表 7 continued

城 市	City	天然气供气总量（万立方米）Total Natural Gas Supply (10 000 cubic meters)	居民家庭用量 Consumption of Gas for Residential Use	液化石油气供气总量（吨）Liquefied Petroleum Gas Supply (ton)	居民家庭用量 Consumption of Liquefied Petroleum Gas for Residential Use
陕西省	**Shaanxi**				
西安市	Xi'an	373714	105484	21978	21740
铜川市	Tongchuan	21095	6725	533	152
宝鸡市	Baoji	36894	14141	1175	450
咸阳市	Xianyang	44915	12223	2700	120
渭南市	Weinan	19455	19324	1967	1950
延安市	Yan'an	34048	13049	5311	3496
汉中市	Hanzhong	12658	9645	4840	3408
榆林市	Yulin	27652	15501	2100	2098
安康市	Ankang	6193	3901	5276	5260
商洛市	Shangluo	10216	4197	1936	977
甘肃省	**Gansu**				
兰州市	Lanzhou	150018	42859	15880	5537
嘉峪关市	Jiayuguan				
金昌市	Jinchang	9022	579	1332	530
白银市	Baiyin	21111	2240	704	456
天水市	Tianshui	10429	3396	1200	739
武威市	Wuwei	6299	1610	2492	2486
张掖市	Zhangye	6501	2268	9673	4537
平凉市	Pingliang	1944	700	84	81
酒泉市	Jiuquan	3246	2018	1957	1956
庆阳市	Qingyang	4668	2677	1820	1800
定西市	Dingxi	2250	1165	1986	1875
陇南市	Longnan	540	378	1200	800
青海省	**Qinghai**				
西宁市	Xining	127055	25825	4706	1800
海东市	Haidong	16541	13443		
宁夏回族自治区	**Ningxia**				
银川市	Yinchuan	61836	19493	13659	5330
石嘴山市	Shizuishan	20105	6319		
吴忠市	Wuzhong	8453	4117	1627	813
固原市	Guyuan	3501	2890	1132	1101
中卫市	Zhongwei	20166	4014	980	873
新疆维吾尔自治区	**Xinjiang**				
乌鲁木齐市	Urumqi	308998	63170	21514	10115
克拉玛依市	Karamay	36460	7383	1379	30
吐鲁番市	Turpan	6389	1528	270	260
哈密市	Hami	14655	2839	1200	1150

三、县级城市统计资料

Statistical Data of County-level Cities

3-1 人口状况
Population

单位：万人 (10 000 persons)

城 市	City	年末户籍人口 Household Registered Population at Year-end
河北省	**Hebei**	
辛集市	Xinji	63
晋州市	Jinzhou	57
新乐市	Xinle	52
遵化市	Zunhua	75
迁安市	Qian'an	78
滦州市	Luanzhou	57
武安市	Wu'an	85
南宫市	Nangong	50
沙河市	Shahe	47
涿州市	Zhuozhou	70
定州市	Dingzhou	123
安国市	Anguo	40
高碑店市	Gaobeidian	57
平泉市	Pingquan	47
泊头市	Botou	62
任丘市	Renqiu	81
黄骅市	Huanghua	49
河间市	Hejian	90
霸州市	Bazhou	66
三河市	Sanhe	78
深州市	Shenzhou	54
山西省	**Shanxi**	
古交市	Gujiao	21
高平市	Gaoping	48
怀仁市	Huairen	30
介休市	Jiexiu	45
永济市	Yongji	44
河津市	Hejin	40
原平市	Yuanping	47
侯马市	Houma	24
霍州市	Huozhou	30
孝义市	Xiaoyi	49
汾阳市	Fenyang	43
内蒙古自治区	**Inner Mongolia**	
霍林郭勒市	Huolinguole	8
满洲里市	Manzhouli	9
牙克石市	Yakeshi	30
扎兰屯市	Zhalantun	39
额尔古纳市	Eerguna	8
根河市	Genhe	12
丰镇市	Fengzhen	30
乌兰浩特市	Wulanhaote	32
阿尔山市	Aershan	4
二连浩特市	Erlianhaote	4
锡林浩特市	Xilinhaote	21
辽宁省	**Liaoning**	
新民市	Xinmin	64
瓦房店市	Wafangdian	95
庄河市	Zhuanghe	86
海城市	Haicheng	104
东港市	Donggang	58
凤城市	Fengcheng	53
凌海市	Linghai	48
北镇市	Beizhen	48
盖州市	Gaizhou	66
大石桥市	Dashiqiao	67
灯塔市	Dengta	42
调兵山市	Diaobingshan	21
开原市	Kaiyuan	54
北票市	Beipiao	53
凌源市	Lingyuan	62
兴城市	Xingcheng	52
吉林省	**Jilin**	
榆树市	Yushu	119
德惠市	Dehui	86
公主岭市	Gongzhuling	101
蛟河市	Jiaohe	40
桦甸市	Huadian	40
舒兰市	Shulan	58
磐石市	Panshi	49
双辽市	Shuangliao	38
梅河口市	Meihekou	58
集安市	Ji'an	21
临江市	Linjiang	15
扶余市	Fuyu	70
洮南市	Taonan	39
大安市	Daan	37
延吉市	Yanji	56
图们市	Tumen	10
敦化市	Dunhua	44
珲春市	Hunchun	22
龙井市	Longjing	14
和龙市	Helong	15
黑龙江省	**Heilongjiang**	
尚志市	Shangzhi	54
五常市	Wuchang	88
讷河市	Nehe	67
虎林市	Hulin	27
密山市	Mishan	38
铁力市	Tieli	27
同江市	Tongjiang	17
富锦市	Fujin	44
抚远市	Fuyuan	8
绥芬河市	Suifenhe	7
海林市	Hailin	34
宁安市	Ning'an	40
穆棱市	Muling	25
东宁市	Dongning	20
北安市	Bei'an	40
五大连池市	Wudalianchi	32
嫩江市	Nenjiang	44
安达市	Anda	43
肇东市	Zhaodong	83
海伦市	Hailun	74
漠河市	Mohe	6

3-1 续表 1 continued

单位：万人 (10 000 persons)

城 市	City	年末户籍人口 Household Registered Population at Year-end	城 市	City	年末户籍人口 Household Registered Population at Year-end
江苏省	**Jiangsu**		**福建省**	**Fujian**	
江阴市	Jiangyin	127	福清市	Fuqing	140
宜兴市	Yixing	107	永安市	Yong'an	32
新沂市	Xinyi	110	石狮市	Shishi	37
邳州市	Pizhou	191	晋江市	Jinjiang	125
溧阳市	Liyang	78	南安市	Nan'an	166
常熟市	Changshu	106	邵武市	Shaowu	30
张家港市	Zhangjiagang	93	武夷山市	Wuyishan	25
昆山市	Kunshan	120	建瓯市	Jian'ou	54
太仓市	Taicang	53	漳平市	Zhangping	29
启东市	Qidong	108	福安市	Fu'an	67
如皋市	Rugao	139	福鼎市	Fuding	60
海安市	Haian	90	**江西省**	**Jiangxi**	
东台市	Dongtai	104	乐平市	Leping	95
仪征市	Yizheng	54	瑞昌市	Ruichang	45
高邮市	Gaoyou	78	共青城市	Gongqingcheng	12
丹阳市	Danyang	79	庐山市	Lushan	28
扬中市	Yangzhong	28	贵溪市	Guixi	65
句容市	Jurong	58	瑞金市	Ruijin	71
兴化市	Xinghua	149	龙南市	Longnan	34
靖江市	Jingjiang	64	井冈山市	Jinggangshan	19
泰兴市	Taixing	114	丰城市	Fengcheng	147
浙江省	**Zhejiang**		樟树市	Zhangshu	60
建德市	Jiande	51	高安市	Gaoan	87
余姚市	Yuyao	83	德兴市	Dexing	33
慈溪市	Cixi	107	**山东省**	**Shandong**	
瑞安市	Rui'an	125	胶州市	Jiaozhou	88
乐清市	Yueqing	131	平度市	Pingdu	137
龙港市	Longgang	38	莱西市	Laixi	74
海宁市	Haining	72	滕州市	Tengzhou	175
平湖市	Pinghu	52	龙口市	Longkou	63
桐乡市	Tongxiang	72	莱阳市	Laiyang	82
诸暨市	Zhuji	107	莱州市	Laizhou	82
嵊州市	Shengzhou	71	招远市	Zhaoyuan	55
兰溪市	Lanxi	65	栖霞市	Qixia	49
义乌市	Yiwu	89	海阳市	Haiyang	62
东阳市	Dongyang	85	青州市	Qingzhou	95
永康市	Yongkang	62	诸城市	Zhucheng	111
江山市	Jiangshan	61	寿光市	Shouguang	111
温岭市	Wenling	121	安丘市	Anqiu	97
临海市	Linhai	120	高密市	Gaomi	89
玉环市	Yuhuan	44	昌邑市	Changyi	58
龙泉市	Longquan	29	曲阜市	Qufu	65
安徽省	**Anhui**		邹城市	Zoucheng	120
巢湖市	Chaohu	85	新泰市	Xintai	151
无为市	Wuwei	121	肥城市	Feicheng	96
桐城市	Tongcheng	74	荣成市	Rongcheng	64
潜山市	Qianshan	58	乳山市	Rushan	53
天长市	Tianchang	63	乐陵市	Laoling	70
明光市	Mingguang	64	禹城市	Yucheng	54
界首市	Jieshou	83	临清市	Linqing	83
宁国市	Ningguo	38	邹平市	Zouping	74
广德市	Guangde	51			

3-1 续表 2 continued

单位：万人 (10 000 persons)

城　市	City	年末户籍人口 Household Registered Population at Year-end
河南省	**Henan**	
巩义市	Gongyi	85
荥阳市	Xingyang	72
新密市	Xinmi	90
新郑市	Xinzheng	66
登封市	Dengfeng	73
舞钢市	Wugang	34
汝州市	Ruzhou	118
林州市	Linzhou	113
卫辉市	Weihui	54
辉县市	Huixian	93
长垣市	Changyuan	104
沁阳市	Qinyang	49
孟州市	Mengzhou	38
禹州市	Yuzhou	134
长葛市	Changge	78
义马市	Yima	15
灵宝市	Lingbao	74
邓州市	Dengzhou	185
永城市	Yongcheng	164
项城市	Xiangcheng	134
济源市	Jiyuan	73
湖北省	**Hubei**	
大冶市	Daye	100
丹江口市	Danjiangkou	45
宜都市	Yidu	38
当阳市	Dangyang	46
枝江市	Zhijiang	47
老河口市	Laohekou	50
枣阳市	Zaoyang	110
宜城市	Yicheng	55
钟祥市	Zhongxiang	102
京山市	Jingshan	67
应城市	Yingcheng	62
安陆市	Anlu	60
汉川市	Hanchuan	103
石首市	Shishou	60
洪湖市	Honghu	90
松滋市	Songzi	80
监利市	Jianli	154
麻城市	Macheng	113
武穴市	Wuxue	81
赤壁市	Chibi	52
广水市	Guangshui	88
恩施市	Enshi	82
利川市	Lichuan	92
仙桃市	Xiantao	151
潜江市	Qianjiang	99
天门市	Tianmen	156
湖南省	**Hunan**	
浏阳市	Liuyang	148
宁乡市	Ningxiang	141
醴陵市	Liling	103
湘乡市	Xiangxiang	90
韶山市	Shaoshan	12
耒阳市	Leiyang	138
常宁市	Changning	93
武冈市	Wugang	81
邵东市	Shaodong	131
汨罗市	Miluo	74
临湘市	Linxiang	53
津市市	Jinshi	22
沅江市	Yuanjiang	70
资兴市	Zixing	36
祁阳市	Qiyang	102
洪江市	Hongjiang	48
冷水江市	Lengshuijiang	35
涟源市	Lianyuan	113
吉首市	Jishou	32
广东省	**Guangdong**	
乐昌市	Lechang	52
南雄市	Nanxiong	49
台山市	Taishan	96
开平市	Kaiping	68
鹤山市	Heshan	40
恩平市	Enping	50
廉江市	Lianjiang	188
雷州市	Leizhou	189
吴川市	Wuchuan	125
高州市	Gaozhou	186
化州市	Huazhou	180
信宜市	Xinyi	152
四会市	Sihui	44
兴宁市	Xingning	115
陆丰市	Lufeng	191
阳春市	Yangchun	122
英德市	Yingde	121
连州市	Lianzhou	54
普宁市	Puning	252
罗定市	Luoding	129
广西壮族自治区	**Guangxi**	
横州市	Hengzhou	127
荔浦市	Lipu	38
岑溪市	Cenxi	97
东兴市	Dongxing	16
桂平市	Guiping	203
北流市	Beiliu	157
靖西市	Jingxi	66
平果市	Pingguo	52
合山市	Heshan	13
凭祥市	Pingxiang	12
海南省	**Hainan**	
五指山市	Wuzhishan	10
琼海市	Qionghai	52

3-1 续表 3 continued

单位：万人 (10 000 persons)

城 市	City	年末户籍人口 Household Registered Population at Year-end	城 市	City	年末户籍人口 Household Registered Population at Year-end
文昌市	Wenchang	60	**陕西省**	**Shaanxi**	
万宁市	Wanning	63	兴平市	Xingping	60
东方市	Dongfang	47	彬州市	Binzhou	36
四川省	**Sichuan**		韩城市	Hancheng	39
都江堰市	Dujiangyan	62	华阴市	Huayin	24
彭州市	Pengzhou	79	子长市	Zichang	26
邛崃市	Qionglai	64	神木市	Shenmu	46
崇州市	Chongzhou	65	旬阳市	Xunyang	44
简阳市	Jianyang	150	**甘肃省**	**Gansu**	
广汉市	Guanghan	59	华亭市	Huating	19
什邡市	Shifang	42	玉门市	Yumen	14
绵竹市	Mianzhu	49	敦煌市	Dunhuang	14
江油市	Jiangyou	84	临夏市	Linxia	29
射洪市	Shehong	92	合作市	Hezuo	10
隆昌市	Longchang	74	**青海省**	**Qinghai**	
峨眉山市	Emeishan	42	同仁市	Tongren	10
阆中市	Langzhong	81	玉树市	Yushu	12
华蓥市	Huaying	35	格尔木市	Golmud	14
万源市	Wanyuan	56	德令哈市	Delingha	7
马尔康市	Maerkang	5	茫崖市	Mangya	5
康定市	Kangding	11	**宁夏回族自治区**	**Ningxia**	
西昌市	Xichang	75	灵武市	Lingwu	25
会理市	Huili	46	青铜峡市	Qingtongxia	27
贵州省	**Guizhou**		**新疆维吾尔自治区**	**Xinjiang**	
清镇市	Qingzhen	56	昌吉市	Changji	41
盘州市	Panzhou	135	阜康市	Fukang	16
赤水市	Chishui	32	博乐市	Bole	19
仁怀市	Renhuai	74	阿拉山口市	Alashankou	0
黔西市	Qianxi	101	库尔勒市	Korla	49
兴义市	Xingyi	95	阿克苏市	Akesu	58
兴仁市	Xingren	57	库车市	Kuche	48
凯里市	Kaili	59	阿图什市	Artux	29
都匀市	Duyun	51	喀什市	Kashi	68
福泉市	Fuquan	34	和田市	Hetian	42
云南省	**Yunnan**		伊宁市	Yining	61
安宁市	Anning	29	奎屯市	Kuitun	14
宣威市	Xuanwei	156	霍尔果斯市	Horgos	7
澄江市	Chengjiang	18	塔城市	Tacheng	14
腾冲市	Tengchong	69	乌苏市	Wusu	21
水富市	Shuifu	11	沙湾市	Shawan	20
楚雄市	Chuxiong	55	阿勒泰市	Aletai	18
禄丰市	Lufeng	42	石河子市	Shihezi	35
个旧市	Gejiu	37	阿拉尔市	Alar	35
开远市	Kaiyuan	29	图木舒克市	Tumushuke	24
蒙自市	Mengzi	46	五家渠市	Wujiaqu	10
弥勒市	Mile	55	北屯市	Beitun	5
文山市	Wenshan	55	铁门关市	Tiemenguan	13
景洪市	Jinghong	44	双河市	Shuanghe	6
大理市	Dali	66	可克达拉市	Cocodala	8
瑞丽市	Ruili	15	昆玉市	Kunyu	6
芒市	Mangshi	42	胡杨河市	Huyanghe	3
泸水市	Lushui	19	新星市	Xinxing	9
香格里拉市	Shangri-la	15			

3-2 行政区域土地面积
Total Land Area of Administrative region

单位：平方公里 (sq.km)

城　市	City	行政区域土地面积 Total Land Area of Administrative region
河北省	**Hebei**	
辛集市	Xinji	951
晋州市	Jinzhou	619
新乐市	Xinle	525
遵化市	Zunhua	1514
迁安市	Qian'an	1227
滦州市	Luanzhou	1027
武安市	Wu'an	1818
南宫市	Nangong	861
沙河市	Shahe	887
涿州市	Zhuozhou	751
定州市	Dingzhou	1284
安国市	Anguo	486
高碑店市	Gaobeidian	620
平泉市	Pingquan	3294
泊头市	Botou	1009
任丘市	Renqiu	872
黄骅市	Huanghua	2425
河间市	Hejian	1322
霸州市	Bazhou	802
三河市	Sanhe	634
深州市	Shenzhou	1245
山西省	**Shanxi**	
古交市	Gujiao	1512
高平市	Gaoping	980
怀仁市	Huairen	1234
介休市	Jiexiu	741
永济市	Yongji	1208
河津市	Hejin	593
原平市	Yuanping	2550
侯马市	Houma	220
霍州市	Huozhou	765
孝义市	Xiaoyi	938
汾阳市	Fenyang	1181
内蒙古自治区	**Inner Mongolia**	
霍林郭勒市	Huolinguole	585
满洲里市	Manzhouli	466
牙克石市	Yakeshi	27803
扎兰屯市	Zhalantun	16784
额尔古纳市	Eerguna	28959
根河市	Genhe	20010
丰镇市	Fengzhen	2722
乌兰浩特市	Wulanhaote	2728
阿尔山市	Aershan	7398
二连浩特市	Erlianhaote	4013
锡林浩特市	Xilinhaote	14778
辽宁省	**Liaoning**	
新民市	Xinmin	3318
瓦房店市	Wafangdian	3747
庄河市	Zhuanghe	4115
海城市	Haicheng	2566
东港市	Donggang	2399
凤城市	Fengcheng	5515
凌海市	Linghai	2579
北镇市	Beizhen	1693
盖州市	Gaizhou	2946
大石桥市	Dashiqiao	1610
灯塔市	Dengta	1170
调兵山市	Diaobingshan	262
开原市	Kaiyuan	2838
北票市	Beipiao	4419
凌源市	Lingyuan	3282
兴城市	Xingcheng	2103
吉林省	**Jilin**	
榆树市	Yushu	4712
德惠市	Dehui	3461
公主岭市	Gongzhuling	4141
蛟河市	Jiaohe	6370
桦甸市	Huadian	6625
舒兰市	Shulan	4559
磐石市	Panshi	3861
双辽市	Shuangliao	3097
梅河口市	Meihekou	2179
集安市	Ji'an	3349
临江市	Linjiang	3009
扶余市	Fuyu	4388
洮南市	Taonan	5017
大安市	Daan	4879
延吉市	Yanji	1748
图们市	Tumen	1143
敦化市	Dunhua	11957
珲春市	Hunchun	5171
龙井市	Longjing	2207
和龙市	Helong	5069
黑龙江省	**Heilongjiang**	
尚志市	Shangzhi	8891
五常市	Wuchang	7499
讷河市	Nehe	6660
虎林市	Hulin	9334
密山市	Mishan	7728
铁力市	Tieli	3776
同江市	Tongjiang	6229
富锦市	Fujin	8224
抚远市	Fuyuan	6041
绥芬河市	Suifenhe	422
海林市	Hailin	8712
宁安市	Ning'an	7201
穆棱市	Muling	6041
东宁市	Dongning	7117
北安市	Bei'an	7194
五大连池市	Wudalianchi	8745
嫩江市	Nenjiang	15211
安达市	Anda	3586
肇东市	Zhaodong	4323
海伦市	Hailun	4642
漠河市	Mohe	18428

3-2 续表 1 continued

单位：平方公里 (sq.km)

城 市	City	行政区域土地面积 Total Land Area of Administrative region	城 市	City	行政区域土地面积 Total Land Area of Administrative region
江苏省	**Jiangsu**		**福建省**	**Fujian**	
江阴市	Jiangyin	987	福清市	Fuqing	1701
宜兴市	Yixing	1997	永安市	Yong'an	2931
新沂市	Xinyi	1592	石狮市	Shishi	188
邳州市	Pizhou	2085	晋江市	Jinjiang	734
溧阳市	Liyang	1535	南安市	Nan'an	2031
常熟市	Changshu	1276	邵武市	Shaowu	2859
张家港市	Zhangjiagang	987	武夷山市	Wuyishan	2803
昆山市	Kunshan	932	建瓯市	Jian'ou	4199
太仓市	Taicang	810	漳平市	Zhangping	2956
启东市	Qidong	1681	福安市	Fu'an	1810
如皋市	Rugao	1574	福鼎市	Fuding	1526
海安市	Haian	1184	**江西省**	**Jiangxi**	
东台市	Dongtai	3558	乐平市	Leping	1985
仪征市	Yizheng	902	瑞昌市	Ruichang	1419
高邮市	Gaoyou	1922	共青城市	Gongqingcheng	309
丹阳市	Danyang	1047	庐山市	Lushan	765
扬中市	Yangzhong	327	贵溪市	Guixi	2493
句容市	Jurong	1378	瑞金市	Ruijin	2441
兴化市	Xinghua	2395	龙南市	Longnan	1646
靖江市	Jingjiang	656	井冈山市	Jinggangshan	1453
泰兴市	Taixing	1170	丰城市	Fengcheng	2845
浙江省	**Zhejiang**		樟树市	Zhangshu	1289
建德市	Jiande	2314	高安市	Gaoan	2429
余姚市	Yuyao	1501	德兴市	Dexing	2079
慈溪市	Cixi	1361	**山东省**	**Shandong**	
瑞安市	Rui'an	1342	胶州市	Jiaozhou	1324
乐清市	Yueqing	1396	平度市	Pingdu	3176
龙港市	Longgang	184	莱西市	Laixi	1568
海宁市	Haining	863	滕州市	Tengzhou	1495
平湖市	Pinghu	557	龙口市	Longkou	941
桐乡市	Tongxiang	727	莱阳市	Laiyang	1731
诸暨市	Zhuji	2311	莱州市	Laizhou	1949
嵊州市	Shengzhou	1789	招远市	Zhaoyuan	1432
兰溪市	Lanxi	1312	栖霞市	Qixia	1793
义乌市	Yiwu	1105	海阳市	Haiyang	1916
东阳市	Dongyang	1747	青州市	Qingzhou	1561
永康市	Yongkang	1047	诸城市	Zhucheng	2151
江山市	Jiangshan	2019	寿光市	Shouguang	1997
温岭市	Wenling	1074	安丘市	Anqiu	1712
临海市	Linhai	2251	高密市	Gaomi	1523
玉环市	Yuhuan	510	昌邑市	Changyi	1628
龙泉市	Longquan	3045	曲阜市	Qufu	815
安徽省	**Anhui**		邹城市	Zoucheng	1617
巢湖市	Chaohu	2046	新泰市	Xintai	1934
无为市	Wuwei	2022	肥城市	Feicheng	1278
桐城市	Tongcheng	1523	荣成市	Rongcheng	1555
潜山市	Qianshan	1688	乳山市	Rushan	1660
天长市	Tianchang	1754	乐陵市	Laoling	1173
明光市	Mingguang	2350	禹城市	Yucheng	992
界首市	Jieshou	667	临清市	Linqing	951
宁国市	Ningguo	2487	邹平市	Zouping	1250
广德市	Guangde	2116			

3–2 续表 2 continued

单位：平方公里 (sq.km)

城 市	City	行政区域土地面积 Total Land Area of Administrative region	城 市	City	行政区域土地面积 Total Land Area of Administrative region
河南省	**Henan**		醴陵市	Liling	2157
巩义市	Gongyi	1043	湘乡市	Xiangxiang	1966
荥阳市	Xingyang	943	韶山市	Shaoshan	247
新密市	Xinmi	996	耒阳市	Leiyang	2648
新郑市	Xinzheng	702	常宁市	Changning	2048
登封市	Dengfeng	1217	武冈市	Wugang	1539
舞钢市	Wugang	641	邵东市	Shaodong	1779
汝州市	Ruzhou	1572	汨罗市	Miluo	1670
林州市	Linzhou	2062	临湘市	Linxiang	1719
卫辉市	Weihui	859	津市市	Jinshi	556
辉县市	Huixian	1681	沅江市	Yuanjiang	2129
长垣市	Changyuan	1051	资兴市	Zixing	2730
沁阳市	Qinyang	595	祁阳市	Qiyang	2538
孟州市	Mengzhou	542	洪江市	Hongjiang	2223
禹州市	Yuzhou	1469	冷水江市	Lengshuijiang	438
长葛市	Changge	650	涟源市	Lianyuan	1813
义马市	Yima	112	吉首市	Jishou	1096
灵宝市	Lingbao	3011	**广东省**	**Guangdong**	
邓州市	Dengzhou	2360	乐昌市	Lechang	2419
永城市	Yongcheng	2021	南雄市	Nanxiong	2326
项城市	Xiangcheng	1086	台山市	Taishan	3308
济源市	Jiyuan	1899	开平市	Kaiping	1657
湖北省	**Hubei**		鹤山市	Heshan	1083
大冶市	Daye	1557	恩平市	Enping	1694
丹江口市	Danjiangkou	3129	廉江市	Lianjiang	2867
宜都市	Yidu	1358	雷州市	Leizhou	3709
当阳市	Dangyang	2150	吴川市	Wuchuan	877
枝江市	Zhijiang	1375	高州市	Gaozhou	3270
老河口市	Laohekou	1052	化州市	Huazhou	2357
枣阳市	Zaoyang	3276	信宜市	Xinyi	3084
宜城市	Yicheng	2114	四会市	Sihui	1166
钟祥市	Zhongxiang	4488	兴宁市	Xingning	2076
京山市	Jingshan	3743	陆丰市	Lufeng	1703
应城市	Yingcheng	1103	阳春市	Yangchun	4038
安陆市	Anlu	1353	英德市	Yingde	5634
汉川市	Hanchuan	1659	连州市	Lianzhou	2668
石首市	Shishou	1406	普宁市	Puning	1620
洪湖市	Honghu	2444	罗定市	Luoding	2335
松滋市	Songzi	2177	**广西壮族自治区**	**Guangxi**	
监利市	Jianli	3201	横州市	Hengzhou	3448
麻城市	Macheng	3604	荔浦市	Lipu	1760
武穴市	Wuxue	1246	岑溪市	Cenxi	2770
赤壁市	Chibi	1718	东兴市	Dongxing	590
广水市	Guangshui	2646	桂平市	Guiping	4071
恩施市	Enshi	3967	北流市	Beiliu	2452
利川市	Lichuan	4606	靖西市	Jingxi	3326
仙桃市	Xiantao	2538	平果市	Pingguo	2457
潜江市	Qianjiang	2004	合山市	Heshan	366
天门市	Tianmen	2614	凭祥市	Pingxiang	645
湖南省	**Hunan**		**海南省**	**Hainan**	
浏阳市	Liuyang	4998	五指山市	Wuzhishan	1143
宁乡市	Ningxiang	2906	琼海市	Qionghai	1710

3-2 续表 3 continued

单位：平方公里 (sq.km)

城 市	City	行政区域土地面积 Total Land Area of Administrative region
文昌市	Wenchang	2459
万宁市	Wanning	1905
东方市	Dongfang	2273
四川省	**Sichuan**	
都江堰市	Dujiangyan	1208
彭州市	Pengzhou	1421
邛崃市	Qionglai	1377
崇州市	Chongzhou	1089
简阳市	Jianyang	2214
广汉市	Guanghan	549
什邡市	Shifang	820
绵竹市	Mianzhu	1246
江油市	Jiangyou	2721
射洪市	Shehong	1496
隆昌市	Longchang	794
峨眉山市	Emeishan	1181
阆中市	Langzhong	1876
华蓥市	Huaying	464
万源市	Wanyuan	4053
马尔康市	Maerkang	6628
康定市	Kangding	11593
西昌市	Xichang	2882
会理市	Huili	4518
贵州省	**Guizhou**	
清镇市	Qingzhen	1387
盘州市	Panzhou	4040
赤水市	Chishui	1852
仁怀市	Renhuai	1790
黔西市	Qianxi	2556
兴义市	Xingyi	2908
兴仁市	Xingren	1778
凯里市	Kaili	1570
都匀市	Duyun	2285
福泉市	Fuquan	1692
云南省	**Yunnan**	
安宁市	Anning	1302
宣威市	Xuanwei	6053
澄江市	Chengjiang	773
腾冲市	Tengchong	5845
水富市	Shuifu	443
楚雄市	Chuxiong	4434
禄丰市	Lufeng	3549
个旧市	Gejiu	1587
开远市	Kaiyuan	1940
蒙自市	Mengzi	2228
弥勒市	Mile	4004
文山市	Wenshan	2977
景洪市	Jinghong	6867
大理市	Dali	1739
瑞丽市	Ruili	945
芒市	Mangshi	2901
泸水市	Lushui	3088
香格里拉市	Shangri-la	11419
陕西省	**Shaanxi**	
兴平市	Xingping	508
彬州市	Binzhou	1184
韩城市	Hancheng	1621
华阴市	Huayin	817
子长市	Zichang	2396
神木市	Shenmu	7635
旬阳市	Xunyang	3541
甘肃省	**Gansu**	
华亭市	Huating	1201
玉门市	Yumen	13496
敦煌市	Dunhuang	26720
临夏市	Linxia	89
合作市	Hezuo	2091
青海省	**Qinghai**	
同仁市	Tongren	3275
玉树市	Yushu	15411
格尔木市	Golmud	119176
德令哈市	Delingha	27700
茫崖市	Mangya	49859
宁夏回族自治区	**Ningxia**	
灵武市	Lingwu	3009
青铜峡市	Qingtongxia	2325
新疆维吾尔自治区	**Xinjiang**	
昌吉市	Changji	7974
阜康市	Fukang	8219
博乐市	Bole	5947
阿拉山口市	Alashankou	1227
库尔勒市	Korla	6787
阿克苏市	Akesu	13584
库车市	Kuche	14530
阿图什市	Artux	16161
喀什市	Kashi	1003
和田市	Hetian	688
伊宁市	Yining	693
奎屯市	Kuitun	910
霍尔果斯市	Horgos	1909
塔城市	Tacheng	4356
乌苏市	Wusu	14376
沙湾市	Shawan	12460
阿勒泰市	Aletai	10826
石河子市	Shihezi	457
阿拉尔市	Alar	6757
图木舒克市	Tumushuke	3848
五家渠市	Wujiaqu	740
北屯市	Beitun	911
铁门关市	Tiemenguan	1952
双河市	Shuanghe	742
可克达拉市	Cocodala	980
昆玉市	Kunyu	2122
胡杨河市	Huyanghe	679
新星市	Xinxing	540

3-3 地区生产总值
Gross Regional Product

单位：万元 (10 000 yuan)

城 市	City	地区生产总值 Gross Regional Product	第一产业增加值 Value-added of the Primary Industry	第二产业增加值 Value-added of the Secondary Industry	第三产业增加值 Value-added of the Tertiary Industry
河北省	**Hebei**				
辛集市	Xinji	4313138	564560	2548506	1200072
晋州市	Jinzhou	1923419	444183	558059	921177
新乐市	Xinle	1726641	380280	520808	825553
遵化市	Zunhua	5503687	622864	2498424	2382399
迁安市	Qian'an	12811243	358200	8554620	3898423
滦州市	Luanzhou	5010142	494415	3110498	1405229
武安市	Wu'an	8015984	356610	4957437	2701937
南宫市	Nangong	1344076	238587	487861	617628
沙河市	Shahe	2197870	80734	936027	1181109
涿州市	Zhuozhou	4001930	281889	1005719	2714322
定州市	Dingzhou	3825728	938333	1438272	1449123
安国市	Anguo	1301698	285066	331521	685111
高碑店市	Gaobeidian	2368166	176460	986088	1205618
平泉市	Pingquan	1697308	606345	362201	728762
泊头市	Botou	2933914	225335	1244409	1464170
任丘市	Renqiu	7021580	170628	3354952	3496000
黄骅市	Huanghua	8138373	568184	4597935	2972254
河间市	Hejian	2948914	248335	1040829	1659750
霸州市	Bazhou	4501737	122120	2359936	2019681
三河市	Sanhe	6103563	202612	1699842	4201109
深州市	Shenzhou	1798282	449082	551679	797521
山西省	**Shanxi**				
古交市	Gujiao	1008108	43407	706340	258361
高平市	Gaoping	4273161	188792	2864081	1220289
怀仁市	Huairen	3287479	221883	1859661	1205935
介休市	Jiexiu	3854992	68919	2800747	985326
永济市	Yongji	1727120	319998	642341	764781
河津市	Hejin	4234749	139082	2949177	1146490
原平市	Yuanping	2234991	221597	1367357	646037
侯马市	Houma	1706916	46449	596211	1064256
霍州市	Huozhou	1151691	51628	706301	393762
孝义市	Xiaoyi	4398614	86982	2986379	1325253
汾阳市	Fenyang	2647006	102457	1588468	956081
内蒙古自治区	**Inner Mongolia**				
霍林郭勒市	Huolinguole	2512342	71702	2025531	415109
满洲里市	Manzhouli	1043936	32146	119781	892009
牙克石市	Yakeshi	1190661	337338	154302	699022
扎兰屯市	Zhalantun	2002221	700657	738941	562623
额尔古纳市	Eerguna	502887	242193	73018	187677
根河市	Genhe	362708	61205	82279	219224
丰镇市	Fengzhen	1141219	144953	631630	364636
乌兰浩特市	Wulanhaote	2181492	149799	1004887	1026805
阿尔山市	Aershan	220791	51761	37442	131587
二连浩特市	Erlianhaote	737615	10704	161899	565012
锡林浩特市	Xilinhaote	3287643	250125	1738901	1298617

3-3 续表 1 continued

单位：万元 (10 000 yuan)

城　市	City	地区生产总值 Gross Regional Product	第一产业增加值 Value-added of the Primary Industry	第二产业增加值 Value-added of the Secondary Industry	第三产业增加值 Value-added of the Tertiary Industry
辽宁省	**Liaoning**				
新民市	Xinmin	2956971	906928	697982	1352061
瓦房店市	Wafangdian	10910060	1327641	6147919	3434500
庄河市	Zhuanghe	5971018	1446452	2373404	2151162
海城市	Haicheng	5630800	476229	1828343	3326228
东港市	Donggang	2596377	975069	555192	1066116
凤城市	Fengcheng	1932326	358750	643402	930174
凌海市	Linghai	1607633	581056	294746	731831
北镇市	Beizhen	1184113	484773	112953	586387
盖州市	Gaizhou	1759612	511664	459721	788227
大石桥市	Dashiqiao	3063297	472241	1258873	1332183
灯塔市	Dengta	1605752	364056	486471	755225
调兵山市	Diaobingshan	1205997	40312	780640	385045
开原市	Kaiyuan	1213462	430374	218602	564486
北票市	Beipiao	1486336	446005	415273	625058
凌源市	Lingyuan	1673493	536581	283448	853464
兴城市	Xingcheng	1477992	355320	349974	772698
吉林省	**Jilin**				
榆树市	Yushu	2677733	1200972	302469	1174292
德惠市	Dehui	2633337	915519	387067	1330751
公主岭市	Gongzhuling	3512958	1064459	700519	1747980
蛟河市	Jiaohe	1005505	306912	200579	498014
桦甸市	Huadian	1067686	362038	237797	467851
舒兰市	Shulan	1300462	593241	190453	516768
磐石市	Panshi	1376783	383966	389644	603173
双辽市	Shuangliao	1103080	460008	215128	427944
梅河口市	Meihekou	2900938	249717	1336707	1314514
集安市	Ji'an	757053	89077	176211	491765
临江市	Linjiang	903526	102288	318628	482610
扶余市	Fuyu	1619181	713506	160920	744755
洮南市	Taonan	973945	380271	75356	518318
大安市	Daan	1078164	332958	230546	514660
延吉市	Yanji	3562148	49176	1489574	2023398
图们市	Tumen	287761	19723	107194	160844
敦化市	Dunhua	1677758	265101	687654	725003
珲春市	Hunchun	1091991	78989	568226	444776
龙井市	Longjing	348332	48671	104300	195361
和龙市	Helong	379664	56432	127067	196165
黑龙江省	**Heilongjiang**				
尚志市	Shangzhi	1989705	780861	245654	963190
五常市	Wuchang	3046720	1232294	406925	1407501
讷河市	Nehe	1228776	596276	197957	434543
虎林市	Hulin	1682213	1039181	192372	450660
密山市	Mishan	1517687	718399	151285	648003
铁力市	Tieli	921706	395160	258101	268445
同江市	Tongjiang	1147368	697869	59991	389508
富锦市	Fujin	1821512	735255	206274	879983
抚远市	Fuyuan	795513	577377	12982	205154

3-3 续表 2 continued

单位：万元 (10 000 yuan)

城　市	City	地区生产总值 Gross Regional Product	第一产业增加值 Value-added of the Primary Industry	第二产业增加值 Value-added of the Secondary Industry	第三产业增加值 Value-added of the Tertiary Industry
绥芬河市	Suifenhe	608460	16194	76515	515751
海林市	Hailin	1299395	350247	252649	696499
宁安市	Ning'an	1309681	699253	78334	532094
穆棱市	Muling	1441624	369268	551830	520526
东宁市	Dongning	809180	312152	172322	324706
北安市	Bei'an	1351198	386175	166644	798379
五大连池市	Wudalianchi	1166579	656205	75244	435130
嫩江市	Nenjiang	2558595	1281945	371420	905230
安达市	Anda	1875582	401041	291213	1183328
肇东市	Zhaodong	2291520	1052158	358600	880762
海伦市	Hailun	1372422	893339	57189	421894
漠河市	Mohe	467319	117928	221907	127484
江苏省	**Jiangsu**				
江阴市	Jiangyin	47541800	396000	24736300	22409500
宜兴市	Yixing	22367200	561000	11769000	10037200
新沂市	Xinyi	8263300	965700	3222400	4075200
邳州市	Pizhou	11571600	1719900	4519200	5332500
溧阳市	Liyang	14162200	574800	7675800	5911600
常熟市	Changshu	27739700	414500	14027400	13297800
张家港市	Zhangjiagang	33023900	306000	16711100	16006800
昆山市	Kunshan	50066600	309900	26144200	23612500
太仓市	Taicang	16535700	242100	8121200	8172400
启东市	Qidong	13911300	929600	6858700	6123000
如皋市	Rugao	14793100	866900	7417900	6508300
海安市	Haian	13797600	797100	7533100	5467400
东台市	Dongtai	10505200	1573500	3816500	5115200
仪征市	Yizheng	10029300	245100	5258500	4525700
高邮市	Gaoyou	10148100	960800	5093100	4094200
丹阳市	Danyang	14078800	551500	7530400	5996900
扬中市	Yangzhong	5859900	184700	3179900	2495300
句容市	Jurong	7546200	571600	3409600	3565000
兴化市	Xinghua	10851900	1484700	4249600	5117600
靖江市	Jingjiang	12261800	273000	6802300	5186500
泰兴市	Taixing	13666800	751800	6988800	5926200
浙江省	**Zhejiang**				
建德市	Jiande	4335410	409158	2196022	1730230
余姚市	Yuyao	15135928	537583	8982721	5615624
慈溪市	Cixi	25215815	660105	15313454	9242256
瑞安市	Rui'an	11978723	290200	5427805	6260719
乐清市	Yueqing	15019500	227900	6850700	7940900
龙港市	Longgang	3701405	96319	1654150	1950936
海宁市	Haining	12469972	214146	7247106	5008720
平湖市	Pinghu	9595832	164332	5859333	3572167
桐乡市	Tongxiang	12096750	265846	6099800	5731104
诸暨市	Zhuji	16588400	575400	8092800	7920200
嵊州市	Shengzhou	7110756	449048	3305243	3356465
兰溪市	Lanxi	4650600	276000	2423400	1951200

3-3 续表 3 continued

单位：万元 (10 000 yuan)

城 市	City	地区生产总值 Gross Regional Product	第一产业增加值 Value-added of the Primary Industry	第二产业增加值 Value-added of the Secondary Industry	第三产业增加值 Value-added of the Tertiary Industry
义乌市	Yiwu	18355374	269089	6162779	11923505
东阳市	Dongyang	7613700	215200	3550600	3847900
永康市	Yongkang	7253483	97721	3959767	3195995
江山市	Jiangshan	3812841	251885	1653327	1907629
温岭市	Wenling	13067614	942129	5694700	6430785
临海市	Linhai	8785207	592420	3961610	4231177
玉环市	Yuhuan	7316014	452866	3910306	2952843
龙泉市	Longquan	1703200	180900	596300	926000
安徽省	**Anhui**				
巢湖市	Chaohu	6080072	530619	2378286	3171167
无为市	Wuwei	6099116	634439	2966529	2498148
桐城市	Tongcheng	4520378	383217	2339290	1797871
潜山市	Qianshan	2371933	323299	1007047	1041587
天长市	Tianchang	6861118	440200	4190283	2230636
明光市	Mingguang	2883306	456016	820278	1607012
界首市	Jieshou	4114900	362026	2357332	1395542
宁国市	Ningguo	4542816	285392	2690542	1566882
广德市	Guangde	4042918	297300	2028764	1716854
福建省	**Fujian**				
福清市	Fuqing	16044205	1326707	7721768	6995730
永安市	Yong'an	5117279	366375	3027668	1723236
石狮市	Shishi	11596784	315552	5103695	6177537
晋江市	Jinjiang	32074335	223117	19729128	12122090
南安市	Nan'an	16460528	346802	9883109	6230617
邵武市	Shaowu	2739387	350653	1160648	1228086
武夷山市	Wuyishan	2339443	323920	744386	1271137
建瓯市	Jian'ou	3030127	583408	1019805	1426914
漳平市	Zhangping	3148542	395445	1258739	1494358
福安市	Fu'an	7611120	622878	4858166	2130076
福鼎市	Fuding	5038810	759844	2736774	1542192
江西省	**Jiangxi**				
乐平市	Leping	4392304	453024	2116024	1823256
瑞昌市	Ruichang	3342814	241157	1944316	1157341
共青城市	Gongqingcheng	2178511	91317	1133221	953973
庐山市	Lushan	1771853	116647	630131	1025075
贵溪市	Guixi	6417751	419094	3923888	2074769
瑞金市	Ruijin	2084074	298144	837094	948836
龙南市	Longnan	2243757	168964	1075555	999238
井冈山市	Jinggangshan	1001737	94573	203994	703170
丰城市	Fengcheng	6613714	863689	3084595	2665430
樟树市	Zhangshu	5369532	485771	2474692	2409069
高安市	Gaoan	5794478	492398	2184551	3117529
德兴市	Dexing	2020599	235582	682879	1102138
山东省	**Shandong**				
胶州市	Jiaozhou	15410900	659800	7401600	7349500
平度市	Pingdu	8456100	1270600	3259600	3925900
莱西市	Laixi	6623700	754500	2506300	3362900

3-3 续表 4 continued

单位：万元 (10 000 yuan)

城　市	City	地区生产总值 Gross Regional Product	第一产业增加值 Value-added of the Primary Industry	第二产业增加值 Value-added of the Secondary Industry	第三产业增加值 Value-added of the Tertiary Industry
滕州市	Tengzhou	9013100	921300	3924800	4167000
龙口市	Longkou	13823247	434803	6791891	6596553
莱阳市	Laiyang	5099972	645793	2151719	2302460
莱州市	Laizhou	7707063	934724	3539428	3232911
招远市	Zhaoyuan	8433146	575752	3384107	4473287
栖霞市	Qixia	2918091	637289	644450	1636352
海阳市	Haiyang	4976943	989624	1773333	2213986
青州市	Qingzhou	7032538	748438	2887800	3396300
诸城市	Zhucheng	8055000	814400	3081200	4159400
寿光市	Shouguang	10020783	1315618	4358500	4346665
安丘市	Anqiu	4235500	649800	1235100	2350600
高密市	Gaomi	6468000	571000	2203000	3694000
昌邑市	Changyi	5544739	617085	2387400	2540254
曲阜市	Qufu	4272498	328582	1249326	2694590
邹城市	Zoucheng	10090617	689005	4705006	4696606
新泰市	Xintai	6294762	680382	2677389	2936991
肥城市	Feicheng	8270163	663370	4259555	3347238
荣成市	Rongcheng	10305900	1581900	3357300	5366700
乳山市	Rushan	3218300	658800	956400	1603100
乐陵市	Laoling	2831767	448365	1011921	1371481
禹城市	Yucheng	2914277	536502	954844	1422931
临清市	Linqing	2820800	369000	1045400	1406400
邹平市	Zouping	6444419	361819	3251379	2831222
河南省	**Henan**				
巩义市	Gongyi	9625778	140463	5811013	3674302
荥阳市	Xingyang	5587621	318118	2693991	2575512
新密市	Xinmi	7358455	278614	3828001	3251840
新郑市	Xinzheng	14854461	317568	8480174	6056720
登封市	Dengfeng	4783962	285158	2212717	2286087
舞钢市	Wugang	1739879	130595	991860	617424
汝州市	Ruzhou	5493344	449835	2281950	2761559
林州市	Linzhou	6574439	149217	3422733	3002489
卫辉市	Weihui	2085793	315899	773827	996067
辉县市	Huixian	3954072	468824	1796263	1688985
长垣市	Changyuan	5749026	454089	3251360	2043577
沁阳市	Qinyang	3420002	200001	1560001	1660001
孟州市	Mengzhou	2473177	241498	1143474	1088205
禹州市	Yuzhou	9269264	355374	5115275	3798615
长葛市	Changge	8328647	336909	5824975	2166763
义马市	Yima	1581583	18269	1025950	537364
灵宝市	Lingbao	4903921	661072	2474822	1768027
邓州市	Dengzhou	5047834	1058980	1418806	2570048
永城市	Yongcheng	8001115	1045161	3528700	3427254
项城市	Xiangcheng	3421040	549664	1024646	1846730
济源市	Jiyuan	8062200	263500	4911800	2886900
湖北省	**Hubei**				
大冶市	Daye	8607900	584800	4964900	3058200

3−3 续表 5 continued

单位：万元 (10 000 yuan)

城市	City	地区生产总值 Gross Regional Product	第一产业增加值 Value-added of the Primary Industry	第二产业增加值 Value-added of the Secondary Industry	第三产业增加值 Value-added of the Tertiary Industry
丹江口市	Danjiangkou	3500866	402258	1355346	1743263
宜都市	Yidu	9003301	708838	4799259	3495204
当阳市	Dangyang	6285733	1197673	2468950	2619110
枝江市	Zhijiang	8149144	1199885	4006794	2942465
老河口市	Laohekou	4223436	685288	1747979	1790169
枣阳市	Zaoyang	8258357	1319165	3543638	3395554
宜城市	Yicheng	4656276	761263	1955660	1939353
钟祥市	Zhongxiang	6402100	939700	2732200	2730200
京山市	Jingshan	4015400	755500	1367100	1892800
应城市	Yingcheng	4707122	681756	2055607	1969759
安陆市	Anlu	3111923	473280	1176910	1461733
汉川市	Hanchuan	8204695	868169	4453128	2883398
石首市	Shishou	2630640	549565	929514	1151561
洪湖市	Honghu	3516170	1150611	941479	1424080
松滋市	Songzi	4582444	598035	2106219	1878190
监利市	Jianli	3710347	1341078	773761	1595508
麻城市	Macheng	4504900	781800	1874000	1849100
武穴市	Wuxue	3783500	700900	1338500	1744100
赤壁市	Chibi	5720889	681970	2288836	2750083
广水市	Guangshui	4169600	658553	1893214	1617833
恩施市	Enshi	4566013	466476	1879506	2220031
利川市	Lichuan	2490713	539198	470925	1480590
仙桃市	Xiantao	10131398	1226013	4616420	4288965
潜江市	Qianjiang	8866500	1000800	3799300	4066400
天门市	Tianmen	7300500	1023000	3011800	3265700
湖南省	**Hunan**				
浏阳市	Liuyang	17224521	1364844	9029563	6830114
宁乡市	Ningxiang	12270648	1387380	5237286	5645982
醴陵市	Liling	8756790	769279	4732918	3254593
湘乡市	Xiangxiang	5771161	730335	3017111	2023715
韶山市	Shaoshan	1155644	80675	532366	542603
耒阳市	Leiyang	4452525	681168	1267330	2504027
常宁市	Changning	4300069	666243	1429096	2204731
武冈市	Wugang	2003830	615885	494226	893719
邵东市	Shaodong	7215347	637883	2739041	3838423
汨罗市	Miluo	5951700	656000	2633500	2662200
临湘市	Linxiang	3324072	433127	1335145	1555800
津市市	Jinshi	2089290	273767	916315	899208
沅江市	Yuanjiang	3000522	750416	1199419	1050687
资兴市	Zixing	3867335	401176	2083647	1382512
祁阳市	Qiyang	4014362	649799	1268104	2096459
洪江市	Hongjiang	1815241	348858	667379	799004
冷水江市	Lengshuijiang	2647920	130915	1142366	1374639
涟源市	Lianyuan	3487455	571845	1219205	1696405
吉首市	Jishou	2291119	109561	857378	1324180
广东省	**Guangdong**				
乐昌市	Lechang	1378436	316630	285182	776625

3-3 续表 6 continued

单位：万元 (10 000 yuan)

城市	City	地区生产总值 Gross Regional Product	第一产业增加值 Value-added of the Primary Industry	第二产业增加值 Value-added of the Secondary Industry	第三产业增加值 Value-added of the Tertiary Industry
南雄市	Nanxiong	1322505	374894	292287	655324
台山市	Taishan	5165007	1133519	2038593	1992895
开平市	Kaiping	4560682	565047	2175696	1819939
鹤山市	Heshan	4585071	364562	2405322	1815186
恩平市	Enping	2176773	366803	620260	1189710
廉江市	Lianjiang	5331386	1388222	1803282	2139882
雷州市	Leizhou	3672783	1536384	443084	1693315
吴川市	Wuchuan	2981980	378735	965736	1637509
高州市	Gaozhou	7256827	1851654	1844408	3560765
化州市	Huazhou	6515728	1522941	1727283	3265504
信宜市	Xinyi	5538907	1580433	995834	2962640
四会市	Sihui	4836592	727076	1991016	2118500
兴宁市	Xingning	2009940	535295	370981	1103664
陆丰市	Lufeng	4122420	830396	1452616	1839408
阳春市	Yangchun	3576224	665536	1073032	1837656
英德市	Yingde	4051937	876081	1571591	1604265
连州市	Lianzhou	1803905	513800	461450	828655
普宁市	Puning	6294992	479095	1989634	3826263
罗定市	Luoding	3191911	681104	837952	1672855
广西壮族自治区	**Guangxi**				
横州市	Hengzhou	3302909	975499	765234	1562176
荔浦市	Lipu	1700914	371448	472515	856951
岑溪市	Cenxi	2594211	513030	1056937	1024244
东兴市	Dongxing	794336	228809	102615	462912
桂平市	Guiping	3706768	961757	677820	2067191
北流市	Beiliu	4164160	755960	1373233	2034967
靖西市	Jingxi	1847716	248748	984254	614714
平果市	Pingguo	3141050	261821	2000271	878958
合山市	Heshan	476071	72405	182214	221452
凭祥市	Pingxiang	995662	71217	412864	511581
海南省	**Hainan**				
五指山市	Wuzhishan	388102	83659	65495	238948
琼海市	Qionghai	3569448	1257238	465609	1846601
文昌市	Wenchang	3439856	1243571	781855	1414430
万宁市	Wanning	2987500	954200	749200	1284100
东方市	Dongfang	2313401	652630	849779	810992
四川省	**Sichuan**				
都江堰市	Dujiangyan	4836648	378393	1492234	2966021
彭州市	Pengzhou	6389173	673595	3589346	2126232
邛崃市	Qionglai	4006312	536830	1650585	1818897
崇州市	Chongzhou	4617951	420146	2337544	1860261
简阳市	Jianyang	6729895	831452	1552345	4346098
广汉市	Guanghan	5054544	451601	2570072	2032871
什邡市	Shifang	4336698	410689	2189771	1736238
绵竹市	Mianzhu	4063857	380088	2151556	1532213
江油市	Jiangyou	6013066	620701	2805520	2586845

3-3 续表 7 continued

单位：万元 (10 000 yuan)

城市	City	地区生产总值 Gross Regional Product	第一产业增加值 Value-added of the Primary Industry	第二产业增加值 Value-added of the Secondary Industry	第三产业增加值 Value-added of the Tertiary Industry
射洪市	Shehong	5400615	832753	2975127	1592735
隆昌市	Longchang	3348723	508336	1107297	1733090
峨眉山市	Emeishan	3741297	351404	1109582	2280311
阆中市	Langzhong	2887789	638548	927609	1321632
华蓥市	Huaying	1833872	164984	836427	832461
万源市	Wanyuan	1516281	421509	350266	744506
马尔康市	Maerkang	656573	47269	215753	393551
康定市	Kangding	1195620	63411	492351	639858
西昌市	Xichang	6721389	614583	2964981	3141825
会理市	Huili	2268979	706511	725283	837185
贵州省	**Guizhou**				
清镇市	Qingzhen	3013910	378006	1080103	1555801
盘州市	Panzhou	6608400	784236	3456706	2367458
赤水市	Chishui	1193735	239498	431352	522885
仁怀市	Renhuai	17066990	390753	12595233	4081004
黔西市	Qianxi	2470900	525300	742300	1203300
兴义市	Xingyi	5465400	536600	1829000	3099800
兴仁市	Xingren	2098500	379000	818900	900600
凯里市	Kaili	3035481	219205	583733	2232543
都匀市	Duyun	2409260	255257	358182	1795820
福泉市	Fuquan	2381382	226368	1285272	869743
云南省	**Yunnan**				
安宁市	Anning	6618941	215314	4076879	2326748
宣威市	Xuanwei	5140529	937631	1786895	2416003
澄江市	Chengjiang	1621783	150662	320026	1151095
腾冲市	Tengchong	3479687	656370	1512886	1310431
水富市	Shuifu	1000420	39959	699387	261074
楚雄市	Chuxiong	6101140	493289	3286007	2321844
禄丰市	Lufeng	2682321	563371	1110024	1008926
个旧市	Gejiu	4278897	241983	2316040	1720874
开远市	Kaiyuan	3202301	304528	1289906	1607867
蒙自市	Mengzi	4748086	406937	2148957	2192192
弥勒市	Mile	5247434	495023	2739299	2013112
文山市	Wenshan	3859002	267511	1854136	1737355
景洪市	Jinghong	3738931	613401	1053676	2071854
大理市	Dali	5357077	288733	1630388	3437956
瑞丽市	Ruili	1531805	164351	184774	1182680
芒市	Mangshi	1900176	392450	394332	1113394
泸水市	Lushui	946379	132870	349680	463829
香格里拉市	Shangri-la	1845689	76604	720328	1048757
陕西省	**Shaanxi**				
兴平市	Xingping	3023413	364313	1467000	1192100
彬州市	Binzhou	3262600	248000	2361100	653500
韩城市	Hancheng	4009440	285100	2861540	862800
华阴市	Huayin	793400	125100	115500	552800
子长市	Zichang	1658428	113612	1092901	451915
神木市	Shenmu	22314672	280196	18417700	3616776
旬阳市	Xunyang	2205309	245287	1189379	770643

3-3 续表 8 continued

单位：万元 (10 000 yuan)

城市	City	地区生产总值 Gross Regional Product	第一产业增加值 Value-added of the Primary Industry	第二产业增加值 Value-added of the Secondary Industry	第三产业增加值 Value-added of the Tertiary Industry
甘肃省	**Gansu**				
华亭市	Huating	1014616	87742	672952	253922
玉门市	Yumen	2450735	260549	1818700	371485
敦煌市	Dunhuang	876918	125106	196414	555398
临夏市	Linxia	1126898	15297	202843	908758
合作市	Hezuo	690900	31696	107447	551757
青海省	**Qinghai**				
同仁市	Tongren	410321	68862	64561	276898
玉树市	Yushu	196118	84965	19718	91434
格尔木市	Golmud	4464545	78692	3276342	1109511
德令哈市	Delingha	1090302	92676	560566	437060
茫崖市	Mangya	1088800	1900	970600	116300
宁夏回族自治区	**Ningxia**				
灵武市	Lingwu	7755810	208602	6661451	885757
青铜峡市	Qingtongxia	1798714	339842	975601	483271
新疆维吾尔自治区	**Xinjiang**				
昌吉市	Changji	5376139	538379	2023487	2814273
阜康市	Fukang	3646964	451199	2489148	706617
博乐市	Bole	2168030	492020	673583	1002427
阿拉山口市	Alashankou	1148177		458341	689836
库尔勒市	Korla	9816222	499364	7238160	2078698
阿克苏市	Akesu	3237233	388786	945700	1902747
库车市	Kuche	3796963	377572	2293018	1126373
阿图什市	Artux	855616	123443	224808	507365
喀什市	Kashi	2767554	125638	695584	1946332
和田市	Hetian	1360184	51902	239501	1068781
伊宁市	Yining	3502388	119754	1168942	2213692
奎屯市	Kuitun	2543896	110643	1478431	954822
霍尔果斯市	Horgos	2083528	132481	208552	1742495
塔城市	Tacheng	1300500	404500	171500	724500
乌苏市	Wusu	2477100	1064000	714100	699000
沙湾市	Shawan	2454338	1331047	319075	804216
阿勒泰市	Aletai	1118460	146874	186479	785107
石河子市	Shihezi	4762798	118559	2977251	1666988
阿拉尔市	Alar	3809065	1667673	778765	1362627
图木舒克市	Tumushuke	2301649	730546	578274	992829
五家渠市	Wujiaqu	2574880	111047	1890163	573670
北屯市	Beitun	531696	81910	158957	290829
铁门关市	Tiemenguan	1189654	385258	292449	511947
双河市	Shuanghe	694411	184414	121145	388852
可克达拉市	Cocodala	1015637	209908	426370	379359
昆玉市	Kunyu	383740	177625	68658	137457
胡杨河市	Huyanghe	766368	252847	267370	246151
新星市	Xinxing	337474	96406	75111	165957

3–4 公共财政收支
Public Finance Income and Expenditure

单位：万元 (10 000 yuan)

城市	City	一般公共预算收入 General public budget revenue	一般公共预算支出 General public budget Expenditure
河北省	**Hebei**		
辛集市	Xinji	281568	610687
晋州市	Jinzhou	135582	402850
新乐市	Xinle	132790	361934
遵化市	Zunhua	185818	484711
迁安市	Qian'an	666342	924738
滦州市	Luanzhou	260001	435471
武安市	Wu'an	478163	664414
南宫市	Nangong	62431	256243
沙河市	Shahe	134362	317589
涿州市	Zhuozhou	342115	478686
定州市	Dingzhou	309391	779608
安国市	Anguo	85060	256076
高碑店市	Gaobeidian	172301	403093
平泉市	Pingquan	69431	357210
泊头市	Botou	116243	392711
任丘市	Renqiu	442529	545812
黄骅市	Huanghua	689293	857202
河间市	Hejian	159552	472742
霸州市	Bazhou	290281	544335
三河市	Sanhe	547459	856081
深州市	Shenzhou	128424	376130
山西省	**Shanxi**		
古交市	Gujiao	283449	366616
高平市	Gaoping	568970	638318
怀仁市	Huairen	241353	359954
介休市	Jiexiu	344366	506350
永济市	Yongji	40153	312252
河津市	Hejin	212724	443627
原平市	Yuanping	138870	370631
侯马市	Houma	55606	196128
霍州市	Huozhou	61070	210847
孝义市	Xiaoyi	447690	545741
汾阳市	Fenyang	273219	476968
内蒙古自治区	**Inner Mongolia**		
霍林郭勒市	Huolinguole	164059	245159
满洲里市	Manzhouli	56560	392686
牙克石市	Yakeshi	32612	276357
扎兰屯市	Zhalantun	51932	402076
额尔古纳市	Eerguna	16464	186812
根河市	Genhe	7532	146006
丰镇市	Fengzhen	55643	299062
乌兰浩特市	Wulanhaote	100388	351176
阿尔山市	Aershan	9585	177639
二连浩特市	Erlianhaote	23870	230103
锡林浩特市	Xilinhaote	332552	489534
辽宁省	**Liaoning**		
新民市	Xinmin	155990	488214
瓦房店市	Wafangdian	590558	943318
庄河市	Zhuanghe	615424	745820
海城市	Haicheng	300548	689739
东港市	Donggang	173813	498900
凤城市	Fengcheng	116246	377377
凌海市	Linghai	124880	386276
北镇市	Beizhen	74300	322583
盖州市	Gaizhou	84633	435497
大石桥市	Dashiqiao	203404	415000
灯塔市	Dengta	114609	277771
调兵山市	Diaobingshan	88644	153711
开原市	Kaiyuan	50508	262844
北票市	Beipiao	101671	499998
凌源市	Lingyuan	112600	399000
兴城市	Xingcheng	100658	416487
吉林省	**Jilin**		
榆树市	Yushu	115688	785405
德惠市	Dehui	82210	631848
公主岭市	Gongzhuling	176748	737199
蛟河市	Jiaohe	34894	355607
桦甸市	Huadian	57205	400059
舒兰市	Shulan	71721	456455
磐石市	Panshi	71869	476535
双辽市	Shuangliao	43552	442042
梅河口市	Meihekou	275233	743398
集安市	Ji'an	23967	310328
临江市	Linjiang	21223	187961
扶余市	Fuyu	109037	504226
洮南市	Taonan	38801	423679
大安市	Daan	107445	518420
延吉市	Yanji	175466	561192
图们市	Tumen	15791	184110
敦化市	Dunhua	70241	530740
珲春市	Hunchun	68544	373772
龙井市	Longjing	24046	230358
和龙市	Helong	22936	285720
黑龙江省	**Heilongjiang**		
尚志市	Shangzhi	32994	438988
五常市	Wuchang	80008	620750
讷河市	Nehe	86255	658930
虎林市	Hulin	42864	348823
密山市	Mishan	46328	505381
铁力市	Tieli	38604	395998
同江市	Tongjiang	42221	343139
富锦市	Fujin	107081	582442
抚远市	Fuyuan	32792	276894
绥芬河市	Suifenhe	53689	235321
海林市	Hailin	43859	290820
宁安市	Ning'an	56635	332325
穆棱市	Muling	57534	318500
东宁市	Dongning	28105	284666
北安市	Bei'an	63627	493748
五大连池市	Wudalianchi	40046	464373
嫩江市	Nenjiang	107927	618411
安达市	Anda	62162	310212
肇东市	Zhaodong	72328	505409
海伦市	Hailun	42958	591003
漠河市	Mohe	46388	153281

3-4 续表 1 continued

单位：万元 (10 000 yuan)

城 市	City	一般公共预算收入 General public budget revenue	一般公共预算支出 General public budget Expenditure	城 市	City	一般公共预算收入 General public budget revenue	一般公共预算支出 General public budget Expenditure
江苏省	**Jiangsu**			**福建省**	**Fujian**		
江阴市	Jiangyin	2268272	2445949	福清市	Fuqing	1172052	1403672
宜兴市	Yixing	1317220	1888832	永安市	Yong'an	200771	353567
新沂市	Xinyi	460698	1060042	石狮市	Shishi	436207	618421
邳州市	Pizhou	432799	1252970	晋江市	Jinjiang	1508800	1761128
溧阳市	Liyang	810916	1276760	南安市	Nan'an	682192	970370
常熟市	Changshu	2200023	2878378	邵武市	Shaowu	130038	355600
张家港市	Zhangjiagang	2190735	2301534	武夷山市	Wuyishan	96986	323971
昆山市	Kunshan	4301800	3789943	建瓯市	Jian'ou	112039	361361
太仓市	Taicang	1778188	1789233	漳平市	Zhangping	105902	264443
启东市	Qidong	671570	1262612	福安市	Fu'an	395648	581509
如皋市	Rugao	735044	1359708	福鼎市	Fuding	238985	466392
海安市	Haian	660203	1404585	**江西省**	**Jiangxi**		
东台市	Dongtai	606007	1398148	乐平市	Leping	332868	743111
仪征市	Yizheng	466517	720619	瑞昌市	Ruichang	262581	475068
高邮市	Gaoyou	400919	947609	共青城市	Gongqingcheng	225712	352594
丹阳市	Danyang	719302	1120558	庐山市	Lushan	161717	354060
扬中市	Yangzhong	361516	612198	贵溪市	Guixi	519209	791121
句容市	Jurong	398162	799999	瑞金市	Ruijin	161444	570598
兴化市	Xinghua	480194	1290611	龙南市	Longnan	172020	419675
靖江市	Jingjiang	679943	1034379	井冈山市	Jinggangshan	87504	284824
泰兴市	Taixing	900135	1281357	丰城市	Fengcheng	506782	1113688
浙江省	**Zhejiang**			樟树市	Zhangshu	376312	755442
建德市	Jiande	520165	785547	高安市	Gaoan	342417	685430
余姚市	Yuyao	1207431	1489567	德兴市	Dexing	256038	537068
慈溪市	Cixi	2047306	2508550	**山东省**	**Shandong**		
瑞安市	Rui'an	660057	1381805	胶州市	Jiaozhou	1129809	1395272
乐清市	Yueqing	834679	1310793	平度市	Pingdu	612927	1130679
龙港市	Longgang	229129	380072	莱西市	Laixi	576992	894353
海宁市	Haining	950769	1223033	滕州市	Tengzhou	635912	1042292
平湖市	Pinghu	807227	1202117	龙口市	Longkou	1137563	1147551
桐乡市	Tongxiang	1058401	1332611	莱阳市	Laiyang	243624	402849
诸暨市	Zhuji	902800	1233600	莱州市	Laizhou	424884	577530
嵊州市	Shengzhou	472840	1041889	招远市	Zhaoyuan	473712	665857
兰溪市	Lanxi	344951	802597	栖霞市	Qixia	133216	398916
义乌市	Yiwu	1328995	1596897	海阳市	Haiyang	300120	456963
东阳市	Dongyang	816147	1153382	青州市	Qingzhou	510709	588163
永康市	Yongkang	668606	917191	诸城市	Zhucheng	605694	791828
江山市	Jiangshan	289696	880130	寿光市	Shouguang	982764	1275802
温岭市	Wenling	813380	1187032	安丘市	Anqiu	302500	517669
临海市	Linhai	621134	1225979	高密市	Gaomi	545001	582120
玉环市	Yuhuan	503800	789933	昌邑市	Changyi	371645	463730
龙泉市	Longquan	115400	580000	曲阜市	Qufu	229288	452813
安徽省	**Anhui**			邹城市	Zoucheng	856959	847863
巢湖市	Chaohu	261875	680664	新泰市	Xintai	354368	654789
无为市	Wuwei	307749	708428	肥城市	Feicheng	469097	692297
桐城市	Tongcheng	222780	608989	荣成市	Rongcheng	545175	1259687
潜山市	Qianshan	110808	533628	乳山市	Rushan	217561	374212
天长市	Tianchang	467416	736695	乐陵市	Laoling	148692	403505
明光市	Mingguang	223923	515603	禹城市	Yucheng	231601	434853
界首市	Jieshou	203222	475926	临清市	Linqing	200041	484418
宁国市	Ningguo	372265	545503	邹平市	Zouping	790854	1040405
广德市	Guangde	359172	613281				

3-4 续表 2 continued

单位：万元 (10 000 yuan)

城市	City	一般公共预算收入 General public budget revenue	一般公共预算支出 General public budget Expenditure	城市	City	一般公共预算收入 General public budget revenue	一般公共预算支出 General public budget Expenditure
河南省	**Henan**			醴陵市	Liling	308873	848381
巩义市	Gongyi	529006	940208	湘乡市	Xiangxiang	160000	541944
荥阳市	Xingyang	502218	680702	韶山市	Shaoshan	70800	165846
新密市	Xinmi	382500	564243	耒阳市	Leiyang	172787	672896
新郑市	Xinzheng	709625	934313	常宁市	Changning	146800	607200
登封市	Dengfeng	292999	527406	武冈市	Wugang	106603	575020
舞钢市	Wugang	175310	281531	邵东市	Shaodong	233689	793596
汝州市	Ruzhou	387566	625060	汨罗市	Miluo	167499	605206
林州市	Linzhou	435422	680746	临湘市	Linxiang	95742	441613
卫辉市	Weihui	143666	472613	津市市	Jinshi	63348	141207
辉县市	Huixian	304212	607925	沅江市	Yuanjiang	137099	550515
长垣市	Changyuan	502411	767683	资兴市	Zixing	220151	429592
沁阳市	Qinyang	190918	305771	祁阳市	Qiyang	187174	654091
孟州市	Mengzhou	175135	271533	洪江市	Hongjiang	107686	448992
禹州市	Yuzhou	305066	586720	冷水江市	Lengshuijiang	92029	319456
长葛市	Changge	389070	534821	涟源市	Lianyuan	95505	670294
义马市	Yima	200241	232423	吉首市	Jishou	134116	395637
灵宝市	Lingbao	226105	502587	**广东省**	**Guangdong**		
邓州市	Dengzhou	229015	855367	乐昌市	Lechang	84924	397948
永城市	Yongcheng	538699	908652	南雄市	Nanxiong	75023	416224
项城市	Xiangcheng	188843	484226	台山市	Taishan	355166	834627
济源市	Jiyuan	668416	842164	开平市	Kaiping	307742	566454
湖北省	**Hubei**			鹤山市	Heshan	357292	489526
大冶市	Daye	574025	808698	恩平市	Enping	134418	410785
丹江口市	Danjiangkou	158686	544629	廉江市	Lianjiang	169956	836460
宜都市	Yidu	225161	482084	雷州市	Leizhou	88140	721195
当阳市	Dangyang	145777	438502	吴川市	Wuchuan	88739	526433
枝江市	Zhijiang	210100	494564	高州市	Gaozhou	173744	909258
老河口市	Laohekou	129506	467909	化州市	Huazhou	152410	830672
枣阳市	Zaoyang	230477	704478	信宜市	Xinyi	127238	808506
宜城市	Yicheng	129210	498688	四会市	Sihui	184301	426113
钟祥市	Zhongxiang	187785	699841	兴宁市	Xingning	95618	709259
京山市	Jingshan	157783	554252	陆丰市	Lufeng	114400	943778
应城市	Yingcheng	167773	482031	阳春市	Yangchun	168865	737612
安陆市	Anlu	121209	435209	英德市	Yingde	291590	830408
汉川市	Hanchuan	276669	724731	连州市	Lianzhou	62450	375962
石首市	Shishou	77535	425045	普宁市	Puning	217798	1056892
洪湖市	Honghu	113633	556003	罗定市	Luoding	135479	699692
松滋市	Songzi	181054	480513	**广西壮族自治区**	**Guangxi**		
监利市	Jianli	107329	660651	横州市	Hengzhou	68115	546115
麻城市	Macheng	207458	713744	荔浦市	Lipu	43700	252200
武穴市	Wuxue	181100	486652	岑溪市	Cenxi	78344	405481
赤壁市	Chibi	207542	551925	东兴市	Dongxing	21771	253046
广水市	Guangshui	151658	532306	桂平市	Guiping	133255	788627
恩施市	Enshi	183684	630720	北流市	Beiliu	197966	577750
利川市	Lichuan	117162	638759	靖西市	Jingxi	143872	624013
仙桃市	Xiantao	345091	1014168	平果市	Pingguo	219998	419989
潜江市	Qianjiang	273227	805687	合山市	Heshan	21076	134200
天门市	Tianmen	218157	734007	凭祥市	Pingxiang	36974	209379
湖南省	**Hunan**			**海南省**	**Hainan**		
浏阳市	Liuyang	1011444	1740502	五指山市	Wuzhishan	20898	269356
宁乡市	Ningxiang	788666	1305019	琼海市	Qionghai	100346	546429

3-4 续表 3 continued

单位：万元 (10 000 yuan)

城 市	City	一般公共预算收入 General public budget revenue	一般公共预算支出 General public budget Expenditure
文昌市	Wenchang	158999	690093
万宁市	Wanning	127700	602659
东方市	Dongfang	95257	493406
四川省	**Sichuan**		
都江堰市	Dujiangyan	314930	522997
彭州市	Pengzhou	413179	661139
邛崃市	Qionglai	310940	666326
崇州市	Chongzhou	290574	523653
简阳市	Jianyang	343337	1257401
广汉市	Guanghan	283878	438369
什邡市	Shifang	249359	407715
绵竹市	Mianzhu	290919	411279
江油市	Jiangyou	300479	535329
射洪市	Shehong	300038	621053
隆昌市	Longchang	109676	375198
峨眉山市	Emeishan	220528	321838
阆中市	Langzhong	105026	483460
华蓥市	Huaying	112407	287447
万源市	Wanyuan	67901	415014
马尔康市	Maerkang	28000	188693
康定市	Kangding	74196	273540
西昌市	Xichang	573792	771326
会理市	Huili	130361	311321
贵州省	**Guizhou**		
清镇市	Qingzhen	153282	432920
盘州市	Panzhou	439492	1138922
赤水市	Chishui	37351	290177
仁怀市	Renhuai	992368	1132192
黔西市	Qianxi	117840	518538
兴义市	Xingyi	377588	777144
兴仁市	Xingren	129193	554896
凯里市	Kaili	175800	476216
都匀市	Duyun	163306	414221
福泉市	Fuquan	147214	340511
云南省	**Yunnan**		
安宁市	Anning	510384	585463
宣威市	Xuanwei	138248	824981
澄江市	Chengjiang	52581	220098
腾冲市	Tengchong	124375	565594
水富市	Shuifu	39025	193467
楚雄市	Chuxiong	334593	553300
禄丰市	Lufeng	58931	295889
个旧市	Gejiu	127106	342669
开远市	Kaiyuan	134833	347957
蒙自市	Mengzi	103625	334930
弥勒市	Mile	182309	383706
文山市	Wenshan	236067	500877
景洪市	Jinghong	96998	467542
大理市	Dali	192793	465809
瑞丽市	Ruili	52822	386267
芒市	Mangshi	94191	320361
泸水市	Lushui	29489	376047
香格里拉市	Shangri-la	97323	437029
陕西省	**Shaanxi**		
兴平市	Xingping	52639	380000
彬州市	Binzhou	211322	370227
韩城市	Hancheng	336122	648671
华阴市	Huayin	25543	220231
子长市	Zichang	171093	356467
神木市	Shenmu	2370297	2213720
旬阳市	Xunyang	32982	442189
甘肃省	**Gansu**		
华亭市	Huating	76016	214291
玉门市	Yumen	47343	249358
敦煌市	Dunhuang	42774	225675
临夏市	Linxia	67196	308746
合作市	Hezuo	28410	228530
青海省	**Qinghai**		
同仁市	Tongren	12540	240446
玉树市	Yushu	10810	282950
格尔木市	Golmud	243670	514092
德令哈市	Delingha	39950	208533
茫崖市	Mangya	53590	102037
宁夏回族自治区	**Ningxia**		
灵武市	Lingwu	456069	689059
青铜峡市	Qingtongxia	78404	378755
新疆维吾尔自治区	**Xinjiang**		
昌吉市	Changji	404633	637259
阜康市	Fukang	197773	426916
博乐市	Bole	168618	477829
阿拉山口市	Alashankou	103091	242625
库尔勒市	Korla	251300	674398
阿克苏市	Akesu	287136	691637
库车市	Kuche	460630	738639
阿图什市	Artux	53100	460000
喀什市	Kashi	205097	950021
和田市	Hetian	126500	625900
伊宁市	Yining	243195	761261
奎屯市	Kuitun	164114	354830
霍尔果斯市	Horgos	440044	767087
塔城市	Tacheng	44100	327800
乌苏市	Wusu	107640	354452
沙湾市	Shawan	91855	308003
阿勒泰市	Aletai	52030	332664
石河子市	Shihezi	696824	905433
阿拉尔市	Alar	181690	1202512
图木舒克市	Tumushuke	107043	1106755
五家渠市	Wujiaqu	301164	991117
北屯市	Beitun	41574	423574
铁门关市	Tiemenguan	58814	682958
双河市	Shuanghe	41108	451212
可克达拉市	Cocodala	100289	967428
昆玉市	Kunyu	25021	381423
胡杨河市	Huyanghe	9085	42839
新星市	Xinxing	8183	286375

3−5 年末金融机构存贷款余额
Deposits and Loans of National Banking System at Year-end

单位：万元 (10 000 yuan)

城 市	City	住户储蓄存款余额 household saving deposits	年末金融机构各项贷款余额 Loans of National Banking System at Year-end
河北省	**Hebei**		
辛集市	Xinji	5896372	3614230
晋州市	Jinzhou	4340596	2010769
新乐市	Xinle	3005291	1535703
遵化市	Zunhua	6664833	3794399
迁安市	Qian'an	9846030	8482802
滦州市	Luanzhou	4314808	2488512
武安市	Wu'an	8127433	8602566
南宫市	Nangong	3001253	1952919
沙河市	Shahe	3802010	3060138
涿州市	Zhuozhou	6260300	6160697
定州市	Dingzhou	7789239	4283651
安国市	Anguo	3081215	1850916
高碑店市	Gaobeidian	5990104	7612065
平泉市	Pingquan	3318390	2659461
泊头市	Botou	4802779	2186019
任丘市	Renqiu	8156745	4190414
黄骅市	Huanghua	5897417	9011130
河间市	Hejian	5786872	2650517
霸州市	Bazhou	7675466	6355913
三河市	Sanhe	9609227	17600400
深州市	Shenzhou	3199548	2204882
山西省	**Shanxi**		
古交市	Gujiao	2261525	1019712
高平市	Gaoping	3409800	2225168
怀仁市	Huairen	3625767	1552490
介休市	Jiexiu	4219063	3450607
永济市	Yongji	2166921	1028335
河津市	Hejin	2520960	1607245
原平市	Yuanping	3706807	1630606
侯马市	Houma	2434702	1542590
霍州市	Huozhou	2026794	1405050
孝义市	Xiaoyi	5366989	2738760
汾阳市	Fenyang	3185318	1815160
内蒙古自治区	**Inner Mongolia**		
霍林郭勒市	Huolinguole	1144075	1245162
满洲里市	Manzhouli	1592890	1079515
牙克石市	Yakeshi	2426000	927279
扎兰屯市	Zhalantun	1877693	1435261
额尔古纳市	Eerguna	554401	297557
根河市	Genhe	889950	310343
丰镇市	Fengzhen	1410000	766115
乌兰浩特市	Wulanhaote	2963790	4288488
阿尔山市	Aershan	271083	369303
二连浩特市	Erlianhaote	803306	868929
锡林浩特市	Xilinhaote	3163994	5027874
辽宁省	**Liaoning**		
新民市	Xinmin	4006509	2853393
瓦房店市	Wafangdian	8889282	6967488
庄河市	Zhuanghe	7749186	3494268
海城市	Haicheng	11065114	5011230
东港市	Donggang	6897026	3352349
凤城市	Fengcheng	4664488	2175205
凌海市	Linghai	3180007	861483
北镇市	Beizhen	3772325	1099634
盖州市	Gaizhou	4053860	2511034
大石桥市	Dashiqiao	5744555	3854552
灯塔市	Dengta	3141471	1501267
调兵山市	Diaobingshan	2642476	1109380
开原市	Kaiyuan	3176508	1038027
北票市	Beipiao	3087828	1051263
凌源市	Lingyuan	4212300	1299800
兴城市	Xingcheng	4499261	3022604
吉林省	**Jilin**		
榆树市	Yushu	4337950	2817979
德惠市	Dehui	4333221	1727341
公主岭市	Gongzhuling	6259489	3976944
蛟河市	Jiaohe	2302596	947862
桦甸市	Huadian	2327489	1321071
舒兰市	Shulan	2711386	1539684
磐石市	Panshi	2096787	1693307
双辽市	Shuangliao	1898399	996435
梅河口市	Meihekou	4318301	2266272
集安市	Ji'an	1731715	1067185
临江市	Linjiang	1096911	546145
扶余市	Fuyu	2374875	1159916
洮南市	Taonan	1724212	1156956
大安市	Daan	1822562	1459453
延吉市	Yanji	8152631	5502961
图们市	Tumen	917209	458535
敦化市	Dunhua	3610128	2555837
珲春市	Hunchun	2195884	1945615
龙井市	Longjing	1242991	512842
和龙市	Helong	985912	778530
黑龙江省	**Heilongjiang**		
尚志市	Shangzhi	3079877	1296029
五常市	Wuchang	3824211	1733590
讷河市	Nehe	2278247	1516561
虎林市	Hulin	2460450	2779969
密山市	Mishan	2934668	1078221
铁力市	Tieli	2092710	378976
同江市	Tongjiang	781456	1224052
富锦市	Fujin	2020000	7439000
抚远市	Fuyuan	571382	487367
绥芬河市	Suifenhe	1550575	457717
海林市	Hailin	2179252	545265
宁安市	Ning'an	2217701	481340
穆棱市	Muling	1469846	399026
东宁市	Dongning	1922035	647672
北安市	Bei'an	2658751	1522324
五大连池市	Wudalianchi	1652542	459459
嫩江市	Nenjiang	2659914	1158500
安达市	Anda	2315849	1281490
肇东市	Zhaodong	3623314	1937628
海伦市	Hailun	2797000	1713000
漠河市	Mohe	498314	318665

3–5 续表 1 continued

单位：万元 (10 000 yuan)

城市	City	住户储蓄存款余额 household saving deposits	年末金融机构各项贷款余额 Loans of National Banking System at Year-end
江苏省	**Jiangsu**		
江阴市	Jiangyin	21348800	42045500
宜兴市	Yixing	18196600	25991400
新沂市	Xinyi	4459567	7317631
邳州市	Pizhou	6762286	9386676
溧阳市	Liyang	10736360	16123072
常熟市	Changshu	23250971	41107731
张家港市	Zhangjiagang	20771510	40865791
昆山市	Kunshan	24567771	58547820
太仓市	Taicang	10512215	25839402
启东市	Qidong	14496622	17011672
如皋市	Rugao	13834014	18131394
海安市	Haian	13103783	18649032
东台市	Dongtai	10027789	9922104
仪征市	Yizheng	5666401	7917134
高邮市	Gaoyou	6942094	8487880
丹阳市	Danyang	10931216	17022209
扬中市	Yangzhong	5090771	8787969
句容市	Jurong	6053093	15548251
兴化市	Xinghua	10180957	10849965
靖江市	Jingjiang	8984469	14878338
泰兴市	Taixing	8747991	14857394
浙江省	**Zhejiang**		
建德市	Jiande	4594700	8169500
余姚市	Yuyao	15250007	22185111
慈溪市	Cixi	22344662	36412497
瑞安市	Rui'an	17053474	21531485
乐清市	Yueqing	16689940	22482311
龙港市	Longgang	2304349	6983804
海宁市	Haining	12830137	25253397
平湖市	Pinghu	7138533	17053711
桐乡市	Tongxiang	11773283	25897614
诸暨市	Zhuji	14656500	22260200
嵊州市	Shengzhou	7573295	10781380
兰溪市	Lanxi	5179500	8722000
义乌市	Yiwu	25108414	44968588
东阳市	Dongyang	11653300	16530400
永康市	Yongkang	11138522	14999684
江山市	Jiangshan	5017102	6862125
温岭市	Wenling	17063309	26738894
临海市	Linhai	11145815	18390028
玉环市	Yuhuan	7315347	10347287
龙泉市	Longquan	2156198	2910000
安徽省	**Anhui**		
巢湖市	Chaohu	5719854	7327348
无为市	Wuwei	6005687	4895935
桐城市	Tongcheng	5595891	4375150
潜山市	Qianshan	3255864	2472365
天长市	Tianchang	4770667	6030408
明光市	Mingguang	2672197	3145467
界首市	Jieshou	3534980	4003797
宁国市	Ningguo	2870605	3858269
广德市	Guangde	3115393	4760934
福建省	**Fujian**		
福清市	Fuqing	15173107	14901334
永安市	Yong'an	2065565	2902542
石狮市	Shishi	6669414	8444053
晋江市	Jinjiang	15022206	20505641
南安市	Nan'an	10543109	12508553
邵武市	Shaowu	1956000	1934025
武夷山市	Wuyishan	1770849	2075204
建瓯市	Jian'ou	2669582	2031376
漳平市	Zhangping	1289022	1725861
福安市	Fu'an	2560624	4455841
福鼎市	Fuding	2861142	6308748
江西省	**Jiangxi**		
乐平市	Leping	4541896	3419098
瑞昌市	Ruichang	2245771	2609963
共青城市	Gongqingcheng	791272	1831212
庐山市	Lushan	1178225	1610415
贵溪市	Guixi	2930382	4553890
瑞金市	Ruijin	2986448	3820854
龙南市	Longnan	1659074	2383322
井冈山市	Jinggangshan	1086701	1467933
丰城市	Fengcheng	6289331	6096485
樟树市	Zhangshu	4151042	4418990
高安市	Gaoan	5545730	6004225
德兴市	Dexing	2186983	2236002
山东省	**Shandong**		
胶州市	Jiaozhou	8548000	13542000
平度市	Pingdu	8828000	8008000
莱西市	Laixi	5279490	7177669
滕州市	Tengzhou	8404798	7847552
龙口市	Longkou	8593785	10121336
莱阳市	Laiyang	5428248	3259134
莱州市	Laizhou	9162459	4228634
招远市	Zhaoyuan	5708813	4294191
栖霞市	Qixia	3680598	1662724
海阳市	Haiyang	5033652	3875934
青州市	Qingzhou	9337531	7734795
诸城市	Zhucheng	8412740	9082499
寿光市	Shouguang	10345993	12144570
安丘市	Anqiu	5742146	6143153
高密市	Gaomi	6527472	7553378
昌邑市	Changyi	5343363	4654337
曲阜市	Qufu	4155413	3264005
邹城市	Zoucheng	6723100	10697100
新泰市	Xintai	8439735	6255729
肥城市	Feicheng	7237105	4841428
荣成市	Rongcheng	8571926	9104022
乳山市	Rushan	4893113	3429553
乐陵市	Laoling	3113370	2637285
禹城市	Yucheng	3034612	3090181
临清市	Linqing	5144011	2797140
邹平市	Zouping	5377929	7918442

3-5 续表 2 continued

单位：万元 (10 000 yuan)

城市	City	住户储蓄存款余额 household saving deposits	年末金融机构各项贷款余额 Loans of National Banking System at Year-end
河南省	**Henan**		
巩义市	Gongyi	4894167	3816148
荥阳市	Xingyang	4004798	3915768
新密市	Xinmi	4978055	3700286
新郑市	Xinzheng	5670087	6662171
登封市	Dengfeng	3869452	3016727
舞钢市	Wugang	2142898	1851252
汝州市	Ruzhou	3880476	3328911
林州市	Linzhou	6877641	3837125
卫辉市	Weihui	2250352	1177021
辉县市	Huixian	4767488	3066626
长垣市	Changyuan	6767627	4392461
沁阳市	Qinyang	2373911	1955171
孟州市	Mengzhou	1787765	1501235
禹州市	Yuzhou	4911177	3577040
长葛市	Changge	3870708	3529632
义马市	Yima	1220983	986253
灵宝市	Lingbao	3675225	2280832
邓州市	Dengzhou	5454873	3530316
永城市	Yongcheng	6497500	4210000
项城市	Xiangcheng	4727395	1993638
济源市	Jiyuan	4901766	5676522
湖北省	**Hubei**		
大冶市	Daye	4240017	6166744
丹江口市	Danjiangkou	3313836	3172934
宜都市	Yidu	3200923	3437495
当阳市	Dangyang	3711750	3519020
枝江市	Zhijiang	3834922	3521129
老河口市	Laohekou	2859674	2705451
枣阳市	Zaoyang	6069237	4049773
宜城市	Yicheng	3296006	2934830
钟祥市	Zhongxiang	6946429	3676784
京山市	Jingshan	4303745	3025724
应城市	Yingcheng	3467496	2346406
安陆市	Anlu	3595400	2405600
汉川市	Hanchuan	4817886	3425893
石首市	Shishou	3316805	2189925
洪湖市	Honghu	3547835	2285455
松滋市	Songzi	4730502	2874942
监利市	Jianli	5193156	2862975
麻城市	Macheng	5548154	3918543
武穴市	Wuxue	4338000	3213000
赤壁市	Chibi	2830242	3050907
广水市	Guangshui	5017691	2561367
恩施市	Enshi	4252356	6860606
利川市	Lichuan	3073320	2742938
仙桃市	Xiantao	8935314	5823467
潜江市	Qianjiang	7341386	5086925
天门市	Tianmen	8244000	4348165
湖南省	**Hunan**		
浏阳市	Liuyang	8667511	10829355
宁乡市	Ningxiang	7278346	12368210
醴陵市	Liling	4472189	4074941
湘乡市	Xiangxiang	4280500	3620853
韶山市	Shaoshan	867100	1094600
耒阳市	Leiyang	4890802	3445315
常宁市	Changning	3441030	2613097
武冈市	Wugang	2985100	1885500
邵东市	Shaodong	5485438	4159337
汨罗市	Miluo	2795527	3240367
临湘市	Linxiang	2019380	1981201
津市市	Jinshi	1473540	1396743
沅江市	Yuanjiang	2887063	2453043
资兴市	Zixing	2233305	1610804
祁阳市	Qiyang	4546507	2936844
洪江市	Hongjiang	2174792	1362835
冷水江市	Lengshuijiang	2390680	2321784
涟源市	Lianyuan	3228856	2605897
吉首市	Jishou	2722550	4982676
广东省	**Guangdong**		
乐昌市	Lechang	2059997	1440723
南雄市	Nanxiong	1794816	1182311
台山市	Taishan	6607481	6829691
开平市	Kaiping	6344024	5731800
鹤山市	Heshan	4480666	5904473
恩平市	Enping	2958153	2271997
廉江市	Lianjiang	4599723	2963253
雷州市	Leizhou	3383917	2393961
吴川市	Wuchuan	3348127	1966554
高州市	Gaozhou	6075586	4177304
化州市	Huazhou	4379193	2920979
信宜市	Xinyi	4363807	3245759
四会市	Sihui	3491500	4918400
兴宁市	Xingning	3795971	2828415
陆丰市	Lufeng	1889437	1974541
阳春市	Yangchun	3825845	3189001
英德市	Yingde	4257803	3913064
连州市	Lianzhou	2157295	1366093
普宁市	Puning	8264266	3808428
罗定市	Luoding	3677219	2802391
广西壮族自治区	**Guangxi**		
横州市	Hengzhou	3550483	2787732
荔浦市	Lipu	1640000	2011000
岑溪市	Cenxi	2665515	2801956
东兴市	Dongxing	1447022	1259274
桂平市	Guiping	5165754	4359177
北流市	Beiliu	4539600	4740964
靖西市	Jingxi	1396802	1841229
平果市	Pingguo	1600465	2521206
合山市	Heshan	417650	387962
凭祥市	Pingxiang	906194	872518
海南省	**Hainan**		
五指山市	Wuzhishan	680300	673600
琼海市	Qionghai	3422191	3016432

3-5 续表 3 continued

单位：万元 (10 000 yuan)

城 市	City	住户储蓄存款余额 household saving deposits	年末金融机构各项贷款余额 Loans of National Banking System at Year-end
文昌市	Wenchang	3471373	2304940
万宁市	Wanning	2051300	2040400
东方市	Dongfang	1456002	1176724
四川省	**Sichuan**		
都江堰市	Dujiangyan	6410016	4211491
彭州市	Pengzhou	6667555	5998664
邛崃市	Qionglai	4744425	4066979
崇州市	Chongzhou	6011601	3303344
简阳市	Jianyang	7951341	6418364
广汉市	Guanghan	4728230	4952998
什邡市	Shifang	3359136	2550600
绵竹市	Mianzhu	3246520	2496180
江油市	Jiangyou	6112535	4544325
射洪市	Shehong	4860370	3516842
隆昌市	Longchang	3756062	2096208
峨眉山市	Emeishan	4036606	3385097
阆中市	Langzhong	4385958	2872209
华蓥市	Huaying	2085154	1330994
万源市	Wanyuan	2370535	1612377
马尔康市	Maerkang	488423	1474470
康定市	Kangding	970800	2569300
西昌市	Xichang	5536345	9927600
会理市	Huili	1913711	1133655
贵州省	**Guizhou**		
清镇市	Qingzhen	2291200	4382800
盘州市	Panzhou	3617700	6098700
赤水市	Chishui	1649865	2146459
仁怀市	Renhuai	3680703	6970111
黔西市	Qianxi	1923397	2953300
兴义市	Xingyi	4359338	9608877
兴仁市	Xingren	1214500	2589800
凯里市	Kaili	3385420	6823281
都匀市	Duyun	2800283	5526196
福泉市	Fuquan	1145777	2836284
云南省	**Yunnan**		
安宁市	Anning	3426641	5733180
宣威市	Xuanwei	3786301	2414801
澄江市	Chengjiang	1053373	1143117
腾冲市	Tengchong	2896838	3827729
水富市	Shuifu	580458	982746
楚雄市	Chuxiong	3506792	5932553
禄丰市	Lufeng	1587780	1587178
个旧市	Gejiu	2702161	2705412
开远市	Kaiyuan	1863514	1933670
蒙自市	Mengzi	2830094	6184519
弥勒市	Mile	2114049	2962192
文山市	Wenshan	2757776	4984152
景洪市	Jinghong	3355117	4465271
大理市	Dali	5948926	11199396
瑞丽市	Ruili	1916577	1764078
芒市	Mangshi	1811418	2557764
泸水市	Lushui	587358	1452828
香格里拉市	Shangri-la	1037093	2817297
陕西省	**Shaanxi**		
兴平市	Xingping	3063800	1238700
彬州市	Binzhou	1911853	1166967
韩城市	Hancheng	3324771	2472196
华阴市	Huayin	1273774	967955
子长市	Zichang	957962	780622
神木市	Shenmu	10873523	7065315
旬阳市	Xunyang	2191134	1266195
甘肃省	**Gansu**		
华亭市	Huating	1063288	770046
玉门市	Yumen	804356	1002822
敦煌市	Dunhuang	2156113	2089855
临夏市	Linxia	2590400	2496300
合作市	Hezuo	613501	974707
青海省	**Qinghai**		
同仁市	Tongren	383900	395600
玉树市	Yushu	258358	121480
格尔木市	Golmud	1758857	1868551
德令哈市	Delingha	668929	1417147
茫崖市	Mangya	189049	9605
宁夏回族自治区	**Ningxia**		
灵武市	Lingwu	1870065	2592215
青铜峡市	Qingtongxia	1371152	1528038
新疆维吾尔自治区	**Xinjiang**		
昌吉市	Changji	5427450	9308023
阜康市	Fukang	1414754	2220300
博乐市	Bole	1853009	2973764
阿拉山口市	Alashankou		99000
库尔勒市	Korla	7624465	7149771
阿克苏市	Akesu	6371200	7068300
库车市	Kuche	1620599	2501247
阿图什市	Artux	729300	943500
喀什市	Kashi	3386376	3749295
和田市	Hetian	1702200	1280900
伊宁市	Yining	4091935	9883456
奎屯市	Kuitun	3142300	4153570
霍尔果斯市	Horgos	145210	238254
塔城市	Tacheng	819100	1683600
乌苏市	Wusu	1877908	1845168
沙湾市	Shawan	1497081	1285181
阿勒泰市	Aletai	1455074	2177722
石河子市	Shihezi	5230901	3674899
阿拉尔市	Alar	2412940	3176614
图木舒克市	Tumushuke	1490757	2285874
五家渠市	Wujiaqu	1440574	1591532
北屯市	Beitun	1062779	951210
铁门关市	Tiemenguan		
双河市	Shuanghe	1054930	1073508
可克达拉市	Cocodala	2078270	1824734
昆玉市	Kunyu		
胡杨河市	Huyanghe		
新星市	Xinxing	920345	1674258

3-6 规模以上工业企业情况
Basic Conditions of Industrial enterprises above Designated Size

单位：个 (unit)

城　市	City	规模以上工业企业单位数（个） Number of Industrial Enterprises above Designated Size (unit)
河北省	**Hebei**	
辛集市	Xinji	275
晋州市	Jinzhou	212
新乐市	Xinle	138
遵化市	Zunhua	163
迁安市	Qian'an	164
滦州市	Luanzhou	92
武安市	Wu'an	172
南宫市	Nangong	69
沙河市	Shahe	110
涿州市	Zhuozhou	114
定州市	Dingzhou	222
安国市	Anguo	101
高碑店市	Gaobeidian	102
平泉市	Pingquan	57
泊头市	Botou	257
任丘市	Renqiu	449
黄骅市	Huanghua	307
河间市	Hejian	257
霸州市	Bazhou	291
三河市	Sanhe	166
深州市	Shenzhou	105
山西省	**Shanxi**	
古交市	Gujiao	56
高平市	Gaoping	118
怀仁市	Huairen	144
介休市	Jiexiu	165
永济市	Yongji	83
河津市	Hejin	133
原平市	Yuanping	68
侯马市	Houma	50
霍州市	Huozhou	27
孝义市	Xiaoyi	172
汾阳市	Fenyang	71
内蒙古自治区	**Inner Mongolia**	
霍林郭勒市	Huolinguole	44
满洲里市	Manzhouli	10
牙克石市	Yakeshi	8
扎兰屯市	Zhalantun	12
额尔古纳市	Eerguna	6
根河市	Genhe	5
丰镇市	Fengzhen	51
乌兰浩特市	Wulanhaote	40
阿尔山市	Aershan	2
二连浩特市	Erlianhaote	15
锡林浩特市	Xilinhaote	48
辽宁省	**Liaoning**	
新民市	Xinmin	120
瓦房店市	Wafangdian	259
庄河市	Zhuanghe	149
海城市	Haicheng	320
东港市	Donggang	139
凤城市	Fengcheng	95
凌海市	Linghai	51
北镇市	Beizhen	40
盖州市	Gaizhou	85
大石桥市	Dashiqiao	260
灯塔市	Dengta	58
调兵山市	Diaobingshan	38
开原市	Kaiyuan	46
北票市	Beipiao	66
凌源市	Lingyuan	52
兴城市	Xingcheng	58
吉林省	**Jilin**	
榆树市	Yushu	55
德惠市	Dehui	67
公主岭市	Gongzhuling	139
蛟河市	Jiaohe	31
桦甸市	Huadian	29
舒兰市	Shulan	53
磐石市	Panshi	52
双辽市	Shuangliao	28
梅河口市	Meihekou	91
集安市	Ji'an	29
临江市	Linjiang	25
扶余市	Fuyu	35
洮南市	Taonan	29
大安市	Daan	27
延吉市	Yanji	51
图们市	Tumen	21
敦化市	Dunhua	78
珲春市	Hunchun	71
龙井市	Longjing	19
和龙市	Helong	25
黑龙江省	**Heilongjiang**	
尚志市	Shangzhi	38
五常市	Wuchang	138
讷河市	Nehe	31
虎林市	Hulin	52
密山市	Mishan	56
铁力市	Tieli	20
同江市	Tongjiang	35
富锦市	Fujin	73
抚远市	Fuyuan	10
绥芬河市	Suifenhe	77
海林市	Hailin	41
宁安市	Ning'an	36
穆棱市	Muling	48
东宁市	Dongning	29
北安市	Bei'an	31
五大连池市	Wudalianchi	17
嫩江市	Nenjiang	22
安达市	Anda	68
肇东市	Zhaodong	42
海伦市	Hailun	37
漠河市	Mohe	8

3-6 续表 1 continued

单位：个 (unit)

城 市	City	规模以上工业企业单位数(个) Number of Industrial Enterprises above Designated Size (unit)	城 市	City	规模以上工业企业单位数(个) Number of Industrial Enterprises above Designated Size (unit)
江苏省	**Jiangsu**		**福建省**	**Fujian**	
江阴市	Jiangyin	2459	福清市	Fuqing	547
宜兴市	Yixing	1492	永安市	Yong'an	255
新沂市	Xinyi	401	石狮市	Shishi	584
邳州市	Pizhou	508	晋江市	Jinjiang	2390
溧阳市	Liyang	692	南安市	Nan'an	1229
常熟市	Changshu	1792	邵武市	Shaowu	152
张家港市	Zhangjiagang	1550	武夷山市	Wuyishan	69
昆山市	Kunshan	2659	建瓯市	Jian'ou	142
太仓市	Taicang	1226	漳平市	Zhangping	150
启东市	Qidong	719	福安市	Fu'an	260
如皋市	Rugao	966	福鼎市	Fuding	262
海安市	Haian	1176	**江西省**	**Jiangxi**	
东台市	Dongtai	661	乐平市	Leping	182
仪征市	Yizheng	590	瑞昌市	Ruichang	278
高邮市	Gaoyou	744	共青城市	Gongqingcheng	164
丹阳市	Danyang	912	庐山市	Lushan	105
扬中市	Yangzhong	485	贵溪市	Guixi	193
句容市	Jurong	304	瑞金市	Ruijin	109
兴化市	Xinghua	777	龙南市	Longnan	185
靖江市	Jingjiang	727	井冈山市	Jinggangshan	47
泰兴市	Taixing	792	丰城市	Fengcheng	350
浙江省	**Zhejiang**		樟树市	Zhangshu	365
建德市	Jiande	415	高安市	Gaoan	269
余姚市	Yuyao	1574	德兴市	Dexing	208
慈溪市	Cixi	2096	**山东省**	**Shandong**	
瑞安市	Rui'an	1496	胶州市	Jiaozhou	818
乐清市	Yueqing	1844	平度市	Pingdu	489
龙港市	Longgang	389	莱西市	Laixi	374
海宁市	Haining	1660	滕州市	Tengzhou	360
平湖市	Pinghu	873	龙口市	Longkou	284
桐乡市	Tongxiang	1316	莱阳市	Laiyang	239
诸暨市	Zhuji	1243	莱州市	Laizhou	260
嵊州市	Shengzhou	672	招远市	Zhaoyuan	143
兰溪市	Lanxi	587	栖霞市	Qixia	76
义乌市	Yiwu	823	海阳市	Haiyang	213
东阳市	Dongyang	623	青州市	Qingzhou	393
永康市	Yongkang	1136	诸城市	Zhucheng	469
江山市	Jiangshan	385	寿光市	Shouguang	444
温岭市	Wenling	1274	安丘市	Anqiu	353
临海市	Linhai	641	高密市	Gaomi	413
玉环市	Yuhuan	1061	昌邑市	Changyi	294
龙泉市	Longquan	152	曲阜市	Qufu	178
安徽省	**Anhui**		邹城市	Zoucheng	222
巢湖市	Chaohu	168	新泰市	Xintai	309
无为市	Wuwei	256	肥城市	Feicheng	257
桐城市	Tongcheng	406	荣成市	Rongcheng	298
潜山市	Qianshan	149	乳山市	Rushan	137
天长市	Tianchang	630	乐陵市	Laoling	116
明光市	Mingguang	173	禹城市	Yucheng	175
界首市	Jieshou	261	临清市	Linqing	225
宁国市	Ningguo	405	邹平市	Zouping	378
广德市	Guangde	468			

3-6 续表 2 continued

单位：个 (unit)

城市	City	规模以上工业企业单位数（个） Number of Industrial Enterprises above Designated Size (unit)
河南省	**Henan**	
巩义市	Gongyi	502
荥阳市	Xingyang	277
新密市	Xinmi	276
新郑市	Xinzheng	250
登封市	Dengfeng	224
舞钢市	Wugang	70
汝州市	Ruzhou	183
林州市	Linzhou	165
卫辉市	Weihui	84
辉县市	Huixian	192
长垣市	Changyuan	306
沁阳市	Qinyang	149
孟州市	Mengzhou	110
禹州市	Yuzhou	522
长葛市	Changge	570
义马市	Yima	42
灵宝市	Lingbao	88
邓州市	Dengzhou	165
永城市	Yongcheng	322
项城市	Xiangcheng	232
济源市	Jiyuan	246
湖北省	**Hubei**	
大冶市	Daye	481
丹江口市	Danjiangkou	211
宜都市	Yidu	269
当阳市	Dangyang	235
枝江市	Zhijiang	246
老河口市	Laohekou	249
枣阳市	Zaoyang	278
宜城市	Yicheng	194
钟祥市	Zhongxiang	233
京山市	Jingshan	289
应城市	Yingcheng	161
安陆市	Anlu	127
汉川市	Hanchuan	536
石首市	Shishou	148
洪湖市	Honghu	172
松滋市	Songzi	165
监利市	Jianli	187
麻城市	Macheng	333
武穴市	Wuxue	184
赤壁市	Chibi	241
广水市	Guangshui	202
恩施市	Enshi	122
利川市	Lichuan	64
仙桃市	Xiantao	507
潜江市	Qianjiang	280
天门市	Tianmen	367
湖南省	**Hunan**	
浏阳市	Liuyang	925
宁乡市	Ningxiang	587
醴陵市	Liling	629
湘乡市	Xiangxiang	320
韶山市	Shaoshan	88
耒阳市	Leiyang	155
常宁市	Changning	157
武冈市	Wugang	122
邵东市	Shaodong	740
汨罗市	Miluo	374
临湘市	Linxiang	192
津市市	Jinshi	155
沅江市	Yuanjiang	185
资兴市	Zixing	150
祁阳市	Qiyang	198
洪江市	Hongjiang	112
冷水江市	Lengshuijiang	93
涟源市	Lianyuan	182
吉首市	Jishou	109
广东省	**Guangdong**	
乐昌市	Lechang	73
南雄市	Nanxiong	74
台山市	Taishan	293
开平市	Kaiping	404
鹤山市	Heshan	589
恩平市	Enping	159
廉江市	Lianjiang	178
雷州市	Leizhou	61
吴川市	Wuchuan	129
高州市	Gaozhou	154
化州市	Huazhou	129
信宜市	Xinyi	52
四会市	Sihui	323
兴宁市	Xingning	81
陆丰市	Lufeng	84
阳春市	Yangchun	74
英德市	Yingde	205
连州市	Lianzhou	58
普宁市	Puning	344
罗定市	Luoding	81
广西壮族自治区	**Guangxi**	
横州市	Hengzhou	177
荔浦市	Lipu	81
岑溪市	Cenxi	197
东兴市	Dongxing	31
桂平市	Guiping	163
北流市	Beiliu	231
靖西市	Jingxi	44
平果市	Pingguo	101
合山市	Heshan	32
凭祥市	Pingxiang	64
海南省	**Hainan**	
五指山市	Wuzhishan	5
琼海市	Qionghai	13

3-6 续表 3 continued

单位：个 (unit)

城市	City	规模以上工业企业单位数（个）Number of Industrial Enterprises above Designated Size (unit)	城市	City	规模以上工业企业单位数（个）Number of Industrial Enterprises above Designated Size (unit)
文昌市	Wenchang	31	**陕西省**	**Shaanxi**	
万宁市	Wanning	58	兴平市	Xingping	153
东方市	Dongfang	22	彬州市	Binzhou	46
四川省	**Sichuan**		韩城市	Hancheng	88
都江堰市	Dujiangyan	135	华阴市	Huayin	20
彭州市	Pengzhou	234	子长市	Zichang	34
邛崃市	Qionglai	179	神木市	Shenmu	353
崇州市	Chongzhou	250	旬阳市	Xunyang	76
简阳市	Jianyang	130	**甘肃省**	**Gansu**	
广汉市	Guanghan	395	华亭市	Huating	16
什邡市	Shifang	243	玉门市	Yumen	76
绵竹市	Mianzhu	163	敦煌市	Dunhuang	28
江油市	Jiangyou	237	临夏市	Linxia	14
射洪市	Shehong	135	合作市	Hezuo	9
隆昌市	Longchang	137	**青海省**	**Qinghai**	
峨眉山市	Emeishan	87	同仁市	Tongren	3
阆中市	Langzhong	95	玉树市	Yushu	
华蓥市	Huaying	98	格尔木市	Golmud	73
万源市	Wanyuan	75	德令哈市	Delingha	45
马尔康市	Maerkang	5	茫崖市	Mangya	12
康定市	Kangding	19	**宁夏回族自治区**	**Ningxia**	
西昌市	Xichang	94	灵武市	Lingwu	148
会理市	Huili	48	青铜峡市	Qingtongxia	88
贵州省	**Guizhou**		**新疆维吾尔自治区**	**Xinjiang**	
清镇市	Qingzhen	134	昌吉市	Changji	157
盘州市	Panzhou	181	阜康市	Fukang	75
赤水市	Chishui	69	博乐市	Bole	56
仁怀市	Renhuai	127	阿拉山口市	Alashankou	38
黔西市	Qianxi	41	库尔勒市	Korla	89
兴义市	Xingyi	156	阿克苏市	Akesu	120
兴仁市	Xingren	68	库车市	Kuche	80
凯里市	Kaili	92	阿图什市	Artux	25
都匀市	Duyun	53	喀什市	Kashi	47
福泉市	Fuquan	105	和田市	Hetian	27
云南省	**Yunnan**		伊宁市	Yining	41
安宁市	Anning	123	奎屯市	Kuitun	38
宣威市	Xuanwei	105	霍尔果斯市	Horgos	22
澄江市	Chengjiang	28	塔城市	Tacheng	10
腾冲市	Tengchong	64	乌苏市	Wusu	38
水富市	Shuifu	19	沙湾市	Shawan	33
楚雄市	Chuxiong	83	阿勒泰市	Aletai	11
禄丰市	Lufeng	42	石河子市	Shihezi	113
个旧市	Gejiu	88	阿拉尔市	Alar	176
开远市	Kaiyuan	97	图木舒克市	Tumushuke	92
蒙自市	Mengzi	52	五家渠市	Wujiaqu	60
弥勒市	Mile	70	北屯市	Beitun	22
文山市	Wenshan	43	铁门关市	Tiemenguan	91
景洪市	Jinghong	73	双河市	Shuanghe	27
大理市	Dali	61	可克达拉市	Cocodala	28
瑞丽市	Ruili	28	昆玉市	Kunyu	13
芒市	Mangshi	43	胡杨河市	Huyanghe	57
泸水市	Lushui	15	新星市	Xinxing	47
香格里拉市	Shangri-la	17			

3-7 在校学生数
Number of Strdents Enrollment

单位:人 (person)

城 市	City	普通中学在校学生数 Total Enrollment of Regular Secondary Schools	普通小学在校学生数 Total Enrollment of Primary Schools
河北省	**Hebei**		
辛集市	Xinji	34114	45247
晋州市	Jinzhou	25787	37706
新乐市	Xinle	37611	45292
遵化市	Zunhua	52579	58657
迁安市	Qian'an	50253	73454
滦州市	Luanzhou	26796	41235
武安市	Wu'an	62850	91139
南宫市	Nangong	32984	45012
沙河市	Shahe	31586	52443
涿州市	Zhuozhou	32152	50753
定州市	Dingzhou	80992	88698
安国市	Anguo	26800	24956
高碑店市	Gaobeidian	32038	46171
平泉市	Pingquan	27005	25082
泊头市	Botou	44822	55705
任丘市	Renqiu	65036	106163
黄骅市	Huanghua	40902	59698
河间市	Hejian	70114	83732
霸州市	Bazhou	40118	74009
三河市	Sanhe	51082	82867
深州市	Shenzhou	25908	33751
山西省	**Shanxi**		
古交市	Gujiao	11387	13389
高平市	Gaoping	18673	23703
怀仁市	Huairen	45539	31402
介休市	Jiexiu	27191	35360
永济市	Yongji	14972	25214
河津市	Hejin	20992	28590
原平市	Yuanping	18793	22951
侯马市	Houma	8834	16126
霍州市	Huozhou	13061	20108
孝义市	Xiaoyi	31329	38126
汾阳市	Fenyang	22100	29900
内蒙古自治区	**Inner Mongolia**		
霍林郭勒市	Huolinguole	6602	9751
满洲里市	Manzhouli	6996	5919
牙克石市	Yakeshi	9095	6627
扎兰屯市	Zhalantun	13254	16224
额尔古纳市	Eerguna	2045	2370
根河市	Genhe	805	1315
丰镇市	Fengzhen	7728	9617
乌兰浩特市	Wulanhaote	22943	22078
阿尔山市	Aershan	492	873
二连浩特市	Erlianhaote	3297	4612
锡林浩特市	Xilinhaote	19675	21415
辽宁省	**Liaoning**		
新民市	Xinmin	21361	20100
瓦房店市	Wafangdian	29722	44902
庄河市	Zhuanghe	22613	27334
海城市	Haicheng	38703	49335
东港市	Donggang	20334	23258
凤城市	Fengcheng	18068	17484
凌海市	Linghai	13534	13423
北镇市	Beizhen	15722	15273
盖州市	Gaizhou	18063	26273
大石桥市	Dashiqiao	20620	27928
灯塔市	Dengta	7909	13004
调兵山市	Diaobingshan	7486	7116
开原市	Kaiyuan	17321	17484
北票市	Beipiao	18029	19139
凌源市	Lingyuan	31763	32269
兴城市	Xingcheng	20456	21928
吉林省	**Jilin**		
榆树市	Yushu	44798	35771
德惠市	Dehui	36697	32017
公主岭市	Gongzhuling	54867	45786
蛟河市	Jiaohe	14219	13577
桦甸市	Huadian	16893	16261
舒兰市	Shulan	20298	17027
磐石市	Panshi	17458	17750
双辽市	Shuangliao	14870	16899
梅河口市	Meihekou	22672	24812
集安市	Ji'an	5867	6592
临江市	Linjiang	4545	5664
扶余市	Fuyu	25578	20550
洮南市	Taonan	12694	14003
大安市	Daan	5905	9429
延吉市	Yanji	24981	32540
图们市	Tumen	1689	1948
敦化市	Dunhua	15971	16880
珲春市	Hunchun	8327	11463
龙井市	Longjing	2521	2908
和龙市	Helong	2890	3379
黑龙江省	**Heilongjiang**		
尚志市	Shangzhi	20128	17062
五常市	Wuchang	15946	23355
讷河市	Nehe	19298	15913
虎林市	Hulin	10059	9719
密山市	Mishan	17239	9548
铁力市	Tieli	6972	7574
同江市	Tongjiang	6808	8352
富锦市	Fujin	24587	16696
抚远市	Fuyuan	3775	4569
绥芬河市	Suifenhe	5662	5875
海林市	Hailin	10480	9366
宁安市	Ning'an	12656	11060
穆棱市	Muling	9054	7595
东宁市	Dongning	8020	8828
北安市	Bei'an	14420	9887
五大连池市	Wudalianchi	8497	7868
嫩江市	Nenjiang	16895	13398
安达市	Anda	15858	10276
肇东市	Zhaodong	35193	20540
海伦市	Hailun	25583	13094
漠河市	Mohe	1339	1558

3-7 续表 1 continued

单位:人 (person)

城市	City	普通中学在校学生数 Total Enrollment of Regular Secondary Schools	普通小学在校学生数 Total Enrollment of Primary Schools
江苏省	**Jiangsu**		
江阴市	Jiangyin	67909	109543
宜兴市	Yixing	45222	74574
新沂市	Xinyi	89813	93936
邳州市	Pizhou	145019	141328
溧阳市	Liyang	30444	43962
常熟市	Changshu	52875	94316
张家港市	Zhangjiagang	57075	100562
昆山市	Kunshan	84737	179345
太仓市	Taicang	28633	54444
启东市	Qidong	28744	40609
如皋市	Rugao	51249	70436
海安市	Haian	27136	38849
东台市	Dongtai	29637	37295
仪征市	Yizheng	19163	25364
高邮市	Gaoyou	23016	29650
丹阳市	Danyang	39552	56472
扬中市	Yangzhong	11268	17184
句容市	Jurong	20679	31111
兴化市	Xinghua	50316	58470
靖江市	Jingjiang	22574	31811
泰兴市	Taixing	39911	49351
浙江省	**Zhejiang**		
建德市	Jiande	17538	23765
余姚市	Yuyao	42606	75210
慈溪市	Cixi	54666	102748
瑞安市	Rui'an	58210	93406
乐清市	Yueqing	67137	112861
龙港市	Longgang	21951	37412
海宁市	Haining	30865	55500
平湖市	Pinghu	21970	36773
桐乡市	Tongxiang	31753	58365
诸暨市	Zhuji	68182	72512
嵊州市	Shengzhou	24513	32892
兰溪市	Lanxi	25397	30088
义乌市	Yiwu	65264	129345
东阳市	Dongyang	48565	78056
永康市	Yongkang	40365	71131
江山市	Jiangshan	24809	30038
温岭市	Wenling	55839	83228
临海市	Linhai	56372	68797
玉环市	Yuhuan	26228	43155
龙泉市	Longquan	11903	14776
安徽省	**Anhui**		
巢湖市	Chaohu	38084	40064
无为市	Wuwei	44032	45545
桐城市	Tongcheng	26740	30342
潜山市	Qianshan	23948	24083
天长市	Tianchang	22407	34173
明光市	Mingguang	26689	30912
界首市	Jieshou	41179	61165
宁国市	Ningguo	13934	20574
广德市	Guangde	20413	25953
福建省	**Fujian**		
福清市	Fuqing	81163	117465
永安市	Yong'an	18287	28497
石狮市	Shishi	42815	69307
晋江市	Jinjiang	110950	191034
南安市	Nan'an	87746	147684
邵武市	Shaowu	13986	18938
武夷山市	Wuyishan	13262	18444
建瓯市	Jian'ou	27391	31529
漳平市	Zhangping	14137	24423
福安市	Fu'an	41892	54234
福鼎市	Fuding	30922	51298
江西省	**Jiangxi**		
乐平市	Leping	66402	72415
瑞昌市	Ruichang	31458	34475
共青城市	Gongqingcheng	12323	14681
庐山市	Lushan	17358	22250
贵溪市	Guixi	39344	38351
瑞金市	Ruijin	48023	53517
龙南市	Longnan	14253	28041
井冈山市	Jinggangshan	13996	15472
丰城市	Fengcheng	75312	83666
樟树市	Zhangshu	33430	42750
高安市	Gaoan	57518	63165
德兴市	Dexing	22957	23218
山东省	**Shandong**		
胶州市	Jiaozhou	48870	72083
平度市	Pingdu	57993	69029
莱西市	Laixi	40035	33564
滕州市	Tengzhou	96897	139042
龙口市	Longkou	31839	32502
莱阳市	Laiyang	32554	29409
莱州市	Laizhou	32532	29809
招远市	Zhaoyuan	22220	20886
栖霞市	Qixia	13570	10869
海阳市	Haiyang	24560	19817
青州市	Qingzhou	36902	62528
诸城市	Zhucheng	54307	65510
寿光市	Shouguang	54744	78625
安丘市	Anqiu	48428	51069
高密市	Gaomi	48387	57622
昌邑市	Changyi	25642	31721
曲阜市	Qufu	32313	40899
邹城市	Zoucheng	59187	81093
新泰市	Xintai	82505	89361
肥城市	Feicheng	48262	45712
荣成市	Rongcheng	28592	27638
乳山市	Rushan	14154	11213
乐陵市	Laoling	35209	46079
禹城市	Yucheng	27265	33950
临清市	Linqing	58693	78798
邹平市	Zouping	36172	51671

3-7 续表 2 continued

单位：人 (person)

城 市	City	普通中学在校学生数 Total Enrollment of Regular Secondary Schools	普通小学在校学生数 Total Enrollment of Primary Schools
河南省	**Henan**		
巩义市	Gongyi	42524	57107
荥阳市	Xingyang	37647	60304
新密市	Xinmi	55364	68875
新郑市	Xinzheng	68495	113985
登封市	Dengfeng	69188	72213
舞钢市	Wugang	23295	27789
汝州市	Ruzhou	87638	111725
林州市	Linzhou	83330	99721
卫辉市	Weihui	41787	42557
辉县市	Huixian	70059	89655
长垣市	Changyuan	74650	104062
沁阳市	Qinyang	29292	36035
孟州市	Mengzhou	14205	23174
禹州市	Yuzhou	79796	103239
长葛市	Changge	49546	63869
义马市	Yima	4482	8435
灵宝市	Lingbao	36133	50612
邓州市	Dengzhou	127805	141796
永城市	Yongcheng	108868	148139
项城市	Xiangcheng	79307	106190
济源市	Jiyuan	44287	60359
湖北省	**Hubei**		
大冶市	Daye	50313	69193
丹江口市	Danjiangkou	21428	32230
宜都市	Yidu	11490	16680
当阳市	Dangyang	13801	16035
枝江市	Zhijiang	10560	15740
老河口市	Laohekou	23689	29450
枣阳市	Zaoyang	52931	65433
宜城市	Yicheng	23835	29262
钟祥市	Zhongxiang	36077	46410
京山市	Jingshan	19737	27598
应城市	Yingcheng	19006	25244
安陆市	Anlu	21200	30198
汉川市	Hanchuan	45063	58598
石首市	Shishou	20468	26765
洪湖市	Honghu	32448	43915
松滋市	Songzi	25868	31504
监利市	Jianli	66189	85677
麻城市	Macheng	47100	64500
武穴市	Wuxue	57171	65150
赤壁市	Chibi	28663	38311
广水市	Guangshui	37955	50342
恩施市	Enshi	57474	52829
利川市	Lichuan	54048	62692
仙桃市	Xiantao	68300	86400
潜江市	Qianjiang	42707	50756
天门市	Tianmen	62191	75703
湖南省	**Hunan**		
浏阳市	Liuyang	85153	113243
宁乡市	Ningxiang	66554	82506
醴陵市	Liling	47293	66308
湘乡市	Xiangxiang	35146	45942
韶山市	Shaoshan	2704	7226
耒阳市	Leiyang	97446	103524
常宁市	Changning	56321	61816
武冈市	Wugang	50186	54442
邵东市	Shaodong	73787	79025
汨罗市	Miluo	33411	42195
临湘市	Linxiang	26058	32130
津市市	Jinshi	6026	8189
沅江市	Yuanjiang	23677	35217
资兴市	Zixing	17707	22846
祁阳市	Qiyang	53957	62725
洪江市	Hongjiang	18546	24339
冷水江市	Lengshuijiang	25291	33727
涟源市	Lianyuan	45606	55326
吉首市	Jishou	29127	41179
广东省	**Guangdong**		
乐昌市	Lechang	25508	39222
南雄市	Nanxiong	21252	30567
台山市	Taishan	39848	53468
开平市	Kaiping	38928	55336
鹤山市	Heshan	27846	43837
恩平市	Enping	26083	39841
廉江市	Lianjiang	94368	158788
雷州市	Leizhou	76768	135654
吴川市	Wuchuan	58179	98463
高州市	Gaozhou	110428	148901
化州市	Huazhou	111468	161628
信宜市	Xinyi	87312	123330
四会市	Sihui	31879	53156
兴宁市	Xingning	52460	71876
陆丰市	Lufeng	81551	128873
阳春市	Yangchun	65019	90766
英德市	Yingde	58908	103139
连州市	Lianzhou	22699	35569
普宁市	Puning	158186	229394
罗定市	Luoding	77303	110466
广西壮族自治区	**Guangxi**		
横州市	Hengzhou	67068	96639
荔浦市	Lipu	18069	24736
岑溪市	Cenxi	73502	100847
东兴市	Dongxing	11270	21973
桂平市	Guiping	127773	162636
北流市	Beiliu	114465	165207
靖西市	Jingxi	31743	44312
平果市	Pingguo	37902	44471
合山市	Heshan	4907	8663
凭祥市	Pingxiang	6418	12104
海南省	**Hainan**		
五指山市	Wuzhishan	9159	8046
琼海市	Qionghai	34801	43306

3-7 续表 3 continued

单位:人 (person)

城 市	City	普通中学在校学生数 Total Enrollment of Regular Secondary Schools	普通小学在校学生数 Total Enrollment of Primary Schools	城 市	City	普通中学在校学生数 Total Enrollment of Regular Secondary Schools	普通小学在校学生数 Total Enrollment of Primary Schools
文昌市	Wenchang	32245	43357	**陕西省**	**Shaanxi**		
万宁市	Wanning	30714	46393	兴平市	Xingping	22003	33764
东方市	Dongfang	30057	39973	彬州市	Binzhou	13258	28715
四川省	**Sichuan**			韩城市	Hancheng	16377	28372
都江堰市	Dujiangyan	27036	37499	华阴市	Huayin	9799	15842
彭州市	Pengzhou	26580	40388	子长市	Zichang	13591	17939
邛崃市	Qionglai	24119	30821	神木市	Shenmu	31905	58724
崇州市	Chongzhou	24243	34607	旬阳市	Xunyang	17885	24216
简阳市	Jianyang	64037	59317	**甘肃省**	**Gansu**		
广汉市	Guanghan	18651	29101	华亭市	Huating	12138	15453
什邡市	Shifang	14016	18297	玉门市	Yumen	7050	9547
绵竹市	Mianzhu	13297	18926	敦煌市	Dunhuang	7633	8633
江油市	Jiangyou	30093	36447	临夏市	Linxia	25638	35693
射洪市	Shehong	33105	39673	合作市	Hezuo	9178	9895
隆昌市	Longchang	35678	34178	**青海省**	**Qinghai**		
峨眉山市	Emeishan	16034	21464	同仁市	Tongren	3795	10810
阆中市	Langzhong	28128	32301	玉树市	Yushu	5979	18139
华蓥市	Huaying	15566	20004	格尔木市	Golmud	12480	19030
万源市	Wanyuan	28011	31387	德令哈市	Delingha	4269	6142
马尔康市	Maerkang	3562	3911	茫崖市	Mangya	444	588
康定市	Kangding	8471	8918	**宁夏回族自治区**	**Ningxia**		
西昌市	Xichang	55249	95670	灵武市	Lingwu	15285	21416
会理市	Huili	13575	28699	青铜峡市	Qingtongxia	13010	13966
贵州省	**Guizhou**			**新疆维吾尔自治区**	**Xinjiang**		
清镇市	Qingzhen	37404	58442	昌吉市	Changji	29212	35528
盘州市	Panzhou	60571	118622	阜康市	Fukang	7798	10362
赤水市	Chishui	17632	20244	博乐市	Bole	11600	17392
仁怀市	Renhuai	38288	63461	阿拉山口市	Alashankou	244	602
黔西市	Qianxi	52800	77665	库尔勒市	Korla	32058	56993
兴义市	Xingyi	106361	106578	阿克苏市	Akesu	44989	88647
兴仁市	Xingren	34287	46151	库车市	Kuche	39535	64798
凯里市	Kaili	57216	66375	阿图什市	Artux	24878	43226
都匀市	Duyun	32511	38825	喀什市	Kashi	69494	122415
福泉市	Fuquan	17071	30001	和田市	Hetian	36778	101427
云南省	**Yunnan**			伊宁市	Yining	47223	71389
安宁市	Anning	21145	24777	奎屯市	Kuitun	14004	12869
宣威市	Xuanwei	104818	102183	霍尔果斯市	Horgos	2751	3188
澄江市	Chengjiang	6056	15909	塔城市	Tacheng	10198	9497
腾冲市	Tengchong	49385	50485	乌苏市	Wusu	12050	14746
水富市	Shuifu	11476	8279	沙湾市	Shawan	10604	12278
楚雄市	Chuxiong	42832	39089	阿勒泰市	Aletai	10583	12080
禄丰市	Lufeng	18240	21360	石河子市	Shihezi	13928	21697
个旧市	Gejiu	22918	29713	阿拉尔市	Alar	21412	30410
开远市	Kaiyuan	16960	24880	图木舒克市	Tumushuke	22336	38732
蒙自市	Mengzi	32497	49104	五家渠市	Wujiaqu	11143	9181
弥勒市	Mile	32527	41019	北屯市	Beitun	4620	5469
文山市	Wenshan	43266	58498	铁门关市	Tiemenguan	13104	15510
景洪市	Jinghong	32851	44023	双河市	Shuanghe	3897	3419
大理市	Dali	37290	47730	可克达拉市	Cocodala	5735	5796
瑞丽市	Ruili	11107	18025	昆玉市	Kunyu	3968	9950
芒市	Mangshi	29157	37364	胡杨河市	Huyanghe	2016	1272
泸水市	Lushui	13792	18294	新星市	Xinxing	5235	6745
香格里拉市	Shangri-la	4955	12350				

附录　主要统计指标解释

Appendix
Explanatory Notes on Main Statistical Indicators

主要统计指标解释

行政区划

行政区划 指国家对行政区域的划分。根据有关法规规定，我国的行政区域划分如下：（1）全国分为省、自治区、直辖市；（2）省、自治区分为自治州、县、自治县、市；（3）自治州分为县、自治县、市；（4）县、自治县分为乡、民族乡、镇；（5）直辖市和较大的市分为区、县；（6）国家在必要时设立的特别行政区。

人口、资源和环境

户籍人口 指每年 12 月 31 日 24 时的户籍登记情况统计的人口数。

建成区面积 指城区（县城）内实际已成片开发建设、市政公用设施和公共设施基本具备的区域。对核心城市，它包括集中连片的部分以及分散的若干个已经成片建设起来，市政公用设施和公共设施基本具备的地区；对一城多镇来说，它包括由几个连片开发建设起来的，市政公用设施和公共设施基本具备的地区组成。因此建成区范围，一般指建成区外轮廓线所能包括的地区，也就是这个城市实际建设用地所达到的范围。

水资源总量 指当地降水形成的地表和地下产水总量，即地表产流量与降水入渗补给地下水量之和。

城市建设用地面积 指城市内的居住用地、公共管理与公共服务设施用地、商业服务业设施用地、工业用地、物流仓储用地、道路交通设施用地、公用设施用地、绿地与广场用地等面积之和。

居住用地面积 指住宅和相应服务设施的用地。

绿地面积 指用作园林和绿化的各种绿地面积。包括公园绿地、生产绿地、防护绿地、附属绿地和其他绿地的面积。

公园绿地面积 指城市中向公众开放的、以游憩为主要功能，有一定的游憩设施和服务设施，同时兼有健全生态、美化景观、防灾减灾等综合作用的绿化用地面积的总和。

建成区绿化覆盖率 指建成区内绿化覆盖面积与建成区面积的比率。

工业颗粒物排放量 指报告期内企业在燃料燃烧和生产工艺过程中排入大气的烟尘及工业粉尘的总质量之和。烟尘或工业粉尘排放量可以通过除尘系统的排风量和除尘设备出口烟尘浓度相乘求得。

工业二氧化硫排放量 指报告期内企业在燃料燃烧和生产工艺过程中排入大气的二氧化硫总质量。工业中二氧化硫主要来源于化石燃料（煤、石油等）的燃烧，还包括含硫矿石的冶炼或含硫酸、磷肥等生产的工业废气排放。

工业氮氧化物排放量 指报告期内企业在燃料燃烧和生产工艺过程中排入大气的氮氧化物总质量。

细颗粒物（$PM_{2.5}$）年平均浓度 指一个日历年内各日细颗粒物浓度（$PM_{2.5}$）平均浓度的算术平均值。可采用算术平均法依次计算城市监测点位单点日平均浓度、城市日平均浓度、城市年平均浓度、区域年平均浓度。

污水处理厂集中处理率 指报告期内通过污水处理厂处理的污水量与污水排放总量的比率。

生活垃圾无害化处理率 指报告期生活垃圾无害化处理量与生活垃圾产生量的比率。在统计上，由于生活垃圾产生量不易取得，可用清运量代替。

经济发展

地区生产总值　指按市场价格计算的一个地区所有常住单位在一定时期内生产活动的最终成果。

地方一般公共预算收入　指属于地方一般公共预算的收入，包括城市维护建设税（不含铁道部门、各银行总行、各保险公司总公司集中缴纳的部分），房产税，城镇土地使用税，土地增值税，车船税，耕地占用税，契税，烟叶税，印花税（不含证券交易印花税），增值税 50%部分，纳入共享范围的企业所得税 40%部分，个人所得税 40%部分，海洋石油资源税以外的其他资源税，地方非税收入等。为年度决算数。

地方一般公共预算支出　指根据政府在经济和社会活动中的不同职责，划分中央和地方政府的责权，按照政府的责权划分确定的支出。地方一般公共预算支出包括一般公共服务，公共安全支出，地方统筹的各项社会事业支出等。为年度决算数。

科学技术支出　指用于科学技术方面的支出。

教育支出　指政府教育事务支出，包括教育行政管理、学前教育、小学教育、初中教育、普通高中教育、普通高等教育、初等职业教育、中专教育、技校教育、职业高中教育、高等职业教育、广播电视教育、留学生教育、特殊教育、干部继续教育、教育机关服务等。

年末金融机构人民币各项存款余额　指企业、机关、团体和居民根据可以收回的原则，把货币存入银行或其他信用机构保管并取得一定利息的年末货币总量。不包括外币存款。

年末金融机构人民币各项贷款余额　指年终时银行或其他信用机构根据必须归还的原则，按一定利率，为企业、个人等提供资金贷款的总额。不包括外币贷款。

住宅　指专供居住的房屋。包括普通商品房、保障性住房、别墅、公寓、各部门的职工家属宿舍和集体宿舍（包括职工单身宿舍和学生宿舍）等供居住的房屋。不包括住宅楼中作为人防工程用的房屋，也不包括不住人的地下室。

规模以上工业企业数　指年主营业务收入 2000 万元及以上的工业法人企业个数。

流动资产合计　资产满足以下条件之一应归为流动资产：（1）预计在一个正常营业周期中变现、出售或耗用，主要包括存货、应收账款等；（2）主要为交易目的而持有；（3）预计在资产负债表日起一年内（含一年）变现；（4）自资产负债日起一年内，交换其他资产或清偿负债的能力不受限制的现金或现金等价物。包括货币资金、应收票据、应收账款、存货等项目。来源于会计“资产负债表”中“流动资产合计”项目的期末余额数。

利润总额　指企业在一定会计期间的经营成果，是生产经营过程中各种收入扣除各种耗费后的盈余，反映企业在报告期内实现的盈亏总额。利润总额为营业利润加上营业外收入，减去营业外支出后的金额，来源于会计“利润表”中“利润总额”项目的本年累计数。

社会消费品零售总额　指企业（单位、个体户）通过交易直接售给个人、社会集团非生产、非经营用的实物商品金额，以及提供餐饮服务所取得的收入金额。个人包括城乡居民和入境人员，社会集团包括机关、社会团体、部队、学校、企事业单位、居委会或村委会等。

限额以上批发零售业商品销售额　指限额以上批发零售业法人单位对本单位以外的单位和个人出售的商品金额（包括售给本单位消费用的商品，含增值税），在批发和零售业中，本指标反映在国内市场上销售商品以及出口商品的总价值。商品销售包括：（1）售给个人和社会集团消费用的商品；（2）售给农业、工业、建筑业、服务业等国民经济各行业用于生产、经营用的商品，包括售予批发和零售业作为转卖或加工后转卖的商品；（3）对国（境）外直接出口的商品。商品销售不包括：（1）未通过买卖行为付出的商品，如因机构变动移交给其他企业单位的商品、借出的商品、归还受其他单位委托代保管的商品、付出的加工原料和赠送给其他单位的样品等；（2）促销返券所销售的、不计入营业收入的商品；（3）经本单位介绍，由买卖双方直接结算，本单位只收取手续费的业务；（4）未发生所有权转移的商品预付卡销售，如加油卡；（5）汽车维修、电话卡销售等服务性经济活动；（6）购货退回的商品；（7）商品损耗和损失；（8）出售本单位自用的废旧物资；（9）期货交易商品；（10）自来水供应企业、电力企业、天然气供应企业提供的水、电、气。

科技创新

专利授权数　指报告年度经我国国家知识产权局审查合格后依法授予专利权的专利申请数量。

发明　指报告年度由国内外知识产权行政部门向调查单位授予发明专利权的件数。

人民生活

从业人员期末人数（城镇非私营单位）　指报告期末最后一日在本单位工作，并取得工资或其他形式劳动报酬的人员数。该指标为时点指标，不包括最后一日当天及以前已经与单位解除劳动合同关系的人员，是在岗职工、劳务派遣人员及其他从业人员之和。

在岗职工平均人数（城镇非私营单位）　指报告期内平均拥有的在岗职工数。年度平均人数按单位实际月平均人数计算得到，不得用期末人数替代。在岗职工指在本单位工作且与本单位签订劳动合同，并由单位支付各项工资和社会保险、住房公积金的人员，以及上述人员中由于学习、病伤、产假等原因暂未工作仍由单位支付工资的人员。包括劳务派遣人员人数。

在岗职工工资总额（城镇非私营单位）　指本单位在报告期内直接支付给本单位全部在岗职工的劳动报酬总额。在岗职工工资总额由基本工资、绩效工资、工资性津贴和补贴、其他工资四部分组成。工资总额不包括病假、事假等情况的扣款。包括劳务派遣人员劳动报酬总额。

公共服务

普通、职业高等学校　指通过国家普通高等教育招生考试，招收高中毕业生为主要培养对象，实施高等学历教育的全日制大学、独立设置的学院、独立学院和高等专科学校、高等职业学校及其他机构。

中等职业教育学校　指按国家规定的设置标准和审批程序批准建立的，招收初中（或部分高中）毕业生或同等学历者，实施中等职业技术教育，培养中等职业技术人才的学校。招收初中毕业生的，修业年限一般为三至四年；招收高中毕业生的，修业年限一般为二年至三年。包括中等专业学校、技工学校、职业中学（高中）等。

普通中学　指普通初中和普通高中。

普通小学　指招收适龄儿童实施初等教育的独立设置学校。

专任教师数　指具有教师资格、专门从事教学工作的人员数。

在校学生数　指具有学籍并在本学年进行学籍注册的学生数。

公共图书馆图书藏量　指公共图书馆已编目的古籍、图书、期刊和报纸的合订本、小册子、手稿以及缩微制品、录像带、录音带、光盘等视听文献资料数量总和。

城镇职工基本养老保险参保人数　指报告期末按照法律、法规和有关政策规定参加城镇基本养老保险并在社保经办机构已建立缴费记录档案的职工人数，包括中断缴费但未终止养老保险关系的职工和参加城镇职工基本养老保险的离休、退休和退职人员，不包括只登记未建立缴费记录档案的人数。

失业保险参保人数　指报告期末按照法律、法规和有关政策规定参加了失业保险的城镇企业、事业单位的职工及地方政府规定参加失业保险的其他人员的人数。

基础设施

年末实有城市道路面积 指道路实际铺装面积和与道路相通的广场、桥梁、隧道的铺装面积（统计时，将人行道面积单独统计）。人行道面积按道路两侧面积相加计算，包括步行街和广场，不含人车混行的道路。

排水管道长度 指所有排水总管、干管、支管、检查井以及连接井进出口等长度之和。

境内公路总里程 指在一定时期内实际达到《公路工程技术标准 JTG B01-2003》规定的技术等级的公路，并经公路主管部门正式验收交付使用的公路里程数。包括大、中城市的郊区公路，以及公路通过小城镇（指县城、集镇）街道的公路里程和公路桥梁长度、隧道长度、渡口的宽度以及分期修建的公路已验收交付使用的里程，不包括大、中城市的街道、厂矿、林区生产用道和农业生产用道的里程。两条或多条公路共同经由同一路段，只计算一次，不得重复计算里程长度。按公路技术等级分为等级公路和等外公路，其中等级公路分为高速公路、一级公路、二级公路、三级公路和四级公路。

高速公路里程 中国交通部《公路工程技术标准》JTG B01-2014 规定，高速公路为专供汽车分方向、分车道行驶，全部控制出入的多车道公路，高速公路的年平均日设计交通量宜在 15000 辆小客车以上。

年末实有公共汽（电）车运营车辆数 指年末实际运营的公共汽车、公共电车的数量。

全年公共汽（电）车客运总量 指一年内公共汽车、公共电车总共搭载的人次。

年末实有巡游出租汽车运营车数 指年末已经领取巡游出租汽车专用牌照的运营车辆，包括技术完好的、在修的、长期行驶的以及拟报废尚未经上级机关批准的车辆。出租汽车一般应符合以下要求：

（1）车辆技术性能、设施完好，车容整洁；

（2）巡游出租汽车应当装置由客运管理机构批准的、并经技术监督部门鉴定合格的计价器；

（3）巡游出租汽车应当装置经公安机关鉴定合格的防劫安全设施；

（4）巡游出租汽车应当固定装置统一的顶灯和显示空车待租的明显标志。

公路客运量 指公路运输企业及由其组织的其他单位在一定时期内实际运送的旅客人数。公路客运量的计算方法：不论乘车路程远近和票价的多少，以客票为依据，“人”为计量单位；不足购票年龄的免票儿童不计算客运量。

公路货运量 指一定时期内由各种公路运输工具实际运送到目的地并卸完的货物数量。反映公路货运量的指标有发送货物吨数、到达货物吨数和运送货物吨数。

邮政行业业务收入 指邮政企业和快递企业从事各种邮政业务、快递业务取得的收入总和。

电信业务收入 指电信企业经营的基础电信业务和增值电信业务所取得的资费收入，以及电信企业之间网间互联电信业务的结算收入。

移动电话年末用户数 指报告期末通过移动电话交换机进入移动电话网的全部电话用户，即报告期末在电信企业营业网点办理开户登记手续，通过移动电话交换机进入移动电话网，并占用移动电话号码资源的各类电话用户。

天然气供气总量 指报告期燃气企业（单位）向用户供应的燃气数量。包括销售量和损失量。

Explanatory Notes on Main Statistical Indicators

Divisions of Administrative Areas of Cities in China

Divisions of Administrative Areas refer to the division of administrative areas by the State. The relative laws define the administrative division as follows:(1) the whole country is divided into provinces, autonomous regions and municipalities directly under the Central Government; (2) provinces and autonomous regions are further divided into autonomous prefectures, counties, autonomous counties and cities; (3) autonomous prefectures are further divided into counties, autonomous counties and cities; (4) counties and autonomous counties are further divided into townships, ethnic townships and towns; (5) municipalities directly under the Central Government and large cities are divided into districts and counties,(6) the State shall, when necessary, establish special administrative regions.

Population, Resources and Environment

Total Registered Population refer to the population at the 24 clock, December 31, of the reporting year. The data are register population from public security department.

Built-up Area refers to the area in the urban area (county) that has actually been developed and constructed, and has basic municipal public facilities and public facilities. For core cities, it includes centralized and contiguous parts and several scattered areas that have been built in pieces and have basic municipal public facilities and public facilities; For a city with many towns, it consists of several areas developed and constructed in succession and basically equipped with municipal public facilities and public facilities. Therefore, the scope of built-up area generally refers to the area that can be included by the contour outside the built-up area, that is, the scope of the actual construction land of the city.

Total Water Resources refers to total volume of surface water and groundwater which is from the local precipitation and is measured as the summation of run-off for surface water and recharge of groundwater from local precipitation.

Area of Land Used for Urban Construction refers to the sum of residential land, public management and public service facilities, commercial service facilities, industrial land, logistics and storage land, road traffic facilities, public facilities, green space and square land in the city.

Area of Land Used for Living refers to the area of the residences and residential service facilities, roads, green spaces and so on.

Area of Urban Green Land refers to the total area occupied for gardens and greening.Including park green land, production green land, protection green land, green land attached to institutions, and other green areas.

Area of Parks and Green Land refers to the total area of green land open to the public, with recreation as the main function, certain recreational facilities and service facilities, as well as the comprehensive functions of improving ecology, beautifying landscape, disaster prevention and reduction..

Green Covered Area as % of Completed Area refers to the ratio of the green coverage area in the built-up area to the built-up area.

Volume of Industrial Particulate Emission refers to the aggregate of industrial soot(dust) emission to the air during the production and fuels combustion at factory.

Volume of Sulphur Dioxide Emission refers to the aggregate of sulfur dioxide emission to the air during the production and fuels combustion at factory.Sulfur dioxide in industry mainly comes from the combustion of fossil fuels (coal, oil, etc.), as well as the industrial waste gas emission from the smelting of sulfur-containing ore or the production of sulfuric acid and phosphate fertilizer.

Volume of Nitrogen Dioxide Emission refers to the total mass of nitrogen oxides discharged into the atmosphere during fuel combustion and production process.

Annual Mean Concentration of $PM_{2.5}$ refers to the arithmetic mean of the average concentration of fine particulate matter ($PM_{2.5}$) on each day in a calendar year. The arithmetic average method can be used to calculate the daily average concentration of single point, urban daily average concentration, urban annual average concentration and regional annual average concentration of urban monitoring points in turn.

Ratio of waste Water Centralized Treated of Sewage Work refers to the ratio of waste treated by waste-water treatment plants to the quantity of wastewater effluent during the reporting period.

Rate of Domestic Garbage Harmless Treatment refers to the ratio of the volume of domestic garbage harmlessly treated to the volume of domestic garbage produced during the reference period. In practical statistics, as the volume of domestic garbage produced is difficult to obtain, it can be replaced by the volume of collected and transported.

Economic Development

Gross Regional Product(GRP) or Regional GDP refers to the final products at market prices produced by all resident units in a region during a certain period of time.

Local General public budget revenue refers to the revenue belonging to the local general public budget, including city maintenance and construct tax (excluding the part of the Ministry of Railways, head offices of banks, head offices of insurance company, which are handed over to the government in a centralized way), house property tax, urban land use tax, land appreciation tax, tax on vehicles and boat operation, farm land occupation tax, deed tax, and tobacco leaf tax, stamp tax (not including stamp tax on security exchange), 50% of the value added tax, 40% the share part of the corporate income tax, 40% of individual income tax, resource tax other than the tax on offshore petroleum resources, local non-tax revenue, etc.Is the annual final accounts.

Local General public budget Expenditure refers to the expenditure determined by dividing the responsibilities and powers of the central and local governments according to the different responsibilities of the government in economic and social activities. Local general public budget expenditure includes mainly the expenditure for general public services, expenditure for public security, and expenditures for social development which are planed by local governments, etc.Is the annual final accounts.

Expenditure for Science and Technology refers to the spending on science and technology.

Expenditure for Education refers to government expenditure on education affairs, including education administration, preschool education, primary education, junior middle school education, general high school education, general higher education, primary vocational education, secondary vocational education, technical school education, vocational high school education, higher vocational education, radio and television education, overseas student education, special education, cadre continuing education, education agency services, etc.

Deposits of National Banking System at Year-end refer to CNY aggregates at year-end that had been deposited banks or taken good care by other financial institutions at a certain interest by enterprise, state organs, public organizations and citizens, on the basis of the principle of can take back.Excluding foreign currency deposits.

Loans of National Banking System at Year-end refer to the total amount of RMB at year-end loaned to enterprises or individuals provided by banks and other financial institution at a certain interest rate according to the principle of compulsory return at the end of the year.Excluding foreign currency loans.

Residential Buildings refer to a house specially used for living. It includes ordinary commercial houses, indemnificatory houses, villas, apartments, staff family dormitories and collective dormitories of various departments (including single staff dormitories and student dormitories). It does not include houses used as civil air defense projects in residential buildings, nor does it include non habitable basements.

Number of Industrial Enterprises above Designated Size refer to the number of industrial legal person enterprises with annual main business income of 20 million yuan or more.

Total Current Assets refer to the assets that meet one of the following requirements: (1) expected to be cashed, sold or used in a normal operation cycle, mainly including inventory and accounts receivable; (2) owned for transaction purpose mainly; (3) expected to be cashed within one year (including one year) from the day of the Balance Sheet; (4) unlimited cash or cash equivalents that can be exchanged with other assets or capable of settling debts during one year since the day of the Balance Sheet. Included are monetary capital, notes receivable, accounts receivable and inventories. Data on this indicator can be obtained from the year-end figures of total current assets in the Balance Sheet of accounting records.

Total Profits refer to the operational results in a certain accounting period, and it is the balance of various incomes minus various spendings in the course of operation, reflecting the total profits and losses of enterprises in reference period. Data are obtained from current year’ s cumulative amount of total profits in the profit statement of the accounting record of enterprise.

Total Retail Sales of Consumer Goods refer to the revenue received by enterprises (units, self-employed individuals) through direct sales of non-production and non-business physical commodities to individuals and social institutions, and revenue from providing catering services. Individuals include rural and urban households, population from abroad, social institutions include government agencies, social organizations, military units, schools, institutions, neighbourhood (village) committees, etc.

Total sales of Commodities of Enterprises above Designated Size in Wholesale and Retail Trades refer to the amount of goods sold by the legal entity of wholesale and retail industry above the limit to units and individuals other than the unit (including goods sold for self consumption, including VAT). In the wholesale and retail industry, this indicator reflects the total value of goods sold and exported in the domestic market. The commodities include: (1) commodities sold to individuals and social groups for their consumption; (2) commodities sold to establishments in all industries for their production and operation, including agriculture, industry, construction, and catering services, including commodities sold to wholesale and retail establishments for re-selling, with or without further processing; (3) commodities for direct export to abroad. Excluded are (1) extended commodities without trading, such as goods handed over to other enterprises and institutions because of the change of organizations, lent goods, return of goods kept for others, extended processing materials and samples donated to others, (2) goods sold by coupon rebates that are not included in business income, (3) goods of direct settlement between buyer and seller with handling fees introduced by others, (4) prepaid cards for goods without transfer of ownership, such as gas cards, (5) Service-oriented economic activities such as automobile maintenance and telephone card sales, (6) goods returned after purchase, (7) damaged and spoiled goods, (8) waste and used goods of self-use, (9) futures trading commodities, (10) water, electricity and gas supplied by water supply enterprises, electric power enterprises and natural gas supply enterprises.

Scientific and Technological Innovation

Number of Patent Authorizations refers to the number of patent applications granted according to law after passing the examination of China's State Intellectual Property Office in the reporting year.

Invention refers to the number of invention patents granted by domestic and foreign intellectual property administrative departments to the investigation unit in the reporting year.

People's Livelihood

Persons Employed in Urban Non-Private Units at Year-end refer to the number of employees who worked in the company and received wages or other forms of labor remuneration on the last day of the reporting period. This indicator is a time point indicator, excluding the personnel who have terminated the labor contract with the unit on the last day and before. It is the sum of on-the-job employees, labor dispatch personnel and other employees.

Average Number of Employed Staff and Workers in Urban Non-Private Units refer to the average number of on-the-job employees owned during the reporting period. The annual average number is calculated according to the actual monthly average number of the unit, and cannot be replaced by the number at the end of the period. On the job employees refer to those who work in the unit and sign labor contracts with the unit, and the unit pays various wages, social insurance and housing provident fund, as well as those who do not work temporarily due to study, illness, injury, maternity leave and other reasons and are still paid by the unit. Including the number of labor dispatch personnel.

Total Wage Bill of Employed Staff and Workers in Urban Non-Private Units refer to the total remuneration payment to all employed staff and workers during the reporting year, including basic salary, performance salary, salary allowances and subsidies, and excluding the deductions for personal leave, sick leave and so on. Units should adjust the corresponding projects when calculating the compositions of total wage bill, and they can minus the basic salary if they can’t identify the adjusting projects.Including the total labor remuneration of labor dispatch personnel.

Public Service

Regular & Vocational Higher Education Institutions refer to educational establishments recruiting graduates from senior secondary schools as the main target through National Matriculation TEST. They include full-time universities, independently established schools, independent colleges, higher professional colleges, higher vocational colleges and other regular higher education institutions.

Vocational Secondary Schools refer to educational establishments founded according to the set standards of the state and approval procedures, recruiting graduates from junior high schools (partly senior high schools) or people at the same degree, with the secondary vocational education. The period of schooling for recruiters from junior high schools is 3-4years, and the period of schooling for recruiters from senior high schools is 2-3years. Included are secondary vocational schools, technical schools, vocational high school (high school).

Number of Regular Secondary Schools refer to ordinary junior middle school and ordinary senior high school.

Number of Regular Primary Schools refer to independent schools that recruit school-age children for primary education

Number of Full-time teachers refer to staff who have teaching certificate, mainly engaged in teaching work. The teaching staff sent to help to do other work temporarily(within a year) are included .

Number of Students Enrollment refer to the number of students with student status and registered in the current academic year.

Total Collection of Public Libraries refer to the total number of material that have been cataloged by the public libraries, such as the ancient books, books, periodicals and newspapers volume, pamphlets, manuscripts and miniature products, video tapes, disks.

Number of Employees Joining Urban Basic Pension Insuranc refer to the number of employees participating in urban basic old-age insurance in accordance with laws, regulations and relevant policies and having established payment record files in the social security agency at the end of the reporting period, including employees who interrupted payment but did not terminate the old-age insurance relationship and retired, retired and retired employees participating in urban employees' basic old-age insurance, It does not include the number of people who only register without establishing payment record files.

Number of People Covered by Unemployment Insurance refer to staff and workers in urban enterprises or institutions who have participated in the unemployment insurance programme according to related policies and regulations and other people who have participated according to local government regulations at the end of reference period.

Infrastructure

Area of Urban Paved Roads at Year-end refers to the actual area of paved roads and square, bridges, and parking area with connected to the roads.

Length of Urban Sewage Pipes refers to the total length of municipal general drainage, trunks, branch and inspection wells, connection wells, inlets and outlets, etc.

Total Mileage of Domestic Roads refers to the highway mileage that actually reaches the technical grade specified in the technical standard for highway engineering JTG B01-2003 within a certain period of time and has been officially accepted and delivered for use by the highway competent department. It includes the suburban roads of large and medium-sized cities, the road mileage of roads passing through the streets of small towns (referring to counties and market towns), the length of highway bridges, the length of tunnels, the width of ferries, and the mileage of roads built by stages that have been accepted and delivered for use, excluding the mileage of streets, factories, mines, forest production roads and agricultural production roads of large and medium-sized cities. If two or more highways pass through the same section together, the mileage shall be calculated only once, and the mileage length shall not be calculated repeatedly. According to the technical grade of highway, it is divided into grade highway and substandard highway, among which grade highway is divided into expressway, class I highway, class II Highway, class III Highway and class IV Highway.

The Mileage of Expressway according to the technical standard for Highway Engineering (JTG b01-2014) issued by the Ministry of communications of the people's Republic of China, the expressway is a multi lane highway for vehicles to drive in different directions and lanes, and all access is controlled. The annual average daily design traffic volume of the expressway should be more than 15000 passenger cars.

Number of Buses and Trolley buses under operation at year-end refer to the number of buses and trams actually operated at the end of the year.

Total Annual Volume of Passengers Transported by Buses and Trolley Buses refer to the total number of passengers carried by buses and trams in a year.

Number of Cruise Taxis under Operation at Year-end refer to the operating vehicles that have received the special license for cruise taxi at the end of the year, including vehicles with sound technology, under repair, long-term operation and vehicles to be scrapped without the approval of the superior authority. Taxis shall generally meet the following requirements:

(1)The technical performance and facilities of thc vehicle are intact and the vehicle appearance is clean;

(2)Cruising taxis shall be equipped with a meter approved by the passenger transport administration and qualified by the technical supervision department;

(3)Cruising taxis shall be equipped with anti robbery safety facilities certified by the public security organ;

(4)Cruising taxis shall be fixed with unified ceiling lights and obvious signs showing empty vehiclcs for rent.

Highway Passenger Traffic refers to the number of passengers actually transported by highway transportation enterprises and other units organized by them within a certain period of time. Calculation method of highway passenger volume: no matter the distance and fare, it is based on the ticket and "person" is the unit of measurement; Free tickets for children under the age of purchasing tickets will not be counted.

Highway Freight Traffic refers to the quantity of goods actually transported to the destination and unloaded by various road transport means in a certain period of time. The indicators reflecting the highway freight volume include the tonnage of goods sent, the tonnage of goods arrived and the tonnage of goods transported.

Revenue from Postal Industry refers to the total income of postal enterprises and express delivery enterprises engaged in various postal services and express delivery services.

Revenue from Telecommunication Services refers to the tariff income obtained from the basic telecommunications services and value-added telecommunications services operated by telecommunications enterprises, as well as the settlement income of inter network interconnection telecommunications services among telecommunications enterprises.

Number of Subscribers of Mobile Telephones at Year-end refer to all telephone users who entered the mobile phone network through the mobile phone exchange at the end of the reporting period, that is, persons who have gone through registration procedures in the operation outlets of enterprises engaged in telecommunications and are hence connected with the mobile phone communication network through the mobile phone switchboards and occupy mobile phone numbers.

Total Natural Gas Supply refers to the total volume of gas provided to users by gas-producing enterprises (units) during the reporting period, including the volume sold and the volume lost.